LES JUIFS PROGRESSISTES AU QUÉBEC

Données de catalogage avant publication (Canada)

Gottheil, Allen, 1949-
Les Juifs progressistes au Québec

Bibliographie : p.
ISBN 2-9801242-0-6

1. Juifs—Québec (Province)—Biographies.
2. Juifs—Québec (Province)—Acculturation.
3. Juifs—Québec (Province)—Histoire. I. Titre.

FC2950.J5G68 1988   971.4'004924'0922   C88-090404-6
F1055.J5G68 1988

Distribution :

Diffusion Prologue inc.
2975 rue Sartelon, Ville Saint-Laurent
(Québec) Canada H4R 1E6
Tél. : (514) 332-5860   Ext. : 1-800-363-2864
Télécopieur : (514) 336-6060   Télex : 05-824531

Maquette de la couverture : Mervin Yellin

© **Éditions par ailleurs…**
C.P. 589, Station Côte-des-Neiges,
Montréal (Québec) Canada H3S 2V3
(514) 735-1955

Dépot légal
4ᵉ trimestre 1988
Bibliothèque nationale du Québec
Bibliothèque nationale du Canada

ISBN 2-9801242-0-6

Allen Gottheil

LES JUIFS PROGRESSISTES AU QUÉBEC

ÉDITIONS PAR AILLEURS...

Remerciements

Critiques, soutien, remises en question, humour, idées et suggestions, corrections de style, de français et de contenu, conseils précieux, taquineries et, surtout, une grande tolérance face aux manques de l'auteur... je veux sincèrement remercier ces gens qui ont donné de leur temps et fait preuve de beaucoup de patience à mon égard afin que mon livre soit de la plus grande qualité possible :

Suzanne ALIX, Pierre ANCTIL, Nicole BEAUGRAND CHAMPAGNE, Denis BOURASSA, Pierre BOURDON, Rita BRIANSKY, Louise CARRERE, Mario COTTON et les gens du RETAQ, de la CSN, de la FNC, Suzanne DESCHAMPS, Diane DESNOYERS, Simon DARDICK, Jean DORÉ, Mary FARRELL, Louis FOURNIER, Lewis, Dassy et Jack GOTTHEIL, Clément GROLEAU, Jean-Claude LECLERC, Jean-Raynald LEMAY, Lucie LEPINE, Anne-Marie LOSIER, Barbara LUBARSKY, Richard MESSIER, Judy NEFSKY, Jean-Pierre PARÉ, Dominique PAYETTE, Marcel PEPIN, Guy RIVARD, David ROME, Marcelle ROY, Monique SIMARD, Victor TEBOUL, Mervin YELLIN.

ET, particulièrement, les dix personnes que je présente dans les pages qui suivent...

Cet ouvrage a été publié grâce à des subventions du Conseil des Arts du Canada, du Secrétariat d'État au Multiculturalisme, à Ottawa, et du ministère des Affaires culturelles du Québec.

Les erreurs, les insuffisances et tous les choix finals afférents au contenu sont la responsabilité exclusive de l'auteur.

A.G.

À Suzanne et Félix

Introduction

C'est donc l'idée qu'on se fait du Juif qui
semble déterminer l'histoire, non la « donnée
historique » qui fait naître l'idée.

Jean-Paul SARTRE,
Réflexions sur la question juive (1946)

Lors d'une assemblée syndicale au printemps 1986, un techni-
cien ambulancier, membre du Rassemblement des employés techniciens ambulanciers du Québec (RETAQ-CSN), empoigne le micro
et dénonce ses conditions de travail pénibles et les abus éhontés de
son employeur, Abraham Perlmutter. Ce dernier, qui est le grand
manitou des propriétaires d'ambulances de Montréal, est également
Juif hassidique [1].

Quant à moi qui ai travaillé pendant plus d'un an comme conseiller syndical et procureur dans l'organisation de ce syndicat, les
membres savent que je suis Juif aussi.

Mario Cotton, qui a présidé ladite assemblée, me raconte la
suite : « Le membre invective donc contre son boss, 'Abie', et tout
à coup, il s'interrompt, regarde à droite, puis à gauche, et murmure :
'Notre Allen n'est pas parmi nous ce soir'. Alors là, il crache :
'L'hostie de Juif d'Abie, y va y goûter en tabarnak !' »

---

1.   Juif très fervent d'un courant mystique du judaïsme. Les Hassides sont autour
      de 4 000 à Montréal, sur une population juive totale de 105 000 personnes.

Ces propos sont la goutte qui fait déborder le vase. Je décide alors d'écrire ce livre. Car depuis très longtemps, je caressais l'idée de faire connaître l'histoire de Juifs progressistes en milieu québécois francophone, mais mon projet avait traîné ; c'était un peu comme de vouloir construire un château en Espagne.

Pendant que j'écris ce livre, je rencontre l'avocat d'Abie, un bravache du Saguenay, un dénommé Tremblay, à qui j'explique le sujet du volume. Il me répond du tac au tac : « Y'en existe-tu pour vrai, des Juifs progressistes au Québec ? » Puis le mot « Juif » le lance dans une logorrhée sur les transactions immobilières des Juifs nantis de Montréal.

Après une dizaine de minutes à écouter son monologue soporifique, je lui coupe la parole : « Voilà précisément, cher monsieur, la raison pour laquelle j'écris mon livre ! »

Pourquoi donc ce livre ?

En raison d'une histoire millénaire de persécution et d'ostracisme, les Juifs, du plus pratiquant au plus athée, se soucient vivement de l'image que les non-Juifs entretiennent à leur sujet. L'utilisation et la dissémination d'une image néfaste — ou de « l'idée », selon Sartre — furent souvent précurseurs d'une agression plus brutale.

Cet héritage est tellement lourd que les Juifs, face à certaines images, inventent une panoplie de réactions et de mécanismes de défense. Parfois seule une bonne dose de sarcasmes, d'humour ou de moquerie envers soi-même permet d'assumer cette névrose. La fuite, le sans-gêne, l'accusation paranoïaque ou la retraite sont d'autres mécanismes. Tantôt on ignore la situation troublante, tantôt on la nie ou, tout simplement, on la balaye sous le tapis. Et j'en passe...

Mais rien ne se règle en fermant les yeux. Cependant, la circonspection et la discrétion sont essentielles lorsqu'on considère les images découlant des rapports entre Juifs et non-Juifs, car les susceptibilités de tous sont si grandes... Ainsi, il n'est pas rare qu'on se déclare fatigué d'entendre les vieilles accusations d'antisémitisme, qu'on assimile à des rengaines dépassées. À l'occasion, ce n'est qu'une façon d'éluder ces questions, qui ne seront jamais totalement réglées. En racontant l'histoire de quelques Juifs progressistes en milieu québécois francophone, je désire donc davantage miser sur l'avenir que de régler de vieux comptes.

Pourquoi donc écrire un livre sur des « Juifs progressistes en milieu québécois francophone » ? La réponse la plus simple : parce que j'en suis un. Quelle meilleure façon de se connaître que d'enquêter sur ses semblables, sur des gens qui partagent la même identité et les mêmes préoccupations, et qui sont dans la même situation.

Au-delà de cette espèce de thérapie égoïste et de cette recherche personnelle, une raison plus profonde me porte à écrire ce livre. Depuis plus de quinze ans, je mijote le sujet et me dis qu'il faudrait bien sortir de l' « ombre » la riche histoire des Juifs progressistes au Québec.

J'ai été et je suis intégré dans le milieu québécois francophone. J'ai été et je suis parfois témoin de commentaires peu flatteurs et de l'ignorance manifestée à l'égard des Juifs. À l'occasion, j'ai été mêlé à certaines situations embarrassantes, souvent difficiles, voire choquantes, du moins selon mon point de vue de Juif...

J'ai souvent eu à expliquer ou à corriger certaines conceptions et images fort inexactes, mais quand même très répandues, sur les Juifs. J'ai fréquemment été appelé à répondre des faits et gestes de l'ensemble de la communauté juive ou de l'État d'Israël. On m'a aussi régulièrement posé des questions sur ma judaïcité.

Je ne suis pas de ceux qui pratiquent la religion, et encore moins un spécialiste du judaïsme, mais je suis Juif, et très fier de l'être !

Ce livre se veut, en quelque sorte, une continuation, sous une autre forme, du dialogue que j'ai engagé avec mes amis, mes voisins et mes associés québécois.

Je crois que tout Juif dans le monde s'est déjà vu un jour confronté à l'image traditionnelle du « Juif-commerçant obsédé par l'argent ». Si cette réalité de la communauté juive existe, il en existe cependant beaucoup d'autres [2].

2. L'autre image universellement connue est celle des Hassides, ce groupe de fervents mystiques qui provoque beaucoup de curiosité.

Victor Teboul, dans une étude sur la façon dont les Juifs sont traités dans les lettres québécoises, intitulée *Mythe et images du Juif au Québec*[3], écrit qu'il faut essayer de comprendre « la complexité d'une réalité juive qui, de l'extérieur, est trop souvent perçue sous un angle monolithique... » Je fais mienne son observation à l'égard du personnage mythique juif qu'est le brocanteur : « Nous ne contestons donc nullement l'historicité du personnage, nous contestons sa stérile unicité. »

Les paroles, même les plus sincères, qui admettent le manque d'homogénéité du peuple juif ne suffisent pas. Il faut tenter de connaître et de faire connaître les différents éléments de la communauté juive qui sont moins évidents, moins spectaculaires, moins compris, mais non moins réels et pertinents. Et si ce livre contribue un tant soit peu à répandre cette connaissance, je pourrai considérer que mon objectif est atteint.

Ainsi, les Juifs progressistes qui oeuvrent en milieu québécois francophone et qui y sont intégrés, représentent une autre facette de la réalité juive, et c'est pourquoi j'ai choisi d'ébaucher quelques esquisses de cette réalité.

Préoccupation occasionnée par la question juive[4]

Cent cinq mille au Québec, 2 500 000 en Israël, 13 000 000 dans le monde entier : les Juifs suscitent une curiosité et une fascination disproportionnées à leur nombre. Ils éveillent une antipathie virulente chez les uns et un intérêt attachant chez les autres. Les Juifs, et dernièrement l'État d'Israël, ont eu une singulière propension, souvent contre leur gré, à s'imposer dans l'actualité et dans l'histoire de manière telle qu'on ne pouvait les ignorer. Les médias ont longtemps accordé à Israël une couverture qui ressemble aux reportages faits par certains médias sur chacune des péripéties des joueurs du Canadien de Montréal : Jérusalem accueille le troisième plus important corps de journalistes étrangers dans le monde, tout de suite après Washington et Bruxelles. Et cette préoccupation ne date pas d'hier.

---

3. Éditions de Lagrave, Montréal (1977), p. 209 et 232.

4. Cette section est née principalement de la lecture d'un article de Thomas Friedman, « The Focus on Israel », paru dans le *New York Times Magazine*, le 1er février 1987 (p. 15 et ss).

Le fondement de cet intérêt est complexe. D'abord, le peuple juif a écrit l'Ancien Testament et s'est placé au centre de tous ces mythes et récits qui traduisent un ordre moral, ce système de valeurs sur lequel s'appuie la tradition judéo-chrétienne. Le judaïsme, comme précurseur du christianisme, est ainsi partenaire dans cette tradition qui sous-tend la civilisation occidentale. La relation ambiguë entre ces deux grandes religions et la revendication de la paternité de cette tradition sont sources de polémique et de tension : à titre d'exemple, l'accusation notoire selon laquelle « les Juifs ont tué Jésus-Christ ». Des controverses théologiques entre ces deux visions spirituelles, qui pourtant se ressemblent tant, durent depuis deux mille ans.

Le rôle du Juif dans le monde chrétien et sa survie envers et contre tous intriguent. Tantôt invité à s'assimiler à la majorité ou banni dans un ghetto, tantôt victime d'une campagne d'extermination, il dérange et donne à penser par son existence même et par sa persistance à survivre.

Le concept de « peuple élu », cette caractéristique majeure et parfois élitiste du judaïsme, et son ton, à l'occasion moralisateur, notamment lorsqu'il exhorte à la perfection de l'esprit, ne suscitent pas toujours la sympathie. Ainsi, le Juif souffre à la fois de mégalomanie et d'insécurité ! Quand un Juif, et de nos jours Israël, commet une bévue ou semble ne pas vivre selon ses principes éminents, c'est un peu comme si le politicien qui fait campagne contre le patronage se faisait prendre le nez dans l'auge une fois élu ; on est piqué par la contradiction.

Enfin, cette expression ultime d'antisémitisme et de déshumanisation, l'Holocauste, assure au Juif une place particulière dans l'histoire et dans la conscience des hommes et des femmes de ce monde. Autant cet événement ne sera jamais complètement compréhensible, autant on ne peut qu'effleurer la raison pour laquelle le Juif a tant suscité de passions et de préoccupations.

Qu'est-ce qu'un Juif ?

Inévitablement la question se pose : qu'est-ce qu'un Juif ? Dans chaque livre, article ou étude sur les Juifs, on tente à un moment ou l'autre de proposer une définition. La question a été légitimement posée à maintes reprises tant par les non-Juifs que par les Juifs, qui eux-mêmes ne souscrivent pas majoritairement à une même école de pensée. Selon une anecdote juive bien connue, si on met trois Juifs ensemble et qu'on leur demande leur opinion sur un sujet, il en résulte quatre écoles de pensée !

La tradition religieuse orthodoxe considère comme étant Juif, quiconque naît d'une mère juive. Cependant, la conversion au judaïsme est possible et reconnue.

Par ailleurs, du point de vue anthropologique, les Juifs ne forment aucunement une race : il n'y a pas « une » espèce appelée « Juifs », mais plusieurs. Les Juifs ont de multiples origines raciales, tels les Falachas de l'Éthiopie, les Tamils — Juifs noirs de l'Inde —, les Khazares de Turquie, les Juifs slovaques, les Juifs orientaux… Pourtant la grande majorité des Juifs peut se classer en deux grandes catégories. Les Sépharades : d'origines espagnole et portugaise, dont près de 250 000 furent expulsés et chassés lors de l'Inquisition espagnole en 1492, et qui se sont dispersés partout dans le monde. Les Ashkénazes : de l'Europe orientale, de Pologne, de l'URSS et des pays slaves.

Le judaïsme est une religion, mais beaucoup de Juifs ne sont aucunement pratiquants — ni croyants —, mais sont quand même Juifs. On parle ainsi du « peuple » juif. Il y a des Juifs qui ne se reconnaissent pas comme tels, mais qui, malgré eux, sont reconnus par d'autres. Notons à ce sujet qu'au Canada, aux fins du recensement, les Juifs sont classés dans la catégorie religion, aussi bien que dans la catégorie ethnie.

Donc on peut identifier les Juifs comme communauté religieuse, mais aussi comme peuple ayant une histoire, deux langues qui leur sont propres, des traditions morales, une conscience collective, le tout difficile à cerner, mais non moins réel.

Denis Vaugeois, dans son livre *Les Juifs et la Nouvelle-France*[5], définit le Juif comme « celui qui, à un moment donné, s'est reconnu comme tel ou bien a été qualifié ainsi par ses contemporains ».

D'une façon arbitraire et pour les fins de ce livre, je définis le Juif comme celui qui, né d'au moins un parent juif ou converti lui-

---

5. Boréal Express, Montréal (1968), p. 39.

même au judaïsme, intègre ce fait dans sa définition de soi, quelle que soit l'importance qu'il accorde à ce fait ou la façon dont il le manifeste.

Quelques faits historiques

Aaron Hart fut le premier Juif à s'établir au Québec, en 1760, à Trois-Rivières. La première synagogue, Shearith Israël, fut érigée en 1777 dans le Vieux-Montréal. Trente ans plus tard, Ezekiel Hart, élu député de Trois-Rivières à l'Assemblée législative de Québec, s'est vu refuser un siège, parce que l'Assemblée a jugé qu'en tant que Juif, il ne pouvait prêter le serment d'office. La famille Hart a entretenu des relations étroites avec Louis-Joseph Papineau et les Patriotes, et un des Hart, un avocat qui les a défendus, a même écopé d'une peine symbolique pour outrage au tribunal.

En 1831, 107 Juifs demeuraient au Canada, dont cinquante à Montréal. De 1760 à 1880, ceux qui s'établissaient au Québec venaient surtout de Grande-Bretagne. De 1880 à 1920, une grande vague d'immigration juive nous parvenait de l'Europe de l'Est, particulièrement de Pologne, de Russie et de Lituanie. La majorité des Juifs québécois d'aujourd'hui sont descendants de ces immigrants.

De 1936 à 1941, seulement 762 Juifs ont obtenu la permission d'immigrer au Canada. En 1938, la Chambre des communes reçut une pétition de la Société Saint-Jean Baptiste — au total 127 364 signatures — s'opposant à l'admission au Canada de réfugiés juifs européens.

La reconnaissance officielle des Juifs au Québec date de 1832, mais leur acceptation concrète ne s'est pas réalisée sans de rudes épreuves. En 1934, des internes font la grève dans six hôpitaux francophones pour revendiquer, et finalement obtenir, le renvoi d'un interne juif de l'hôpital Notre-Dame. À cette époque, l'Université McGill impose un quota sur le nombre de Juifs admissibles aux cours, et un contingentement officieux dans les facultés de droit et de médecine prévaut jusqu'au début des années soixante. Et jusqu'en 1960, aucun courtier juif n'est admis à la Bourse de Montréal.

Peu à peu cependant, les barrières s'abaissent ou sont abolies. Notons enfin que jusqu'à la Deuxième Guerre mondiale, les Juifs ont constitué la troisième ethnie en nombre absolu au Québec, après les gens d'origines française et anglaise.

Progressiste et Juif : défi ou dilemme

D'emblée, je définis comme progressiste toute personne qui refuse le statu quo et qui s'engage résolument en faveur de l'égalité, de la justice, de la paix et de la liberté, afin de rendre la société plus humaine, plus attentive envers ceux qui sont dépourvus de pouvoir.

La vie de ceux et celles qui s'opposent au statu quo est parfois difficile à raconter et, par moments, camouflée ou étouffée par ceux qui écrivent l'histoire et décrivent l'actualité. Traités en parias ou en iconoclastes, les progressistes n'obtiennent souvent qu'une reconnaissance posthume et ceci, lorsqu'ils parviennent à en obtenir une ! Norman Bethune en est un excellent exemple contemporain.

Il n'en va pas autrement pour les Juifs progressistes au Québec. Leur très riche histoire, qui couvre la première moitié du XXᵉ siècle, reste à écrire. Voici un seul fait divers qui, à lui seul, vaut mille mots : dans le *Who's Who of Canada's Jews*, publié par le Jewish Institute of Higher Research, en 1965, il n'y a même pas d'inscription pour Fred Rose, qui est pourtant le premier et le seul député communiste jamais élu à la Chambre des communes durant les années quarante.

Le judaïsme prétend à une certaine inviolabilité morale collective et fait à ses adeptes un devoir de transformer le monde. Mais la souplesse y tient aussi sa place. Même dans l'Antiquité, la religion juive donnait aux membres de la congrégation le droit d'interrompre un service religieux pour soulever une affaire urgente concernant le bien-être de la communauté civile. Malgré sa religion, le Juif est conscient d'appartenir à un peuple historiquement vulnérable et souvent honni.

Le peuple juif a une certaine inclination vers la gauche pour une raison fort simple : l'antisémitisme, et particulièrement ses manifestations les plus virulentes, furent presque toujours l'apanage de la droite et de l'extrême droite, tels les Arcand au Québec, les Father McCoughlin aux États-Unis, les Pétain, Mussolini et Hitler en Europe. Les sociétés ouvertes, tolérantes, libérales, souples et diversifiées servent ainsi davantage les intérêts propres aux Juifs, précisément à cause de la discrimination, de l'oppression et des régimes totalitaires que ceux-ci ont subis durant leur histoire.

On perçoit les Juifs comme des individus très solidaires. Comme pour n'importe quel groupe social vu de l'extérieur, cette perception comporte beaucoup de vrai. Par contre, comme c'est le cas pour d'autres groupes sociaux, des tensions internes existent et sont particulièrement évidentes lorsqu'on examine l'histoire et la situation des Juifs progressistes au Québec. Ceux-ci vivent à certains égards une double situation de marginaux et d'exclus : dans la société en général et dans leur propre communauté en particulier !

Être progressiste signifie généralement être ouvert, ne pas rester enfermé dans son patelin, faire des alliances avec le plus grand nombre et s'intégrer à la majorité. Par ailleurs, le peuple juif, de par son histoire, a une très forte tendance à s'enfermer, à ne pas déranger et à se replier sur lui-même afin de survivre. Malheureusement, cette tendance entraîne souvent de l'ostracisme contre tous ceux qui quittent la communauté juive pour s'intégrer à la majorité environnante ! Intégration et survie : le dilemme n'est pas nouveau.

L'histoire des Juifs compte beaucoup d'individus et de groupes qui délaissent la communauté de leur enfance pour s'intégrer à la société globale, et plusieurs le font justement parce qu'ils sont motivés par une vision et une idéologie progressistes. Devant ce bannissement qui pèse parfois contre eux, leur propre identité en tant que Juifs devient secondaire et en arrive même à s'éclipser. Pour l'individu, vivre pleinement comme progressiste tout en maintenant un lien avec la communauté juive et en gardant son identité juive représente donc un défi de taille.

Une tradition juive radicale

Plusieurs penseurs juifs radicaux ont marqué considérablement le monde intellectuel à travers l'histoire, tels Baruch Spinoza, Henrich Heine, Karl Marx, Sigmund Freud, Rosa Luxemburg, Léon Trotsky, Emma Goldman, Albert Einstein et Betty Friedan.

Aux États-Unis, au début du XXe siècle, des organisations, des journaux et des manifestations socialistes fleurissent dans le ghetto juif de New York. Pendant la Grande Grève générale de l'industrie américaine de l'acier en 1919, qui dure plus de trois mois et touche plus de 400 000 travailleurs, les syndicats juifs du vêtement fournissent plus de la moitié des fonds de soutien aux grévistes recueillis par l'ensemble du mouvement syndical américain.

Aux États-Unis, en 1940 et 1944, les Juifs appuient Franklin Roosevelt et le Parti démocrate à plus de 90 %. Ce pourcentage diminue au fil des ans, mais il n'en demeure pas moins qu'aux élections présidentielles de 1984, les Juifs votent pour Walter Mondale dans une proportion de 68 %, ce qui constitue le pourcentage le plus élevé, après celui des Noirs, appuyant les démocrates.

On estime que, parmi les étudiants descendus dans le sud des États-Unis à l'été 1964 lors de la campagne menée en faveur des droits civiques des Noirs, le tiers sont des Juifs. En 1966, à Philadelphie au Mississippi, deux des trois martyrs tués par le Ku Klux Klan, Goodman et Schwerner, sont Juifs.

Dans le mouvement étudiant de contestation, The New Left, en 1969, entre le tiers et la moitié des étudiants sont Juifs. Deux des activistes les plus connus de la révolution culturelle américaine des Yippies, Jerry Rubin et Abby Hoffman, sont également Juifs.

Plus de 75 % des trotskistes en France en mai 1968 sont Juifs. Un des importants leaders des Événements de mai 1968, Daniel Cohn-Bendit, est Juif. En 1981, la majorité des Juifs appuie Mitterrand.

Et ainsi de suite…

Au Québec, au début du siècle, des ouvriers juifs fêtent déjà le Premier mai par un défilé dans les rues de Montréal, soixante ans avant que le mouvement syndical québécois reconnaisse officiellement la Fête internationale des travailleurs.

Pour beaucoup d'immigrants juifs en rupture avec le judaïsme traditionnel, le mouvement syndical fait figure de nouveau temple où l'on défend ses droits comme travailleur, mais où l'on peut aussi lire, apprendre l'anglais, assister à des pièces de théâtre et même approfondir la culture juive.

Le mouvement ouvrier juif au Québec, pendant les trois décennies précédant la Deuxième Guerre mondiale, innove dans les stratégies de négociation : par exemple, les grèves générales dans une seule industrie. Le mouvement s'engage aussi de façon soutenue, et souvent comme pionnier, dans les questions culturelles, humanitaires, législatives, sociales et politiques. Le rôle des Juifs dans le développement et l'expansion du Parti communiste et du Co-operative Commonwealth Federation (CCF)[6] est crucial.

Un Juif socialiste, Joshua Gershman, symbole d'une partie considérable de la communauté juive de l'époque, est le principal organisateur du Syndicat industriel des travailleurs de la confection. Il déclare sans détour que c'est parce qu'il est Juif qu'il épouse la philosophie marxiste. Gershman ainsi que des militantes et militants syndicaux juifs sont actifs sur plusieurs fronts. Au creux de la dépression à Montréal, au début des années trente, Nick Zimchuk, un Ukrainien, est abattu par la police parce qu'il refuse de quitter son logement d'où on veut l'évincer. À l'occasion des funérailles, Gershman organise une manifestation de solidarité réunissant 10 000 personnes et il est le seul orateur à prendre la parole.

L'histoire de Gershman, comme celle de tant d'autres, mérite au moins la même attention que celle de la *Dynastie Bronfman*[7].

Les Juifs au Québec aujourd'hui

On a déjà fort bien observé et analysé la mobilité sociale ascendante des Juifs dans la société nord-américaine depuis la Deuxième Guerre mondiale. Pendant la première moitié du XXe siècle, les Juifs québécois travaillent comme ouvriers et ouvrières surtout dans les secteurs du vêtement et du textile, et comme cols blancs dans les petits commerces[8]. Mais depuis 1945, le portrait socio-économique des Juifs québécois se transforme énormément. Les immigrants juifs des années 1880 à 1920 étaient des prolétaires — dont les parents ne l'étaient pas et dont les enfants ne le seront pas ! Cette déprolétarisation conduit inévitablement à une diminution importante de ceux qui se trouvent au bas de l'échelle.

---

6. Prédécesseur du Nouveau Parti démocratique (NPD)

7. Peter C. Newman, McClelland & Stewart, Toronto (1978)

8. Alexandra E. Szacka a fait une excellente étude du sujet dans sa thèse à l'Université Laval, en 1981 : *Ethnicité et fragmentation du mouvement ouvrier : la situation des immigrants juifs au Québec (1920-1940)*.

Les Juifs occupent aujourd'hui une situation privilégiée au Québec et possèdent un vaste réseau d'institutions religieuses, culturelles et scolaires, et de services sociaux. Soixante-quinze pour cent des Juifs utilisent la langue anglaise comme première langue, bien que plus de la moitié d'entre eux puissent s'exprimer en français.

La communauté juive montréalaise est renommée pour avoir été, jusqu'à tout dernièrement, une des plus homogènes, des plus solidaires, des plus ethnocentriques, des plus « tricotées serrées » et organisées en ghetto, de toutes les communautés juives semblables en Amérique. Cela est dû, entre autres, à une situation unique en Amérique du Nord : le fait que cette collectivité juive se soit établie à proximité de la collectivité canadienne-française catholique, elle-même homogène, solidaire et ethnocentrique.

Ce phénomène a été sérieusement ébranlé par l'arrivée massive de Juifs sépharades, surtout francophones, d'Afrique du Nord et du Moyen-Orient, de 1956 à 1965. De plus, la Révolution tranquille, la montée du mouvement indépendantiste et l'élection du Parti québécois en 1976 ont joué un rôle certain relativement à l'exode important de jeunes Juifs anglophones dont on témoigne depuis une quinzaine d'années. Ainsi, on assiste à une diminution, en termes absolus, de la population juive de Montréal. Et de nouveau, la communauté juive montréalaise est en profonde transformation.

Juifs et Québécois : une situation commune [9]

Les parallèles entre Juifs et Québécois, en tant que peuple, sont nombreux.

Les Juifs et les Québécois possèdent chacun une langue qui les distingue et dont la sauvegarde représente un élément important de leur identité. Chacune des langues a engendré une littérature, des chansons, une culture propre à chacun des deux peuples, et plusieurs des traditions et des coutumes de chacun prennent leur source dans les deux grandes religions qui se partagent un héritage commun.

---

9. Cette section est largement inspirée du livre, *Juifs et Québécois français : 200 ans d'histoire commune*, Jacques Langlais et David Rome, Fides, Montréal (1986).

Les deux connaissent bien l'expérience de la ghettoïsation et le défi que constitue la résistance à l'assimilation. De plus, le nationalisme et la recherche d'une existence politique font partie intégrante de l'identification de l'un et de l'autre peuple. Le Juif peut être sioniste ou pas, tout comme le Québécois peut être indépendantiste ou pas, mais l'un comme l'autre ne peuvent éviter d'envisager ces choix politiques et de se situer par rapport à eux.

Ces deux peuples ont connu le déracinement de l'Europe, bien que les circonstances et les époques aient été différentes. Le choc brutal de l'industrialisation a sérieusement ébranlé leur vie sociale et culturelle, de même que leurs religions respectives qui avaient été jusqu'alors au centre de leur identité. De plus, l'expérience politique de minorité opprimée est un autre facteur qui leur est commun et fait partie de la conscience collective et de la psychologie de chacun.

Malgré tout ce qui peut et même doit rapprocher les deux peuples, comme Jacques Langlais et David Rome l'écrivent, « le voisinage et la parenté n'empêchent jamais les malentendus et les préjugés d'élever des murs de méfiance et d'hostilité entre communautés qui partagent à maints égards un sort commun. »

Dix « braves » personnes

Je n'ai pas la prétention d'être historien, ni sociologue, anthropologue, ou politicologue. Le groupe de dix « braves » personnes que je présente ici n'est pas un échantillon choisi selon une grille scientifique. Ce petit collectif n'est donc point représentatif de toute la communauté juive québécoise. D'ailleurs, le thème de ce livre est justement que notre communauté a plus d'un visage, plus d'un vécu et plus d'une philosophie, et l'image qu'on en retient doit en tenir compte.

Les cinq femmes et les cinq hommes présentés s'identifient tous comme Juifs. Leur expérience en tant que Juifs, le rôle que joue cette identification dans leur vie, et son intensité diffèrent nécessairement de l'un à l'autre.

Pourquoi avoir choisi dix personnes et non pas vingt-cinq ? Il faut faire un troc entre le « nombre » des sujets, qui permet que l'échantillon ait une diversité plus ou moins grande, et « l'attention accordée par individu », qui permet d'avoir de celui-ci une perception plus ou moins approfondie. Le sondage d'une population et l'entrevue individuelle poussée ont chacun leurs mérites et leurs désavantages.

Mais les Juifs progressistes représentent-ils même une minorité « significative » au sein de la communauté juive du Québec ? Je ne saurais préciser avec exactitude le sens des mots minorité « significative » dans un tel contexte. À chacun sa règle. Je me contente d'affirmer que les Juifs progressistes au Québec sont loin d'être une majorité, mais qu'ils sont un groupe appréciable, qu'ils représentent également un courant majeur dans l'histoire et dans les traditions du peuple juif et enfin, qu'en écrivant ce volume, j'essayais de tenir compte de cette interrogation.

Dans chacun des chapitres, je fais le récit biographique des dix personnes choisies en mettant l'accent, bien entendu, sur le triple fait d'être Juif, progressiste, et intégré dans le milieu québécois francophone. Puis, j'invite chacun à faire part d'opinions et d'analyses sur les sujets qui reviennent régulièrement depuis plus de vingt ans lorsque j'aborde moi-même ma judaïcité avec des Québécois francophones.

Ainsi les discussions portent sur Israël et le conflit avec les Palestiniens, sur le mouvement nationaliste québécois, sur la langue française et sur l'identité québécoise. Les idées et les critiques exprimées par les personnes interviewées pourront surprendre ceux qui attribuent à la communauté juive une attitude monolithique.

En plus de définir sa propre conception de la judaïcité, chacun examine aussi comment les Québécois francophones le perçoivent en tant que Juif, de même que les expériences et les réflexions que suscite cette interaction culturelle.

Finalement, j'ai sondé ces Juifs progressistes sur l'existence d'un rapport entre le fait d'être Juif et celui d'être progressiste, et sous quels vocables.

Être progressiste ne conduit pas normalement au pouvoir, à la fortune ou à la célébrité, mais s'opposer à l'Establishment amène parfois une certaine notoriété. Parmi les dix personnes présentées, quelques-unes sont connues du grand public et d'autres ne le sont que de milieux particuliers. Mais la renommée n'était pas un critère de sélection, au contraire ! Ces dix Juifs sont de souches variées, la plus jeune a vingt-huit ans et la plus âgée quatre-vingt-cinq.

J'ai choisi de n'inclure que des contemporains, même si les récits de vie de personnes hélas décédées comme Bernard Mergler, Léo Roback, Fred Rose, pour ne nommer que ceux-là, seraient importants et significatifs, et mériteraient bien d'être racontés et connus de tous les Québécois, y compris, et surtout, des Juifs.

Je m'intéresse, avant tout, à l'interaction entre Juifs et Québécois. C'est pour cette raison que j'ai rencontré des Juifs progressistes assez bien intégrés dans le milieu québécois francophone, plutôt que d'autres, moins bien intégrés pour différentes raisons, mais qui ne sont pas nécessairement moins progressistes pour autant.

Les dix personnes présentées dans les chapitres qui suivent restent aujourd'hui très attachées à leurs idéaux progressistes et militent pour diverses causes contestataires. Sauf Stan Gray, toutes sont engagées dans le milieu québécois francophone d'aujourd'hui.

J'espère donc que ces portraits feront davantage découvrir la communauté juive québécoise dans toute sa complexité et ses contradictions. La contribution des Juifs progressistes à l'histoire et à la société québécoise contemporaine est riche et marquante. En leur rendant un sincère hommage, j'admets volontiers que ce livre a été réalisé avec un parti pris énergique à leur égard.

Henry Morgentaler

Vingt ans de combats acharnés pour l'accès à l'avortement se sont soldés par une importante victoire devant le plus haut tribunal du Canada. (Photo *La Presse*)

Henry Morgentaler

Réfléchissons comme gens d'action
Agissons comme gens de réflexion

Ralph Waldo EMERSON,
poète américain (1803-1882)

« L'avortement n'est plus un crime, statue la Cour suprême »,
telle se lit la manchette de *La Presse* du 29 janvier 1988. En dessous,
une photographie du docteur Henry Morgentaler faisant le signe de
la victoire. Vingt ans de combats acharnés, parfois solitaires, toujours controversés, pour la reconnaissance du droit des femmes à
disposer de leurs corps. Vingt ans de lutte contre l'hypocrisie abu-
sive des pouvoirs en place se sont soldés par une glorieuse victoire
devant le plus haut tribunal du Canada.

L'histoire du docteur engagé est légendaire, et l'on connaît partout ce héros, animé par une passion extraordinaire pour la justice.
Au lendemain de la décision historique dans « l'affaire Morgentaler », la chronologie de ses démêlés avec les tribunaux canadiens
depuis tant d'années fait encore une fois la une à travers le pays.
Livres, reportages et films ont maintes fois raconté les accusations, les
procès et l'épineux débat soulevé par les gestes de Henry Morgentaler.

Trois mois avant le prononcé du jugement de la Cour suprême,
Henry est loin d'être certain de l'issue de la cause, car s'il croit profondément dans la bonté de l'être humain, il se méfie des systèmes.

Sûr de lui et fermement convaincu de la justesse de ses positions et de ses actions, il affiche une simplicité et une certaine gêne, voire de l'incrédulité devant sa propre renommée et les passions qu'il suscite.

Bien qu'il soit habitué à donner des interviews et à exposer son point de vue, il n'en est pas moins d'une singulière sincérité, qui laisse apercevoir la profondeur de son introspection. Articulé, l'esprit éveillé, il fait penser au petit gamin qui demande pourquoi le roi se promène tout nu dans la rue.

Henry fait l'objet de menaces constantes et les actes de violence perpétrés contre lui ou contre ses cliniques sont notoires. Mais ça ne semble guère l'affecter. Vivant dans un climat chargé de tensions, il surprend par son calme et son équilibre, et sans doute ses adversaires sont-ils parfois pris au dépourvu devant sa générosité et sa chaleur.

Petit, bien vêtu, la barbe taillée, le regard pénétrant, il conserve sa bonne santé. Il est fier de raconter qu'il a gagné le championnat de ping-pong lors de son séjour en prison, en 1975, mais aussi qu'il y a organisé une pétition pour l'amélioration des conditions de détention. Malgré les rudes épreuves qu'il a subies, tant mentales que physiques, et quoi qu'en disent les critiques qui essayent de lui trouver des vices, Henry est un homme qui est très bien dans sa peau.

Josef et Golda

En 1923, lorsque Henry Morgentaler vient au monde à Lodz en Pologne, ce pays compte plus de trois millions de Juifs, soit la communauté juive la plus importante d'Europe et l'une des plus animées sur les plans culturel et politique. Écrivains de langue yiddish, rabbins érudits et syndicalistes socialistes profitent avec circonspection d'une reconnaissance légale des droits civils des Juifs, accordée par l'État à la fin de la Première Guerre mondiale.

Lodz, au coeur de la Pologne, est alors un centre très important de l'industrie du textile. Le père de Henry, Josef, travaille de longues heures dans une de ces énormes usines, tandis qu'à la maison sa mère, Golda, coud des robes, en plus de s'occuper de Henry, de son frère cadet Mike et de sa soeur aînée Ghitel.

Après avoir collaboré à l'organisation d'un syndicat dans la filature où il travaille, Josef devient secrétaire libéré du syndicat et l'un des leaders du Bund [1]. En tant que militant socialiste, il est également élu échevin de Lodz à plusieurs reprises. Les revenus dérisoires de ses activités politiques et syndicales à plein temps suffisent à peine à faire vivre sa famille, ce qui crée inévitablement des difficultés et devient très lourd à porter pour sa femme Golda et pour ses enfants.

Josef est un autodidacte, sans aucune éducation formelle. Le syndicat n'a pas les moyens d'engager des avocats ou des spécialistes et c'est Josef qui défend les ouvriers lorsqu'ils sont traduits en justice. À son tour, il est arrêté et emprisonné plusieurs fois à cause de ses convictions politiques.

Henry reste profondément touché par le souvenir de son père : « C'était un grand homme très populaire, un idéaliste fort intègre. Partout où j'allais dans la ville, j'étais le 'fils' de Josef Morgentaler. J'étais très impressionné par lui et je l'idéalisais. »

Vers la fin des années trente, un mouvement nationaliste polonais d'extrême droite fait une remontée. Voyous et antisémites provoquent des affrontements et battent des Juifs. « Plusieurs fois mon père est revenu du conseil municipal avec des bandages autour de la tête, blessé dans des échauffourées. Ça m'a beaucoup marqué. Heureusement qu'il n'a pas été envoyé en Sibérie par les autorités, comme ce fut le cas pour plusieurs de ses confrères. C'est un peu en fonction de mon identification avec mon père que j'ai repris à mon compte la poursuite de sa philosophie et de son action. »

Très engagée aussi, Golda milite dans l'aile féministe du mouvement socialiste et participe, entre autres, à la chorale du Bund. « Le Parti socialiste prêchait la dignité et l'égalité des femmes, précise Henry, mais les revendications féministes étaient fatalement subordonnées aux revendications plus larges du parti pour une meilleure société. Mais plus tard, ce fut justement une adaptation assez facile pour moi de défendre les droits des femmes, car cette sensibilisation a débuté dans mon foyer familial en Pologne. »

---

1. Organisation socialiste d'ouvriers juifs de Pologne, de Russie et de Lituanie, fondée en 1897. Antisioniste, prônant l'autonomie culturelle et nationale, le Bund travaille ardemment à promouvoir le yiddish et la culture juive et est actif dans les domaines politique, social, culturel et économique qui touchent la vie de la classe ouvrière juive.

Les années ont donné une autre perspective à la relation d'autorité difficile que Henry vivait avec sa mère. En songeant à elle, il avoue : « C'était une vie assez dure pour elle et je ne l'ai pas appréciée autrefois, mais aujourd'hui je l'apprécie davantage. Quand mon père était arrêté c'était particulièrement ardu pour nous. Malgré ça, ma mère est restée dévouée à sa famille et elle a tenu le coup. C'était une femme forte qui avait beaucoup de caractère. »

Une philosophie socialiste et antireligieuse

Henry est élevé dans un environnement où la religion juive est délaissée en faveur du socialisme. « Mes parents avaient effectué avec le judaïsme religieux une rupture assez forte, car ils voyaient la religion comme un facteur de résignation, d'acceptation du statu quo, où les gens disaient 'Le Bon Dieu le veut ainsi. Il n'y a donc rien à faire !' En refusant cela, ils croyaient plutôt qu'il faut agir dans le présent pour bâtir une société meilleure, plus juste, où tout le monde est égal et jouit d'une dignité personnelle, collective et nationale. Ils visaient cela non seulement pour les Juifs, mais pour tout le monde, et j'ai été formé dans ce mouvement d'action, d'énergie nouvelle et d'éclosion de créativité. Mes parents manifestaient une ouverture vers le monde et le modernisme.

« À l'instar de mes parents, je trouvais les aspects religieux et traditionnels du judaïsme périmés, non vivants, ni valorisants. Les prières et la synagogue ne m'intéressaient pas du tout ! »

Pourtant, ce mouvement socialiste, anticlérical, antireligieux, fait allègrement la promotion et l'affirmation de l'identité culturelle juive, particulièrement de la langue yiddish et de ses grands écrivains, tels Sholom Aleichem et Mendele Mocher Seforim. « Chez nous, on avait conscience d'être Juifs, avec une identité basée sur le yiddish, la culture et les fêtes. Évidemment, nous n'observions pas les règles kasher[2]. Les grands-parents, eux, les respectaient et, à

---

2. Loi juive indiquant les prescriptions rituelles pour l'alimentation et la tenue de la cuisine, ainsi que le lieu où la nourriture est préparée ou vendue. À titre d'exemples, sont interdits : la consommation de cochon, de carnivores, de cheval, de fruits de mer, de même que la consommation simultanée de plats carnés et lactés.

l'occasion, ça avait des conséquences drôles, comme lorsque grand-mère demanda à ma soeur Ghitel, qui avait sept ans, ce qu'elle avait mangé pour dîner, ma soeur, qui ne comprenait pas toutes les nuances de la loi kasher mais qui respectait grand-mère, a répondu : 'Du jambon kasher !' »

La religion juive est intimement liée au peuple juif et il est souvent difficile de séparer le religieux du culturel. Elie Wiesel, prix Nobel de la paix en 1986, disait : « Un Juif peut honorer Dieu ou le contester, mais il ne peut point l'ignorer. »

Chez les Morgentaler, les fêtes n'ont pas de contenu religieux. « Mais on y faisait des 'parties'. À la Pâque, on ne récitait pas le *Haggadah*[3], mais on soulignait le fait que c'était une fête de libération, en transposant dans les temps modernes l'histoire et le sens de cette fête. On parlait du peuple juif qui sera libéré de nouveau pour vivre dans une société nouvelle, juste et socialiste, exempte d'antisémitisme, et où toutes les injustices auront disparu.

« Mes parents voyaient justement un certain lien entre le judaïsme et leurs propres idées socialistes, particulièrement par le biais des grands prophètes de l'Ancien Testament qui prêchent la justice, dénoncent l'oppression et présagent un monde nouveau : 'L'agneau sera avec le lion'... Mais mes parents ne voulaient pas 'attendre' le Messie et croyaient plutôt avoir l'obligation et la responsabilité de travailler pour la réalisation de cette utopie, en sacrifiant même la sécurité du présent, s'il le fallait. Nous demeurions Juifs, avec une identité différente, mais nous voulions être acceptés comme citoyens de première classe, et nous souhaitions bâtir ensemble avec les Polonais une nouvelle Pologne.

« Par ailleurs, je n'aimais pas tellement cette partie de la communauté juive qui s'habillait de façon désuète et archaïque. Je ne voulais pas m'enfermer dans un ghetto comme eux et ne vivre que parmi d'autres Juifs en débattant toujours les mêmes histoires du

---

3. L'histoire de l'exode des Juifs de l'Égypte des Pharaons, racontée en hébreu lors de la fête de la Pâque. Cette fête, qui dure huit jours au printemps, commémore la libération du peuple hébreu d'Égypte sous la conduite de Moïse, au XIIIe siècle av. J.-C.

Talmud[4]. Car le chemin de mes parents, qui est devenu le mien, était beaucoup plus digne.

« Mon adolescence en tant que Juif fut une double aliénation. Tout d'abord, je vivais une aliénation parmi les Juifs, parce que notre famille était non pratiquante et donc un peu à part ; et en tant que Juif parmi une majorité polonaise, j'étais très conscient de faire partie d'une minorité opprimée qui n'avait pas les mêmes droits que tous les autres. »

Une jeunesse formatrice

Jusqu'à l'âge de sept ans, Henry ne parle que le yiddish. Ce n'est qu'après avoir déménagé dans un nouveau quartier de Lodz qu'il fait ses premiers contacts avec des non-Juifs et qu'il apprend le polonais. Jusqu'au déménagement, il fréquentait une école juive, empreinte de nouvelles idées et faisant partie d'un réseau fondé par le Bund. L'histoire du peuple juif et l'interprétation du judaïsme s'apprenaient d'un point de vue très progressiste, sans aucune connotation religieuse.

Dans le nouveau quartier, la population juive n'est que de 20 %, et alors les incidents antisémites se précipitent. « Tous les jours, je devais marcher trois, quatre kilomètres pour me rendre à l'école, située au centre-ville. Sur le chemin, j'étais guetté par de jeunes Polonais qui m'ont battu à plus d'une occasion pour la seule et unique raison que j'étais Juif. Quand je réussissais à les entrevoir, j'effectuais de grands détours pour les éviter. Ils étaient toujours quatre à six contre moi, et la seule solution, c'était de m'enfuir. Les paris étaient contre moi. Malgré mon expérience avec cette bande, je me suis quand même fait beaucoup de bons amis polonais. »

Mais l'expérience a été marquante, et aujourd'hui Henry y voit l'un des facteurs qui a suscité sa détermination et son besoin de braver l'autorité. « J'avais intériorisé l'idée d'être un lâche qui fuit devant la force supérieure. C'est important de le souligner, car plus tard, pour m'affirmer, il a fallu que je prouve à d'autres, et surtout à

---

4. Compilation de commentaires et d'analyses par les sages de la loi mosaïque — la Torah (cinq premiers livres de la Bible). Ce recueil de textes philosophiques propose une interprétation de la vie et un système de valeurs et de moeurs.

moi-même, que je ne suis pas un poltron et que j'ai du courage. Je m'affirme donc en pourchassant des choses de plus en plus difficiles, et en montrant de plus en plus de courage. »

À l'âge de huit ans, son père lui apprit à jouer aux échecs et ce jeu est devenu une vraie passion qu'il entretient toujours. À peine deux ans plus tard, Henry réussit à battre son père aux échecs. « C'était formidable. Je le battais et il prenait bien ça. Au lieu de se mettre en rogne, il était bon perdant et c'était très valorisant pour moi. Mon père était un homme très gentil. Il apportait des petites friandises à ses enfants au retour de son travail, et je trouvais même qu'il faisait un petit pot de thé bien mieux que je ne pouvais le faire ! »

À douze ans, alors que la majorité des jeunes garçons juifs se préparent pour leur Bar-Mitsva[5], cérémonie religieuse qui souligne l'arrivée à la majorité, Henry devient membre de la jeunesse du Bund, le SKIF. On y discute des actualités autrichiennes et espagnoles. « Je me passionnais pour la lutte des Républicains contre le fascisme du Generalissimo Franco. Tous les jours, je suivais ce conflit entre le bien et le mal. J'étais très engagé socialement, participant aux longs défilés du 1er mai, aux grandes fêtes du Bund et à des assemblées de toutes sortes. »

À l'école, l'ambiance est bonne et Henry est motivé. Il finit même parmi les premiers de sa classe. À la maison, il dévore des livres pour s'échapper un peu de la réalité. « Je lisais les grandes aventures des Indiens de l'Amérique du Nord, des oeuvres sur les luttes sociales et politiques, de même que des traductions en yiddish de la grande littérature française et américaine. L'accomplissement intellectuel était très valorisé et encouragé par mes parents. »

À quatorze ans, Henry s'inscrit à l'école secondaire. Grâce à ses bonnes notes, il entre dans le quota du 5 % des Juifs admis chaque année. « L'enseignant responsable de notre classe, un véritable antisémite, m'a pris en grippe. À la fin de la session, comme j'avais les meilleures notes de la classe, il a rehaussé les notes d'un Polonais, juste pour être certain que moi, le petit Juif, je ne serais pas premier. »

---

5. Autour de son treizième anniversaire, le jeune « adulte » est invité devant la congrégation à la synagogue pour chanter des extraits de la Torah. Généralement, on fait la fête pour souligner cet heureux événement.

L'année suivante, Henry gagne le championnat d'échecs de son école. « Alors que le gagnant a habituellement droit à un grand reportage dans le journal de l'école, cette fois-là, vu que c'était le petit Juif qui avait gagné, il n'y a eu qu'un petit entrefilet — qui est passé inaperçu », raconte Henry, en souriant.

Cette même année, lors d'une assemblée générale des étudiants, un rapport minoritaire critiquant l'association étudiante est présenté. Lorsque vient le temps d'appuyer ce rapport, Henry est le seul à lever la main : « Le rebelle en moi s'est trouvé exposé aux yeux de tous ! Devant l'assemblée de 300 étudiants, on m'a demandé de justifier ma position et je n'ai pu que balbutier un peu. Quelle humiliation ! » conclut Henry avec un long soupir gêné.

Cette manifestation publique d'indignation est plutôt l'exception que la règle, car Henry a davantage une réaction de soumission devant les provocations les plus graves. « Un professeur allemand nazi nous chantait les éloges d'Hitler en classe. Il n'y avait pas moyen de protester, car à la fin des années trente, la Pologne était déjà quasi fasciste et, même si je me sentais très mal, je n'osais pas réagir. »

Fin 1938, Josef Morgentaler perd une élection, et pour Henry ce souvenir est aussi clair que si c'était hier : « Mon père était très déprimé, et frappé de désespoir. Je ne l'avais jamais vu comme ça. Il a commencé à douter de sa philosophie et ça m'a sérieusement ébranlé. »

À ce moment-là, Josef Morgentaler n'imaginait sûrement pas l'abysse horrible qui allait bientôt s'ouvrir devant lui et l'humanité entière.

Numéro 95077

Lorsque l'armée hitlérienne attaque la Pologne, le 1er septembre 1939, amorçant ainsi la Deuxième Guerre mondiale, Henry n'a que seize ans. Il tente de s'évader de Lodz, mais l'armée le devance et il retourne dans sa ville natale.

Brusquement l'agresseur allemand enferme tous les Juifs dans un ghetto ceinturé de barbelés, et Henry est envoyé dans une usine où l'on fabrique de l'acier, puis, ultérieurement, dans une fabrique de sacs en papier. Comme les autres Juifs de Lodz, il est contraint de soutenir l'effort de guerre de la machine nazie, comme prix de la survivance. La malnutrition, la torture, les assassinats cruels... tout ce que Martin Gray a décrit de façon si poignante dans *Au nom de tous les miens*[6], se passe aussi bien dans le ghetto de Lodz que dans celui de Varsovie.

Josef — qui avait vécu dans la clandestinité depuis l'arrivée des occupants nazis — est à peine revenu à la maison depuis quelques jours qu'il se fait arrêter par les bourreaux allemands. Il est torturé, envoyé dans une usine en banlieue de Lodz et transféré ensuite dans un camp de la mort, sa dernière demeure.

Ghitel, pour sa part, fuit avec son amant à Varsovie où ils seront interceptés tous deux et transportés dans le convoi de la mort vers Treblinka d'où ils ne reviendront jamais.

Jusqu'en août 1944, Henry, Golda et Mike vivent au jour le jour la peur, l'humiliation et la lutte pour la survie dans le ghetto de Lodz. L'évacuation des Juifs de Lodz est alors décrétée par les Allemands. En se cachant derrière un faux mur, les trois Morgentaler retardent d'une dizaine de jours leur déportation vers l'enfer d'Auschwitz. Mais les loups qui chassent les découvrent.

En descendant des wagons de la mort à Auschwitz, le pouce du commandant allemand sépare Golda de ses deux fils : c'est la dernière fois que Henry pose son regard sur sa mère. Les deux frères sont déshabillés, rasés de la tête aux pieds et envoyés aux douches, où ils ressentent un soulagement macabre de trouver de l'eau qui coule... au lieu du gaz appréhendé !

Les deux survivants de la famille annoncent à leurs geôliers qu'ils ont des métiers, ce qui les conduit au camp de concentration de Dachau. Là-bas, au lever du jour, Henry, devenu le numéro 95077, marche cinq kilomètres pour travailler à la construction d'un abri contre les bombardiers. Jusqu'à la tombée de jour, il charrie de gros morceaux de bois, de fer, et des sacs de ciment. Les gardiens talonnent leurs prisonniers sans relâche. Une piètre soupe les empêche à peine de crever. Autour de Henry et de Mike, les hommes expirent comme des mouches.

Henry est atteint d'une bronchite sévère et il est séparé de Mike durant plusieurs semaines. Aux retrouvailles, les Allemands

6. Coédition Robert Laffont et Opera Mundi (1971).

décident de les transférer de nouveau dans un autre camp. Pendant le transit, les Alliés préparent une attaque aérienne. Henry et Mike réussissent alors à s'enfuir. À quelques kilomètres du train qui les transportait, des paysans allemands les secourent et ils finissent par retrouver des troupes américaines. Ayant attrapé le typhus, Henry mettra plusieurs semaines à guérir.

Refaire sa vie

Henry apprend que sa tendre compagne d'avant-guerre, Eva Rosenfarb, a survécu au camp de concentration de Bergen Belsen et il décide de s'y rendre. Ils se retrouvent parmi les ruines du continent et celles de leur adolescence. Ils ont bien des plaies à guérir... Ensemble, le malheur sera peut-être plus supportable.

Henry s'inscrit en médecine à l'Université de Marburg/Lahn en Allemagne. Entre-temps, incapable de vivre parmi les Allemands, Eva part pour la Belgique où Henry la rejoint à la fin de l'année scolaire. Il poursuit ses études de médecine à l'Université libre de Bruxelles : « Le diplôme que j'ai reçu à la fin de mes études en Belgique me permettait de pratiquer au Congo belge, mais ça ne m'intéressait pas ! »

Très douée pour la littérature yiddish, Eva écrit alors des poèmes très émouvants qui impressionnent un représentant de journaux yiddish de New York et de Montréal, M. Hershman, qui suggère au couple de s'établir dans la métropole québécoise et offre de les aider à immigrer. De plus, Henry avait une cousine qui avait déjà immigré au Canada.

En 1950, les époux prennent donc au Havre le bateau Samaria en partance pour l'Amérique. Eva est enceinte de trois mois. Goldie, dont le nom rappelle la mère de Henry, disparue à Auschwitz, naîtra dans la belle province.

Muni d'une lettre de recommandation de l'Université libre de Bruxelles, qui a alors la réputation d'être anticléricale, Henry s'inscrit en médecine à l'Université de Montréal, dont le chancelier est alors le futur Cardinal Léger. Curieux paradoxe, il a probablement été utile à Henry d'être Juif à ce moment-là, puisqu'on avait ainsi tout lieu de croire qu'en tant que Juif, il ne s'engagerait pas dans une lutte « anticléricale » à l'université très catholique aux flancs du mont Royal !

Les examens d'admission au programme sont très difficiles, et Henry doit reprendre toutes les matières qu'il a déjà étudiées : c'est une tâche ardue, mais il s'en sort très bien. « Le secrétaire du doyen de la faculté m'a confié après coup que personne ne croyait à ma réussite. »

Les études universitaires exigeantes, de même que l'adaptation au nouvel environnement, le nourrisson à la maison et les cours de français et d'anglais que donne Henry pour subvenir aux besoins de la famille, laissent peu de temps pour le repos. Au début des années cinquante, l'Université de Montréal n'accueille pas beaucoup de Juifs. « À l'Université, je me sentais comme un étranger, mal à l'aise, et pas très accepté. Il n'y avait pas d'hostilité ouverte, mais une certaine méfiance et l'on semblait se demander pourquoi je prenais la place d'un Canadien français. En effet, j'avais ma mentalité, des intérêts différents, et pas beaucoup de liens communs avec mes pairs. Mais plusieurs confrères furent très gentils, dont un Français de Martinique avec qui je suis devenu très ami. Lorsqu'il m'a invité chez lui, un des étudiants de notre classe s'est montré étonné qu'on puisse recevoir un Juif chez soi ! Mais ce n'était pas un hasard que je sois ami avec ce Martiniquais. C'était parce que lui-même se sentait dans une position inconfortable de ne pas être Canadien français, et pourtant il était mieux accepté que moi, parce qu'avant tout... lui n'était pas Juif », précise Henry, avec un petit sourire entendu.

M. Hershman, le mécène qui avait prêté main forte au couple depuis leur arrivée, aidera aussi ses amis à intégrer la communauté juive de Montréal. Par le biais des prouesses littéraires d'Eva, le couple en viendra à fréquenter assidûment les écrivains de langue yiddish et les intellectuels juifs de la communauté.

2990 Honoré-Beaugrand

Henry reçoit son diplôme de médecin en 1953 et sollicite de l'Université un prêt de 300 $, qui lui est refusé. « À l'époque, j'avais trouvé ce refus discriminatoire, car ils devaient penser que moi, l'étranger, je partirais peut-être en Ontario, et que je ne rembourserais jamais l'emprunt. Frais émoulu de l'université, je nourrissais le rêve de devenir un autre Pasteur. J'obtins un poste en recherche médicale à l'Université McGill, mais l'expérience de compter des cellules au microscope et de compiler des statistiques à longueur de journée m'a très vite déçu. Et de plus, ce que j'avais appris de la pratique de la médecine clinique et du soin des patients était mis entre parenthèses au laboratoire de recherche. Mais j'y suis quand même resté un an.

« Ensuite, j'ai décidé de faire mon année d'internat à l'hôpital des Vétérans où j'ai découvert que j'avais beaucoup de facilité à faire des diagnostics et que j'établissais de bonnes relations avec les patients. »

Pendant son internat, à l'occasion, Henry remplace un médecin du quartier près de Pie IX et Masson, dans l'est de Montréal. C'est à ce moment qu'un autre médecin, qui pratiquait dans le même secteur, quitte le quartier pour des raisons personnelles, et Henry décide, en 1955, de s'établir au 2990 Honoré-Beaugrand. « J'aimais bien l'ambiance du coin, les ouvriers spécialisés de Vickers et Angus, les jeunes familles, tous ces gens pas prétentieux et gentils, qui suivaient à la lettre les conseils médicaux qu'on leur donnait. Je n'avais pas envie d'aller m'installer là où il y avait beaucoup de médecins juifs, car je ne voulais pas attendre une douzaine de mois pour me faire une clientèle. »

Cette clientèle est composée à 60 % de francophones. Henry y pratique les accouchements, la pédiatrie, la gynécologie et même... la psychothérapie. Établir son cabinet demande une grande disponibilité pour répondre aux appels à toute heure, et lui laisse peu de temps pour autre chose. Sans trace de fausse modestie, Henry affirme : « J'étais très bon médecin, dévoué, et j'avais une relation sympathique avec les gens, une bonne réputation, bien méritée, même si je le dis moi-même ! Dès le début, je pratiquais la médecine générale et les gens me respectaient. Assez souvent, les Canadiens français me disaient quelque chose du genre : 'J'ai dit à ma belle-soeur de venir voir le bon médecin juif !'

« Les Canadiens français savaient bien que j'étais juif, et de ce fait, ils furent surtout étonnés et contents que je parle si bien le français, car l'idée première qu'ils se faisaient d'un Juif était celle d'un anglophone qui, lorsqu'il se hasardait à parler français, le faisait en balbutiant. En général, le médecin juif avait bonne réputation parmi les Canadiens français. Ceci dit, le fait d'être Juif dans ce quartier était sans histoire, si ce n'est la petite bizarrerie suivante. Un jour, je suis allé soigner un jeune enfant qui faisait une pneumonie, à domicile. Quand j'ai demandé son nom à son père, il m'a répondu : 'Auschwitz !' Sur le coup, je suis resté immobile, mais après quelques secondes, j'ai poursuivi le traitement, comme si de rien n'était. »

Une psychanalyse nécessaire

Rien n'imprime si vivement une chose à notre esprit que l'obsession de vouloir l'oublier. Henry, comme tant d'autres survivants de l'Holocauste, décide alors d'effacer totalement de son esprit tout souvenir de la Deuxième Guerre. Il tente de refaire sa vie au Canada, comme si l'Holocauste n'avait pas eu lieu. « C'est une tâche impossible ! J'avais des cauchemars où j'étais traqué par des Nazis, enfermé, fusillé, exécuté. Un bon ami m'a alors suggéré de me faire psychanalyser. Je me suis dit que c'était une bonne idée et, en rationalisant, j'ai pris pour prétexte que je voulais justement devenir moi-même psychanalyste et que ce serait une bonne façon de me préparer.

« Mais j'en avais besoin ! Et d'ailleurs, je crois que c'est nécessaire à tout rescapé de cet enfer s'il veut tenter d'assumer et de surmonter ses angoisses et sa peine.

« Par contre, Eva l'artiste, l'écrivain, la poétesse, vivait dans le passé. Elle replongeait dans sa souffrance. Sa façon de s'en sortir fut de revivre, en l'écrivant, son expérience du ghetto. Elle en a tiré une oeuvre très imposante, dont une trilogie romanesque.

« De 1959 à 1963, avec un psychanalyste, j'ai donc travaillé à surmonter l'idée, incrustée en moi, du jeune enfant juif, la victime, qui n'a pas eu le courage de faire face à l'autorité. J'avais gardé l'image de toute autorité comme étant hostile et écrasante, comme la machine hitlérienne contre laquelle on ne pouvait rien ; le seul espoir était de survivre accidentellement comme ce fut mon cas lorsque, en 1945, je me suis échappé du train qui partait du camp de concentration Lager quatre, à Landsberg, en Bavière, pendant que les autres mouraient de faim et d'épuisement. La psychanalyse a donc libéré en moi beaucoup d'énergie, elle m'a considérablement aidé. »

La Société des humanistes de Montréal

Au début de 1963, ayant vu dans le journal l'annonce d'une assemblée publique de la Société des humanistes de Montréal, Henry décide d'y aller. Constatant que cette philosophie humaniste cadre bien avec ses valeurs, il devient membre de la Société. « L'année suivante, je suis devenu président, et ce fut le véritable commencement de mon cheminement en vue de traduire dans des actions sociales concrètes les objectifs humanistes que je défendais. Tout le monde parle de faire du bien et professe l'angélisme... Parler, c'est facile ! Mais j'étais alors prêt à relever le défi de mettre mes principes en pratique. Petit à petit, j'osais faire des choses de plus en plus difficiles. J'en suis venu à exprimer mes idées à la radio et à la télévision.

« Par exemple, l'idée de me déclarer publiquement athée me posait certains problèmes, car j'envisageais la possibilité d'une réaction hostile de la part d'une société qui était si religieuse à l'époque. Mais j'ai fini par l'affirmer ouvertement ! Quelque temps après, j'ai organisé le Comité pour les écoles non confessionnelles, dont je suis devenu le président. »

La timidité que manifestait Henry à cette époque se lit encore un peu sur son visage, et aussi dans ses propos. De plus, le flambeau de l'autorité continue à l'insécuriser, même jusqu'à ce jour, mais sa détermination et son amour-propre le poussent à marcher vers l'avant. Il lit et réfléchit beaucoup, et la pensée et l'exemple de gens tels que Bertrand Russell, Mahatma Gandhi et Martin Luther King l'incitent encore à continuer.

Au milieu des années soixante, au Québec, ce ne sont pas tous les médecins qui prescrivent la pilule anticonceptionnelle. Et c'est en 1966 que Henry déclare à la radio qu'il prescrira la pilule à toute femme qui lui en fait la demande. « Il a fallu que je développe mon courage pour oser faire de telles choses. Et peu de temps après surgissait le débat sur l'avortement, d'abord en Angleterre où la loi était amendée en 1967, puis en Amérique. Je me suis mis à faire beaucoup de recherche sur le sujet. »

Le 19 octobre 1967 : « Ça a vraiment changé ma vie. »

Le Comité de la santé et du bien-être de la Chambre des communes ouvre sa séance du 19 octobre 1967, et le docteur Henry Morgentaler présente au comité le mémoire de la Société des humanistes de Montréal, qu'il a rédigé. Sans détour, au nom de la Société de Montréal et avec l'appui de celles de Toronto et de Victoria, Henry prône l'avortement sur demande pour les femmes au Canada.

Le tournant dramatique que prendra alors la vie de Henry était imprévisible. Son appel dans la capitale nationale ayant été largement couvert par les médias, d'un peu partout des femmes commencent à le solliciter pour se faire avorter : « Les femmes se disaient prêtes à faire n'importe quoi pour se faire avorter… Je sympathisais, mais je ne pouvais que répondre que l'avortement est illégal et que si j'acceptais, ma pratique serait inévitablement perdue… je pourrais même être emprisonné à vie. Je leur disais alors : je regrette, j'ai une femme et deux enfants et je n'y peux rien.

« Mais je me suis rendu compte que ces femmes avaient un urgent besoin de mon aide. Je commençais à me sentir comme un hypocrite, un lâche qui parle plus qu'il n'agit et je vivais une lutte profonde à l'intérieur de moi-même. J'avais déjà fait beaucoup de sacrifices au cours de ma vie, entre autres lors de mes études, pour établir ma pratique comme médecin, d'un pays à l'autre, etc. Malheureusement, il n'y avait aucun autre médecin à Montréal à qui je pouvais envoyer mes patients. Et c'était une décision tout à fait personnelle, que j'avais à prendre seul. Il fallait que je compose avec moi-même… Je n'ai demandé conseil à personne.

« En plus, le fait d'être Juif et immigrant pouvait m'exposer à la xénophobie. Je pressentais qu'on allait me lancer des arguments comme : 'Lui qui arrive d'un autre pays et qu'on a accueilli parmi nous, voilà qu'il veut changer nos lois !' Par ailleurs, je me suis dit que j'étais citoyen à part entière et que je me devais de faire ce que je considère comme correct pour le bien de la société dans laquelle je vivais. La décision que j'avais à prendre, c'était en tant qu'individu et humaniste que je devais y arriver, et non en tant que Juif ou immigrant.

« Mener à bout un tel cheminement signifiait tout risquer.

« Au bout de quelques mois, j'ai décidé que c'était mon devoir d'aider ces femmes. Au début de 1968, j'ai donc pratiqué mon premier avortement, et ma décision d'unir la parole à l'action m'a fait me sentir beaucoup plus intègre — mais cela a aussi augmenté mon stress. »

À cette époque, une nouvelle méthode d'avortement, par succion, est préconisée dans les revues médicales comme étant supérieure à celles qui étaient employées jusque-là. Convaincu, Henry achète un appareil à succion en Angleterre, afin de l'utiliser dans sa clinique, rue Beaugrand : « C'est une chance que les douaniers de l'époque aient ignoré ce que c'était ! » rit-il dans sa barbe.

« On m'a alors donné des conseils pour diminuer mes risques sur le plan légal, par exemple que la femme soit seule au moment de l'avortement. Quant à moi, je trouvais cette précaution tout à fait inhumaine pour la femme. Donc, lorsqu'une femme était accompagnée de son mari, d'un ami ou d'une amie, j'ai tout simplement ignoré ce conseil. »

En août 1969, le gouvernement d'Ottawa adopte la section 251 du Code criminel qui rend légal un avortement pratiqué dans un hôpital accrédité, là où un comité d'avortement thérapeutique décrète qu'il y a danger pour la santé ou la vie de la femme enceinte. Mais, malgré ce nouvel amendement, l'accès à l'avortement légal reste difficile, et même illusoire pour la majorité des femmes canadiennes.

La saga juridique au Québec (1970-1976)

Quelques jours à peine avant que la femme d'un important ministre du Cabinet provincial ne se rende à la clinique Morgentaler pour avorter, la police de Montréal y effectue une descente: beaucoup d'Américaines viennent en effet à la clinique, et le FBI a averti les forces de l'ordre montréalaises qu'une patiente doit venir chez le docteur Morgentaler. C'est donc ainsi que, le 1er juin 1970,

Henry sera sous le coup d'une première accusation pour avoir pratiqué un avortement illégal ; cependant Me Claude-Armand Sheppard, l'avocat du docteur Morgentaler, conteste la conduite de l'enquête préliminaire, et cette première plainte ne fera jamais l'objet d'un procès. Néanmoins, suivra bientôt une loufoque série d'inculpations et de comparutions.

Aux États-Unis, le 22 janvier 1973, la Cour suprême, dans la cause historique « Roe vs. Wade », statue qu'un avortement pratiqué par un médecin autorisé est légal : « Quelques semaines plus tard, j'ai décidé d'admettre dans une assemblée publique à Toronto, que j'avais pratiqué plus de 5 000 avortements à ma clinique de la rue Beaugrand. Ce qui a eu pour résultat que la surveillance policière s'est resserrée autour de la clinique, mais sans plus. »

C'est à cette époque qu'une équipe du réseau de télévision CTV obtient de la jeune Petra Hartt et de son mari la permission de filmer son avortement, qui a lieu dans la clinique de Morgentaler ; suit une entrevue avec le couple. Coïncidence fâcheuse, la diffusion se fait en soirée, le jour de la Fête des mères, ce qui provoque tout un tollé !

Le 15 août 1973, Henry Morgentaler est arrêté de nouveau et passe quelques jours en prison. Treize chefs d'accusation sont portés contre lui. Jérôme Choquette, alors ministre de la Justice au Québec, déploie un zèle particulier dans sa croisade contre Henry et utilise même une procédure d'inculpation extraordinaire pour sauter l'étape de l'enquête préliminaire. « Choquette voulait absolument m'écraser, me mettre à genoux. C'est un névrosé arrogant et un fanatique religieux, imbu de sa personne. Je défiais son autorité, il en a fait une affaire personnelle. » Quelques années plus tard, John Diefenbaker, l'ex-premier ministre du Canada, dira de Choquette qu'il se complaît dans « une orgie de persécutions » contre Morgentaler...

Le procès devant jury se déroule à toute vitesse, en brûlant des feux rouges. Une des stratégies les plus importantes de la défense est le choix d'un jury francophone, car Henry et Me Sheppard estiment que les francophones, contrairement aux anglophones, respecteront sans doute plus l'esprit de la loi que sa lettre stricte. « De plus, à cette époque, les hôpitaux anglophones et l'hôpital juif faisaient la grande majorité des avortements au Québec, alors que les hôpitaux canadiens-français en faisaient peu. En considérant que les Canadiennes françaises n'aimaient pas beaucoup aller dans les hôpitaux anglophones et n'avaient pas aussi facilement accès à des services d'avortement, nous avons supposé que les francophones seraient plus sympathiques à notre cause. Par contre, l'influence du clergé et de la doctrine catholique aurait pu se tourner contre moi. C'était un risque. »

Mais ce qui inquiète le plus Me Sheppard : « C'était lui, Henry, mon plus grand souci !... Car il n'était pas du tout un client comme les autres ! »

L'acquittement du docteur Morgentaler est prononcé le 13 novembre 1973 à 15h45, par le jury, composé de onze hommes et d'une femme. « Ça m'a réchauffé le coeur d'être acquitté par un jury canadien-français, dit Henry. Avant mon témoignage, je n'avais pas juré sur la Bible, ce qui a quelque peu décontenancé le chef du jury. Tout le jury était catholique, tandis que moi, j'étais Juif, immigrant, et je parlais un français qu'un journaliste avait qualifié de châtié. J'avais bien peu de choses en commun avec eux, si ce n'est un sentiment humanitaire et une capacité de s'identifier aux femmes qui ne pouvaient se faire avorter à l'hôpital et devaient ainsi s'exposer au danger. »

Peu après, en décembre 1973, un article qu'il publie dans les pages du prestigieux *Journal de l'Association médicale canadienne* vient conférer à sa démarche une nouvelle crédibilité et provoque encore des remous. Il y présente la méthode d'avortement par succion, en spécifiant le faible taux de complications encourues dans le cas de ses 5 641 patientes.

Hélas, le vent favorable change bientôt de direction. Le harcèlement des autorités prend maintenant la forme d'un raid à son domicile, par Revenu Québec qui lui réclame 355 000 $ d'arriérés ; tous ses biens sont donc gelés provisoirement. En outre, la Cour d'appel du Québec, renversant l'acquittement obtenu par jury, décrète Morgentaler coupable d'avoir pratiqué un avortement illégal et le condamne à dix-huit mois de prison. Cette décision constitue un précédent abusif, qui ne s'était jamais vue dans les annales des tribunaux canadiens. Jusque-là en effet, dans les cas de renversement d'un acquittement par jury, les tribunaux d'appel du pays avaient toujours ordonné un nouveau procès.

Henry entre en prison le 27 mars 1975 afin de purger sa peine. La veille, il avait déclaré en conférence de presse : « Je vais en prison en bonne conscience et je garde la conviction que j'ai probablement sauvé la vie de quelques centaines de femmes. À quelques milliers d'autres, j'ai épargné des lésions, l'humiliation et l'angoisse. Je ne regrette rien ! »

L'arrêt de la Cour d'appel provoquera un débat houleux à la Chambre des communes, débat qui conduira à l'adoption de l'amendement « Morgentaler ». La loi édicte que dorénavant la décision d'acquittement d'un jury, lorsque renversée par un tribunal d'appel, devra commander un nouveau procès.

Nommé « l'humaniste de l'année » par l' American Humanist Association pendant son incarcération au printemps 1975, Henry se voit refuser un congé pour recevoir son prix, et le gouvernement Bourassa va même jusqu'à instruire d'autres procédures contre lui. Après le refus d'une libération conditionnelle au tiers de sa peine, il subit donc un autre procès et un deuxième jury l'acquitte !

Malgré une vaste campagne en faveur de sa libération, il ne sera pas relâché avant la fin de janvier 1976. À l'automne 1976, un nouveau jury est appelé à réentendre sa cause. Une troisième fois, douze concitoyens vont l'innocenter d'avoir pratiqué un avortement illégal. Cependant le gouvernement Bourassa ordonnera la tenue d'un quatrième procès, fixé pour le 3 décembre 1976, sur les douze autres chefs d'accusation restés en suspens ; car Morgentaler avait refusé catégoriquement la voie de l'accommodement en plaidant coupable, ce qui lui aurait permis de purger simultanément les peines afférentes, durant son emprisonnement. Mais le Parti québécois est élu le 15 novembre 1976 et, un mois plus tard, le nouveau gouvernement décide de retirer les accusations. Le procès n'aura pas lieu. Assez, c'est assez !

Et c'est pendant cette campagne électorale qui allait mener au renversement du gouvernement Bourassa, que, lors d'un souper intime au restaurant, Henry avait reçu l'hommage d'un serveur inconnu : « Docteur, je trouve ça tout à fait terrible qu'ils vous fassent encore subir un 'quatrième' procès. Puisque Bourassa se fiche de l'opinion des trois jurys, ces citoyens qui sont la voix du peuple, on va lui montrer ce que le peuple pense de lui ! »

Parlant de toute cette époque de sa vie, Henry proclame : « J'ai fait des choses dont mon père aurait été fier. »

Repartir en grand

Après six ans de luttes épuisantes devant les tribunaux — aux-quelles s'est ajoutée la séparation d'avec sa femme Eva, en 1973, pendant son premier procès —, après ses dix mois derrière les bar-reaux et un lourd endettement, Henry sent le besoin d'un peu de recul. « Il m'a fallu quelques années pour reprendre mes forces et plus de cinq ans pour éponger les honoraires de mes avocats. Je continuais donc à travailler à la clinique et j'ai enseigné la technique par aspiration à une quarantaine de médecins québécois. Et c'est en 1980 que les CLSC commencèrent à offrir des avortements aux femmes. »

Henry se retire alors quelque temps du feu de l'action pour écrire un livre, *Avortement et contraception*, qui traite des questions médicales, légales, morales, pratiques et religieuses relatives aux deux sujets. Mais en 1982, un événement viendra le relancer sur la piste de nouveaux combats, dans un nouveau défi, cette fois *a mari usque ad mare*.

Il est 18h00, le 12 février 1982 : Henry se trouve dans un petit restaurant au centre de New York. Surpris par une agression vio-lente, il frisera la mort. En se rappelant l'événement, Henry se lève et mime l'incident : « J'étais debout devant l'urinoir. Par derrière, un homme dans la vingtaine m'a saisi et, en mettant son bras autour de mon cou, il a tenté de m'étouffer. Il avait les yeux du chasseur en train d'étrangler sa proie. Je voulais le supplier de prendre tout mon argent et de me laisser respirer, mais je ne pouvais émettre aucun son. J'étais certain que mon dernier moment était venu... et j'ai perdu connaissance. À mon grand soulagement, je me suis réveillé après quelque temps. Ma montre et mon porte-monnaie avaient disparu, mais j'étais vivant ! Les séquelles de cette mésa-venture n'ont pas duré longtemps et j'ai pu reprendre mes activités normales.

« Je me suis mis à réfléchir. J'avais survécu à un camp de concentration ; j'étais resté en vie... J'avais survécu à cette agres-sion brutale à New York ; j'étais encore en vie. Le puzzle ne faisait qu'un : il faut faire quelque chose de valable avec sa vie, tant et aussi longtemps qu'on respire. Ce fut le catalyseur qui m'a poussé à faire campagne en faveur de l'avortement libre dans les autres provinces canadiennes.

« Ça faisait déjà quelques années que j'y pensais. Quotidienne-ment, des femmes d'autres provinces arrivaient dans ma clinique, rue Beaugrand, car l'accès à l'avortement diminuait sensiblement ailleurs au Canada. Des gens opposés à l'avortement noyautaient des comités thérapeutiques dans les hôpitaux et intimidaient des méde-cins, et l'Association canadienne pour le droit à l'avortement (ACDA) était dans une position défensive. J'avais mon expérience de pion-nier au Québec, alors pourquoi ne pas en faire profiter le reste du Canada ? J'étais devenu synonyme du libre choix et, au point de vue médical, j'étais probablement le plus compétent en technique moderne. Il était donc logique que j'entreprenne la bataille à l'échelle pancanadienne. »

Henry a alors cinquante-neuf ans, âge où la plupart des gens ont déjà commencé à planifier leur retraite...

Vers la Cour suprême

Et c'est ainsi que, quelques semaines après l'événement de New York, le docteur Morgentaler annonce son intention d'ouvrir des cli-niques à Toronto, Winnipeg, Saskatoon et Calgary. Les réactions ne tardent pas. Une caricature dans un journal manitobain le montre en train de pratiquer un avortement devant un camp de concentration nazi. Joe Borowski, un fanatique « pro vie » qui portera devant la Cour suprême la question du statut légal du foetus, surnomme « *Auschwitz for the Innocent* » la clinique Morgentaler qui vient d'ouvrir à Winnipeg en mai 1983. De plus, un Manitobain anonyme promet 20 000 $ à quiconque ôtera la vie au docteur Morgentaler, et Borowski se dit prêt à servir d'intermédiaire.

« Au début, ces images de nazis et ces références à l'Holocauste me touchaient, me choquaient profondément. C'était tellement obscène ! Mais je me suis dit que ces gens-là avaient un antisémi-tisme latent qu'ils cachaient mal. Le Congrès juif canadien n'est jamais intervenu dans ces incidents, et je ne leur ai jamais demandé de le faire non plus. Je ne me suis pas engagé dans cette bataille en tant que Juif, mais en tant qu'humaniste. D'ailleurs, certains Juifs s'inquiétaient précisément du fait que mes actions auraient pu pro-voquer de l'antisémitisme.

« En ce qui concerne les autorités québécoises pendant les années soixante-dix, je ne suis pas certain que ce soit parce que je suis Juif qu'elles m'ont persécuté. Elles m'ont talonné parce que je n'ai pas lâché et que je ne me suis pas écroulé. Elles n'ont pas su m'écraser, même si c'était leur plus cher désir.

« Mais c'est possible qu'elles se soient un peu plus acharnées du fait que je suis Juif. Dans nos sociétés modernes, les autorités prennent bien soin de ne pas paraître antisémites. Elles le sont peut-être, mais elles ne veulent surtout pas que ça paraisse. Ce n'est plus à la mode ! », conclut Henry avec un sourire à peine marqué.

Après l'ouverture de la clinique à Winnipeg, Henry en ouvre une à Toronto. Les fanatiques de Toronto ne sont guère plus accueillants que ceux de Winnipeg. Henry se fait attaquer par un maniaque brandissant de grands ciseaux et, de plus, un incendie criminel cause des dommages importants à sa clinique. Pendant tout ce temps, des manifestants harcèlent ceux qui s'y présentent, rue Harbord, dans la Ville-Reine, et profèrent constamment des menaces contre les employés.

Durant l'été de 1983, Henry ayant été accusé d'avoir pratiqué des avortements illégaux en Ontario et au Manitoba, des représentants du Collège des médecins du Québec viennent témoigner en sa faveur lors du procès, à Toronto. Le 8 novembre 1984, le jury ontarien acquitte enfin le docteur Morgentaler, mais la Cour d'appel d'Ontario ordonne un nouveau procès et Henry en appelle de cette décision à la Cour suprême du Canada.

À quoi sert de fermer la porte de l'écurie si le cheval s'est enfui ? En août 1985, faisant fi de la vieille maxime, Reggie Chartand, ancien lutteur, tente de poursuivre Henry au Québec pour l'avortement pratiqué lors du tournage du film de l'ONF, *Democracy on Trial*[7]. Obstiné, Chartrand entame plusieurs procédures jusqu'à la décision célèbre de la Cour suprême en 1988.

En effet, après quinze mois de délibéré, vingt ans après le premier avortement fait par le docteur Morgentaler, la Cour suprême du Canada invalide finalement la section 251 du Code criminel, déclarant qu'elle constitue « une atteinte à l'intégrité physique et émotionnelle d'une femme », ce qui rend enfin l'avortement plus accessible

---

7.   Ce film, qui raconte les événements de 1970 à 1976, a gagné le prix Futura au Festival des films de Berlin en 1987.

pour les Canadiennes. Même si la bataille se poursuit, Henry Morgentaler peut bien faire le signe de la victoire !

Une détermination née de l'expérience

Lutter contre des moulins à vent est le propre de tout progressiste. Pourtant Henry Morgentaler n'a rien d'un excentrique, et ses choix de vie ne sont pas le fruit du hasard : « Des gens me demandent souvent pourquoi je fais ce que je fais, et pourquoi je persiste... C'est relié à mon expérience dans les camps de concentration où j'ai vécu l'oppression, l'injustice et la souffrance. Il est très important pour moi d'essayer de soulager la souffrance et de combattre personnellement l'injustice et l'oppression. La passion avec laquelle je poursuis ce combat vient de là. Ce n'est pas un concept puisé dans les nuages, mais quelque chose que j'ai vécu, moi, dans ma chair. »

Ce qu'on perçoit immédiatement chez lui est sa capacité de se regarder et de partager avec probité et sans ambages ce qu'il voit : « Ça me valorise de poursuivre un idéal, une cause qui, à l'opposé de cette gigantesque épreuve sadique que j'ai vécue dans l'Holocauste, nie le mal et combat la violence à l'état brut. J'ai le réflexe inné de soutenir le souffre-douleur.

« Il y a deux façons de se dégager de l'expérience de l'Holocauste en tant que survivant. Au lendemain d'une telle horreur, on ne peut plus faire confiance à personne, et personne n'y échappe. On perçoit le monde comme rempli de sadiques et de brutes. Face à ce monde dangereux, une des options est de s'enfermer et de survivre, un point c'est tout. L'autre option, c'est de garder quand même ses idéaux. C'est ce que j'ai fait, et j'en suis fier ! Je ne suis resté ni amer, ni cynique. Cela ne veut pas dire que je n'ai pas souffert des séquelles de tout ça !

« Beaucoup de survivants sont plutôt partis en Israël, convaincus que tous les non-Juifs sont soit des Nazis, soit des Nazis potentiels ou, au mieux, des antisémites potentiels. Moi, je ne crois pas ça. Je crois que ce sont ces rescapés qui ont établi eux-mêmes un mur entre eux et le reste de l'humanité. Ils ont formé leur propre ghetto !

« Pourquoi ai-je réagi ainsi ? Sans doute parce que j'ai bien intégré les idées de mes parents durant mon enfance. Je crois toujours que les gens sont foncièrement bons. C'est la société qui opprime, qui dénature cette bonté et qui y substitue l'égoïsme, le sadisme, la méfiance et les attitudes néfastes menant à l'antisémitisme. Il est possible d'établir de bonnes relations amicales et une confiance mutuelle entre Juif et non-Juif, entre Noir et Blanc... Je crois sincèrement et passionnément à la liberté et à l'égalité de tous les êtres humains, à leur potentiel et à leur capacité de s'épanouir.

« Je ne me considère pas comme un radical, mais plutôt comme un social-démocrate. Je me définis toujours comme socialiste, mais pas comme un socialiste doctrinaire, car aujourd'hui il faut faire très attention aux définitions. On ne peut plus voir les choses en noir et blanc. Je déteste d'ailleurs le dogmatisme. La société capitaliste actuelle a incorporé beaucoup de mesures valables qui ont modifié le capitalisme à outrance d'antan. »

Scruté sur la place publique comme un animal rare, Henry ne peut se payer le luxe des contradictions. « En ce qui concerne mon cheminement personnel, je veux que ma vie soit authentique sur le plan de l'action et sur celui de la pensée. Je tiens à ce que mes idéaux et mes déclarations soient conformes à mes actions et vice versa. Lorsque ce n'est pas le cas, je me sens très mal. J'essaye de réaliser cette philosophie de vie, tant dans mon action sociale que dans ma vie personnelle. Je ne le réussirai peut-être jamais entièrement, mais c'est un but que je poursuis. Cette règle de vie m'a été enseignée par mes parents et par des penseurs que je respecte. Je pense au psychanalyste Erich Fromm et à des psychologues tels que Carl Rogers et Abraham Maslow.

« Je soumets régulièrement à l'examen mes thèses et mes actions. Je veux être conscient de ce que je fais et pourquoi je le fais. Je ne suis ni fanatique, ni obstiné à tenir à un programme dans l'aveuglement. Parfois, donc, je révise mes tactiques. »

Juif par destin

Henry n'a jamais mis les pieds dans une synagogue pour prier, mais il s'y rend pour des cérémonies comme des mariages ou des Bar-Mitsvas. Il nie l'existence de Dieu et désavoue avec insistance les dogmes religieux du judaïsme. Mais il n'hésite pas à affirmer ce que veut dire pour lui être Juif : « D'abord, à aucun moment je n'ai nié que je suis Juif. Il me semblerait indigne de renier mon identité. Je suis lié au peuple juif, à son histoire, à sa culture, à sa langue yiddish, à sa tradition et à certaines attitudes et conditionnements juifs, tels le respect de la connaissance, l'accomplissement intellectuel, l'éducation, la créativité, bref, des choses qui se situent au-delà de la vie quotidienne. Si j'étais croyant, je qualifierais ces choses de spirituelles. L'homme ne se nourrit pas que de pain !

« Je suis Juif par destin. J'ai été dans un camp de concentration parce que je suis Juif. On ne m'a pas demandé si j'étais croyant ou non. J'ai subi le sort usuel des Juifs, celui de la persécution qu'ont vécue, à travers notre histoire, presque toutes les générations.

« J'ai donc beaucoup de traits du peuple juif, comme la prédisposition à l'angoisse, qui m'a probablement marqué d'une façon particulière. J'ai un sentiment et un réflexe de solidarité non seulement avec le peuple juif, mais aussi avec tous les persécutés, les opprimés et les humbles. La justice sociale est donc beaucoup plus importante pour moi que pour quelqu'un qui n'a pas eu mon vécu et mon expérience. »

À l'époque même où Henry faisait sa psychanalyse, il a examiné de près l'histoire et le comportement juifs. Il lisait et étudiait alors des oeuvres psychologiques et psychanalytiques qui proposaient différentes thèses sur les caractéristiques du peuple juif à l'égard de son histoire, sa persécution, son intérêt très marqué, son admiration même, pour l'éducation, ainsi que sa propension actuelle à travailler dans les professions et enfin, son attitude face à l'argent. Ainsi, ses opinions sur le judaïsme sont le fruit de recherches et de réflexions suivies.

L'un des concepts controversés issu de la Bible au sujet des Juifs, est celui du « peuple élu ». Selon l'interprétation juive orthodoxe, cela veut dire que Dieu a choisi les Juifs pour une mission spéciale, celle de propager sa parole et de servir d'exemple aux autres peuples. Pour sa part Henry se refuse à accepter cette façon de voir. « C'est un mécanisme psychologique primitif que beaucoup de peuples ont utilisé pour se hisser au-dessus des autres. »

Par contre, Henry accepte que, tout en niant ce concept, « on en a peut-être hérité les conséquences, en tant que Juif, sur le plan personnel. Il s'agit non seulement de vouloir donner l'exemple, en tant qu'individu, mais aussi de désirer l'excellence individuelle. Par exemple, j'ai beaucoup de satisfaction à atteindre un sommet dans mon domaine. Il est possible que ce soit parce que je cache en moi des sentiments d'infériorité, mais chercher l'excellence et vouloir se surpasser est une bonne chose en soi. Ma philosophie personnelle, quand je fais quelque chose, c'est de viser l'excellence, sinon être le meilleur ! »

Pendant les années soixante, Henry a travaillé trois étés consécutifs comme médecin dans une colonie de vacances où il a appris l'hébreu[8]. « J'ai même réussi un discours en hébreu à la fin de mon séjour, mais j'ai pas mal oublié depuis, si ce n'est que je peux le lire encore un peu.

« À un tout autre niveau, j'aime la nourriture juive, la chala[9], la soupe au poulet... ça me rappelle mon enfance, les choses familières, et ça me rassure. »

Solidarité avec les moins nantis

Une caricature d'Aislin, parue dans *The Gazette* du 18 janvier 1985, montre un bel homme, bien habillé, avec l'inscription suivante : « Imaginons un instant qu'un WASP[10] svelte, élégant, dans la quarantaine, qu'on appellera — à nos propres fins — docteur Marlow Jeffreys, ait commencé à ouvrir des cliniques d'avortement à travers le Canada, à la place d'un gentilhomme barbu, juif, à l'air malheureux... Pensez-vous honnêtement qu'on ferait aujourd'hui tant de façons ? »

Henry admet qu'il y a sans doute un fond de vérité dans la question posée par la caricature. Le fait qu'il soit Juif n'est pas ignoré,

8. Langue sémitique parlée par les Hébreux dans l'ère av. J.-C. et encore en usage en Israël. C'est aussi la langue dans laquelle tous les textes religieux sont rédigés. À distinguer du yiddish, langue d'origine germanique des communautés juives d'Europe centrale et orientale.

9. Pain blanc mangé habituellement les jours de Sabbat et de fêtes, de même que lors de certaines célébrations religieuses.

10. Acronyme signifiant *White Anglo-Saxon Protestant*. Il s'agit d'une personne appartenant à la race blanche, de religion protestante et originaire de la Grande-Bretagne.

surtout de ses adversaires. Par ailleurs, Henry croit que jusqu'à un certain point, le fait qu'il soit Juif est aussi un atout.

« Les Juifs, en tant que peuple opprimé depuis avant l'ère chrétienne, ont développé beaucoup de sympathie, d'empathie et de compréhension à l'égard des opprimés. Il est naturel qu'un Juif prenne la part du petit, du maltraité et de la victime de discrimination. Il existe donc un rapport assez fort entre la condition juive et une orientation progressiste. Il y a dans l'histoire des Juifs un courant important vers la justice sociale.

« Le mouvement progressiste d'avant-guerre que j'ai connu en Pologne et d'autres mouvements progressistes juifs prennent leur inspiration dans les prophètes de l'Ancien Testament qui prêchaient l'harmonie, la justice, l'égalité et la tolérance.

« Évidemment, de nos jours, il y a des Juifs très conservateurs. Ceux qui sont devenus capitalistes agissent en fonction de leurs intérêts de classe et sont ainsi amenés à vouloir conserver leur statut privilégié et leurs biens. »

Dans beaucoup de mouvements pour la justice sociale, un grand nombre de Juifs s'identifient avec les forces du changement. « J'en ressens une certaine fierté, mais elle est mêlée d'un peu d'appréhension et d'angoisse, car ces prises de position progressiste font souvent des Juifs les premières cibles de l'oppression. Les pouvoirs ont à maintes reprises choisi les Juifs comme boucs émissaires, rejetant sur eux la faute de l'inflation, de la pauvreté et de n'importe quel problème social. L'exemple par excellence fut l'hitlérisme. »

Religion, politique et avortement

L'Église catholique est une des principales forces s'opposant à la pratique de l'avortement au Canada anglais. En 1984, pendant les affrontements devant la clinique Morgentaler, rue Harbord à Toronto, Henry propose donc de rencontrer l'archevêque de Toronto, Emmett Cardinal Carter, afin de calmer les esprits échauffés. Mais l'archevêque refuse cavalièrement de le rencontrer.

Lorsque Henry analyse la philosophie de cet adversaire de taille, un torrent d'adjectifs lui viennent aux lèvres : « L'Église catholique défend, en 1988, une position sur l'avortement qui est tout à fait réactionnaire, injuste, périmée, désuète, dogmatique et arbitraire, et qui fait du tort à ses ouailles. Ses positions sur la moralité personnelle vont à l'encontre de l'épanouissement de l'individu, empêchant ainsi le plein développement de son intelligence. Le sentiment de culpabilité qu'elle inculque à l'individu est très débilitant pour le sain développement de la sexualité et son intégration dans une personnalité saine. »

Par contre, la religion juive adopte une position beaucoup plus libérale sur la question de l'avortement, attitude que Henry trouve tout à fait louable. « Le judaïsme est beaucoup plus tolérant, moins dogmatique sur les sujets personnels et sociaux, et donc opposé moins catégoriquement à l'avortement. En conséquence il est plus enclin à considérer le bien-être de la femme. Cependant, il y a aussi des Juifs fanatiques qui s'opposent à l'avortement, et avec qui il est impossible de discuter. Heureusement, ces gens ne représentent qu'un petit 2 % de l'ensemble. Par ailleurs, dans le mouvement pour l'avortement, je n'ai pas remarqué une prépondérance de Juifs.

« Enfin, le judaïsme, qui occupe une position minoritaire dans le monde occidental, n'a pas beaucoup d'influence sur les États et sur les législatures, tandis que ce n'est pas du tout le cas de l'Église catholique. »

Feu Bora Laskin, juge en chef de la Cour suprême du Canada en 1975, était Juif et c'est lui qui présidait le tribunal qui a majoritairement confirmé la décision de la Cour d'appel du Québec à l'effet que Morgentaler devait purger sa peine. Le juge en chef a écrit une dissidence sympathique à la cause de Henry. « Je m'attendais à ce que le juge Laskin soit de mon côté, dit Henry. Il avait d'ailleurs la réputation d'être libéral. Je le regardais peut-être d'un oeil un peu différent, en tant que Juif, mais je ne pourrais pas affirmer que sa dissidence raisonnée et bienveillante est attribuable uniquement à ce fait. »

La question de l'avortement a hanté plus d'un politicien vacillant, et ce n'est pas terminé ! En 1972, Henry désirait se présenter comme candidat aux élections. « J'avais rencontré Raymond Laliberté, alors chef du NPD-Québec, pour lui parler de ma candidature sous la bannière du NPD. Je lui ai expliqué que je faisais des avortements et que je voulais que le libre choix pour les femmes soit un des éléments du programme. Il était assez favorable, mais ma candidature devait être discutée au Conseil provincial du NPD. Là-bas, des gens s'y sont opposés, en prétendant que dans une province catholique comme le Québec, il serait mal vu pour le NPD d'appuyer quelqu'un qui prêche le libre accès à l'avortement. Tout comme René Lévesque, plusieurs années plus tard, qui demandait au Parti québécois de ne pas se prononcer en faveur du libre choix pour les femmes. Sur cette question, la population québécoise se situe à des années-lumière devant certains de ses politiciens.

« Enfin, lors de l'élection de 1972, je me suis présenté comme candidat NPD-indépendant. Avec seulement trois semaines de campagne, j'ai quand même réussi à obtenir 3 000 votes ! En pratique, on peut souvent faire beaucoup plus de progrès en dehors des partis politiques traditionnels. Mais évidemment, tout dépend de l'action à mener. »

L'argent, nerf de la guerre

Henry avait prévu qu'on allait finir par l'accuser d'être motivé seulement par le gain personnel. Sa vocation, illégale peut-être, n'était pourtant pas un banal affront au statu quo, et il ne fallait laisser aucune prise aux adversaires sur le plan de la motivation.

« Dès le début de ma pratique de l'avortement, j'étais guidé par deux principes. Premièrement, il fallait que l'avortement soit bien fait, et dans des conditions de sécurité ; deuxièmement, aucune femme ne serait refusée faute de pouvoir payer. Au début, le tarif était fixé à 300 $, mais il a baissé par la suite, et beaucoup de femmes n'ont jamais rien payé. Par ailleurs, les avortements clandestins à cette époque pouvaient coûter entre 600 $ et 1500 $. J'avais donné l'autorisation à beaucoup d'agences et d'organismes sociaux, de même qu'à des groupes de femmes, de fixer eux-mêmes le prix. Ainsi, la Clinique communautaire de Pointe Saint-Charles, sise dans un quartier pauvre, m'envoyait des femmes qui n'avaient à payer que 25 $ ou 50 $. Les prix étaient raisonnables et n'ont jamais posé de problème. J'ai même fait un avortement à une femme que je savais millionnaire, avec ses bagues et tout, mais le prix n'a jamais dépassé le maximum fixé. »

Cette politique de prix à la baisse donnait même la possibilité « à certaines personnes de m'exploiter, ajoute-t-il. Mais je préférais accepter vingt femmes qui m'exploitaient peut-être un peu, plutôt que de risquer d'en refuser une seule qui réellement ne pouvait pas payer.

« D'ailleurs, au début, avoir su dans quoi je m'embarquais et combien ça me coûterait seulement en honoraires d'avocat, j'aurais pu demander davantage et être très justifié de le faire. » Les différents procès engagés tant au Québec qu'à l'extérieur lui ont en effet coûté des centaines de milliers de dollars ! Henry a non seulement donné son temps et sa liberté pour ses idéaux, mais ses discours et ses actions furent souvent fort dispendieux à soutenir.

Les défis publics de Henry provoquent des réactions insensées. Inévitablement, à l'accusation de n'être intéressé que par l'argent, s'est joint la grossièreté usuelle : « C'est bien un Juif ! »

« Je recevais des lettres d'insultes, dès que mon nom circulait en public. Encore aujourd'hui, on me traite de petit youpin qui tue pour les sous. Ça me faisait quelque chose les premières fois, mais je m'y suis un peu habitué.

« J'étais sensible à tout ce qui touchait l'argent. J'avais été élevé dans une famille où être riche voulait dire être de l'autre côté de la clôture, parmi les capitalistes et les exploiteurs. En Pologne, nous étions pauvres et c'était presque une marque de vertu. Et dans les années soixante, quand j'ai commencé à faire un peu d'argent, je me sentais déjà mal à l'aise. Donc les accusations d'être motivé par l'argent me choquaient et me touchent encore. »

Si Henry Morgentaler a une grande fortune, il la cache très bien et n'a pas l'habitude de calculer lorsqu'il s'agit des autres. Il conduit une voiture modeste et habite le haut d'un logement décoré discrètement, à Westmount, au « sud » de la rue Sherbrooke. Par ailleurs, avant ses procès fort coûteux, il avait fait don d'une maison de trois étages à la Société humaniste de Montréal. Et en 1972, c'est à même ses revenus qu'il avait financé sa campagne électorale.

Sa sensibilité sur la question de l'argent se voit lorsqu'il conclut, sur un ton quelque peu défensif : « Si je fais de l'argent, c'est parce que je donne un bon service. Je suis un bon médecin et je mérite ma bonne réputation. J'ai réussi à être très compétent dans mon domaine et à bâtir une clinique que je crois être probablement la meilleure en son genre. Il ne faut pas oublier que j'ai souvent couru le risque qu'on m'enlève tout, qu'on m'emprisonne. Et les avocats... Ils ne s'occupent pas de ma défense pour rien ! » dit-il avec un grand éclat de rire.

Goldie, Bamie, Yann et Benjamin

Au lendemain de la décision heureuse de la Cour suprême dans l'« affaire Morgentaler » en janvier 1988, c'est avec une ponctualité ironique que Henry en déconcerte ou en incommode plusieurs : le voilà en effet dans plusieurs journaux canadiens, un attachant sourire suspendu aux lèvres, avec son nouveau-né, Benjamin, dans les bras. Henry est maintenant l'heureux père de quatre enfants.

Goldie, son aînée, a trente-huit ans et Bamie, trente-deux ans. Leur mère, Eva, a toujours été beaucoup plus attachée aux valeurs juives que Henry. Non pas à la religion en tant que telle, mais à la littérature, à la langue yiddish et à la culture d'une façon générale. Le yiddish était la langue du foyer. Ainsi, Goldie a fait son éducation pré-universitaire dans une école yiddish, a écrit une thèse sur l'écrivain yiddish Sholom Asch, candidat au prix Nobel, a fait un doctorat sur la littérature yiddish, et aujourd'hui... elle enseigne cette langue ! Bamie aussi a fait ses premières années dans un école yiddish. « Lorsque les deux enfants étaient jeunes, on n'avait affaire qu'à d'autres Juifs, en plein Montréal, et ça commençait à me sembler anormal. Au Canada, on vivait dans un autre pays... il fallait s'adapter et s'acculturer à cette nouvelle réalité. On ne devait pas vivre à Montréal qu'en yiddish.

« Ainsi, Goldie et Bamie furent retirés de l'école yiddish. Je ne voulais pas qu'ils soient confinés dans un ghetto juif. On les a envoyés dans une école privée non religieuse où ils pouvaient faire la connaissance d'enfants de diverses ethnies. C'était important qu'ils apprennent à vivre avec des non-Juifs. Aujourd'hui, Goldie et Bamie s'identifient toujours comme Juifs, mais il ne s'agit pas d'un fétichisme pour eux. Ils ont un esprit large, libéral et égalitaire, et fréquentent des gens qui viennent de milieux différents. »

Pendant son procès en 1973, Henry et Eva se séparent. Subséquemment il vit durant trois ans avec Mireille, une Québécoise. « J'ai alors vécu une relation intime et un échange qui m'a beaucoup rapproché de la culture canadienne-française. Évidemment je ne suis pas devenu pour autant Canadien français, mais je me suis enrichi en comprenant mieux la société canadienne-française et ses aspirations. »

Lors d'un party en 1979, Henry rencontre Carmen Wernli, une linguiste d'extraction chilienne. Il l'épouse l'année suivante et leur union leur donne un petit garçon, Yann. « À l'âge de trois ans, il me parlait en anglais, parlait français à sa mère et espagnol à sa nounou chilienne. Il passait d'une langue à l'autre comme si de rien n'était. » Quelques années plus tard, ils se séparent.

« J'ai vécu avec deux femmes non juives et ça n'a pas eu trop de conséquence car la qualité d'une personne vient avant son ethnie. »

Le sionisme et Israël

Pour les Juifs, ce n'est pas seulement depuis sa fondation, le 14 mai 1948, qu'Israël est un sujet de débats complexes et passionnés. En effet, depuis la dispersion des Juifs de Jérusalem et ses environs en 70 av. J.-C., les prières quotidiennes des Juifs expriment le désir d'un retour éventuel au pied de Sion, la montagne de Jérusalem. De là naîtra le sionisme, qui prendra forme au XIXe siècle, lorsque d'importantes vagues d'immigrants juifs venant d'Angleterre, d'Allemagne et de Russie s'établiront en Palestine.

Le sionisme vit le jour comme mouvement politique organisé en 1897, lorsque Theodor Herzl, auteur du livre *L'État juif*, convoqua un Congrès des sympathisants à Bâle, en Suisse. En 1901, le Fonds national juif fut créé pour racheter les terres en Palestine, alors sous domination ottomane. Les sionistes visaient à convaincre le plus grand nombre de Juifs possible d'élire domicile dans la « Terre promise » et d'y fonder un État juif. Ce sera la Déclaration Balfour, ainsi nommée d'après le secrétaire aux Affaires étrangères anglais qui, en 1917, viendra donner une impulsion aux sionistes. Cette déclaration, favorable à l'établissement d'un foyer juif en Palestine, intensifiera en effet la polémique, déjà enflammée, à l'intérieur des communautés juives du monde. Par la suite, en 1920, l'Angleterre reçoit de la Société des Nations le mandat de gouverner la Palestine, où la population juive passe de 70 000 à un demi-million au début de la Deuxième Guerre. Vers la fin de 1947, l'Organisation des Nations unies adopte un plan de partage de l'ancienne Palestine en un État juif, Israël, et un autre, arabe. Ce dernier territoire sera ultérieurement absorbé par la Jordanie. Les réfugiés juifs de l'Europe d'après-guerre s'installent en Israël et la proclamation de l'État a lieu le 14 mai 1948. Presque immédiatement, une guerre éclate entre Israël et ses voisins arabes. Ce sera la première d'une longue série...

Durant sa jeunesse en Pologne, Henry a vécu le débat avec les sionistes. « Les partisans du sionisme se basaient sur la prémisse que nous, Juifs de Pologne, étions des citoyens de seconde classe, que les non-Juifs étaient antisémites ou antisémites potentiels, et que jamais nous n'atteindrions une citoyenneté de première classe. Tout comme les Polonais avaient leur État-nation, pour pouvoir nous épanouir en tant que Juifs, nous devions, d'après eux, avoir aussi notre État-nation. »

Les parents de Henry, de la même façon que les Bundistes socialistes de Lodz, s'opposaient catégoriquement à cette vision. « Les sionistes étaient nos ennemis politiques, poursuit Henry. Nous disions : on est nés en Pologne, on est ici depuis 800 ans, on a notre identité juive, et on veut être citoyens égaux, à part entière, ici-même ! On veut contribuer à la société polonaise, car on est des citoyens polonais. On va bâtir une nouvelle société où Juifs, Polonais, Ukrainiens, Russes, etc. seront tous égaux. »

Son opinion antisioniste est donc fortement enracinée dans son adolescence. Mais vient la guerre, l'extermination de la presque totalité des Juifs d'Europe et l'établissement de l'État d'Israël. Les temps changent et l'homme doit évoluer avec eux.

« C'est bien qu'il y ait un pays où des survivants de la calamité nazie puissent trouver refuge. Mais moi, ça ne m'intéresse pas d'y aller. L'idéal sioniste, un petit pays dans un coin habité par des arabes hostiles, ne me disait pas grand-chose à la fin de la guerre. Depuis, je n'ai jamais entretenu l'idée de m'y installer. »

Son ambivalence à l'égard d'Israël est confirmée par un premier voyage dans ce pays pendant deux semaines en 1966. « Les Israéliens avaient accompli et bâti beaucoup de choses extraordinaires. On remarquait cette fierté au sein de la population. Mais moi, je me sentais comme un étranger. D'abord, la langue était différente. On ne parlait pas le yiddish de la communauté juive de mon enfance, mais plutôt l'hébreu, une langue ancienne ressuscitée. De plus, la vie quotidienne là-bas ne m'attirait pas.

« En juin 1967, lors de la Guerre des six jours[11], mon coeur était avec mes compatriotes en Israël ; j'étais solidaire et fier qu'ils aient survécu à tous les assauts. J'avais l'angoisse qu'une victoire arabe puisse provoquer un nouvel Holocauste, 'en jetant les Juifs à la mer', comme l'ont dit à cette époque certains adversaires d'Israël. »

Henry retourne visiter Israël en 1971 ; il y est invité en 1983, à l'occasion d'un congrès des survivants de l'Holocauste. « Au congrès, j'ai rencontré beaucoup de gens de ma ville natale que je n'avais pas revus depuis quarante ans. Pendant deux ou trois jours, c'était très bien. Mais il y eut cette propagande dirigée par les chefs israéliens, suggérant sournoisement qu'on s'installe en Israël. Ça me répugnait et je me sentais mal. Au bout de trois jours, je les ai quittés pour aller me reposer dans un Club Med. » Simulant un air triste, Henry soupire : « Ainsi, j'ai manqué le discours du premier ministre Begin... cet ancien réactionnaire de l'extrême droite !

« L'État d'Israël, en dépit d'autres accomplissements positifs, est devenu par nécessité un État militariste, car il est entouré de partout par des États ennemis. De plus, les Israéliens font des Palestiniens des opprimés, des citoyens de deuxième classe, tout comme les Juifs l'ont toujours été à travers l'histoire. Ça donne une image du Juif oppresseur au lieu de celle du Juif opprimé, et l'on entend des analogies avec l'Afrique du Sud. Tout cela me fait mal au coeur ! D'ailleurs, je préfère ne pas trop y penser, car je trouve ça assez douloureux.

« L'État-nation d'Israël va à l'encontre de mon idéal de société, que je vois ouverte, multi-ethnique, multinationale et multi-reli-

---

11. Au printemps 1967, des bombardiers israéliens ont réussi une attaque contre l'artillerie sol-air en Syrie et ont survolé impunément Damas, la capitale. Quelques semaines plus tard, l'Égypte a imposé un blocus maritime au détroit de Tiran, immobilisant ainsi l'activité au port israélien d'Eilat. Des porte-parole arabes déclaraient leur intention « d'envoyer les Juifs d'Israël dans la mer ! » Le 5 juin 1967, le radar israélien a détecté une attaque d'appareils égyptiens, et Israël a immédiatement contre-attaqué, atteignant sérieusement la grande majorité des aérogares de l'aviation militaire égyptienne. Avec éclat, dans l'espace de six jours, Israël a rapidement eu le dessus sur la Syrie et sur la Jordanie. Israël a ainsi pris, aux mains de ces trois pays, des territoires de Cisjordanie, du Golan, de Jérusalem-Est et de la péninsule du Sinaï.

gieuse. Je crois d'ailleurs que la meilleure solution du conflit au Proche-Orient passe par l'établissement d'un État binational, juif et palestinien, en Israël.

« Et je pense que la situation va empirer avec la jeunesse palestinienne qui exigera des droits à l'égalité et qui va lutter contre les nationalistes israéliens », poursuit Henry, se trouvant à prédire, un mois auparavant, le début des émeutes de la jeunesse palestinienne, à l'hiver 1987-1988, dans les territoires occupés de la Bande de Gaza et de la Cisjordanie.

« L'actuelle conjoncture israélienne n'est pas une image positive pour l'avenir. Par contre, malgré les inégalités qui persistent dans notre société nord-américaine, j'ai l'impression qu'il nous est possible de faire quelque chose pour les effacer et promouvoir une société plus juste, basée non pas sur l'ethnie ou la religion, mais sur les droits humains. Sur ce plan, la société canadienne représente davantage un idéal, une image positive de l'avenir. »

Québécois ou Canadien français

Canadien, Canadien français, Québécois, Québécois francophone sont autant de désignations qui évoquent des époques différentes, des identités particulières et des idéologies opposées. Normalement, l'utilisation de l'une ou l'autre de ces appellations est sans importance. Par ailleurs, à certains moments, le choix du terme et sa connotation implicite ont une portée qui mérite l'examen. Derrière cet imbroglio anodin de noms, n'est-il pas parfois question d'attitudes fondamentales, telles l'ouverture d'esprit et l'intolérance, en passant par le chauvinisme et la xénophobie ?

À titre d'exemple, ces toutes premières paroles que René Lévesque adressa à ses partisans à l'arena Paul Sauvé, le soir du 15 novembre 1976, lors de la victoire du Parti québécois : « Je n'ai jamais été aussi fier d'être Québécois ! » À l'occasion du décès de l'ancien premier ministre, la télévision a diffusé ce message à maintes reprises et les journaux ont repris en manchettes cette déclaration historique et émouvante. Mais qui étaient les membres de cette famille « québécoise » dont parlait M. Lévesque, à ce moment-là ? Et qui sont-ils, aujourd'hui ?

Sans aucune hésitation, Henry répond : « Non ! Dans la déclaration de René Lévesque, il était clair pour moi que je ne faisais pas partie des 'Québécois'. M. Lévesque ne se référait qu'aux 'Canadiens français'. Québécois était devenu synonyme de Québécois français. Nous autres, les non-francophones, n'étions pas considérés comme de vrais Québécois ! »

À ce titre, Henry emploie presque exclusivement le terme « Canadien français », alors que le mot, sans être tout à fait tombé en désuétude est remplacé aujourd'hui par « Québécois » ou « Québécois francophone ».

« Si j'utilise le terme 'Canadien français' plutôt qu'un autre, je ne suis pas certain de le faire exprès. » Et en riant Henry ajoute : « Je sais pourtant qu'il faut faire attention à l'utilisation de ces termes. Je suis conscient des différentes connotations, et je n'ai jamais accepté l'idée de certaines gens pour qui être 'Québécois' veut dire uniquement être Québécois français : mais les autres... ? Moi, je suis Québécois et je le ressens comme tel. Mais je ne suis pas un Québécois français. Donc, lorsqu'on dit 'Canadien français', on sait de qui l'on parle.

« Ça me rappelle qu'une fois, lors d'une rencontre avec des Québécois francophones très sympathiques, j'ai été tout à fait étonné qu'ils me traitent comme un des leurs. C'était extraordinaire, car tout à coup, c'est un peu comme si je devenais un héros 'québécois' ! Mais personnellement, je ne me considère pas comme tel. Pour moi, c'est plus universel, dit-il avec une mine un peu gênée, mais il doit y avoir des gens qui me considèrent comme un héros et sont fiers que je sois du Québec. »

Prudence face au nationalisme

Nul ne peut nier les passions soulevées par la question de l'avortement. Par ailleurs, au Québec, un débat a prévalu, qui est à certains égards encore plus passionné : la question nationale. Auprès de ce débat, l'avortement est presque une tempête dans une verre d'eau. La fièvre du nationalisme, même si elle semble parfois en hibernation, a touché et va continuer profondément à toucher tous les habitants de la belle province. Absorbé par une autre polémique, Henry ne s'est jamais publiquement engagé dans ce débat. Mais en tant qu'humaniste préoccupé par des questions sociales et politiques, il n'en a pas moins des opinions nettes et affirmées.

« Tout en me méfiant du nationalisme en général, j'en distingue deux types. D'abord, il y a le nationalisme des oppresseurs, de ceux qui se disent supérieurs aux autres, en considérant comme normal de dominer les moins nantis, qu'ils soient Noirs, Juifs ou d'une autre minorité. Puis, il y a le nationalisme des opprimés, et parmi eux, je classe volontiers les Canadiens français. Ainsi, je trouve normal que ces derniers deviennent nationalistes et affirment leur dignité collective.

« Mais souvent, l'histoire nous a montré que les peuples, une fois leur indépendance acquise, finissent par opprimer et dominer les minorités à leur tour. Ça me répugne. Pour avoir souffert et connu les excès du nationalisme allemand nazi, j'ai toujours peur que le nationalisme ne devienne excessif.

« Lorsque j'entendais le slogan : 'Le Québec aux Québécois', ça me rappelait ce que j'avais entendu en Pologne : 'La Pologne aux Polonais'. À cette époque, en Pologne, j'étais exclu, même si j'étais né dans ce pays. Ici je suis un Juif avec une mentalité différente dans une collectivité distincte. Donc en Pologne et au Québec, je ne suis ni complètement intégré, ni accepté à part entière.

« Chez certains éléments du Parti québécois, je percevais une adhésion au concept d'État-nation où les Canadiens français seraient les seuls citoyens de première classe ; les autres viendraient au deuxième rang. Je crois que ce genre de concept d'État-nation, basé sur la langue ou sur l'ethnie, est étranger au contexte nord-américain.

« Au Québec, l'avènement du Parti québécois au pouvoir m'inquiétait. Cependant, je n'étais pas comme beaucoup d'autres qui imaginaient le fascisme et faisaient d'autres sortes d'exagérations. Heureusement, j'avais beaucoup d'amis parmi les militants péquistes : Denis Lazure, Jacques MacKay, Camille Laurin, que je connaissais personnellement, et Lise Payette que je connaissais un peu à cause du mouvement pour le libre accès à l'avortement. J'étais sur la même longueur d'ondes qu'eux à plusieurs points de vue et je les trouvais sympathiques. »

Sa relation avec Mireille coïncide avec la montée en flèche du Parti québécois et avec ses procès au Québec. Henry côtoie ainsi beaucoup de Québécoises progressistes qui militent dans le mouvement pro-choix, et il circule dans un milieu très favorable à l'option péquiste. « Voilà le paradoxe. Socialement, je me sentais tout à fait à l'aise, accepté, bien parmi ces gens-là. Il n'y avait pas de tension et ce fut très agréable. Entre nous existait un respect mutuel. Ces Québécoises et Québécois étaient libérés de la religion, curieux, dynamiques et créatifs. C'était un groupe formidable, sympathique et intéressant. D'ailleurs, à bien des points de vue, je trouvais ces gens beaucoup plus intéressants que d'autres connaissances anglophones et juives.

« Ces Québécois comprenaient mes inquiétudes et respectaient mes opinions. Personne ne m'a jamais sollicité pour que je devienne membre du Parti québécois et d'ailleurs, je ne le serais pas devenu.

« Évidemment, ce n'était pas cette fraction du Parti qui m'inquiétait ou me faisait peur, mais d'autres éléments réactionnaires et xénophobes de la trempe d'un Gilles Grégoire. Je ne connaissais pas ces gens personnellement, mais on ne savait tout simplement pas qui prendrait le dessus dans le Parti et où ça pourrait mener. Mes amis étaient confiants de l'emporter sur l'autre groupe et l'histoire leur a donné raison, beaucoup grâce à René Lévesque. On est d'ailleurs chanceux que cet homme soit devenu le chef de ce parti. Ça nous a évité des déchirements violents et des conflits insolubles. M. Lévesque a été pas mal plus dévoué à la démocratie et tolérant envers la minorité non francophone que plusieurs de ses partisans.

« Au fond, le Parti québécois était un parti pour les Canadiens français et quand Paul Unterberg fut l'un des premiers non-Canadiens français à en devenir membre, tout le monde fut un peu surpris. On se demandait ce que ce Juif faisait là-dedans. Un soir, lors d'un souper chez mon ami Vincent Mauriello, je disais justement au docteur Camille Laurin que moi, je ne comprenais pas ce que Unterberg faisait là. Le docteur Laurin a pouffé de rire et m'a répondu : 'Moi non plus !'

« À cette époque, il m'est souvent arrivé de rassurer mes amis juifs en leur disant que le Parti québécois n'était pas le Parti national socialiste des Nazis, car plusieurs d'entre eux avaient complètement décroché de la réalité. J'étais assis en quelque sorte exactement entre mes amis péquistes et mes amis juifs. Alors, j'assurais ces derniers que le Parti québécois était le parti le plus démocratique, le plus responsable et le plus dévoué au bien public que le Québec ait jamais connu.

« J'avais bien compris et trouvé correcte l'orientation social-démocrate du Parti québécois, mais l'idée de la séparation du Canada, amenant difficultés, angoisses et dislocation des non-francophones, m'inquiétait et j'étais contre. Mis à part mes réserves sur les excès nationalistes possibles, j'étais quand même très content du changement de gouvernement en 1976. À juste titre, je m'attendais à être beaucoup mieux traité par un gouvernement péquiste. »

Henry n'éprouvait pourtant aucune ambivalence quant au résultat du référendum. Il fut bien content de l'issue.

Une bombe dans un poème

Eleanor Wright Pelrine a publié en 1975 un livre sur le docteur Morgentaler, *The Doctor Who Wouldn't Turn Away*[12]. Peu de temps après, le livre a été traduit en français. Chaque chapitre commence par un poème écrit par Henry au cours des années. Dans le poème qui amorce le chapitre sur la période de 1975, on lit : « *A French Canadian nationalist throwing a bomb at my house*[13]... », mots que Henry regrette profondément aujourd'hui tels qu'ils apparaissent, cités hors contexte.

« J'avais écrit ça à l'époque des bombes qui explosaient dans les boîtes aux lettres à Westmount, pas très loin d'où j'habitais. C'était le début de la vague nationaliste à outrance, irresponsable et effrayante, qui mettait en danger la vie des enfants. Certains semblaient vouloir dire que ce n'était pas grave, parce que ça se passait à Westmount, chez les Anglais. Cette phrase dans mon poème évoque l'angoisse que je ressentais.

« Je reconnais que c'était comme si j'accusais tous les nationalistes et tous les partisans du Parti québécois d'être des lanceurs de bombes. Lors de la parution du livre en anglais, je n'ai pas eu la chance de faire des corrections. Lors de la traduction, j'ai demandé

---

12. Édité par Gage Publishing Ltd. Toronto, Ontario.
13. Un nationaliste canadien-français qui lance une bombe sur ma maison.

qu'on enlève ces lignes, mais à la suite d'un malentendu, elles ont quand même été publiées.

« Je crois que cela m'a causé pas mal de troubles aussi, malgré que personne ne m'en ait jamais parlé directement, ce qui m'a un peu surpris et blessé en même temps. Plusieurs amis du Parti québécois se sont refroidis à mon égard et je crois que c'est à cause de cela. Par exemple, lorsque j'ai voulu rencontrer Lise Payette, alors ministre des Consommateurs, Coopératives et Institutions financières, je me suis heurté à toutes sortes de faux-fuyants et l'on ne s'est jamais vus. Je me demande toujours si c'était dû à cette malheureuse phrase.

« Évidemment, au moment de la publication du livre, cette ligne était déjà périmée : nous étions dix ans plus tard ! Le Parti québécois comme tel n'était pas une menace pour moi. »

Entre Montréal et Toronto

Depuis janvier 1986, Henry passe trois semaines par mois à Toronto pour remplacer le médecin qui était responsable de la clinique de la rue Harbord. Ce dernier a démissionné à la suite d'un conflit de personnalité avec Henry. Pourtant Henry se sent beaucoup mieux aux abords du mont Royal que près du lac Ontario.

« J'aime Montréal, son ambiance cosmopolite, sa vie culturelle et son rythme plus relax. Ici, je suis comme un poisson dans l'eau. Montréal est devenu mon deuxième foyer, après ma ville natale de Lodz. Je suis ici chez moi, du moins autant que c'est possible pour moi en tant que Juif errant. » Henry s'amuse à employer ce cliché, mais s'empresse d'ajouter : « C'est quand même une image qui correspond à mon expérience et à mon vécu ! En tant qu'humaniste, j'appartiens au monde entier. D'ailleurs, j'aimerais qu'un jour on crée une citoyenneté internationale. Je n'ai pas envie de m'enfermer dans un petit nationalisme, qu'il soit québécois, canadien ou nord-américain !

« Il faut, par contre, vivre quelque part et y établir un chez-soi. Il y a des endroits où l'on se sent mieux que d'autres. Montréal, c'est l'endroit où je me sens le plus à l'aise. Et ce qui m'étonne en tant que personnalité publique, c'est qu'ici, je suis apprécié dans tous les milieux, même chez les Irlandais catholiques ! »

Henry a pu observer et vivre au sein des deux sociétés distinctes qui composent le Canada, dans des circonstances tout à fait uniques et similaires. Au Québec, de 1970 à 1976, puis au Canada anglais de 1982 à ce jour, il a mené la même bataille pour le droit à l'avortement, a utilisé des stratégies analogues et a été l'objet, de part et d'autre, d'attaques virulentes et sans précédent. Il est donc singulièrement bien placé pour comparer certains comportements des citoyens de ces « deux solitudes ».

Il a le triste privilège de recevoir du courrier haineux et parfois antisémite tant dans la langue de Shakespeare que dans celle de Molière. Des campagnes systématiques et odieuses ont été menées dans le but de l'écraser, par les autorités qui parlaient les deux langues officielles du pays. Lorsqu'on lui demande de comparer la tolérance et l'antisémitisme qu'il a rencontrés sur les deux rives de l'Outaouais, il hésite, faisant preuve, exceptionnellement, d'une certaine ambivalence : « Il y a peut-être eu plus de stéréotypes et de préjugés antisémites au Canada anglais qu'au Québec... mais il y en a ici aussi : par exemple, cette lettre à un journal montréalais qui disait que je ne faisais pas d'avortements à des femmes juives... ! Ce qui est évidemment faux », précise-t-il en riant.

« Je ne sais pas s'il y a tant de différence entre l'antisémitisme d'ici ou d'ailleurs ; à tout le moins, il n'y a pas une différence énorme. Je n'y ai pas fait tellement attention ! À Toronto et à Winnipeg, le mouvement contre l'avortement s'est organisé avec beaucoup plus de virulence, alimenté par des fondamentalistes protestants qui sont des fanatiques dangereux. Ils prétendent avoir une communication directe avec Dieu et veulent imposer leur vision de la religion aux autres. C'est pas mal plus vicieux !

« On est témoin d'une évolution de mentalité extraordinaire dans la société québécoise depuis la Révolution tranquille, et particulièrement à propos de l'avortement depuis dix ans. Les Canadiens français sont plus tolérants, beaucoup plus ouverts, moins attachés aux valeurs rigides de l'Église et bien plus progressistes, en général, que les gens des autres provinces.

« Cette évolution du Canada français me rappelle justement celle du mouvement socialiste juif dans la Pologne de ma jeunesse. Voilà tout un parallèle ! Les Juifs y ont abandonné la religion, qu'ils considéraient comme un carcan désuet et inapproprié, un facteur de résignation et de soumission à l'autorité. Ce faisant, une grande partie de la communauté juive polonaise au tournant du siècle a vécu une éclosion de créativité, un développement extraordinaire de sa littérature, de son théâtre et de ses arts en général, tout comme les Canadiens français l'ont fait en rompant avec la religion catholique. L'essor artistique et innovateur au Québec me plaît beaucoup. Je m'identifie fortement à cette libération, tout comme mes parents et moi, nous nous sommes identifiés à celle que nous avons vécue en Pologne.

« Les sondages confirment d'ailleurs que les Québécois sont plus favorables à l'accès libre à l'avortement que le reste de la population canadienne. Sur d'autres questions de justice sociale, comme la discrimination basée sur l'orientation sexuelle et l'acceptation des différences, je crois que la société québécoise est aussi en avance sur les autres provinces de la Confédération.

« J'espère avoir contribué un peu à cette évolution par ma parole et mes actions. »

Léa Roback

Manifestation nationale pour l'avortement libre et gratuit devant le parlement à Québec, le 18 octobre 1987. (Photo André Quéry)

Léa Roback

Prendre plaisir au travail ; abhorrer le tyran ;
Ne pas chercher l'intimité avec les pouvoirs
dominants.

SHEMAIAH et ABTALYON,
Pirke Avot, maximes et proverbes
des patriarches hébraïques.
(Ier siècle av. J.-C.)

« Ma mère disait toujours que j'ai dû badiner même quand j'étais dans son ventre », raconte Léa Roback en rigolant.

Aujourd'hui, quatre-vingt-cinq ans plus tard, cette femme dynamique, effervescente et passionnée raconte ses nombreuses expériences avec humour et émotion, sans négliger le moindre détail. Elle ressent toujours une indignation profonde à l'égard des profiteurs et des exploiteurs. Ponctuellement, elle emploie des épithètes caustiques et colorées en yiddish, en anglais, en français ou en allemand. Elle est bien articulée et défend ses opinions avec une conviction débordante. Son amour des gens et son respect d'autrui sont contagieux.

Féministe, syndicaliste, militante politique, combattante pour la paix, autant de termes qui ne décrivent que partiellement cette femme fortement engagée dans la lutte pour une société plus juste et plus humaine. Léa Roback, c'est un esprit libre et généreux qui donne humblement et de bon coeur. Femme d'action, elle affirme :

« Je ne suis pas quelqu'un qui gobait tout rond la philosophie de Marx et d'Engels, par ailleurs je suis fière de me qualifier de communiste ! »

Petite de stature, elle jouit d'une bonne santé. La voix claire, le visage expressif, elle gesticule comme un chef d'orchestre lorsqu'elle parle. L'écouter parler, c'est fort stimulant et parfois même essoufflant. Elle avoue : « J'ai toujours bien aimé parler avec les gens. »

Lors des manifestations — et Léa en a vu des centaines dans sa vie de militante —, « je parle tantôt avec l'un, tantôt avec l'autre, dit-elle. Il faut toujours tâter le pouls du monde, apprendre des autres, connaître ce qui fait vibrer leur personne et pourquoi elles pensent comme ça. J'aime toujours converser, échanger et découvrir les autres. »

Exubérante, elle vit sincèrement et concrètement l'amour qu'elle éprouve à l'égard de tous les êtres humains. Il est difficile de marcher plus d'un coin de rue avec elle sans qu'elle salue une connaissance ou offre un mot de gentillesse à un étranger.

L'enfance à Beauport

Léa naît à l'automne 1903 à Montréal ; elle est la deuxième d'une famille de neuf enfants. Ses parents, originaires de Pologne, se sont mariés à Québec à la suite des démarches d'un *shadchen*[1]. Son père, de treize ans l'aîné de sa mère, travaillait comme apprenti coupeur dans une manufacture de vêtements pour hommes à Montréal. « Mon père était un Juif pratiquant. Il s'enveloppait de son *talith*[2], récitait ses prières matinales tous les jours et arrivait souvent en retard au travail. Intellectuel, il préférait la compagnie de ses livres au travail en atelier. »

Les grands-parents maternels de Léa ont un petit magasin près des chutes Montmorency et décident d'aider leur fille et leur gendre à en ouvrir un à Beauport. Donc, en 1906, âgée de trois ans, Léa s'installe avec sa famille en banlieue de Québec. Le magasin général

---

1. Personne qui arrangeait un mariage entre deux Juifs, selon la vieille coutume.
2. Châle de prière rituel, porté par les hommes pendant les services religieux.

de Beauport, où elle grandit, vend aux fermiers, aux avocats, aux notaires et aux fonctionnaires qui travaillent au Parlement, des meubles, des vêtements, des bottines, des tissus, etc.

Ainsi, Léa passe son enfance en milieu canadien-français : « C'était un temps heureux, merveilleux... L'hiver, on faisait de la raquette et on patinait. On n'était pas riches. Nous, les Roback, ce qui nous rendait différents, c'est que nous acceptions les autres, nous apprenions ainsi plein de choses. Et à leur tour, les gens de Beauport nous acceptaient. »

Léa et son frère aîné Henri se rendent chaque jour à la gare de Beauport pour prendre le train électrique vers Québec. Dans la Vieille Capitale, ils fréquentent l'école anglo-protestante, The Victoria School — ce qui ne fait pas l'affaire des religieuses de Beauport, clientes régulières du magasin des Roback.

« Les religieuses ont demandé à ma mère : 'Pourquoi envoyez-vous vos enfants à l'école anglo-protestante à Québec et non chez nous ? Surtout qu'on vous encourage en venant acheter à votre magasin...' Maman leur a répondu : 'Nous, on est juifs et à la maison, nos enfants apprennent le yiddish. Vous enseignez dans votre institution selon les principes du catholicisme, tandis qu'à l'école de Québec, il n'y a pas d'enseignement religieux.' Les religieuses ont alors suggéré : 'Si c'est seulement ça, on pourrait s'organiser pour envoyer vos enfants dans le corridor lorsqu'on parle de religion.' Maman répliqua : 'Ça ne marcherait pas. Mes enfants passeraient la journée entière dans le corridor ! Tout ce qui est enseigné est teinté d'une connotation religieuse, comme en arithmétique où l'on calcule combien de petits Chinois on peut acheter avec tant d'argent à trente sous l'âme !' Là, les religieuses se sont fâchées et elles ne sont pas retournées au magasin pendant un certain temps. Mais plus tard, tout s'est rétabli. »

Au début du siècle, au Victoria School de Québec, les enfants avaient rarement l'esprit rebelle. Léa et deux de ses copines font pourtant exception. Le joyeux trio fait de temps en temps l'école buissonnière, en se promenant sur la Terrasse Dufferin et en allant au cinéma. Léa écrit des notes justifiant ses absences et elle les signe à la place de sa mère.

« J'ai toujours eu du front tout le tour de la tête et par conséquent j'ai souvent fait à ma tête. Un jour, à l'âge de onze ans, une professeure, Miss Woods, m'a demandé de placer mes cheveux bouclés en arrière de la tête. J'ai répondu à cette espèce de vieille folle : 'J'ai toujours porté mes cheveux en avant et ils vont rester comme ça !' Elle m'a menacée : 'Si tu ne fais pas ce que je te dis, tu ne pourras pas faire l'examen !' J'ai répliqué : 'O.K., je ne ferai pas l'examen.' Elle m'a alors criaillé : 'Va au vestiaire.' En quittant la classe, j'ai tiré la langue et les étudiants ont éclaté de rire. Miss Woods m'a interrogée : '*What is so funny ?*'... J'ai dû écrire 500 fois, '*I will not be rude to my teacher*'. Et ce n'est pas la seule fois où j'ai eu une punition semblable. »

À la maison, la famille Roback parle le yiddish, langue maternelle de Léa. À l'école de Québec, l'enseignement se fait en anglais et, dans les cours de Beauport, Léa apprend le français avec ses amies canadiennes-françaises.

« Une professeure anglophone nous enseignait le français au Victoria School. Elle nous faisait répéter : '*La veeiaylle pendeulle kee mark neuve eurre* !' imite Léa, avec un accent gluant. Une fois, en entendant ça, je suis partie à rire. Elle m'a demandé : '*What's the matter ?*' Je lui ai répondu que ça, ce n'était pas du français. Elle s'est alors choquée : '*I teach French here* !' Encore une fois, les enfants se sont mis à rire. La professeure m'a fait avancer devant la classe et elle a sorti une liasse de pailles sèches pour me cogner les doigts. À la toute dernière seconde, j'ai retiré ma main et elle a frappé sa propre cuisse. Là, les enfants se tordaient... Et mes pauvres parents s'exclamaient : '*Oy vay iz meer*[3] !' lorsqu'ils apprenaient ça. Puis ils se demandaient ce que j'allais devenir ! »

En dépit de son comportement, Léa est une bonne étudiante qui obtient de bons résultats et elle décroche même quelques prix. Elle aime beaucoup lire et écrire. « Il y avait toujours des livres à la maison — 'en veux-tu en v'là !' Si l'on osait importuner maman par des questions comme : 'Qu'est-ce qu'on va faire aujourd'hui ?', elle répondait toujours : 'Prends un livre'. Dans notre famille, les études ont été une obligation très importante, primordiale. »

Le père de Léa est yiddishiste[4] et à la maison c'est la langue de communication. La famille reçoit régulièrement des journaux

---

3. *Oy* : l'exclamation la plus omniprésente en yiddish, qui peut exprimer toutes les émotions ou sentiments, dépendant du ton adopté. *Oy vay iz meer* : peut représenter la peine, la frustration, la déprime, les condoléances, etc.

4. Quelqu'un qui parle et lit le yiddish, mais se préoccupe surtout de la promotion et de l'épanouissement de cette langue.

yiddish, et tous se délectent des oeuvres de Sholem Aleichem, de Mendele Mocher Seforim et d'autres grands écrivains juifs. Le *séder*[5] à la Pâque, la lecture du *Megillah*[6] à *Pourim*, le grand repas familial du vendredi soir la veille du Sabbat[7]... toutes les fêtes juives sont observées en donnant aux enfants les explications appropriées. Les règles kasher sont respectées, mais c'est seulement pour le *Rosh Hashana* et le *Yom Kipour*[8] que les Roback ferment le magasin et vont à la synagogue à Québec. Léa souligne : « On n'a jamais été emmerdés avec la religion. Pendant que nos parents étaient à la synagogue, nous, les enfants, jouions dehors, et moi je n'ai jamais jeûné pendant le *Yom Kipour*. On n'insistait pas pour faire pratiquer la religion. Ainsi, le judaïsme était observé à la maison avec beaucoup de largesse. A l'occasion, j'allais à la messe de minuit avec une de mes amies et nous restions en arrière. »

Après sa journée d'école, Léa va quelquefois à une *héder*[9] pour apprendre la religion. « J'ai fait constater à maman qu'avec l'école, le voyage en train et toutes mes autres responsabilités, c'était trop. Donc, pendant un certain temps, on a fait venir un *melamed*[10] à la maison. Mais moi, je préférais jouer dehors et un jour, en guise de protestation, je lui ai asséné un coup au visage. Il a couru après moi,

---

5. Une combinaison de banquet et de service religieux, célébrée les deux premiers soirs de la Pâque juive, qui commémore la libération des Juifs de l'Égypte sous la conduite de Moïse, telle que racontée dans le livre de l'*Exode* dans l'Ancien Testament.

6. En hébreu, nom habituel du livre d'*Esther*, qui raconte la délivrance des Juifs de Perse pour échapper à la tentative d'Haman, au XIe siècle av. J.-C., de les exterminer. Le *Pourim*, qui rappelle ces événements, est une fête qui souligne la capacité d'avoir le dessus sur les tyrans.

7. Selon la Loi judaïque, le Sabbat, tout comme les autres jours, débute au coucher du soleil et non à minuit. Le début du Sabbat est souligné par un repas somptueux. Ainsi, du vendredi soir au samedi soir, le Sabbat, jour de repos hebdomadaire, est consacré à Dieu. Le vendredi soir et le samedi matin, des services religieux spéciaux se tiennent à la synagogue.

8. Les deux fêtes juives les plus importantes de l'année. La première est le jour de l'An juif et la deuxième, qui tombe neuf jours plus tard, est le jour de la Pénitence. Le Juif pratiquant jeûne pendant les vingt-quatre heures du jour de la Pénitence et, en plus de demander pardon pour ses péchés devant Dieu, il doit s'excuser auprès des hommes et des femmes pour ses fautes commises durant l'année.

9. Petite école primaire juive, souvent composée d'une seule salle, où l'on enseigne, entre autres, l'hébreu aux jeunes enfants.

10. Personne qui enseigne l'hébreu aux débutants, en se rendant chez eux.

mais j'étais plus rapide que lui et il ne m'a jamais rattrapée. C'est ainsi qu'ont pris fin mes leçons d'hébreu. »

Les expériences de cette famille juive en milieu canadien-français n'ont pas toujours été faciles.

« Il y avait une certaine Mme Lortie qui ne voulait pas nous vendre un terrain qu'on louait, simplement parce qu'on était Juifs. Elle prétendait que si on l'achetait, ça aurait pour effet d'amener d'autres Juifs dans la région. Anne-Marie Boucher, qui travaillait dans notre magasin, s'est même fait demander par des gens du village : 'Comment les Juifs, eux, font-ils des enfants ?' » raconte Léa en rigolant à ce souvenir.

L'ignorance et une certaine méfiance à l'égard des Juifs donnent lieu à des incidents fâcheux qui se soldent souvent par une meilleure compréhension. Ainsi, un jour, près de la gare de Beauport : « J'avais sept ans et, sur le chemin de l'école, un séminariste a craché sur moi et m'a traitée de 'maudite Juive' ! Quelques jours plus tard, mon père nous a accompagnés à la gare, lui, un homme modeste qui n'aime pas du tout la bataille. On a alors rencontré le séminariste en question et mon père lui a demandé son nom. L'autre a répondu avec dédain : 'Je n'ai pas à donner mon nom à un Juif'. Sur ce, papa lui a flanqué un coup de poing en plein visage, et il s'est mis à saigner. Le séminariste a perdu deux dents et, le lendemain matin, lorsque nous sommes passés devant eux, il n'y avait plus de problème. Quelque temps après, nous sommes devenus très bons amis avec les séminaristes. »

Un accroc semblable arrive à Lotte, la soeur de Léa, mais cette fois, cela provient de la bouche du voisin, le petit Roy, qui n'a que six ans. M. Roy se présente alors avec son fils chez la famille Roback. « M. Roy a exigé de son fils qu'il explique pourquoi il avait craché sur Lotte. Le gamin a murmuré quelque chose à propos de ce qu'on racontait à l'école sur les Juifs. Là, son père l'a sommé de se mettre à genoux et de s'excuser auprès de ma soeur. Le petit gars, tout embarrassé, a refusé et ma mère a suggéré : 'C'est assez !' Le petit a fini par baisser la tête et demander pardon à Lotte, et tous les deux se sont mis à pleurer. Mais après ça, je ne peux pas vous décrire à quel point les Roy sont devenus nos amis. »

Les difficultés de ce genre sont plutôt exceptionnelles et le respect mutuel entre Juifs et catholiques caractérise davantage ce début de siècle à Beauport. « Ma mère nous faisait entrer dans la maison lorsque la procession du Corpus Christi passait devant notre magasin, car tout le monde devait faire la génuflexion. Cette marque d'égards envers le rituel catholique fut même citée en exemple par le curé en chaire, un jour où il s'en prit à un de ses paroissiens qui ne s'était pas mis à genoux. »

Occasionnellement, le dimanche après-midi, un des vicaires de Beauport rend visite au père de Léa. « La première fois qu'il est venu à la maison, il était fort impressionné par la variété de livres russes, hébreux, yiddish et anglais que contenait notre bibliothèque. Il convenait avec mon père qu'il y avait peut-être plus de livres chez nous que dans son presbytère. Lors de ces visites, mon père expliquait les rites juifs au vicaire qui avait un esprit passablement curieux. »

Entre-temps, c'est surtout la mère de Léa qui s'occupe du magasin. D'une voix vibrante, cachant à peine sa colère, Léa parle du sort de sa maman, pour qui elle éprouvait une profonde tendresse. « Ma mère était enceinte à tous les douze, seize mois. Une fois, je l'ai même fait pleurer quand j'ai pointé son ventre et que je lui ai demandé sur un ton insolent : 'Quand est-ce que ça va s'arrêter, tout ça ?' Lors d'une autre grossesse, mon frère Henri a dû se faire opérer sur la table de la cuisine pour une appendicite, et elle avait été physiquement incapable d'être à ses côtés pour le soigner. Les voisins sont venus nous aider, car l'amour du prochain existait à Beauport, et cela nous a permis de passer à travers de durs coups. Mais les grossesses, l'entretien de la maison, le travail exigeant au magasin firent qu'on craignait que maman ne soit atteinte de tuberculose. En 1918, nous sommes donc revenus à Montréal. »

Les voyages forment la jeunesse

De retour dans sa ville natale, ses études secondaires complétées, Léa cherche du travail. Mrs. Allan, la patronne « british » du British American Dye Works, l'interviewe pour un poste de réceptionniste au dépôt de la teinturerie, angle Crescent et Sainte-Catherine. « Elle m'a tout d'abord demandé si j'étais anglaise. J'ai répondu : 'No I'm Jewish', comme je le faisais toujours. 'Oh, how interesting !' m'a-t-elle dit. On a fini par m'embaucher, car je parlais français. »

Beaucoup de clients qui venaient déposer leur linge faisaient partie de l'élite anglaise de Montréal. Sur un ton aristocratique et moqueur, Léa hausse la tête et prend des airs : « Ces grandes dames, Lady Drummond, Lady Allan, Lady Gordon venaient faire laver des robes de bal à vingt-cinq piastres le morceau, tandis que je ne gagnais pas ça en trois semaines. Mais j'aimais jaser avec les chauffeurs de ces dames, qui me racontaient les déboires des fils de riches et les chichis de leurs patronnes. »

Le style de vie de ces gens richissimes commence à ouvrir les yeux de cette jeune femme de seize ans : « Je n'aimais pas l'injustice, et ça, je l'avais appris au foyer à Beauport. J'observais donc à quel point ce monde-là était vache. Il se permettait tellement... C'était injuste et ça m'insultait. Ça s'est donc mis à bouillonner en moi et j'ai commencé à voir clair. »

En 1922, après quatre ans au dépôt de la teinturerie, Léa fait la connaissance d'une caissière du His Majesty's Theatre, où des troupes de Grande-Bretagne, des États-Unis et de France jouent de grandes pièces du répertoire. « Elle m'a demandé si je n'étais pas tannée de recevoir le linge sale des autres. J'ai répondu que j'aimais ça, même si je travaillais pour des prunes. Sur son instance, je suis quand même allée à une interview avec Mister Evans, le gérant du His Majesty's, pour un poste de caissière. Mister Evans, un grand 'jack' toujours entre deux verres, aimait les femmes et, immédiatement en le rencontrant, j'ai dû lui fixer au premier regard un 'Détrompez-vous, Mister !' pour m'en sortir saine et sauve. »

Léa est embauchée et réussit ainsi à nourrir sa passion pour le théâtre. Elle rencontre des comédiens et des comédiennes et va régulièrement prendre un verre avec eux. De nouveau, comme au dépôt de la teinturerie, le public que Léa côtoie est celui de la 'bonne société'. « J'étais alors témoin de leur 'sens de la moralité' ! Des monsieurs de bonne réputation venaient acheter des billets, et pour leur femme, et pour leur maîtresse avec qui ils passaient le temps de l'entracte...

« Les pourboires allant jusqu'à dix dollars n'étaient pas rares et j'ai réussi à épargner de l'argent, surtout lorsque ces 'princes' voulaient de bonnes places et nous glissaient un billet pour qu'on en trouve », avoue Léa avec un sourire méchant.

Pendant toute cette période, Léa reste chez ses parents, mais elle rêve de quitter Montréal. Même si son milieu de travail est surtout anglophone, elle a plusieurs amies canadiennes-françaises. Par ailleurs, elle n'établit pas de véritables liens avec la communauté juive montréalaise.

Aux alentours de Noël 1924, Léa fait une rencontre qui va contribuer à exaucer son désir de l'aventure.

Madame Dax, une comédienne de la troupe parisienne de la Porte Saint-Martin, propose à Léa d'aller étudier à l'Université de Grenoble. Enthousiasmée, elle expédie sa demande pour s'inscrire en littérature française et est admise à l'université au pied des Alpes. Avec la collaboration de Madame Dax qui l'aide à trouver un logement, Léa décide de s'y rendre. Madame Dax lui donne également des noms de clients à qui elle pourrait donner des cours d'anglais, afin de gagner quelques sous pendant ses études.

« Ma famille était perplexe et on essayait de me faire changer d'idée. Ma tante Rose demandait à maman pourquoi je n'allais pas plutôt en Palestine pour 'construire le pays', comme d'autres Juives de mon âge. Mais en janvier 1925, je me suis embarquée sur le bateau *de Grasse* en partance de New York pour Le Havre. »

Sur le bateau, Léa rencontre une famille espagnole qui la recrute pour négocier l'achat d'un service d'argenterie à Paris. « On me l'a demandé, car je parlais français, mais une fois arrivée au magasin, j'ai mené la négociation avec le commerçant... en yiddish ! J'ai tellement obtenu un bon prix, que la famille m'a invitée à passer trois semaines à Barcelone à titre de récompense. J'ai évidemment accepté ! »

À Grenoble, Léa mène une vie de bohème. Elle est libre comme l'air, étudie la littérature française, donne des cours d'anglais, joue au théâtre et se rend souvent à Paris les fins de semaine. « C'est à Grenoble que j'ai entendu pour la première fois le mot 'youpin' et je me rappelle que la haute bourgeoisie était plutôt antisémite. » Faute d'argent, Léa ne peut compléter le programme de trois ans et, en 1927, elle doit rentrer à New York.

À Brooklyn, elle habite chez une de ses sœurs et commence à travailler comme vendeuse de corsets chez Stern Bros., un grand magasin. Lors de son embauche, elle déclare avoir travaillé dans une boutique renommée à Paris, mais deux mois plus tard, on découvre la supercherie. Léa est renvoyée. Elle se fait aussitôt engager dans un bureau d'avocats de Wall Street. Son frère aîné Henri, alors étuiant en médecine à l'Université de Berlin, propose à Léa de le rejoindre.

Encore une fois, Léa fait ses valises et prend le bateau pour Hambourg en janvier 1929. « Dès mon arrivée, j'ai vu des voyous nazis et ça me faisait peur. Il n'y avait pas de travail et je me rappelle qu'autour de la gare de Hambourg, les rues étaient bondées de prostituées. »

Léa s'inscrit à l'Université de Berlin pour apprendre l'allemand et donne de nouveau des cours d'anglais et de français pour joindre les deux bouts. Elle suit également des cours de linguistique, de sociologie et de marxisme.

Le 1er mai 1929, Léa assiste à son premier défilé de la Fête internationale des travailleurs dans les rues de Berlin. Quelle initiation ! « Il y avait une grande chorale ouvrière, on marchait, on chantait, on s'amusait… c'était la fête ! Tout à coup, on a aperçu des *chupo* [11], rangés sur des bancs dans un camion. Puis des voyous fascistes arrivèrent de partout et la situation s'est gâtée. » S'ensuivent escarmouches, coups de matraque, bref, une avant-première de la violence fasciste qui va déferler sur l'Allemagne. Léa fuit la manifestation, par peur de perdre son passeport si on l'arrêtait. « Ce fut tout un coup de réveil ! »

Alors qu'elle assiste au film russe *La Terre*, des lumières s'allument subitement et on annonce le krach de Wall Street. La situation économique déjà difficile empire. Autour du quartier ouvrier où elle habite, Léa voit des bureaux et des usines fermer leurs portes. On discute de politique à tous les coins de rues. La prise de conscience déjà amorcée en elle par ses expériences à la British American Dye Works est exacerbée par le bouillonnement qui a cours à Berlin et par les débats passionnés qu'elle observe entre nazis et communistes.

« À l'Université de Berlin, on débattait continuellement de questions sociales et politiques. Les social-démocrates perdaient toute influence et il s'ensuivait une polarisation entre les fascistes d'un côté et les communistes de l'autre. J'ai assisté à beaucoup de réunions et de débats. J'essayais de digérer toutes les analyses et les opinions que j'entendais autour de moi. Je n'avais jamais adhéré à un parti politique, mais je trouvais que les positions défendues par

---

11. Police, en argot allemand ; l'équivalent de « flic ».

les communistes avaient bien du bon sens. J'ai donc fait une demande pour devenir membre du Parti communiste.

« Un des premiers conseils de mon frère fut alors : 'Léa, si tu veux militer dans le mouvement communiste, il va falloir que tu oublies que tu es Juive.' Désormais, je me suis identifiée comme Canadienne... basta ! Peu de temps après, j'ai découvert que le propriétaire de la maison où j'habitais était membre du Parti nazi. »

Ses débuts au Parti ne se font pas sans heurts. D'abord, avant de l'accepter, le Parti veut enquêter sur ses antécédents. Léa se rappelle en détail sa première réunion dans une cellule communiste où elle avait été invitée : « En entrant, j'ai observé les autres femmes : talons plats, souliers lacés, manteaux de cuir courts, bérets et jupes bleu marine ordinaires. Moi j'arrive en talons hauts, chapeau délicat collé sur l'oreille, manteau noir avec fourrure beige au cou. Elles me regardaient et se mettaient à chuchoter, tandis que de mon côté, je me demandais ce que je faisais dans cette galère ! Le chef de la cellule m'a alors demandé poliment de sortir et on a discuté de mon cas. »

Les membres de la cellule se demandent si Léa est une indicatrice de police ou bien une femme de la haute société. Léa leur explique que c'est ainsi qu'on s'habille au Canada, mais malgré tout, son acceptation au sein du groupe sera épineuse. Les renseignements demandés sur son passé prennent du temps à être acheminés au Parti. Pour l'instant, l'habit fait le moine et Léa n'est pas invitée à retourner à la cellule. « J'ai donc acheté des souliers à talons plats et cessé de me maquiller. »

Les enquêtes terminées, Léa est admise comme membre du Parti communiste. « Avec mes camarades du Parti, nous nous postions au coin des rues et nous tentions de vendre le journal communiste : '*Die Rote Fahne, Die Rote Fahne*[12]...' » s'écrie-t-elle, d'une voix perçante comme si elle était encore dans les rues de Berlin au début des années trente. « Une fois, une bataille violente a éclaté entre nous et les fascistes. Mon camarade a mangé toute une volée, raconte Léa en hochant la tête. Je suis allée tout de suite voir mon chef pour lui demander de faire autre chose. »

---

12. Le Drapeau rouge, en allemand.

Léa se met donc à travailler avec de jeunes peintres communistes. On organise des encans, des expositions, et les profits réalisés lors des ventes sont remis au Parti.

Berlin, 1932. L'ouragan nazi se lève, le ciel s'assombrit et le leader de la cellule communiste de Léa lui conseille de rentrer en Amérique. Les indices de ce qui est à venir sont de plus en plus évidents. Léa raconte une expérience typique : « Henri et moi, nous nous rendions tranquillement à l'université, lorsqu'on a entendu quelqu'un gémir. Nous avons aperçu un vieux Juif avec une grosse barbe, qui saignait, couché à plat ventre dans la rue. Nous voulions lui porter secours quand deux sales flics nous ont jappé : 'Keine Studenten hier [13] !' On a dû abandonner notre frère qui avait besoin de nous. Je n'oublierai jamais cette image ! »

Léa informe un de ses professeurs de son départ imminent. « Ce cher Herr Doktor Professor Levy, un Juif, en apprenant mon départ, s'est gonflé d'orgueil et m'a dit : 'Nous sommes Allemands, pas Italiens. Si Hitler est élu, il ne restera pas au pouvoir plus de six semaines.' Comme lui, beaucoup d'autres Juifs assimilés, financièrement à l'aise, ne voulaient pas émigrer et recommencer leur vie ailleurs. » Léa quitte l'Allemagne à la fin de 1932.

De retour à Montréal, Léa est embauchée comme directrice de la programmation au Young Womens' Hebrew Association (YWHA) [14]. On y présente, entre autres, des pièces de théâtre et des conférences sur l'actualité. Léa participe au choix de livres pour la bibliothèque et à celui des conférenciers pour les débats publics. À plus d'une occasion, ses choix soulèvent des controverses.

Vers la même époque, Léa prend contact avec le Parti communiste du Canada, qui est à ce moment hors la loi en vertu de l'ignominieux article 98 du Code criminel canadien. Elle y anime des discussions, écrit et distribue des tracts, et assiste à bon nombre de réunions. Elle fait également des traductions de l'anglais au français, car la majorité des documents du Parti proviennent de Toronto.

Au printemps de 1934, Léa part en URSS pour rejoindre son ami Morton qui voulait l'épouser. Ce dernier s'était établi à Minsk en 1933. Léa évoque discrètement ce prétendant : « Je partais pour

---

13. Aucun étudiant ici.
14. Organisation communautaire juive pour les femmes, qui organise des activités récréatives.

voir ce qui se passait là-bas, sans trop savoir à quoi m'attendre. J'ai pu voir Moscou, Leningrad, et bien entendu, Minsk. Mais ce n'était pas facile. Je ne parlais pas le russe et je me sentais Québécoise, même si dans ce temps-là le mot n'existait pas encore. Après trois mois et demi, j'ai décidé que je voulais plutôt militer dans mon pays d'origine et j'ai dit à Morton : 'Je ne suis pas une femme à marier !' »

Elle n'avait pas menti, car elle ne prononcera pas de promesse nuptiale dans les années à venir.

L'automne de 1934 la trouve à Boston. Elle y travaille comme recherchiste pour un psychologue de l'Université Clark, qui se demande pourquoi les gens se marient ou pas !

Elle adhère au John Reed Club [15], aide à monter des pièces de théâtre de Clifford Odets [16] et organise des séances de critique littéraire. Elle fait également du recrutement pour le Parti communiste américain et s'occupe de la promotion de son journal.

Cependant elle ne prend pas racine à Boston, et va travailler comme éducatrice auprès de délinquants, dans une école de l'État de New York, sous les auspices du Jewish Board of Guardians. Neuf mois plus tard, elle prend deux semaines de vacances pour visiter sa famille à Montréal et, pendant son séjour, quelqu'un lui propose une rencontre avec Fred Rose [17]. C'est ainsi qu'à l'âge de trente-deux ans, son périple va trouver son aboutissement.

---

15. Organisation culturelle progressiste qui doit son nom au journaliste John Reed, dont la vie a été racontée dans le film *Reds*.

16. Un des plus grands auteurs dramatiques de théâtre et de cinéma des années trente aux États-Unis. Il était aussi Juif et progressiste.

17. Fred Rose était un Juif, né en Pologne et venu au Canada alors qu'il était très jeune. Électricien de métier, il était devenu permanent du Parti communiste canadien au Québec. Il parlait plusieurs langues, dont le français. Il fut le premier et le seul député communiste à avoir été élu à la Chambre des Communes à Ottawa dans la circonscription de Cartier en 1943, puis en 1945. On l'accusa d'être un espion à la solde de l'URSS, et le Parlement le démit de son siège en 1946. Cette affaire a donné une impulsion importante à la Guerre froide. Après quelques années d'emprisonnement, il retourna en Pologne en 1953 et y mourut en mars 1983.

La campagne électorale de Fred Rose

En 1935, Fred Rose se présente une première fois comme candidat aux élections fédérales sous la bannière du Parti communiste. Il sollicite l'appui des citoyens de la circonscription de Cartier, aux environs du boulevard Saint-Laurent à Montréal. Le comté de Cartier est alors composé de petits marchands et de travailleurs de l'industrie du vêtement, qui sont d'origine juive à plus de 75 %. 1935, c'est aussi le creux de la Grande Dépression : chômage, misère, désespoir...

On cherche quelqu'un pour organiser la campagne électorale de Fred Rose. Léa se rend chez lui. « Fred m'a demandé si je voulais être la gérante de sa campagne. Je lui ai répondu que je n'avais jamais fait ça. 'Tu vas apprendre', m'a-t-il dit. Eh bien, voilà, j'ai accepté ! »

Léa s'installe au local, rue Prince Arthur près de Saint-Laurent. « La plupart des membres du Parti étaient Juifs. Ces jeunes Juifs ont tant travaillé pour Fred, la nuit, le jour... à faire du porte-à-porte, à accrocher des affiches, à faire de la publicité, toujours avec des maudits 'flics' à leurs trousses.

« Il fallait à chaque fois un permis pour faire de la publicité. Alors que les libéraux et les conservateurs n'avaient jamais de problème à en obtenir, pour nous, il y avait toujours une embûche quelconque. Nous avions de la difficulté à louer des salles, nos militants étaient souvent agressés et arrêtés par la police, et nous passions notre temps à les sortir de prison.

« Le jour des élections, les organisateurs du candidat libéral ont 'passé des télégraphes' au montant de 2,00 $ chacun. J'ai alors vu des prostituées — et je ne leur en voulais pas, elles — qui sont venues voter plusieurs fois, juste en changeant tout bonnement de chapeau à chaque présence au bureau de vote.

« Mais c'était un début. Fred a obtenu un dix pour cent respectable et nous étions décidés à remporter la victoire un jour. En dépit des obstacles, ce fut une époque fantastique ! »

Le local québécois du Parti communiste se situe au 254, rue Sainte-Catherine est. Léa s'y trouve un jour lorsqu'un incident violent éclate. « Un ecclésiastique de l'Université de Montréal, qui avait ses quartiers tout près de notre local, rôdait aux alentours, accompagné de ses étudiants bravaches. Tout à coup, ils ont brisé notre vitrine en mille morceaux. Alors, pas loin de nous, j'ai remarqué M. Enis, de l'escouade 'Rouge [18]' avec ses gars, et je les ai interpellés pour qu'ils fassent quelque chose. Non seulement ces pieds plats n'ont pas réagi, mais quand un étudiant m'a poussée par terre devant eux, Enis m'a craché : 'Rentrez donc chez vous et mêlez-vous de vos affaires !' Je suis allée me plaindre au recteur de l'Université. Il a feint de vouloir enquêter et m'a demandé d'une façon hypocrite de bien vouloir identifier le nom de mon agresseur ! Comme si je lui avais demandé sa carte d'identité ! Rien à faire ! C'était alors l'époque d'Adrien Arcand, du *Goglu*, et de l'antisémitisme 'en masse'. »

Lorsque Léa parle de l'escouade Rouge, de Enis ou de la police en général, le ton monte, ses yeux sont attisés par la haine, son regard devient malveillant et les sarcasmes fusent. « On les connaissait bien, ces pauvres macaques ! Ils venaient régulièrement à nos bureaux ramasser nos tracts et nos journaux et il n'y avait pas une assemblée publique à laquelle ils n'assistaient pas. *'Ze zeinen hier nokh a mol* [19]', on s'avertissait. Aujourd'hui, je peux encore les repérer. Même habillés en civil, ils ont une démarche bien à eux. Un poulet, c'est étampé sur toute sa personne. »

Après les élections de 1935, le Parti communiste décide d'ouvrir une librairie marxiste et Fred Rose demande à Léa de s'en occuper. Avec son enthousiasme habituel, elle accepte. On y vend des journaux et des livres, comprenant de la littérature et les oeuvres classiques du marxisme, surtout en anglais, de même que quelques publications de France lorsqu'elles sont disponibles. On anime régulièrement des discussions sur l'actualité et l'organisation du Parti communiste. « Même l'abbé Lionel Groulx est venu acheter des livres marxistes chez nous, raconte Léa avec un sourire. Dans ce temps-là, une de mes tâches était d'aller à Union Square à New

---

18. L'escouade « Rouge » de la Police municipale de Montréal avait comme mandat unique de surveiller, infiltrer, déstabiliser et espionner toute activité politique de gauche, particulièrement le Parti communiste.

19. Ils sont ici de nouveau, en yiddish.

York, afin de trouver des livres progressistes et de leur faire passer la frontière pour les vendre ensuite à Montréal. »

L'UIOVD

En 1936, Ted Allan[20], collaborateur au journal du Parti et ami de Léa, interviewe Rose Pesotta. Cette dernière, une Juive américaine progressiste, est la seule femme à l'exécutif de l'Union internationale des ouvriers de vêtements pour dames (UIOVD). On l'envoie à Montréal pour coordonner une campagne d'organisation du syndicat des travailleuses de vêtement. « Lors de l'entrevue, Rose a dit à Ted que l'Union cherchait une femme avec du caractère, qui parlait l'anglais, le français et le yiddish, et qui savait ce que c'était qu'un syndicat ; elle voulait engager une directrice de l'éducation. Ted a fait le lien, et le lendemain j'ai eu un rendez-vous avec cette femme extraordinaire. Le surlendemain, j'ai quitté la librairie et je commençais à l'UIOVD. »

Léa se lance dans l'organisation. Elle distribue des feuillets aux portes des manufactures, fait du porte-à-porte le soir et les fins de semaine chez les ouvrières, anime des réunions pour discuter des conditions dans les ateliers. Léa se rappelle surtout ces réunions émouvantes. « On racontait comment les patrons soulevaient la jupe des employées et exigeaient d'elles des faveurs pour maintenir leur emploi ou leur procurer du travail 'payant'. Des ouvrières expliquaient comment elles se faisaient voler. Un exemple parmi tant d'autres, c'est le cas où un employeur avait mis mère et fille sur la même carte de temps. C'était tout simplement une exploitation atroce ! »

On réunit simultanément des ouvrières de sept ou huit ateliers par petits groupes dans la grande salle de l'Union. Un événement dramatique est survenu un jour lors d'une de ces nombreuses assemblées. « Il y avait cette petite Juliette qui a confié à ses camarades de travail l'expérience qu'elle avait vécue : 'Vous

---

20. Écrivain juif. Il est allé combattre le fascisme franquiste en Espagne avec Norman Bethune et a écrit la biographie de ce dernier, *The Scalpel, The Sword*. Il est connu aussi pour avoir écrit le scénario du film *Lies My Father Told Me* et pour sa collaboration au film sur Norman Bethune.

savez, notre boss m'a donné un gros boulot et il m'a invitée à rester le soir après les autres, pour le finir. Alors il a commencé à me tâter et je l'ai repoussé en disant que je préférais crever.' En disant cela, elle s'est levée, a fait le tour de la salle et a demandé : 'Qu'est-ce que l'Union va faire pour répondre à ces agressions ?' En lançant le défi aux autres, elle a poursuivi : 'Vous savez toutes pourquoi les patrons ont des favorites... Les harems, on sait que ça existe... Parlons ouvertement, racontez ce qu'on veut faire avec l'Union.' Après avoir rassuré tout le monde en leur disant qu'on combattrait ça ensemble, Juliette et bien d'autres ont embarqué, et il en est sorti des militantes extraordinaires. Pour moi, il n'y a rien de pire que les boss qui exigent des faveurs de leurs employées. »

Le recrutement va bon train, mais les patrons ne veulent pas reconnaître l'Union internationale. « Les propriétaires préféraient transiger avec les syndicats catholiques et leur aumônier. Ce dernier en soutane montait les escaliers de derrière et allait voir ces patrons juifs, et ils signaient des contrats dans le dos de tout le monde. »

Les membres de l'UIOVD n'ont pas le choix. Au printemps 1937, une grève de reconnaissance des 4 000 ouvrières devient inévitable devant l'intransigeance patronale. Elle dure trois semaines et se solde par une victoire, avec des gains importants obtenus sur les conditions de travail, mais surtout avec la reconnaissance du bureau d'embauche syndical. Dorénavant, l'employeur doit faire appel à l'Union pour la main d'oeuvre. Au fil des ans, cette disposition donne lieu toutefois à des abus inquiétants de la part des agents d'affaires de l'Union.

Au Québec à cette époque, dans l'industrie du vêtement pour dames au Québec, les patrons et les ouvriers sont en majorité d'origine juive. L'identité de Léa Roback ne reste pas longtemps inconnue. « Tout de suite, quand je me présentais à quelqu'un, on me demandait : 'Roback, c'est quoi ça ?' Et je répondais toujours : 'C'est un nom juif qui vient de Pologne.' »

Vers la fin des années trente au Québec, l'antisémitisme est à son apogée et les théories hitlériennes trouvent une sympathie notoire parmi divers fanatiques.

« De temps en temps, j'entendais des ouvrières dire 'maudit Juif' en parlant de leur employeur. Alors je coupais court aux doléances : 'Un instant ! On ne va pas plus loin ! Il faut comprendre une chose. Ce n'est pas parce que votre boss est Juif que c'est un maudit cochon sale, mais plutôt parce que c'est un patron qui fait partie d'une autre classe, qui ne veut que s'enrichir à vos dépens, en vous faisant travailler comme des esclaves. Les Tremblay et les Dupuis font aussi partie de la haute classe et sont autant maudits pour les ouvriers qu'un quelconque Jacobs ou Lenner.' Je me fâchais contre ces patrons juifs qui exploitaient. C'étaient des couillons et des salauds ! »

À la même époque, Claude Jodoin[21], alors président des Jeunesses libérales, est embauché par l'UIOVD. Un jour, il amène Léa, Rose Pesotta et une permanente, Yvette Cadieux, au terrain de golf d'un de ses amis, à Laval. « En levant nos verres avant de manger, l'ami de Claude s'est vanté : 'Il n'y a pas un seul maudit Juif membre de notre club, pas un de cette espèce de race-là !' J'ai protesté illico : 'Alors qu'est-ce que je fais ici, moi ? Je m'en vais ! Je n'ai pas à me faire insulter par des gens semblables.' L'ami de Claude m'a garanti qu'il ne voulait pas me viser personnellement. Quelle honte ! Quelle ignorance ! J'ai insisté pour qu'on quitte un tel convive et on est effectivement tous sortis. Tout le long du voyage de retour à Montréal, j'ai engueulé Claude qui essayait de m'expliquer le comportement de son copain.

« J'ai été batailleuse toute ma vie... Que ce soit pour la cause d'une Chinoise, d'une Noire, d'une Juive... n'importe qui... Que ce soit lorsque j'entends un Québécois se faire traiter de *frog*... Je n'ai jamais accepté les insultes ou le racisme, et je n'ai jamais passé ces situations sous silence. »

Après la grève de 1937, Léa s'occupe des griefs, du règlement des prix pour le travail à la pièce et du placement des ouvrières dans les manufactures. Elle trouve toujours le temps pour les femmes qui vivent des situations difficiles propres aux femmes. Par exemple, Léa s'est battue longuement pour procurer les soins appropriés à une membre de l'Union, fille-mère, et à ses jumeaux « illégitimes », que les bonnes soeurs ignoraient. Malheureusement, les deux enfants sont morts et la mère a dû être conduite à l'hôpital psychiatrique Saint-Jean-de-Dieu.

---

21. Il est devenu le premier président du Congrès du travail du Canada (CTC) lors de sa fondation en 1956.

Au même moment, en Espagne, le Front populaire des républicains se fait attaquer par le fasciste Francisco Franco, soutenu entre autres par Hitler. Le Parti communiste canadien appuie les républicains contre l'agression fasciste et en fait une priorité. Léa participe à la cueillette de vivres et d'argent pour soutenir les partisans canadiens partis en Espagne, et s'occupe de leurs familles restées au Canada. Elle s'engage aussi dans de multiples activités politiques destinées à mobiliser l'opinion publique contre les dangers du fascisme.

Durant son travail à l'Union, Léa constate que l'antisémitisme n'a pas le monopole des attitudes infectes parmi les gens du milieu. Les Juifs ne sont pas toujours les « victimes » du racisme. Léa raconte une expérience marquante : « Un des grands patrons juifs de l'époque, m'a appelée à l'Union pour avoir une drapeuse[22]. Je lui ai envoyé Hélène, une Noire qui avait des doigts de fée. Cette dernière est revenue vingt minutes plus tard, toute fâchée parce que le poste était déjà occupé, me disait-elle. Curieuse, j'ai téléphoné au patron qui m'a dit : '*Sie haben mir geshikt eine Schwartze*[23] !' Alors je lui ai reproché son propos et son attitude préjudiciables, et je lui ai rappelé que j'avais été à Berlin avant l'arrivée de Hitler : 'Ce sont des Juifs comme toi, qui ont eu peur, qui n'ont pas vu clair et qui n'ont pas posé les actions nécessaires.' Puis je lui ai dit que s'il ne prenait pas Hélène, il n'aurait tout simplement pas de drapeuse. Il s'est disculpé en alléguant que ce n'était pas lui, mais plutôt des travailleuses qui ne voulaient pas d'une Noire à leur côté. Je lui ai riposté que ce n'était pas vrai.

« Sur les entrefaites, cette crapule de 'boss' a appelé le directeur de l'Union, Bernard Shane, qui m'a fait venir dans son bureau. Shane est intervenu et le patron a finalement accepté : '*Send me the Schwartze*,' m'a-t-il dit. Je me suis encore choquée en lui soulignant qu'elle avait un nom : Hélène !

« Après tout ça, Hélène ne voulait plus aller travailler et j'ai dû la convaincre en lui expliquant que c'était une question de principe. Deux mois plus tard, l'employeur m'a appelée pour me dire qu'Hélène était une drapeuse en or. Je lui ai répondu : 'Vous ne

---

22. Couturière qui effectue la finition sur les vêtements qui servent d'échantillons.
23. Vous m'avez envoyé une Noire ! en yiddish.

la méritez pas ! N'oubliez pas que vous faites aussi partie d'une minorité. Vous n'avez pas la peau noire, mais vous êtes Juif dans un pays étranger qui ne comprend pas toujours ce que ça veut dire être Juif.'

« Ainsi, quand je me butais au racisme d'un patron juif, je montrais davantage mes griffes. Je leur rappelais en yiddish que les Juifs en tant que minorité ont souvent reçu des coups de pied au cul, et je les accusais de n'avoir pas tiré de bonnes leçons de l'histoire de notre peuple. »

Bernard Shane, syndicaliste juif né au New Jersey, est le responsable de l'UIOVD à Montréal. Il avait été nommé directement par David Dubinsky, le président international de l'Union à New York. Attaqué lui-même par l'Église catholique comme 'communiste et étranger', Shane s'en prend à son tour aux militantes comme Léa Roback. « Il m'appelait Calamity Jane[24]. Il ne s'entendait pas non plus avec Rose Pesotta, dont il se plaignait à Dubinsky jusqu'à ce dernier la rappelle aux États-Unis. Toujours en catimini, Shane disait de moi : *'Dos is eine Roite*[25] !' et il me traitait sans répit de fauteuse de trouble. Mais il n'osait pas me congédier, car j'avais l'appui des ouvrières. »

Beaucoup d'autres travailleurs, communistes ou non, sont moins chanceux que Léa. L'Union se confectionne une liste noire de gens qu'elle considère comme étant les plus contestataires. Étant donné que c'est l'Union qui fournit la main-d'oeuvre aux employeurs, plusieurs militants n'ont jamais pu retourner travailler dans l'industrie du vêtement pour dames après la grève de 1937.

Shane n'attaque pas Léa de front, mais il la défie constamment et tente de la piéger. « Lors d'une réunion, alors que je disputais un point, un des officiers m'a accusée : 'Toi, tu ne connais rien aux syndicats ! Moi, j'ai construit l'UIOVD avec mon sang !' Alors j'ai répliqué : 'Peut-être que toi tu l'as fait avec ton sang, mais moi, j'essaie de la construire avec mon coeur et ma tête !' Le ton montait et Shane m'a apostrophée : 'Calamity Jane, cessez !' Frustrée et furieuse, j'ai riposté : 'Une fois pour toutes, je ne m'appelle pas Ca-

---

24. Célèbre Américaine du « Wild West », reconnue pour ses aptitudes de tireuse d'élite (1852-1903).

25. Ça, c'est une rouge ! en yiddish.

lamity Jane ! Et… j'ai mon voyage, ici !' Shane m'a fixée avec un sourire figé et m'a froidement lancé : 'Et puis ?...', en voulant dire : vas-y, démissionne. »

Le contexte complique les choses. L'Union, fournisseur de la main-d'oeuvre, détient tout à coup un grand pouvoir. Affichant au début une opposition farouche à la syndicalisation, les employeurs changent de tactique et essayent désormais de soudoyer l'appareil syndical. Leur stratégie réussit. « Shane et les agents d'affaires faisaient habiller leurs femmes par les manufacturiers. Cela n'a pas pris de temps que le militantisme est tombé à l'eau et que les ouvrières ont perdu le contrôle de leur Union. On ne répondait plus à mes arguments et on se contentait de me traiter de communiste. J'ai discuté de la situation avec le Parti qui me sommait de ne pas quitter l'Union. J'ai essayé de leur expliquer : 'C'est ma peau, ma vie. Je ne veux pas finir à Saint-Jean-de-Dieu.' Sans jamais aller voir Shane et contre les voeux du Parti, j'ai quitté l'UIOVD vers la fin de 1939. »

Répression et provocation policière

En 1937, le premier ministre Maurice Duplessis fait adopter la « Loi du cadenas [26] ». Cette loi infâme défend toute propagande « communiste », terme qui n'est nullement défini comme tel dans la Loi. La librairie où Léa travaille est ainsi cadenassée.

Le 1er septembre 1939 sonne l'heure fatidique de la Deuxième Guerre mondiale. En 1940, le Parlement canadien déclare à nouveau le Parti communiste illégal, en vertu de la Loi des mesures de guerre, ce qui entraîne l'incarcération de plusieurs leaders du Parti à la prison de Hull.

L'escouade Rouge est à l'oeuvre. En plus de harceler et de provoquer, elle guette, tant avec ses agents identifiés qu'avec ses mouchards, le milieu syndical et politique. Léa se souvient d'au moins

---

26. Plus de vingt ans plus tard la Cour suprême du Canada jugera cette loi inconstitutionnelle.

trois perquisitions effectuées chez elle, rue Querbes, vers la fin des années trente. « Une fois, cinq policiers sont arrivés pour saisir des livres 'communistes'. Ils ont fouillé toutes les chambres. Ils sont tombés sur un livre écrit en allemand, avec une couverture rouge. 'Confisqué !... avec les autres !' 'Mais ce livre est un roman d'amour, protestais-je. Est-ce que l'amour, c'est communiste ?' Je n'ai jamais revu ce livre, ni tous les autres qu'ils ont pris. Maman était tellement fâchée qu'elle a pris un *siddur*[27] et défié les flics : 'Prenez-le, prenez-le, c'est communiste ! »

Lors d'une autre descente, Léa n'est pas à la maison, mais heureusement, une de ses amies s'y trouve. Léa gardait une liste de noms dans son tiroir et l'escouade Rouge la convoitait, comme un chien son os. Quand la police a voulu entrer dans la chambre de Léa, l'amie les a priés d'attendre, car elle disait être en train de changer de robe. Se levant et imitant le geste de son amie, Léa raconte : « Ma copine a mis la liste de noms dans son soutien-gorge, comme ça... Et elle, elle avait des seins ! Elle pouvait y placer la liste comme il faut... ça n'allait pas tomber ! » Ainsi, ce jour-là, les détectives n'ont rien trouvé à se mettre sous la dent.

Une autre fois, un groupe de policiers s'est déplacé pour saisir quelques notes anodines que Léa avait prises lors d'une conférence sur la situation des femmes.

Après la période vécue à l'UIOVD, Léa passe une partie de ses étés à la colonie de vacances Camp Nichtgedaiget. Cette colonie, dans les Laurentides, accueille les ouvriers juifs et a une orientation nettement progressiste. Un matin, alors que Léa est en train d'inscrire de nouveaux arrivants, elle aperçoit du coin de l'oeil... « encore ces putes de la gang de l'escouade Rouge ! Enis, Boyczum qu'on appelait *Scarface* et cinq ou six autres arrivaient. '*Die Hint zeinen doh*[28]', soufflai-je. Ils ont alors cherché le livre d'inscription pendant trois heures, dans toutes les chambres, dans la cuisine, fouillant de fond en comble, partout. Mais un de nos gars avait réussi à se sauver du camp avec la liste des inscrits et ces rats ne l'ont jamais trouvée. »

Savoir flairer les indicateurs de police dans ce contexte de répression est vital. Le bovin rusé ne dupe pas toujours le buffle

---

27. Livre écrit en hébreu qui contient toutes les prières quotidiennes juives.

28. Les chiens sont arrivés, en yiddish.

clairvoyant. Léa raconte une expérience où l'histoire a confirmé son instinct perspicace, dix-sept ans après l'événement. « En 1939, il y avait une réunion de femmes progressistes à l'hôtel Berkeley, et moi je surveillais les entrées. Arrive une jeune femme à l'air hautain, bien habillée et qui portait des gants en léopard ; je lui ai demandé de me montrer son invitation. Elle n'en avait pas, mais elle m'a répondu que le sujet de notre conférence l'intéressait. Je me suis tournée vers une copine et je lui ai dit d'une voix basse, mais assez forte pour que l'autre me comprenne : *'I think she's working for the police.'* *'Oh no !'*, répondit cette femme étrangère. Je lui ai alors refusé l'entrée, mais elle ne voulait pas partir. *'This bitch is not getting into our meeting'*, annoncai-je. Là, je me suis adressée à elle : 'Pour quelle branche travailles-tu : la GRC ou l'escouade Rouge ?' Elle a fini par partir.

« J'avais eu raison de me méfier, car en 1956, alors que je travaillais au Bureau du commerce de la Pologne à Ottawa, j'ai remarqué cette même femme sur une photo de militaires du Canada à l'ambassade canadienne à Varsovie. Je me suis enquise de son identité et j'ai découvert que c'était la fille d'un haut-placé de la GRC ! »

De 1939 à 1941, Léa travaille, à l'occasion, comme caissière au théâtre et elle est active dans la Ligue canadienne de défense ouvrière. Elle s'engage dans des activités féministes et anime des réunions clandestines sur la politique. Elle offre également soutien et réconfort aux volontaires antifascistes de retour à Montréal après avoir combattu dans la guerre civile espagnole, de même qu'aux familles dont le père est incarcéré en vertu de la Loi des mesures de guerre.

En juin 1941, l'URSS se range du côté des Alliés et le Parti communiste canadien change alors son opposition à l'effort de guerre canadien : il adopte une position d'appui ferme à la lutte contre le fascisme. Ainsi, le Parti encourage ses militants à entrer dans les usines de guerre et à organiser des syndicats là où il n'y en a pas.

La compagnie RCA Victor

La compagnie RCA Victor, à Saint-Henri, emploie 4 000 ouvriers dont 60 % sont des femmes. On y fabrique des appareils de communication, surtout à des fins militaires. En 1941, Léa y postule un emploi. Lorsqu'on prend connaissance de son curriculum vitae, on veut en faire une surveillante. Mais Léa veut travailler à la chaîne de montage avec les ouvrières. « J'ai expliqué à la directrice du personnel, Madame Francofska, que pour bien surveiller, je devais d'abord bien connaître le travail sur le plancher de l'usine. J'ai ainsi commencé à souder des morceaux de radio dans une équipe de treize personnes. »

Ils sont six, dont Léa et quatre autres Juifs du Parti communiste, à se faire embaucher chez RCA Victor avec l'intention précise d'y organiser un syndicat. Tous les ouvriers se plaignent des mauvaises conditions : insalubrité, cadences de travail excessives, rémunération inadéquate. Et on peut entendre partout la vieille rengaine « Qu'est-ce que tu veux qu'on y fasse ? » Léa s'exclame : « J'ai toujours eu cette phrase en horreur ! À toute heure, nous étions surveillées par le chronométreur et les filles n'avaient même pas le droit d'aller aux toilettes pendant les heures de travail quand elles en avaient besoin. Moi, lorsque j'avais envie, j'y allais et j'encourageais les autres à faire pareil. Résultat, on a fait contre moi un rapport affirmant que je montais la tête des filles. »

Léa rend hommage à une de ses grandes amies, Rae Ruttenberg, qui a beaucoup collaboré à la campagne de syndicalisation chez RCA Victor. Unies comme les deux doigts de la main, Léa et Rae consacrent de longues heures à l'organisation du syndicat et prennent sans cesse des risques afin d'y arriver. « Nous avons rédigé et fait imprimer des feuillets sur les mérites d'un syndicat, mais il n'était pas question de les distribuer à la porte de l'usine, car notre congédiement aurait suivi en moins de temps qu'il n'en faut pour lire le tract. Je les ai donc entassés dans le fond de mon sac et j'ai mis des serviettes sanitaires dessus. À mon entrée à l'usine, cette sale pute de Bourgouin, l'agent de sécurité, m'a dit : 'Montre ton sac !' J'ai répondu : 'Je vous vouvoie quand je vous adresse la parole, vous allez faire pareil !' Il m'a arraché mon sac, mais en voyant les serviettes, il a détourné les yeux, honteux, et m'a crié : 'Monte !' Gentiment, je lui ai rappelé : 'Montez est le verbe. Avec un z, s'il vous plaît, monsieur !', ai-je conclu en grimpant les escaliers. Rae et moi, nous l'avons bien ri celle-là. Ensuite, nous avons laissé traîner quelques feuillets à chaque étage. À d'autres occasions, j'ai pu empiler mes feuillets à l'intérieur de ma blouse, étant donné que j'ai une petite poitrine », avoue Léa avec un sourire de gamine.

La direction finit par accuser Léa d'introduire clandestinement des feuillets dans l'usine. Elle nie tout, mais on la transfère quand même dans un autre département. La nouvelle contremaîtresse pousse Léa à travailler plus vite. « Elle m'emmerdait au plus haut degré, et un jour, je lui ai dit : 'Voulez-vous me laisser tranquille, maudite vache !' Alors, encore un rapport d'insubordination ! J'ai été de nouveau convoquée par le directeur du personnel, qui ne parlait pas un mot de français. Il m'a interrogée : '*Why did you call Madame Grenier a big wash* (*sic*) ?' Parce que je niais, on a fait descendre Madame Grenier et j'ai dû admettre que je l'avais traitée de maudite vache. Cette fois-là, on m'a tout de suite mise à la porte. »

Mais la compagnie RCA Victor, en tant qu'usine de guerre jugée essentielle, est régie par une réglementation fédérale particulière pour garantir la paix industrielle. Ainsi, le syndicat en herbe téléphone-t-il directement au bureau de C.D. Howe, le ministre des Approvisionnements, pour se plaindre du congédiement de Léa. Trois jours plus tard, elle est réinstallée dans ses fonctions. « En me transférant d'un département à un autre et en me congédiant, ils ont fait la meilleure affaire pour nous aider à réussir notre campagne d'organisation. » Vers le milieu de 1942, après un travail acharné, le syndicat est accrédité chez RCA Victor. Nonobstant la mission accomplie, on ne peut pas se reposer sur ses lauriers.

Le syndicat s'affilie alors à la Fraternité internationale des ouvriers en électricité (IBEW). « Je me rappelle l'agent d'affaires de l'IBEW, M. Beaudry, avec sa grosse bedaine, sa bague en or, son cigare, son attitude condescendante : 'Vous, les petites filles...', soufflait-il. Nous avons convenu d'une chose avec lui : on enverrait nos cotisations syndicales directement à Washington, et on s'occuperait nous-mêmes de notre syndicat local, sans son concours. »

Léa devient agent de griefs pendant plusieurs mois. Lorsque les griefs s'accumulent, les ouvriers organisent de longues chaînes humaines et filent d'étage en étage jusqu'au bureau du personnel.

Toujours aux aguets face à l'injustice envers les femmes, Léa décrit un grief qu'elle a plaidé devant l'arbitre H.D. Woods. « Une femme avait subi une hystérectomie. À l'audition du grief, le médecin de la compagnie a témoigné qu'elle était incapable de reprendre son travail. J'ai alors posé cette question à ce soi-disant expert médical : 'Le travail de la plaignante se fait-il avec ses ovaires ou plutôt avec ses mains ?' Un grand manitou de la compagnie, Mister Mac-Callum, une vraie nullité, simulant l'indignation a poussé : '*Did you ever hear of anything so vulgar ?*' M. Woods a souri sournoisement. Quelque temps après, il nous a donné raison. »

Au moment propice, Léa s'implique avec d'autres pour supplanter l'IBEW par les Ouvriers unis de l'électricité (UE), un syndicat plus combatif. La campagne de changement d'allégeance syndicale réussit au début de 1946. Souvent accusée d'être communiste, Léa maintient qu'il y avait toujours quelqu'un parmi les membres qui disait : « On n'a pas de preuve contre elle et de toute façon, elle travaille en maudit pour nous aider. »

La défense des intérêts des travailleurs chez RCA Victor n'est pas la seule préoccupation des syndicalistes comme Léa. « Nous, 'les gens de l'union de RCA', nous étions très bien connus à Saint-Henri, car on s'intéressait à ce qui se passait dans le quartier. Ainsi, nous avons organisé une campagne sur la question du logement car la condition des foyers était affreuse. Les rats mordaient des enfants au berceau et les propriétaires ne faisaient aucun aménagement de ces taudis. On a visité des logements, on a intéressé des curés à nos revendications et tous ensemble, avec d'autres syndicats, on a préparé un rapport cinglant à remettre aux autorités de l'Hôtel de ville. »

Léa décrit la rencontre avec Camillien Houde, alors maire de Montréal : « Ce clown de Houde a écouté notre délégation lire notre mémoire, avec son nez gros comme un bulbe et brillant comme une ampoule électrique, et aussitôt que nous avons terminé, il a lancé : 'Je vais vous arranger ça. La séance est levée !' Évidemment, il n'est rien sorti de cette rencontre, et lorsqu'on a essayé à quatre ou cinq reprises de contacter le maire, on n'a jamais eu de ses nouvelles. »

Les 'gens de l'union de RCA' organisent aussi des parties pendant la période des Fêtes pour distraire les personnes âgées de l'hospice de Saint-Henri, tenu par des religieuses. Les hommes logent sur certains étages et les femmes sur d'autres. Léa tente alors de provoquer l'intégration de ces derniers sur les mêmes étages. « J'ai dit à la bonne soeur : 'Ces hommes et ces femmes ont couché ensemble pendant 40 ans, vous pensez pas que...' » Mais, peine perdue.

Un engagement immuable

À la fin des années quarante, ont lieu les « révélations » de l'employé transfuge de l'ambassade soviétique à Ottawa, Igor Gouzenko. Suivent l'emprisonnement de Fred Rose[29], le début de la Guerre froide et la montée du sénateur Joe McCarthy aux États-Unis. Une paranoïa noire enveloppe l'Amérique. La chasse aveugle aux communistes bat son plein.

Se sentant le vent dans les voiles, quelques employés de RCA Victor, sympathisants du duplessisme, envoient une pétition à la Commission des relations du travail pour que celle-ci désaccrédite le syndicat UE, en alléguant que ce dernier est « contrôlé par des communistes ». Entre-temps, les églises, sur l'ordre de Duplessis, refusent de louer des salles au syndicat UE. Pendant que le fer est chaud, l'employeur s'attaque aux droits syndicaux. Le syndicat subit un état de siège. La pétition soumise par une poignée d'individus obtient gain de cause sans même qu'on tienne un scrutin parmi les employés. L'accréditation syndicale est révoquée et la compagnie RCA Victor congédie les dix membres de l'exécutif syndical, y compris ceux qui ne sont pas communistes. Avant qu'on ne la congédie à son tour, Léa quitte RCA Victor en 1952.

L'hystérie anticommuniste est alors à son apogée.

Aux États-Unis, c'est l'affaire Rosenberg. Ethel et Julius Rosenberg sont condamnés à mort en 1951, sans preuves solides, sous l'accusation d'avoir livré des secrets atomiques à l'URSS. En dépit d'une vaste campagne internationale en faveur du couple juif, ils sont exécutés en 1953.

C'est aussi l'époque de l'interdit qui frappe les Hollywood Ten : dix scénaristes et metteurs en scène américains, politiquement actifs et parmi les plus doués de Hollywood, dont six Juifs. Ils sont cités pour outrage au Congrès américain en 1947, car ils refusent de répondre par un simple oui ou non à la question célèbre : « *Are you now or have you ever been a member of the Communist Party*[30] ? » S'appuyant sur le premier amendement de la constitution américaine, ils préfèrent tous la prison et sont ensuite boycottés par l'industrie cinématographique de Hollywood.

---

29. Fred Rose fut accusé et, jugé coupable d'espionnage à la solde de l'URSS, il fut condamné à six ans de prison.

30. Est-ce que vous êtes maintenant, ou avez-vous déjà été membre du Parti communiste ?

Au Québec, c'est l'infâme Loi 19. Adoptée en 1954, cette loi interdit ou révoque l'accréditation syndicale de toute organisation ayant des communistes dans ses rangs, et ce, rétroactivement à 1944 ! Comme dans la « Loi du cadenas », le terme communiste n'est nullement défini. À cela s'ajoutent les pernicieuses listes noires.

« Un jour, un patron m'a offert un emploi à la condition que je renonce publiquement à mes liens avec le Parti communiste et que je dénonce ce dernier. Je lui ai répondu : 'Je n'ai rien à reprocher au Parti ! D'ailleurs, c'est justement là qu'on m'a aidée à être motivée dans la vie et qu'on m'a tant enrichie de connaissances. Je n'ai aucune confession à faire ! »

Léa travaille pendant quelque temps dans une petite boutique de lampes avec Fred Rose, qui vient de sortir de prison. Léa et Fred réussissent de peine et de misère à joindre les deux bouts. Gagner sa vie est un défi de taille, particulièrement à cette époque, surtout si l'on ose conserver des idées jugées trop progressistes.

Le frère de Léa, Michel, est atteint du cancer, et elle s'occupe de ses nièces pendant que sa belle-soeur travaille. En 1952, le jour de l'Action de grâces, Léa est embauchée comme vendeuse chez Eaton. « Un midi, on discutait des conditions de travail au restaurant des employés. 'Mon Dieu, nos conditions de travail sont effectivement atroces, déclarai-je. Si nous avions un syndicat, ce serait sûrement beaucoup mieux.' *'I bet you she's a red'*, répliqua une vendeuse. 'Ce n'est pas le temps de discuter des combinaisons de couleurs pour la décoration', répondis-je. »

C'était peu, mais assez pour être cataloguée. Au début de 1953, le bureau du personnel d'Eaton informe Léa qu'on n'a plus besoin de ses services pour le moment, mais qu'on la rappellera bientôt. Léa attend encore !

Le Chargé d'Affaires de Pologne cherche quelqu'un qui sache parler anglais, français et allemand. En 1956, Léa est embauchée à son bureau d'Ottawa où elle s'occupe du secrétariat, de la traduction de documents et de l'organisation de rendez-vous de toutes sortes. Jusqu'en 1959, Léa collabore ainsi avec des fonctionnaires polonais à l'établissement de liens commerciaux entre le Canada et la Pologne.

C'est en 1958 que Léa quitte le Parti communiste. « J'en avais marre. La direction était faible. Fred n'y était plus et il n'y avait pas de direction locale au Québec. Ceux qui tenaient les rênes à Toronto ne parlaient pas le français et ne connaissaient pas du tout la situation au Québec. »

Mais contrairement à beaucoup d'autres qui ont quitté le Parti à cette époque, Léa ne regrette pas son adhésion et ne renie pas le travail positif que le Parti a accompli. Elle en fait son propre bilan : « Si on n'avait pas eu le Parti communiste pour aider les sans-travail ; si on n'avait pas eu des gens tels que Norman Bethune comme modèle ; si on n'avait pas eu tous ces jeunes communistes qui militaient ; si on n'avait pas eu ces membres qui ont tant contribué à l'organisation de syndicats et qui ont fait comprendre aux ouvriers leurs droits ; si on n'avait pas eu le Parti qui appuyait les batailles pour la justice, en faveur des plus démunis ; si on n'avait pas eu les femmes communistes qui faisaient du porte-à-porte pour aider les consommateurs et pour soulever des questions sur le logement ; si on n'avait pas eu toutes celles qui ne craignaient pas de s'occuper de ce que d'autres n'osaient pas… on serait encore dans la merde par-dessus la tête !

« Il n'y aurait pas eu autant de changements et d'améliorations dans la qualité de vie et dans le sort des travailleurs. Le Parti communiste a enlevé les oeillères à beaucoup de monde, a sensibilisé les gens à ce qu'ils pouvaient réaliser eux-mêmes, avec leurs propres forces, a encouragé des ouvriers à prendre le contrôle de leur destin et les a motivés à poser des questions. »

À l'intérieur comme à l'extérieur des cadres du Parti communiste du Canada, son orientation a été longtemps confondue avec l'expérience soviétique. « Moi, j'ai toujours affirmé qu'une révolution ici ne serait pas du tout comme en URSS. L'URSS de 1917, c'était des paysans, tandis que le Canada, c'est un pays industrialisé… c'est toute une autre paire de manches ! À Berlin, quand je suis entrée dans le mouvement communiste, ça n'avait rien à voir avec l'URSS. Et au Canada, il y avait et il existe encore d'autres problèmes pressants qui nous sont propres, et auxquels on se doit de s'attaquer. »

Approchant la soixantaine, Léa ne parvient à trouver que quelques gagne-pain temporaires : enseignante d'anglais à l'école Saint-Antoine à Longueuil, technicienne à la bibliothèque des médecins de l'hôpital de Montréal pour enfants, professeure de langue pour des particuliers.

En 1965, Léa se consacre à l'Aide aux insuffisants visuels du Québec (AIVQ). Fondé par une Juive progressiste extraordinaire, Adelene Hyman, elle-même privée de la vue à 80 %, cet organisme vise à encourager les insuffisants visuels à être le plus autonome possible. C'est avec une véritable vénération que Léa parle de cette association, ainsi que d'Adelene et de Marguerite Marie Grégoire, membres de l'exécutif : « Nous essayions d'expliquer les conditions particulières des insuffisants visuels à leurs parents et à leurs enseignants, et nous sensibilisions et conseillions les commissions scolaires et le grand public à leurs besoins spéciaux. Nous offrions un soutien moral et un service de référence aux ophtalmologistes fiables. Nous disposions d'instruments spécialisés pour faire les examens, d'une bibliothèque de livres en gros caractères, de même que de machines à écrire à gros caractères. » Léa y travaille à plein temps jusqu'en 1975 et y fera du bénévolat par la suite.

« L'AIVQ avait toujours des problèmes de financement. Au début, j'avais un très faible salaire et je touchais à tout : secrétariat, réception, téléphone, examens, bibliothèque. Là-bas, comme je l'avais appris au Parti communiste, il fallait essayer de motiver les gens à se tenir debout et à foncer avec les moyens du bord, malgré les défis et les difficultés. »

L'AIVQ fait un effort particulier afin de regrouper des insuffisants visuels, sans distinction de langue. « La plupart de nos clients étaient francophones, mais plus de 75 % de nos bailleurs de fonds étaient Juifs. »

En 1975, à l'âge de soixante-douze ans, Léa prend sa retraite du marché du travail. Mais cela ne fait que lui permettre de se lancer davantage dans des batailles sociales et politiques qui l'ont toujours passionnée. À vrai dire, le mot « retraite » ne fait pas partie du vocabulaire de Léa Roback !

Toujours assoiffée de connaissances et de culture, Léa participe aux activités de la Société historique de Montréal et de Québec. Il s'agit d'un organisme qui retrace les origines des Montréalais et des Québécois. Elle s'inscrit également à des cours à l'Université de Montréal : civilisation du Québec ; géographie de la Chine et du Viêt-nam ; mouvements de protestation des Noirs américains, des Latino-américains et des Québécois.

Impossible d'émousser ses réflexes et son pifomètre ! Léa raconte un incident qui s'est produit lors de ce dernier cours : « Nous étions dix-huit étudiants et j'ai tout de suite fait observer à un camarade de classe qu'il y avait plusieurs étudiants dans notre groupe qui étaient sûrement de la 'police'. Il m'a alors demandé comment je pouvais le savoir. J'ai répondu : 'Regarde-les, c'est évident !' Et de fait, le professeur me l'a confirmé plus tard », conclut Léa avec fierté.

Depuis le début des années soixante, et encore aujourd'hui, Léa est active dans la Voix des femmes. Lorsqu'elle parle des luttes contemporaines, elle dégage une motivation, un esprit éveillé et une énergie qui démentent son âge. Elle continue de consacrer son temps à distribuer des tracts contre la vente de jouets de guerre, à manifester pour l'avortement, à assister à des conférences contre le viol, à marcher pour la paix, à participer à des campagnes telles que « Un F-18 pour la paix », à piqueter avec des grévistes, à défendre des immigrants et des réfugiés, à participer à des ateliers sur la condition féminine et à poursuivre à chaque occasion le « bon combat ».

Respecter les autres

La langue yiddish date du Xe siècle, lorsque divers dialectes allemands, un peu d'ancien français et de vieil italien se sont entremêlés avec des expressions hébraïques. Ces dernières ne représentent aujourd'hui qu'environ 20 % du vocabulaire. À travers les siècles, se sont ajoutés beaucoup de termes slaves. Le yiddish s'écrit avec les mêmes caractères que l'hébreu et fut longtemps la langue populaire des Juifs d'Europe centrale et orientale, tandis que l'hébreu reste toujours la langue de la prière, des études et de la religion.

Le yiddish a engendré une littérature extraordinairement riche et abondante. Le yiddish, la langue des masses, est inextricablement lié à la vie et à la culture juives ashkénazes. Avant la Deuxième Guerre mondiale, douze millions de Juifs le parlaient. Mais l'Holocauste, la création de l'État d'Israël et la promulgation de l'hébreu comme langue officielle, de même que la puissance et l'influence de la langue anglaise en Amérique — gare au français ! — font que plusieurs yiddishistes craignent sa disparition. Toutefois, beaucoup d'expressions et d'inflexions de voix typiquement yiddish sont aujourd'hui bien intégrées dans l'anglais. Ici au Québec, à part les *bagels* qu'on achète sur la rue Saint-Viateur et l'exclamation à toutes les sauces *Oy* !, le yiddish n'a pas vraiment eu d'impact linguistique sur le français. Mais dans la communauté juive du Québec avant les années cinquante, presque tous les Juifs parlaient ou comprenaient le yiddish. Pour plusieurs Juifs, cette langue fut même au centre de leur identité juive et un objet de passion intellectuelle. Léa Roback était de ceux-là !

« Je suis yiddishiste. Pour moi, ça veut dire avoir une grande connaissance de cette langue, de sa culture, de ses écrivains et de sa tradition remarquable. Je ne parle pas de la tradition religieuse, mais plutôt de celle de la famille et du respect des aînés, du besoin et de la responsabilité de s'instruire, de l'estime du savoir, de la détermination, qui parfois déborde, il faut l'admettre, sur une certaine ambition.

« *Kinder stube* — ce qu'on apprend à la maison comme enfant — c'est décisif ! Mon judaïsme, je l'ai appris dans ma famille à Beauport. Nous avons découvert la richesse de la très grande culture yiddish, entre autres par la multitude de livres qu'on avait à la maison ; toute la famille lisait et écrivait le yiddish. Une autre caractéristique de la tradition juive qu'on apprend dans la plupart des foyers juifs, c'est le *Tsadaka*, ce qui signifie qu'aucune personne n'est appauvrie par le partage des objets matériels avec son prochain. Le mot 'charité' n'est pas tout à fait approprié pour traduire ce concept, car ce n'est pas un geste posé dans le but de gagner son ciel, ce à quoi certaines gens peuvent l'associer, mais c'est plutôt une obligation morale.

« Nos parents nous répétaient constamment : 'Si on veut être respecté par les autres, il faut d'abord les respecter.' À Beauport, on n'utilisait pas dédaigneusement les termes 'goy' et *shiksa*[31]. Depuis, chaque fois que j'entends ces termes dans la bouche d'un Juif, je lui demande : 'Pourquoi employer ces expressions ? Aimeriez-vous

---

31. « Goy » signifie littéralement « étranger », en yiddish, mais on l'emploie aussi pour signifier « non-Juif », tandis que *shiksa* signifie non-Juive. Les deux termes ont souvent une connotation péjorative et xénophobe, implicitement : « Ce n'est pas un(e) des nôtres ! »

qu'on vous appelle *sheeny* [32] ?' Ainsi à Beauport, en tant que famille juive, nous avons laissé notre marque et j'espère que les gens ont appris à mieux connaître les Juifs en nous fréquentant. En même temps, nous avons intégré la culture de la francophonie et nous nous sommes enrichis. Beaucoup de Juifs d'aujourd'hui ne le font pas et je trouve ça malheureux. »

Sur un ton quelque peu défensif, Léa affirme que le yiddish n'est pas mort et qu'il y a de l'espoir. « Le yiddish, ce n'est pas un jargon. C'est une langue qui a sa propre grammaire, sa syntaxe et sa littérature. Après la Deuxième Guerre, son sort allait déclinant, mais je n'ai jamais cru qu'il mourrait. Depuis une dizaine d'années, je sens un renouveau. On l'étudie dans des universités telles que Concordia et McGill. Franchement, c'est encourageant. »

Dans son appartement modeste de la rue Linton dans le quartier Côte-des-Neiges, les murs sont tapissés de livres, dont beaucoup traitent des Juifs. Léa ne s'engage pas dans des oeuvres ou des organisations juives formelles, mais elle possède un vaste réseau d'amies juives et va régulièrement au centre Saidye Bronfman pour voir des expositions et participer à des discussions sur l'actualité juive montréalaise. « J'aime beaucoup lire Régine Robin et j'ai beaucoup d'admiration pour Alexandra Szacka, animatrice à Radio-Québec.

« En somme, je suis Juive, même très Juive ! Je suis fière de l'être et bien dans ma peau... Je n'ai jamais été une mangeuse de balustres ! »

Par ailleurs, Léa tient à affirmer qu'elle fait partie du monde entier. « Je me sens aussi près d'un Chinois, d'un Noir, d'un anglophone, d'un francophone... que d'un Juif. Ça m'est égal qu'on soit n'importe quoi. En revanche, je me sens plus solidaire de la chômeuse catholique qui n'a pas une 'cenne', que d'une quelconque bourgeoise juive de Westmount ! »

---

32. Nom péjoratif qui désigne un Juif. Cette expression est originaire d'Europe centrale.

L'Histoire, perpétuel recommencement

Outre le véhicule qu'est la langue yiddish, Léa est bien entendu sensible aussi à l'histoire du peuple juif. « Notre peuple a été bafoué partout, partout... Même au Québec, on a été bafoué. Je pense, entre autres, à l'affaire Plamondon[33] et aux *Protocoles de Sion*[34]. Les Juifs ont tant connu la souffrance... Mais ça ne veut pas dire que nous sommes les seuls.

« Il y a deux manières de réagir à des coups de pied au cul : on peut être tellement découragé et abruti qu'on demeure immobile, sans vouloir faire le moindre effort pour s'en sortir ; ou, qui mieux est, on peut décider de foncer et de renverser les choses, quelles qu'elles soient. »

Ainsi, Léa ne doute pas qu'il y ait un lien entre les idées progressistes et le judaïsme. « Mon père n'était pas communiste, mais il comprenait bien les principes du socialisme. Dans le mouvement progressiste, j'ai côtoyé bon nombre de Juifs. Les Juifs progressistes peuvent bien comprendre les déboires des autres, comme ceux des gens de couleur. Ça me fait penser à la Québécoise francophone que j'ai rencontrée l'autre jour dans l'autobus et qui m'interrogeait sur mon macaron 'Touche pas à mes chums'. Je lui ai dit que j'étais Juive, née sur la rue Guilbault. Je lui ai alors expliqué que le macaron était contre le racisme, etc. et j'ai fini par lui en donner un. Je suis sûre que la première chose qu'elle a racontée en rentrant chez elle le soir fut : 'J'ai rencontré une Juive qui...' »

---

33. En 1910, à la suite d'un discours du notaire Plamondon prononcé devant de jeunes Canadiens français dans un sous-sol d'église à Québec, ces derniers ont cassé quelques vitres d'immeubles appartenant à des Juifs. Une des victimes, M. Ortenberg, a intenté une poursuite qu'il perdit sur une question de procédure. La Cour suprême du Canada a cassé le jugement du tribunal québécois, ultérieurement. Ce fut un des actes d'antisémitisme les plus violents dans l'histoire du Québec.

34. Document qui circula beaucoup au Québec dans les années vingt et trente et qui se présente comme un programme détaillé destiné à assurer aux Juifs la domination du monde. C'était en réalité un faux fabriqué par la police tsariste dans sa lutte contre les communistes.

En lisant l'histoire d'autres pays, Léa constate le rôle des Juifs d'antan, et les images et la réputation qui en ont résulté. « Il n'y a pas si longtemps, avant la révolution industrielle, les Juifs n'avaient pas le droit de travailler la terre comme paysans. Alors, lorsque j'entends 'Les Juifs, c'est toujours l'argent, l'argent, l'argent...', je rétorque : 'Voyons, c'est parce que les non-Juifs défendaient à nos ancêtres de cultiver la terre... Ceux-ci n'allaient pas se laisser crever de faim... ils ont eu le courage de gagner leur vie ! Par conséquent, ils furent poussés à devenir échangeurs d'argent, pourvoyeurs, brocanteurs...'

« Et quand j'entends 'Les Juifs sont les plus riches en Amérique, ce sont eux les banquiers...' Il faut toujours recommencer la même rengaine et essayer de réveiller ces gens en leur citant l'exemple du vieux M. Glick — et de combien d'autres Juifs comme lui — qui travaillait tous les jours comme presseur dans un coqueron de la rue Bleury, et habitait sur la rue de Bullion avec les coquerelles et les punaises. C'est un Juif lui aussi !

« Au même diapason, des torchons comme *Vers Demain*, ou les Bérets Blancs prétendent que tous les Juifs sont des communistes. Combien de fois dans ma vie ai-je entendu ces bêtises ! Souvent, une des façons préférées du patronat et de ses amis pour discréditer les syndicats ouvriers, entre les années trente et cinquante, fut justement d'alléguer qu'ils étaient mis sur pied ou dominés par des Juifs. »

De l'Holocauste à Israël

Il est difficile, sinon impossible, d'analyser et de juger la création de l'État d'Israël sans tenir compte des suites de l'Holocauste. Le traumatisme du peuple juif et l'atrocité du crime empêchent les réactions strictement objectives. Léa n'a pas vécu directement ces événements, comme Henry Morgentaler, mais elle était adulte durant la catastrophe.

« Compte tenu de ce que j'avais vu et vécu à Berlin au début des années trente, je voyais venir l'Holocauste et je ne fus pas étonnée lorsqu'il s'est produit. Pourtant, j'étais terriblement troublée par la réaction des gens au Québec, y compris celle de beaucoup de Juifs, lorsqu'on racontait ce qui se passait en Allemagne. On nous répondait qu'il n'existait pas de preuves et d'autres infirmaient catégoriquement tout ce qu'on disait. Nous recevions au Québec des nouvelles de journaux de gauche et de la résistance française. L'information circulait dans les réunions et les feuillets communistes, afin d'alerter les gens d'ici sur la cruauté qui régnait sur l'Europe.

« Sans m'immiscer dans les activités reliées à la fondation de l'État juif qui se passaient au Québec, j'étais bien fière et contente de la création d'Israël, en 1948. Enfin, un refuge pour les Juifs d'Europe existait. J'ai toujours prétendu que chaque peuple doit pouvoir prendre racine.

« Pourtant, le sionisme ne m'a jamais intéressée, car tout en étant Juive, je suis aussi une Québécoise, une Canadienne et une citoyenne d'Amérique du Nord. À Beauport, nous n'étions pas élevés la tête tournée vers Jérusalem. Le sionisme pour moi est une vision étroite.

« En juin 1967, j'étais contente de la victoire israélienne, mais pas à tout casser. Vers cette époque, j'avais aussi beaucoup de fierté pour Golda Meir que j'estimais beaucoup. En tant que féministe, je trouvais qu'elle avait le courage de vivre ses convictions, notamment lorsqu'elle a laissé son mari et continué d'élever ses enfants.

« Par contre, présentement, tout en étant d'accord avec l'existence de l'État, je m'oppose farouchement à Shamir, au Likoud et à la façon dont ils abordent la question palestinienne... Ça me répugne et je trouve que ces types dangereux qui sont au pouvoir peuvent mener directement au fascisme. Et dernièrement, les gestes de l'État d'Israël pour mater le soulèvement palestinien, sont barbares et n'ont pas du tout leur place dans une société qui se dit civilisée.

« Nous, les Juifs, sommes une minorité. Il ne faut jamais l'oublier. Les Palestiniens, selon la Bible, sont nos cousins et ils ont droit, tout comme les Juifs d'Israël, à un pied à terre. Par contre, je n'approuve pas la politique d'Arafat ni les stratégies des leaders officiels de l'OLP pour y arriver. Je m'oppose aux bombes terroristes et à l'emploi de la violence de part et d'autre. Il faut négocier, et je trouve tout à fait regrettable que ceux qui comprennent cela, tant du côté israélien que palestinien, soient minoritaires. Il faut encourager les éléments pacifistes dans les deux camps. »

Léa n'est jamais allée en Israël, faute d'argent. Toutefois, si ses finances le lui permettent, elle aimerait beaucoup assouvir sa passion pour l'histoire et l'archéologie en y passant quelques mois. « J'aimerais bien voir Israël de mes propres yeux. Je ne ressens pas de lien particulier avec ce pays, car pour moi, c'est un État comme un autre. Et jamais de la vie, n'ai-je songé à m'y installer pour de bon. » Sur un ton mi-rêveur, mi-sérieux, Léa se remémore le bonheur de sa jeunesse en France et lance : « Par ailleurs, j'irais bien m'établir à Aix-en-Provence. J'étais très heureuse lorsque j'ai fait mes études en France à vingt-deux ans et à l'âge de quatre-vingt-cinq ans, ça reste un de mes plus beaux souvenirs. »

Dès l'âge de trois ans

Léa Roback a été témoin des grands changements du XXe siècle au Québec. Dès l'âge de trois ans, elle vivait parmi des Québécois francophones de souche. « À Beauport, j'ai connu des Canadiens français — quand c'était encore des 'C.F.' et non des Québécois. La plupart de ces gens avaient alors un complexe d'infériorité, car ils étaient entourés de toutes parts par l'influence de l'Église, et rabaissés par les grands manitous des affaires. L'image me revient de tous ces trucs importés, vulgaires et laids, qu'on ramassait partout, même si l'artisanat original québécois était tellement merveilleux. »

Toujours sympathique aux revendications des « damnés de la terre » et en faveur de leur libération, Léa a vivement suivi l'évolution du peuple québécois. « Les jeunes, les moins jeunes, les femmes, et j'en passe, allaient aux réunions, écoutaient les informations à la radio et à la télévision, et commençaient à sortir de leur torpeur pour s'affirmer. Enfin, le 15 novembre 1976, ils se sont tenus debout, ont proclamé leur fierté d'être francophones et, la tête haute, ils ont décidé d'exiger de pouvoir vivre dorénavant en français, partout sur le territoire québécois. J'étais contente. Je me rappelais alors l'image de René Lévesque en 1959, avec sa petite tuque, se faisant arrêter lors de la grève à Radio-Canada, dans la froidure hivernale. J'avais fait du piquetage avec les grévistes et je le trouvais déjà courageux, cet homme. »

Quand M. Lévesque s'est proclamé si fier d'être Québécois, le soir du scrutin, Léa ne s'est pas sentie incluse sous ce vocable. Elle avait donné de l'argent au Parti québécois, voté pour lui, mais elle n'avait travaillé à la campagne électorale que la journée du vote. « J'étais fière de vivre parmi les Canadiens français que j'aimais. C'étaient mes camarades. J'étais contente que M. Lévesque livre ce message de respect de soi-même aux Québécois et que ça les touche. »

D'une voix morose, Léa raconte l'amertume et la déception qu'elle a ressentie à l'époque du référendum du 20 mai 1980 : « Comment peut-on oublier cet égarement de Lise Payette au sujet des Yvette ?... J'ai été très fâchée et blessée par la récupération qu'en ont faite ces femmes bourgeoises du Parti libéral. J'avais une grande estime pour Madame Payette et je l'aime toujours. Jusqu'à cette bourde, j'ai cru que la victoire du 'Oui' était dans le sac.

« Je comprenais très bien ce que ça voulait dire pour les Québécois d'être colonisés. Je sympathisais avec eux parce que nous, les Juifs, avons été une minorité sous le joug, partout où nous sommes allés. Les Québécois n'étaient pourtant pas une minorité ici, au Québec, mais les Anglais faisaient comme si. Je l'avais appris en travaillant chez Mrs. Allan où il fallait parler anglais et où les Anglais pouvaient se passer de parler français. D'ailleurs à partir de ce moment-là, quand j'allais dans un magasin de Montréal, j'exigeais qu'on me serve en français.

« Tout en me considérant comme Juive au Québec, je m'identifie également comme Québécoise. Mais je n'essaie pas d'être une Québécoise française. J'aime beaucoup le Québec et je l'ai parcouru d'un bout à l'autre. Je ne suis pas restée dans les hôtels, mais plutôt dans les familles. Je me sens donc bien dans ma peau avec les francophones du Québec, de Val d'Or aux Iles-de-la-Madeleine. »

Comme une femme enceinte

Le temps met tout en lumière. En quatre-vingt-cinq ans de vie, on est témoin de hauts et de bas sur l'échiquier politique mondial.

Léa a ainsi observé plus d'une génération de progressistes, et plus d'une période de léthargie sociale et d'atrophie politique. Sa perspective de l'avenir est pourtant pleine d'espoir.

« Les jeunes Québécois d'aujourd'hui récoltent les fruits semés par le Parti québécois. Ils proclament avec raison leur fierté collective même si, concurremment, il y a ce phénomène des 'Yuppies' et qu'au lieu de continuer d'avancer, on semble parfois stagner.

« Du côté de la communauté juive, grâce à la Loi 101, les enfants parlent maintenant bien le français, et les Juifs sépharades sont d'un apport salutaire au développement de la communauté. Les Juifs progressistes ont largement participé au RCM sur le plan municipal. De l'autre côté de la médaille, je trouve qu'il y a trop de Juifs vieillis, fatigués, qui ont abandonné leur philosophie progressiste, et trop de jeunes Juifs qui poursuivent à l'excès des buts matériels, aux dépens des objectifs de justice.

« Mais je ne suis pas découragée. Ce n'est pas tout à fait noir, et ce n'est pas exactement rose. La communauté juive montréalaise a encore un bon bout de chemin à faire pour mieux connaître ce que c'est qu'être Juif et vraiment faire partie de ce pays du Québec que nous habitons. Les Juifs du Maroc et de l'Afrique du Nord vont aussi continuer à prendre leur place au sein de la communauté. J'entrevois de grands progrès qui feront davantage voir aux Québécois la force des Juifs.

« Le tissu humain francophone du Québec ne sera plus pareil dans dix ans, à cause du nombre grandissant d'immigrants. La société québécoise est aujourd'hui comme une femme enceinte. Dans dix ans, j'espère qu'il y aura encore une meilleure compréhension entre les gens.

« Et je souhaite y être... »

Maurice Amram

Ouverture du 10e congrès à Québec de la Fédération nationale des communications (FNC-CSN), en novembre 1984. (Photo Pierre Lalumière)

Maurice Amram

> Descendrais-je d'une tribu berbère que les
> Berbères ne me reconnaîtraient pas, car je
> suis juif et non musulman, citadin et non
> montagnard ; porterais-je le nom exact du
> peintre que les Italiens ne m'accueilleraient
> pas, car je suis africain et non européen.
> Toujours je me retrouverai Mordekhaï
> Alexandre Benillouche. Indigène dans un
> pays de colonisation, Juif dans un univers
> antisémite, Africain dans un monde où
> triomphe l'Europe.
>
> Albert MEMMI,
> *La statue de sel* (1953)

Le 12 avril 1942, lorsque Maurice Amram naît à Casablanca, au Maroc, il est encore interdit aux Juifs d'être membres d'un syndicat affilié à la CSN[1].

Pourtant, à cette époque, les Juifs avaient déjà fait leur marque dans le mouvement syndical au Québec. Ainsi, dans l'industrie du vêtement, dès le début du siècle, et surtout durant les années trente, des travailleuses et travailleurs, en grande majorité d'origine juive,

---

1. La CSN, appelée à cette époque la Confédération des travailleurs catholiques du Canada (CTCC), a amendé ses statuts en 1943 afin de permettre aux non-catholiques d'en devenir membres.

ont bâti des organisations larges et solides qui ont mené des batailles épiques contre une exploitation honteuse.

Le militantisme syndical était alors à ce point identifié aux Juifs, que des couturières juives se mirent à porter des croix chrétiennes, même lorsqu'elles cherchaient du travail auprès d'employeurs juifs.

En 1912, et encore en 1917, des milliers d'ouvriers de l'industrie du vêtement pour hommes, dont plus de 75 % étaient des Juifs, ont dû mener des grèves de six semaines, puis de deux mois, aux termes desquelles ils ont réussi à obtenir la semaine de travail de quarante-cinq heures, des augmentations salariales et l'atelier syndical[2]. D'ailleurs, de 1910 à 1930, ces ouvriers juifs montréalais du vêtement ont soutenu pas moins de quatre-vingt-quatorze grèves, soit 20 % des arrêts de travail survenus durant cette période au Québec.

Maurice Amram, journaliste de profession, se serait sûrement bien entendu avec le premier chroniqueur ouvrier au Québec, Jules Helbronner. Juif d'origine française, Helbronner signait ses articles dans *La Presse* des années 1880, sous le pseudonyme de « Jean-Baptiste Gagnepetit ». Il est même devenu rédacteur en chef du quotidien. De sa tribune, il dénonçait le travail des enfants, les iniquités du système judiciaire et les fraudes dans les listes électorales. Du même souffle, il prônait l'instruction primaire obligatoire et la semaine de travail de soixante heures[3]. Il a également collaboré, en 1886, à la mise sur pied du Conseil central des métiers et du travail de Montréal, ancêtre du Conseil des travailleuses et travailleurs du Montréal métropolitain (CTM-FTQ) actuel.

En 1903, lors de la grève des débardeurs au port de Montréal, ceux-ci ont fait une exception à l'embargo total qu'ils avaient décrété et ont accordé un laissez-passer exceptionnel au papier journal destiné à *La Presse*, en signe de reconnaissance envers Helbronner qui défendait dans ses éditoriaux les aspirations des travailleurs et des syndicats.

---

2. L'employeur consentait à ce que tous ses employés soient membres du syndicat. Les informations de ce paragraphe sont tirées d'un article de Jacques Rouillard, « Les travailleurs juifs de la confection à Montréal (1910-1980) » qui a paru dans *Labour/Le travailleur*, automne/printemps 1981/82, (p.253).

3. À l'époque, des ouvriers devaient travailler soixante-douze heures et parfois même au-delà de quatre-vingts par semaine.

Trois quarts de siècle plus tard, *La Presse* n'avait pas tout à fait la même attitude envers le mouvement syndical, et vice versa. En mai 1978, à la fin de l'importante grève des employés du journal de la rue Saint-Jacques, l'éditeur Roger Lemelin dénonçait « le poison du militantisme syndical », s'en prenant à « la pieuvre CSN... et aux tentacules de la FNC ». La tradition de Helbronner était rompue depuis belle lurette... Lemelin mettait la population en garde contre les objectifs insidieux qu'il prêtait à cet organisme syndical dirigé par Maurice Amram. Celui-ci sera ainsi, plus souvent qu'à son tour, objet d'attaques aussi écervelées que mesquines.

Maurice Amram, président de la Fédération nationale des communications[4] (FNC-CSN) de 1976 à 1980, et à nouveau depuis 1984, est un syndicaliste actif depuis près de vingt ans au Québec. Il est également Juif sépharade.

Toujours bien habillé, cravaté et vêtu d'un complet à la mode, Maurice semble, à première vue, un peu distant, voire froid. Il a des traits méditerranéens, un regard pénétrant et un esprit étincelant. C'est un intellectuel très articulé. Son charmant sourire est cependant dispensé avec trop de parcimonie.

Il se décrit lui-même comme méticuleux, structuré et systématique. Sa rigueur et sa forte personnalité sont d'ailleurs bien connues. On a donc souvent fait appel à lui comme porte-parole et comme leader. De plus, il n'est pas du genre à éviter la controverse et à s'effacer dans la foule. Maurice laisse donc peu de gens indifférents et il n'est pas toujours facile pour ses collègues de travailler avec lui.

Irène Ellenberger, conceptrice visuelle à Radio-Québec — et qui a milité avec Amram à l'exécutif de la FNC de 1976 à 1979 —, reconnaît son intelligence, mais s'empresse d'ajouter : « C'est aussi un homme très habile... Ce qui est parfois une qualité, et parfois un défaut ! » précise-t-elle, un sourire railleur suspendu au coin des lèvres. Irène n'a pas sollicité le renouvellement de son mandat à la FNC en 1979, choisissant plutôt de se présenter au Conseil central des syndicats nationaux de Montréal où elle fut secrétaire générale de 1979 à 1982 et présidente de 1982 à 1985. Une des raisons de son

---

4. Une des neuf fédérations professionnelles faisant partie de la CSN. Le mandat principal d'une fédération de la CSN est de négocier et d'appliquer la convention collective de ses syndicats affiliés, et de défendre les intérêts professionnels de ses membres.

départ de la FNC fut la difficulté qu'elle éprouvait à travailler avec Maurice Amram.

Maurice joue pour gagner, mais ça ne l'empêche pas de nager souvent à contre-courant. Cela est sans doute dû, entre autres, à son entêtement, ce qui ne signifie pas qu'il soit pour autant impulsif ou irréfléchi. Au contraire, il affirme : « Je sens souvent le besoin d'écrire, de me rappeler... Il est important de savoir d'où l'on vient, pour savoir où l'on se trouve et où l'on va... »

Le Maroc d'avant l'indépendance

Né pendant la Deuxième Guerre mondiale, avec des bombardiers qui survolent sa maison, Maurice évoque ses premières années : « J'ai eu une enfance surtout heureuse et choyée, entourée de ma famille et de beaucoup d'amour. »

Le Maroc est un protectorat français où les colonialistes exercent une autorité discriminatoire à l'égard des Juifs et à l'égard des Arabes. « Même après la guerre, on voyait souvent des croix gammées et des graffiti 'Mort aux Juifs !' À l'époque, les attitudes racistes de ceux qui étaient au pouvoir rapprochaient en quelque sorte les Arabes et les Juifs. Beaucoup de Pétainistes restaient en place, notamment dans le corps policier et dans l'administration publique.

« En tant que Juif fréquentant une école laïque, je vivais une discrimination sournoise quotidienne venant des professeurs qui ne cachaient pas leur antisémitisme ni leur racisme. À titre d'exemple, en remettant un devoir, je me suis déjà fait dire : 'C'est pas mal pour un Juif.' Les jeudis, lors des cours de catéchisme, nous, les Juifs, avions congé. Parfois le lendemain, des batailles assez violentes éclataient entre les jeunes, les Juifs étant accusés d'avoir tué Jésus, tel qu'on l'avait expliqué aux cours la veille. »

À l'âge de sept ans, alors qu'il est dans une colonie de vacances, Maurice subit un empoisonnement alimentaire dont il se souvient comme si c'était hier : « Semi-inconscient, j'ai dû faire une interminable promenade en ambulance d'un hôpital à un autre. Comme on ignorait si j'étais arabe, juif ou français, on ne savait pas à quel hôpital m'amener ! J'ai finalement abouti dans un hôpital arabe et cela a pris une semaine avant que mes parents puissent me retrouver. »

À l'école, Maurice n'est pas un bûcheur, mais il n'en réussit pas moins ses examens. « C'était peut-être de la paresse, mais je n'aimais pas étudier. J'étais plutôt rêveur et je trouvais l'école laborieuse. » Il complète quand même ses études en électronique dans le système scolaire marocain.

Ses parents observent la religion juive et respectent les règles de la cuisine kasher. Ils veulent que leur fils aîné devienne rabbin[5]. À l'âge de treize ans, Maurice est donc envoyé à une *yeshiva*[6], à Aix-les-Bains en France. « D'abord, on ne m'avait même pas demandé mon avis. Je n'y suis resté que quinze jours, et tout ce temps-là, je planifiais mon départ. Élevé dans un milieu sépharade, je me retrouvais subitement dans un milieu ashkénaze, que je qualifierais d'hostile. Je n'avais jamais été porté vers la religion et là, on me l'enseignait matin et soir ! J'ai donc vite décidé que je ne désirais pas devenir rabbin. Après avoir averti mes parents que je ne voulais pas y rester, j'ai fugué et pris le train pour Paris. Pendant mon séjour dans la Ville lumière, j'ai vécu chez des amis, jusqu'à ce qu'une de mes tantes vienne du Maroc pour me chercher. »

Durant sa jeunesse, ses lectures préférées sont *Don Quichotte*, *l'Iliade*, *l'Odyssée* : « Elles m'ont sûrement beaucoup influencé, parce qu'en tant qu'adulte, je joue souvent le rôle de Don Quichotte, et très souvent bien au-delà de mes moyens ! Et par ailleurs, j'adore voyager, j'aime découvrir de nouveaux horizons. »

En 1961, lorsqu'il a dix-neuf ans, sa famille émigre du Maroc à la suite d'une autre guerre ; cette fois-ci, c'est la guerre civile pour l'indépendance nationale. Tout se déroule, pour ainsi dire, à la porte de sa maison et grave des images inoubliables dans sa mémoire. « Un jeune musulman travaillait pour mon père et faisait partie des forces nationalistes. Un bon jour, il dit en toute candeur à mon père qu'il n'aimerait pas recevoir l'ordre de le tuer ! Je me souviens aussi de mon oncle médecin qui devait se promener avec un revolver en allant faire ses visites. Des attentats terroristes survenaient fréquemment, par exemple celui du marché central qui a fait plusieurs di-

---

5. Chef spirituel d'une communauté juive. Il a l'autorité d'interpréter les Lois juives.

6. Académie d'études religieuses juives.

zaines de morts. D'un côté, j'avais des copains français, de l'autre des amis arabes, résistants. À dix-huit ans, je fus appelé à être arbitre d'un conflit qui me touchait profondément — sans pour autant que j'y sois directement impliqué. Quelle horreur, quel contexte difficile, particulier et insécurisant, même si j'apprenais à le vivre avec un certain détachement ! »

Maurice, incapable de retenir une larme, ne peut effacer de son esprit l'image d'un de ses amis mort sous ses yeux : « Les guérilleros arabes demandaient de l'argent aux commerçants et, si ceux-ci refusaient, ils en déduisaient que les commerçants étaient contre leur cause et des représailles s'ensuivaient. J'avais un ami qui habitait au troisième étage d'un immeuble en bas duquel il y avait un magasin. Un jour, je l'ai rejoint chez lui. Pressés d'aller à la piscine, nous descendions les escaliers quatre à quatre, lui devant, moi derrière. En sortant de l'immeuble, il s'est fait scier par une rafale de mitraillette, qui ne lui était même pas destinée puisqu'elle visait plutôt la vitrine du magasin d'à côté ! Je suis remonté tout de suite prévenir sa mère. Et en un tour de main, une foule de gens étaient attroupés avec la police autour de la maison... »

Maurice a plusieurs copains français qui font la guerre en Algérie. La mort de l'un d'eux l'a fortement bouleversé. « À ce moment-là, j'ai entretenu un peu un sentiment anti-arabe. Par ailleurs, plusieurs mois après sa mort, j'ai appris qu'il avait développé des habitudes sadiques et que son plaisir était de tuer au couteau. Quiconque se sert de l'épée périra par l'épée. Il avait trouvé ainsi sa propre mort !

« Toutes ces images de la guerre de l'Indépendance, j'essaye de les sortir de ma mémoire, mais sans succès. »

À la fin de la guerre, il y a un exode considérable de Français et de Juifs. Maurice explique la décision de sa famille d'émigrer : « Pour mes parents, vivre dans un pays au nationalisme exacerbé par une guerre d'indépendance telle que venait d'en connaître le Maroc était dangereux pour tous ceux qui n'étaient pas musulmans. Ils assimilaient ce nationalisme arabe à d'autres nationalismes sinistres. Mon père avait vécu l'antisémitisme en Argentine. De plus, l'ensemble des expériences de toutes ces générations de l'Espagne sépharade leur faisait percevoir aussi un danger imminent. Alors, ils ont fait une demande d'immigration pour les États-Unis et le Canada, et nous avons finalement abouti à Montréal. À cette époque, sur le plan idéologique, j'étais dépendant de mes parents ; j'avais assimilé leurs opinions. Je n'avais pas d'engagement politique au Maroc et je ne différenciais pas mes intérêts des leurs. Je constatais donc, comme eux, qu'il fallait quitter le Maroc et que je n'y avais pas d'avenir. » Alors, Maurice, son frère et ses deux soeurs accompagnent leurs parents à Montréal en 1961.

Arrivée à Montréal et les débuts à CKVL

Peu de temps après son arrivée, Maurice trouve son premier emploi. Appelé à réparer des milliers de radios transistors, il découvre lui-même les défectuosités et procède aux réparations. Dégageant la fierté de cette première réussite au travail, il raconte la suite inique : « Une fois ma tâche complétée, la seule gratitude qu'on m'a témoignée fut de m'indiquer la porte, après un seul mois de travail ! J'ai éclaté en sanglots dans l'autobus en rentrant chez moi. Ce congédiement humiliant ne ressemblait guère aux façons traditionnelles marocaines avec lesquelles j'étais familier. Aujourd'hui, je l'identifie comme étant mon premier contact avec l'exploitation. »

Quelque temps après, Maurice trouve un autre travail dans l'électronique à Verdun Import and Sales Corporation, une filiale de Radio CKVL. Encore là, il éprouve de la fierté lorsqu'il résout le problème d'un important inventaire de radios allemandes défectueuses, mais c'est avec indignation qu'il raconte la réaction du nouvel employeur : « Cette fois-ci, ce fut l'un de mes confrères de travail qui s'est retrouvé sur le pavé, une fois le problème réglé, même s'il avait plus d'ancienneté. » La sécurité d'emploi et le respect du travailleur sont des notions très accessoires dans les premiers milieux de travail du jeune immigré qu'est Maurice Amram.

Deux ans plus tard, la petite compagnie ferme ses portes. Maurice se présente alors devant Jack Tietolman, le propriétaire de Radio CKVL, pour demander un emploi. En 1965, il y est embauché comme technicien-reporter. Aujourd'hui, Maurice conserve toujours son lien d'emploi avec le poste de radio verdunois.

Peu de temps après son arrivée au poste, Maurice rencontre pour la première fois Corey Thompson[7], un des directeurs de CKVL. « À ce moment-là, je pensais qu'il fallait s'adresser en anglais à quiconque portait un nom anglais ! Thompson m'a laissé m'enferrer pendant dix minutes, dans mon anglais pitoyable, et il a fini par me répondre dans un français impeccable. Ce premier contact avec la direction du poste m'a fait me sentir assez ridicule. »

Au même moment, les travailleurs de CKVL décident de changer d'allégeance syndicale, passant des rangs de NABET (FTQ) à un syndicat affilié à la CSN. Maurice est élu représentant des techniciens à la table de négociation. Ainsi débute une odyssée syndicale marquée par le combat, la détermination et la controverse.

Sa première participation aux négociations se situe à l'automne 1969 : « Au moment de la présentation des 'dernières' offres patronales à l'assemblée générale, je me suis dissocié de la recommandation du président du syndicat, Gaston Saulnier, à l'effet de les accepter. Effectivement, l'assemblée générale, insatisfaite de ce qui était sur la table, nous a renvoyés à deux reprises à la table des négociations. »

Même s'il en était à ses toutes premières armes, Maurice avait bien lu la détermination des membres et la possibilité d'obtenir davantage de concessions de l'employeur. À l'élection syndicale suivante, Maurice se présente à la présidence et reçoit l'appui de plus de 90 % des membres.

Maurice assiste à son premier congrès de la CSN en 1972. Créature politique en embryon, il goûte pour la première fois les débats syndicaux de la plus grande instance de la CSN. « Je découvrais un monde que j'ignorais jusque-là, et ça m'a donné un frisson incroyable. J'ai été impressionné par ce rassemblement de 2 000 personnes dans un même endroit, par Marcel Pepin qui présidait les délibérations et par les discours qui faisaient appel à la solidarité et à l'unité, même si je ne comprenais pas entièrement les enjeux. J'avais énormément à apprendre. Mais je ressentais beaucoup d'émotion et j'ai développé sur-le-champ le désir de m'y intégrer davantage. »

---

7. C'est grâce à M. Corey Thompson que Jack Tietolman, un Juif, a pu quand même avoir une licence pour ouvrir le poste de CKVL, car à cette époque, on n'accordait pas de permis à un Juif.

Rapidement, le syndicat de CKVL inaugure un journal syndical, adopte une nouvelle constitution et commence à tenir régulièrement des réunions de département. Ce vent de renouveau et ce regain de vigilance fait dire à Jack Tietolman que Maurice est « l'Elliot Ness [8] des relations de travail » !

« Jack avait érigé un régime de faveur dont l'ancienne direction syndicale profitait à pleines mains. Ça a pris fin tout de suite avec l'élection de notre nouvel exécutif syndical. Découvrant une fraude manigancée par d'anciens officiers, nous les avons obligés à rembourser le syndicat jusqu'au dernier sou. »

Avant l'arrivée de Maurice et du nouvel exécutif, le syndicat de CKVL négociait un cadre général de salaire dans lequel chacun négociait individuellement son augmentation au mérite. « Même si on était syndiqués, il fallait se prostituer dans le bureau de Tietolman chacun son tour pour négocier son propre salaire tous les ans. Je trouvais cela humiliant et lorsque j'en ai fait part à Tietolman, il m'a répondu : 'Vous ne devriez pas rester à CKVL. Vous seriez plus à votre place dans une grande société comme Radio-Canada !' »

Quotidiennement, Maurice et ses collègues bousculent des habitudes aliénantes bien ancrées à CKVL. Deux incidents en témoignent : « Un employé de l'entretien passait plus de temps à travailler chez Monsieur et Madame Tietolman qu'au poste. Nous avons donc écrit une lettre à la direction et à l'employé, les enjoignant de cesser cette pratique à l'intérieur des heures de travail de l'employé. La femme de Jack m'a alors téléphoné, hystérique, et a menacé de me faire congédier. L'employé, quant à lui, trouvait tout à fait normal de travailler au domicile de son patron, pendant que le travail s'accumulait au poste. On lui expliqua que s'il continuait, il serait expulsé du syndicat et perdrait ainsi son emploi à CKVL. Dès lors, la situation est redevenue normale. Mais Jack et sa femme m'en ont voulu pendant très longtemps. »

L'autre incident : « Un intercom reliait le bureau de Jack à la réception et il avait la manie de hurler dans cet appareil quand la programmation lui déplaisait ou lorsque des disques ne s'enchaînaient pas bien l'un après l'autre. Bien entendu, la téléphoniste qui recevait ce tollé au bout de la ligne sursautait à chaque fois. Un jour, je suis

---

8. Un agent renommé du FBI qui eut, entre autres, le mandat d'amener Al Capone devant la justice.

rentré au poste et j'ai vu la téléphoniste en larmes. Jack venait encore de gueuler des insanités dans l'intercom. J'ai alors pris des ciseaux et j'ai coupé le fil ! Sur le champ, Jack a appelé Marcel Pepin, président de la CSN, pour qu'il me mette au pas ! Toutefois, j'ai dû couper le fil une deuxième fois, avant qu'il n'abandonne sa fâcheuse manie. Après ça, j'étais presque devenu le héros des téléphonistes ! »

Maurice et les autres militants rebâtissent le syndicat et lui infusent le goût du changement. En 1973, après un vote de grève (soixante-deux pour, deux contre), la convention collective est signée avec des percées syndicales aux chapitres de la sécurité d'emploi, des changements technologiques et de l'éthique professionnelle.

Une grève de huit mois

Aux négociations de 1976, le mandat de grève sera mis à exécution pendant huit mois et trois jours. Maurice résume les positions respectives des parties avant ce célèbre conflit de travail : « Du côté syndical, on visait : l'harmonisation de la convention collective dans le format 'douze chapitres' de la FNC ; un langage de convention plus précis ; des améliorations touchant la sécurité d'emploi, la description des tâches et les heures de travail ; ainsi que l'introduction de clauses sur les changements technologiques et, bien sûr, des salaires décents. Du côté patronal, on nous soumettait un contre-projet qui remettait en cause l'ensemble de nos acquis. L'écart qui nous séparait laissait présager une lutte longue et difficile ! »

C'est à cette époque, à la veille du débrayage, que le syndicat innove en tenant des négociations « publiques » : l'ensemble des membres sont réunis dans le studio-théâtre de CKVL, face à l'employeur et en présence de la presse. Le fait que tous puissent observer l'employeur présenter sa cause permet de raffermir une solidarité déjà très forte.

Maurice, président du syndicat lors du débrayage, raconte le début de la grève : « Nous venions de sortir d'une séance de négociations qui avait duré vingt heures et nous avions décidé d'occuper le poste. Vers midi, la police arriva pour nous expulser. Tout le monde était épuisé, mais il fallait quand même poser soigneusement les conditions de notre sortie, faire reconnaître qu'il n'y avait pas eu de bris, ni de dommages, etc. Alors je m'en suis occupé comme si j'avais toujours fait cela. Il fallait aussi emménager au local de grève et, à brève échéance, organiser mille et une choses. »

Tout est permis à la guerre... Les grévistes se heurteront à des oppositions de toutes sortes : agents de sécurité de la compagnie Garda — pour la plupart anciens lutteurs —, injonctions, menaces, « scabs », perquisitions policières, pressions pernicieuses de tout genre... L'employeur met le paquet !

Maurice, Gérald Gagnon, directeur de grève hors pair affecté par la CSN, ainsi que chacun des grévistes innovent alors avec une campagne de boycottage des commanditaires du poste de radio. Rien n'est négligé pour avoir gain de cause : piquetage, publicité, sollicitation de fonds, assemblées générales hebdomadaires et multiples activités sociales pour soutenir le moral des membres. « Il fallait prendre le temps et avoir beaucoup de patience, surtout lors des assemblées qui commençaient parfois à neuf heures le matin pour ne se terminer qu'à neuf heures le soir. Pendant huit mois, nous avons tous vécu des moments particulièrement difficiles. Il y eut des cas de dépression... il fallait constamment trouver de quoi garder les gens occupés. Mais tous ont fait preuve de spontanéité, de sincérité, et l'on a toujours réussi à se tirer de ces complications, unis et déterminés. »

Les enjeux de cette grève sortent de l'ordinaire, de même que les machinations de l'employeur pour la briser. Et à cet égard, les exemples ne manquent pas : « Ma femme et moi avons été la cible de menaces et de coups bas de toutes sortes. J'ai même reçu des menaces de mort ! Mais ce qui me faisait le plus mal, c'est que cela affectait ma femme qui attendait un enfant. Des inconnus sonnaient à notre porte puis déguerpissaient. Une fois, je me suis plaint à la police de la CUM et l'officier qui m'a répondu m'a alors proposé de retenir ses services de protection par contrat particulier ! À d'autres occasions, on me faisait filer par des agents de la Garda. Le comptable de CKVL m'a même approché avec une offre de 25 000 $ pour que je vende le syndicat ! »

Maurice et les grévistes découvrent pendant le conflit le visage du système judiciaire. « Même si nous étions en grève légale, l'employeur a obtenu des injonctions limitant nos droits de piquetage, avec la complicité inacceptable du système judiciaire. D'une part, le respect strict de ces injonctions aurait signifié qu'on acceptait de perdre notre grève. Hors de question ! D'autre part, leur viol 'légitime' faisait de nous des criminels. On a donc été obligés de passer beaucoup de temps à parader devant les tribunaux pour répondre à des accusations d'outrage.

« L'employeur embauchait des fiers-à-bras, dont plusieurs avaient des dossiers criminels, ce qui ne les empêchait pas de se déguiser en agents de 'sécurité'. Ces gardiens de l''ordre' provoquaient impunément les grévistes. On vivait alors des périodes de tension extrême, lorsque ces hommes de main et des scabs 'barbaient' les grévistes. Mais tous et chacun des grévistes ont habilement assumé leurs responsabilités. J'ai assisté à 5h00 du matin à des lignes de piquetage où les hommes de la Garda harcelaient et écoeuraient des femmes au point qu'une fois, une téléphoniste a lancé sa tasse de café chaud au visage de l'un d'entre eux. »

Mais la grève n'est pas dénuée d'incidents amusants. Maurice en raconte un qui est resté gravé dans sa mémoire : « À la CSN, les prestations de grève sont remises seulement à ceux qui font du piquetage et il faut des raisons très sérieuses pour en être exempté. Ainsi, Pierrette Champoux, grande dame de la radio et de la télévision, employée syndiquée du poste depuis de nombreuses années, souhaitait être relevée de son tour de piquetage. Elle nous a donc soigneusement exposé son cas en assemblée générale : elle devait, expliquait-elle, surveiller des ouvriers qui travaillaient chez elle, mais elle avait quand même besoin de ses prestations de grève pour les payer. L'assemblée ayant insisté pour qu'elle fasse son piquetage, elle est finalement venue sur la ligne, ce qui a donné une scène cocasse à contempler : Madame Champoux, l'ample manteau de vison blanc sur le dos, le beau chapeau assorti sur la tête, se promenant parmi des pancartes qui affichaient bien haut 'À bas le système capitaliste !' »

Ce test ardu de la volonté et de l'engagement des syndiqués est réussi haut-la-main et convainc l'employeur de faire d'importants compromis pour régler le conflit. « Jusqu'à la toute dernière minute, Jack refusait de réembaucher Mathias Rioux, qui avait respecté nos lignes de piquetage ; mais il a fini par le reprendre. Dans ce contexte de fin de conflit, le rapport de force était carrément en notre faveur. Après huit mois de grève, le comité de négociation syndical a aussi eu tendance à se faire plaisir un peu...

« Quelques jours avant la signature officielle de l'entente, pendant une séance de négociation où l'employeur avait besoin de la salle de réunion, Jack nous a invités à prendre un verre à sa santé, au bar de l'hôtel Windsor. Juste au moment où il allait apposer sa signature sur la nouvelle convention collective, Jack a reçu l'addition du bar ! Elle était assez élevée et il a refusé de la payer... Le comité de négociation syndical a alors 'fait tout un show' : on s'est levé de la table en lui disant qu'on n'avait pas de temps à perdre s'il ne voulait pas payer l'addition. Et là, on a pris la porte ! Étonné par notre réaction, il est venu nous chercher dans le corridor en promettant de payer la facture ! »

Et après la signature de la convention collective, Maurice tourne le fer dans la plaie une dernière fois auprès de son adversaire Jack Tietolman. Tirant un plaisir évident de ce souvenir, il rapporte les paroles qu'il a adressées au président du poste : « Vous vous rappelez, Jack, en 1969 vous m'aviez proposé d'aller travailler à Radio-Canada. Comme vous voyez, je ne suis pas encore parti... Mais là, nous avons obtenu tous ensemble des vraies augmentations de salaire ! »

Le 11 novembre 1976, le conflit prend fin avec la signature d'une convention collective qui comporte des gains syndicaux importants. Et c'est ainsi que, grâce à l'extraordinaire solidarité des membres et affiliés de la CSN et à la détermination obstinée des grévistes, la lutte des travailleurs de CKVL occupe une place unique dans l'histoire du mouvement syndical québécois : cette victoire syndicale déclenchera une vague d'organisation syndicale dans la radiodiffusion québécoise et provoquera une prise de conscience des syndiqués dans les autres médias.

Aujourd'hui, Maurice n'hésite pas à qualifier son militantisme syndical à CKVL, et surtout cette grève de huit mois, comme « l'événement le plus marquant, le plus enrichissant de mon apprentissage syndical, social et politique. L'expérience et les défis de cette grève furent stimulants, de même que la confiance que les gens m'ont témoignée. Je me suis découvert des talents d'organisateur et j'ai pris de l'assurance. Ce sont des choses qu'on n'apprend pas dans les livres. »

La Fédération nationale des communications (FNC)

C'est pendant cette grève que Maurice est élu président de la Fédération nationale des communications (FNC-CSN). L'année précédente, en 1975, il avait assumé la fonction de secrétaire général de la Fédération.

La FNC, fondée en 1972, regroupe alors tous les syndicats CSN de la presse écrite, de l'imprimerie et quelques groupes des médias électroniques. Lorsque Maurice accède à la présidence, les journalistes francophones des grands quotidiens et ceux de Radio-Canada représentent plus de 50 % des 1 400 membres des syndicats alors affiliés à la FNC.

Jusqu'au mois de novembre 1980, Maurice préside une FNC fragile, agitée et contestataire, à l'extérieur comme à l'intérieur. Pourtant, le « membership » double en moins de quatre ans. « Après le changement à la direction de la FNC, les employeurs voulaient nous 'essayer'. Il y eut coup sur coup : la grève épique du réseau Radio-Mutuel, vingt-deux mois ; la lutte pour une première convention collective au Centre éducatif et culturel, vingt et un mois ; les conflits aigus à *La Presse*, sept mois, et au *Soleil*, dix mois ; et pour couronner le tout, la fermeture des quotidiens *Le Jour* et *Montréal-Matin*. J'ai passé presque plus de temps aux Palais de justice de Trois-Rivières, de Sherbrooke et de Montréal, qu'à mon bureau à la FNC ! » Maurice est accusé, entre autres, d'avoir incité des employés des trois postes du réseau Radio-Mutuel à déclencher des grèves illégales.

Les combats sont ardus et épuisants, tant physiquement que psychologiquement, mais les défis relevés sont nombreux et les gains syndicaux, importants.

De nouveaux secteurs se greffent à la Fédération : le cinéma, la câblodistribution, l'édition, la photographie et la musique. Maurice résume les principaux acquis réalisés par la Fédération durant son premier mandat (1976-1980) : « L'harmonisation des conventions collectives des syndicats de la FNC dans un format standard de douze chapitres fut largement implantée. Le 'statu quo ante[9]' fut négocié à quelques endroits et la qualité des conventions collectives s'est beaucoup améliorée. Un fonds d'aide aux petits syndicats a été mis sur pied, de même qu'un fonds de grève fédératif. Des batailles de syndicats affiliés à la FNC ont contribué à des amendements aux lois de travail[10] et à certains changements importants dans le régime des relations de travail, tant au niveau provincial que fédéral. La FNC a présenté un projet de loi sur le secret professionnel des journalistes au gouvernement du Québec. En somme, la Fédération nationale des communications a pris davantage sa place, a grandi, a appuyé des batailles importantes et s'est structurée. »

Rappelant cette époque, Irène Ellenberger raconte son souvenir le plus marquant au sujet de Maurice : « En 1978, Maurice a été choisi comme un des porte-parole de la CSN au Sommet économique à la Malbaie. Il avait une grande facilité d'expression, traduisait bien les positions de la CSN et faisait sentir ses convictions progressistes. Il fut nommé à cette délégation, et à d'autres aussi, car on le reconnaissait comme un intervenant crédible, qui avait une grande capacité de convaincre. »

Mais tout ne se fait pas sans remous. Maurice a une vision très personnelle de l'avenir et il se met à structurer et à réorganiser la Fédération à sa façon. Il retrousse ses manches et s'exprime nettement, n'en déplaise à plusieurs. Sur son chemin, se crée un groupe de détracteurs. De plus, le contexte est loin d'être paisible. Les luttes farouches et épuisantes avec le patronat donnent lieu à des tensions

---

9. Cette disposition prévoit que lorsqu'un employeur désire imposer une mesure disciplinaire ou un changement dans les conditions de travail, il doit attendre la décision de l'arbitre avant sa mise à exécution, si le syndicat en fait la demande.

10. À titre d'exemple, rappelons la grève héroïque contre l'intransigeance et l'anti-syndicalisme notoire du réseau Radio-Mutuel, de 1977 à 1979, qui fut appuyée sans bornes par la FNC et la CSN, n'est pas étrangère à l'adoption de dispositions permettant l'imposition d'une première convention collective par le Parlement canadien.
Au Centre éducatif et culturel, les vingt-sept employées furent les premières à faire l'expérience de l'arbitrage d'une première convention collective au Québec.

internes et à des débats déchirants parmi les salariés, les élus et les militants de la Fédération. La présence de Maurice à la tête de la Fédération et son style de leadership sont sérieusement contestés. Malgré une campagne organisée de remise en question de sa présidence, le Congrès de la FNC, en mai 1978, réaffirme majoritairement sa confiance en lui.

Irène Ellenberger fut l'une des contestataires. Elle explique ses reproches de l'époque : « Maurice était très travaillant, mais j'estimais qu'il lui arrivait parfois d'être un peu plus disponible pour des rencontres avec un ministre, des conférences de presse ou des discours en public, que pour des activités quotidiennes souvent ingrates et moins spectaculaires, comme la participation sur une ligne de piquetage. À mon point de vue, à ce moment-là, il n'était pas assez combatif, ni assez proche des militants et des syndicats locaux. Il était un peu à la remorque des événements et ne prenait pas toutes les initiatives pour organiser la résistance nécessaire autour des multiples conflits de travail. Tout le moins, pas autant que j'aurais souhaité… »

À l'été 1980, les rôles sont renversés. Les salariés de la CSN débraient pendant dix semaines, et Maurice se trouve assis, comme « employeur », face à un syndicat en grève. Là encore, en tant que membre de la direction de la centrale, il exprime sans ambages ses positions, ce qui lui vaut une réputation de dur à cuire. « Je me sentais personnellement attaqué. Je trouvais la personnalisation de ce conflit de travail très difficile à supporter. La Fédération et moi, nous nous sentions isolés. C'était dramatique. J'affrontais certaines personnes qui m'avaient initié au syndicalisme et avec qui j'avais plutôt le goût de rigoler. Je me demandais si ça allait remettre en question notre amitié. J'ai perdu ma naïveté lors de cette grève : avant, j'avais tendance à mettre le mouvement syndical sur un piédestal. Je croyais qu'il n'y avait pas de place pour la jalousie, la mesquinerie, et les guerres de pouvoir… Mais ce sont des êtres humains qui s'y trouvent et ces défauts sont bel et bien apparus.

« À l'époque, je considérais que c'était une bataille entre les salariés de la CSN et ses élus, mais c'est faux. C'était plutôt deux conceptions de l'action syndicale qui s'affrontaient : l'une démocratique, l'autre bureaucratique. Et ce fut la victoire de la dernière ! C'est ce que l'on retrouve aujourd'hui au sein de la direction de la CSN… » À ces mots, Maurice esquisse un sourire narquois. Mais il s'empresse d'ajouter : « Ça ne veut pas dire que je suis incapable de travailler dans un tel contexte. La preuve, je suis là ! »

Avoir survécu à cette période et rester aujourd'hui optimiste, convaincu et déterminé, n'est pas une mince réalisation ! Jetant un regard rétrospectif, Maurice parle de ces années comme d'une époque troublante, dont il est sorti confus et où il s'est remis en question. « J'ai subi des chocs émotifs et cela a exigé beaucoup de moi. Épuisé, je ne me suis pas représenté à la présidence de la FNC en 1980. Je me questionnais sur l'utilité de mon travail syndical, sur les sacrifices et sur les choix que j'avais faits. Est-ce que je faisais les bonnes choses ? Étais-je vraiment dans ma ligne ? Est-ce que je rendais véritablement service à quiconque ?... à moi-même ?

« J'ai posé des actes qui ont pu être perçus comme maladroits ou inappropriés. Si j'avais à revivre cette période, j'essayerais de moins heurter les susceptibilités des gens. Mais sur l'essentiel, je ne changerais pas ma pensée d'un iota. Mon approche serait peut-être différente. Aujourd'hui, je crois plus au dialogue — ce qui a été raté en 1980. »

Une autocritique plus poussée ? Maurice a de la difficulté, il hésite beaucoup et conclut : « Je n'ai pas tellement le goût... je ne suis pas sûr qu'elle serait appropriée. »

Se replier pour mieux repartir

Après ces quatre années exigeantes à la direction de cette petite fédération vulnérable et combative, Maurice réintègre son poste de journaliste à CKVL. « Cela m'a permis de décompresser. J'ai redécouvert le métier de journaliste, qui n'était pas mon métier à l'origine, mais que j'ai appris à aimer et à respecter. C'est l'un des plus beaux métiers du monde, à la condition qu'il soit exercé avec honnêteté et conviction, en ayant des moyens convenables à sa disposition. »

Maurice participe aux activités de son syndicat à CKVL, mais le fait de s'être retiré de la première ligne de feu lui permet de consacrer plus de temps à sa famille et aux activités communautaires.

En 1984, sollicité à nouveau pour présider la FNC, Maurice se présente et est élu. Beaucoup de militants syndicaux qui n'avaient pas vécu le bouillonnement et les bouleversements des années soixante-dix sont désormais actifs au sein de la FNC. « Le syndicalisme est un éternel recommencement, et le tunnel est long. À la faveur de la crise, le combat est plus difficile et plus étendu. Il y a dix ans, le contexte de société était plus favorable à la solidarité, au respect des grands principes et à la combativité. Aujourd'hui, ma plus grande frustration, c'est lorsque je ne suis pas compris par les membres et qu'on me regarde avec scepticisme.

« J'éprouve un certain sentiment d'impuissance face aux non-syndiqués. On a beau faire le plus brillant discours du monde, faire part des convictions profondes qu'on a depuis des années, l'individualisme et l'aliénation prennent tout de même souvent le dessus, de nos jours. Les gens préfèrent croire leur employeur plutôt que de se prendre en main. Alors, je me demande : 'Qu'est-ce que je dis ou fais d'incorrect ? Pourquoi notre discours n'est-il pas suffisamment convaincant pour faire comprendre aux gens les vertus de l'action collective ?' » Malgré ses interrogations sincères, des réponses précises restent à découvrir sur le terrain de l'action.

Depuis son retour à la présidence, la FNC se porte bien. Si les crises et les tensions y sont moindres, le travail syndical ne diminue pas. L'émotion et la passion ont cédé la place à une certaine modération, et les progrès se font à une cadence différente.

La discipline et le sens de l'organisation que Maurice a quelque peu imposés à la FNC pendant son mandat de 1976 à 1980 restent ses soucis premiers. Il explique sa vision, en donnant l'exemple des Congrès de la FNC qu'il est appelé à présider : « Je considère important de préserver une forme de solennité aux Congrès de la FNC, où la présence d'invités de prestige tels que Claude Julien, directeur du *Monde Diplomatique*, et Florian Sauvageau incite à la rigueur. Le décorum et le respect des structures qu'on s'est données sont essentiels. Cette dimension de nos délibérations est sans doute due à la nature des gens du secteur des communications, mais peut-être aussi à l'influence de ma personnalité et de ma formation culturelle. Je m'oppose aux gens qui se servent des congrès syndicaux pour faire le 'party'. On peut s'amuser, mais je tolère mal ceux qui n'y vont que pour ça ! Là-dessus, je suis assez 'achalant' et rigide.

« Les organisations ouvrières doivent garder un aspect un peu formel, mais pas hiérarchique, en faisant leurs débats de façon sereine et rigoureuse. Dans le syndicalisme comme ailleurs, je ne supporte pas le manque de rigueur, le laisser-aller ou l'absence d'organisation. »

Irène Ellenberger salue le retour de Maurice à la tête de la Fédération nationale des communications : « Depuis 1984, déclare-t-elle, il a su refaire la cohésion à la FNC et rétablir en partie la crédibilité de la Fédération qui avait été sérieusement ébranlée durant son absence. Sous sa présidence, les instances de la FNC sont devenues un lieu de discussion plus ordonné, plus calme, plus intéressant, plus dynamique et plus pertinent. »

Les temps changent et on change avec eux ! Irène, qui était autrefois une critique sévère de Maurice, explique sa volte-face sur un ton un peu cynique : « La réalité du mouvement syndical d'aujourd'hui est venue le rejoindre. Dans un certain sens, tout comme Maurice, plusieurs à la CSN font désormais un syndicalisme plus formel et plus officiel. »

Un engagement aussi politique que syndical

Dans les instances de la CSN, Maurice soulève régulièrement le débat sur l'implication et les responsabilités politiques du mouvement syndical. « À la CSN, on continue d'avoir un discours contestataire face au système capitaliste, mais en pratique, on fait peu pour bâtir un véhicule politique approprié pour réaliser notre programme. Celui-ci est bonifié de congrès en congrès, mais il n'y a pas d'organisation politique pour prendre le relais. Je vois là un non-sens. On subit durement l'absence d'une voix pro-syndicale au niveau législatif. Le cas du conflit au Manoir Richelieu est un exemple pathétique de cette carence.

« Plus que jamais le mouvement syndical doit favoriser l'émergence d'un parti politique à son image. Et il va falloir l'unité des grandes centrales syndicales dans cette démarche. Nous devons mettre des gens d'expérience à la disposition d'un éventuel parti politique pour travailler sur son infrastructure et contribuer à l'élaboration de son programme. Le mouvement syndical a la force du nombre, la force morale, et il pourrait réaliser cet objectif tout en gardant son autonomie. »

À l'entendre parler, on peut soupçonner des ambitions politiques. « Je suis allé dernièrement à la commission syndicale du NPD par curiosité, afin de comprendre le rôle des syndicats dans ce parti-là. J'ai trouvé cela intéressant, mais j'ai observé bien des gens portés vers le NPD par goût du jeu politique, par opportunisme. Je ne me sens pas mûr pour m'y engager. J'ai beaucoup de réserves sur le programme du NPD et sur son fonctionnement, mais j'encourage fortement les gens à aller y voir eux-mêmes. »

À travers les années, Maurice a eu des occasions de se lancer en affaires, mais il les a toutes refusées car il aurait eu l'impression de trahir son engagement. « La communauté juive a la réputation d'être rayonnante, pleine d'hommes d'affaires. J'ai, pour ma part, plusieurs amis et anciens camarades de classe qui ont 'réussi', qui sont propriétaires d'entreprises et qui se promènent en Mercedes ! Je suis convaincu que je pourrais faire pareil. Lorsque j'étais à CKVL, j'ai même un peu tâté ce terrain. Mais je ne m'y reconnais pas. Faire du commerce ne me valoriserait pas, comme c'est le cas dans ce que je fais présentement. »

Maurice parle avec une fierté visible de son apprentissage syndical et des racines de ses convictions. En précisant sa pensée, il laisse sous-entendre une critique acerbe à l'égard d'adversaires pourtant non identifiés. « Mon engagement et ma détermination sont basés sur des convictions profondes. Contrairement à celui qui a fait ses sciences politiques à dix-huit ans et a tout oublié à quarante ans, moi, j'ai fait mon éducation politique dans le syndicalisme. J'apprends tous les jours, et plus j'apprends, plus je suis convaincu que le système capitaliste actuel est fondamentalement injuste et doit être remplacé ! »

Scruté à la loupe

Maurice convient qu'être Juif et être syndicaliste, ce n'est pas compris par tout le monde, même pas par sa propre famille. « Je vois pourtant un lien important entre le fait d'être Juif et mes convictions syndicales, de même que ma persévérance dans la bataille pour un monde meilleur. J'ai été d'ailleurs beaucoup marqué par les paroles de mon père qui disait : 'Chaque geste posé par un Juif est scruté à la loupe ; sur chacun de ces gestes, on juge l'ensemble du peuple juif.'

« Je fais partie d'un peuple qui a été persécuté, pointé du doigt, et a servi de bouc émissaire. En constatant ça, on ne peut qu'essayer de se surpasser et de prouver, comme individu et comme Juif, qu'on est en mesure de bien faire et peut-être même mieux faire que d'autres.

« Être Juif, c'est être différent. Ça veut parfois dire se sentir isolé. C'est une lutte continuelle contre l'assimilation et en même temps pour l'intégration. C'est aussi la préservation de quelque chose qu'on ne connaît pas avec précision lorsqu'on n'est pas religieux, comme c'est le cas pour moi. »

N'étant pas pratiquant, Maurice est quand même un peu familier avec certains textes hébraïques, comme ceux qu'on lit à l'occasion du *Rosh Hashana* et du *Yom Kipour*, et certains écrits du Talmud. Il trouve ces récits philosophiques fascinants dans leurs analyses, profonds dans leur clairvoyance et portant à réflexion. « On y voit la responsabilité du peuple juif de donner l'exemple. Je suis incapable de rentrer dans les détails de ces textes, mais ils représentent pour moi une source importante où l'on peut approfondir des valeurs comme la solidarité, la générosité et le respect des autres. On y mentionne aussi la notion du 'peuple élu', un peuple qui a plus de responsabilités et donc plus d'obligations. »

Maurice retrace ses valeurs actuelles dans l'éducation qu'il a reçue de ses parents. « On m'a inculqué des valeurs que j'ai intégrées et auxquelles je me réfère toujours aujourd'hui. Cette éducation, ajoutée plus tard à ma prise de conscience sur le marché du travail et à mes expériences syndicales, m'amène à vouloir me surpasser. Cela veut dire pour moi : croire fermement qu'il est possible d'améliorer le sort des gens, au point de foncer avec beaucoup de détermination, malgré toutes les embûches qu'on aperçoit sur le chemin. Ça veut aussi dire ne jamais rien faire à moitié, être perfectionniste ! »

Isoler son identité juive des autres réalités de son existence est difficile pour Maurice. « En plus d'être Juif, je suis Marocain. J'ai été élevé dans la culture française, une des plus riches au monde, et j'ai subi toutes sortes d'autres influences tout au long de ma vie.

« Depuis mon enfance, j'ai toujours été contre l'injustice. J'ai tendance à me porter au secours des démunis. Par ailleurs, je ne me suis jamais considéré comme faible et lorsque je me sens attaqué, je me défends promptement. Mais j'ai découvert qu'il y a des gens qui ont besoin d'être défendus, parce qu'ils ne sont pas en mesure de le faire eux-mêmes. Spontanément, quand je vois une injustice, je suis porté à prêter main forte, même si parfois, c'est absolument suicidaire ! »

Un rapport direct entre une pratique progressiste et les valeurs juives n'est donc ni évident ni une préoccupation pour Maurice, et c'est seulement après avoir longuement réfléchi qu'il avoue : « Aujourd'hui, j'assimile beaucoup plus les valeurs juives, qu'autrefois. J'ai découvert que l'action communautaire juive, basée sur la solidarité, l'entraide, l'organisation des services et les idéaux élevés, a une affinité totale avec l'approche syndicale. Donc, il y a sans doute un certain lien entre mes convictions syndicales et le fait d'être Juif. »

Paradoxalement, c'est un peu l'action syndicale qui conduit Maurice à s'engager dans les activités communautaires juives. En 1980, il s'engage dans l'élaboration d'un programme politique progressiste pour la communauté sépharade de la ville de Saint-Laurent. Lors des élections, l'équipe soutenue par Maurice essuie un échec, et une scission s'ensuit. Maurice et ses collègues fondent alors une communauté parallèle, Hekhal Shalom, qui se veut « plus démocratique, moins élitiste et qui vise à rendre les membres plus responsables. Nous avons acheté un édifice et depuis, ça marche. Mais au lieu d'avoir créé un centre communautaire où appliquer notre programme, nous n'avons fait que créer une autre synagogue ! Le programme reste en quelque sorte sur les tablettes. Nous découvrons ainsi qu'il est très difficile de changer les mentalités. Les gens sont tellement habitués à la hiérarchie, ils sont soit incapables, soit trop occupés pour assumer leurs responsabilités. Nous n'avons donc pas encore réalisé le potentiel du programme, auquel je crois encore. Je me sens frustré, comme lorsque je ne suis pas compris par les membres d'un syndicat ou par les non-syndiqués. »

La famille

Maurice est marié à une Québécoise, Ginette, qui s'est convertie à la religion juive. Son fils aîné de vingt-deux ans, Marc, est né d'un premier mariage avec une Juive française. Avec Ginette, il a deux filles : Stéphanie, quatorze ans, et Hélène, douze ans.

Maurice a acheté une maison dans la ville de Saint-Laurent, entre autres raisons, parce qu'il s'y trouve une communauté juive. La famille va pourtant très peu à la synagogue, si bien que les coutumes religieuses sont pratiquées de façon irrégulière. La Bar-Mitsva de son fils, la plupart des fêtes juives et la prière sur le vin le vendredi soir sont toutefois honorées, comme il se doit. À la maison, les règles kasher sont respectées, mais au restaurant, on n'en tient pas compte. « Inévitablement, les enfants posent des questions sur cette contradiction et je dois leur expliquer que c'est un choix que nous avons fait. Et je leur dis que lorsqu'ils seront grands, ils devront faire eux-mêmes ce choix. »

Les traditionalistes juifs s'opposent au mariage mixte, invoquant le danger que le peuple s'éteigne et disant qu'au mieux, les traditions se perdront. Maurice ne le voit pas ainsi : « Je pense que le mariage est d'abord une question personnelle et, en principe, si l'on rencontre l'être avec lequel on souhaite passer sa vie, c'est ça l'important, peu importe son origine ou sa religion. Pour ce qui est du peuple juif, la vision des traditionalistes m'apparaît au mieux folklorique, et au pire sectaire. Quant aux traditions, mon mariage avec une catholique convertie par choix au judaïsme m'a permis de les maintenir et de les assumer, ce qui n'était pas le cas lors de mon premier mariage avec une Juive non pratiquante. »

Ginette résume sa propre vision : « Je n'ai pas seulement épousé le Juif qu'est Maurice, mais aussi le Marocain, l'homme qui a voyagé, celui qui a une ouverture d'esprit, celui qui est de culture française ! Bref, la personne dans son ensemble ! »

Si ce couple ne vit pas présentement de difficultés du fait de l'origine différente de chacun des conjoints, la période initiale d'acceptation et d'adaptation a été difficile, particulièrement pour Ginette, au sein de la famille de Maurice. « Ma famille avait essayé de me convaincre de ne pas l'épouser, dit Maurice. Après que nous ayons été mariés, plusieurs membres de ma famille ont eu à son égard une attitude réservée, voire hostile, pendant quelques années. »

Avec le recul, Maurice constate qu'il a lui aussi manifesté, lors du décès de son père, une attitude de rejet envers Ginette, à l'instar de sa famille. « Je vivais alors avec Ginette. Selon la tradition juive, étant l'aîné de la famille, j'avais certaines responsabilités, par exemple de réciter le *kaddish*[11]. De plus, je m'occupais de toutes sortes de choses lors des funérailles et, durant cette période, j'ai complètement sorti Ginette de ma vie. Je l'avais inconsciemment rejetée sans aucune explication et mon comportement l'avait bouleversée. Aujourd'hui, je m'aperçois que c'était épouvantable que pendant tout un mois je tienne ainsi à l'écart la femme que j'aime ! »

Dans la famille de Ginette, par ailleurs, il ne s'est passé que des faits anodins. Maurice raconte que les membres de sa belle-famille se disaient parfois « aussi juifs » que lui : « Ils me signifiaient par là qu'ils avaient l'art de très bien négocier et marchander, 'comme un Juif'. Quand ils échappaient ce genre de commentaire, on s'expliquait. Au début, ça me faisait sursauter. Mais aujourd'hui, je sais qu'il n'y avait aucune malice et qu'ils sont respectueux de ce que je suis et moi pareillement. »

Grand comme l'île Jésus

On ne peut pas considérer la question juive, sans penser à Israël — où Maurice est allé pour la première fois en 1980. Il fait même une analogie entre ce foyer national du peuple juif et la FNC. « Tous les deux sont petits, vulnérables, mais forts. Je suis rassuré par l'existence d'Israël et j'admets un sentiment d'appartenance et d'identification très profond envers ce pays. En touchant le sol d'Israël, j'ai ressenti une très forte émotion. En découvrant ce pays, 'grand comme l'île Jésus', je m'y suis encore plus attaché. »

Maurice est encore ému lorsqu'il parle de la victoire d'Israël dans la Guerre des six jours, en juin 1967 : « J'ai ressenti une immense fierté, de la joie… J'étais profondément rassuré qu'Israël ait gagné cette guerre, même si je me considère pacifiste. À cette époque, je n'étais pas encore allé en Israël, mais mon sentiment d'identification envers ce pays était plus intense que celui que j'avais à l'égard du Québec où j'habitais depuis quelques années. »

---

11. Prière récitée habituellement par le ou les fils du décédé, et selon la tradition stricte, quotidiennement pendant les onze mois qui suivent les funérailles.

Les deux événements les plus marquants pour le peuple juif au vingtième siècle sont évidemment l'Holocauste et la création de l'État d'Israël. En 1986, Maurice visite le camp de concentration de Sachsenhausen, près de Berlin. Là, il voit ce qui reste des salles d'expériences médicales et des salles de torture. « Spontanément, ma première pensée a été qu'il existe encore aujourd'hui en Amérique latine quelque chose d'aussi horrible ! L'hypocrisie de l'Occident me frappe. On minimisait Hiroshima, on faisait croire que l'Holocauste n'existait pas pendant la Deuxième Guerre mondiale et, de nos jours, on feint d'ignorer les tortures en Amérique latine, ou ailleurs, comme le révèle souvent Amnistie internationale.

« Quant au soulèvement palestinien récent, Israël et le peuple juif dans son ensemble sont appelés à relever un défi déterminant : choisir la coexistence pacifique en engageant des négociations de paix avec l'OLP et en cessant une répression contraire à l'éthique juive ; ou poursuivre un état de guerre larvée ruineux et suicidaire. De la façon de relever ce défi dépend l'avenir même d'Israël. »

Le mouvement syndical au Québec

Outre Maurice, le mouvement syndical au Québec compte plusieurs Juifs progressistes qui y travaillent à plein temps. À la FTQ, pensons par exemple aux permanents syndicaux Simon Berlin et Linda Solomon, de l'Union internationale des employés professionnels et de bureau, et à Nadia Koshedub, des Travailleurs amalgamés du vêtement d'Amérique. Au Congrès du travail du Canada, il y a Paul Puritt qui s'occupe, entre autres, des affaires internationales pour la centrale canadienne. Quant aux études d'avocats vouées à la défense des travailleurs syndiqués, on y remarque Michael Cohen et Suzanne Handman. À la CSN, Norman King, qui se spécialise dans le domaine de la santé et de la sécurité au travail...

Par ailleurs, beaucoup d'officiers et de militants syndicaux progressistes d'origine juive militent notamment dans les secteurs de la santé et de l'éducation. Dans le même ordre d'idées, plusieurs ont fait école dans le mouvement syndical et, depuis, ont quitté leurs fonctions officielles tout en restant attachés à leurs idéaux. Un seul exemple : Norman Bernstein, qui a siégé à la table centrale lors du célèbre Front commun de 1972, comme représentant du Provincial Association of Protestant Teachers (PAPT).

Quel accueil le mouvement syndical au Québec réserve-t-il aux Juifs ? Maurice observe que ce milieu est manifestement un reflet de la société québécoise : « Par contre, à la CSN, il y a nettement moins de racisme que dans la société québécoise, quoique ce phénomène y soit sûrement présent. Personnellement, en tant que Juif, je n'y sens pas d'hostilité à mon égard. »

Beaucoup de gens ignorent que Maurice est Juif. Il arrive donc qu'à l'occasion, on laisse échapper en sa présence une remarque raciste, antisémite ou désobligeante. Après de tels commentaires, même banals, Maurice se jette spontanément à la tête de l'étourdi, pour lui faire prendre conscience de sa bévue.

À d'autres moments, on teste ses réactions, comme lors des événements du conflit israélo-arabe qui font les manchettes régulièrement. Et Maurice avoue que les positions de la CSN sur la question palestinienne le mettaient mal à l'aise, il y a quelques années, d'autant plus qu'au début de son engagement dans la centrale québécoise, il ne connaissait pas à fond la situation au Proche-Orient. « J'ai donc ressenti le besoin de me documenter. Je n'ai jamais autant lu sur le judaïsme et sur le sionisme. J'ai mieux assumé mon rôle de Juif et cela m'a amené à me découvrir moi-même, ainsi que ma condition de Juif. »

L'un des événements les plus significatifs de cette prise de conscience se rapporte au massacre des athlètes israéliens lors des Jeux olympiques de Munich en 1972. « Michel Chartrand, le coloré président du Conseil central des syndicats nationaux de Montréal, a publiquement applaudi les gestes de ces 'héros' palestiniens. J'ai réuni l'exécutif de mon syndicat à CKVL et nous avons adopté une résolution dénonçant officiellement les propos de M. Chartrand. »

Les « médias *coast-to-coast* » n'ont pas manqué de rapporter les déclarations et les contre-déclarations des deux syndicalistes, qui n'ont jamais publiquement vidé le fond de la question...

Me cacher sous les gradins

Jack Tietolman, président du poste de radio CKVL et patron de Maurice de 1965 à 1976, puis de 1980 à 1984, s'est retrouvé maintes fois en face de Maurice tant à la table de négociations que lors de rencontres patronales-syndicales de toutes sortes. Et Maurice attribue au fait que tous deux soient d'origine juive, son embauche à CKVL par M. Tietolman. Avant que Maurice ne soit élu président du syndicat, Jack et Maurice s'échangeaient des cartes de souhaits à l'occasion du *Rosh Hashana*, mais par la suite ils ont abandonné cette pratique. Pourtant, lorsqu'ils étaient tous les deux seuls, Jack tentait parfois de jouer la carte de l'héritage commun pour obtenir des concessions de la part de Maurice — mais sans succès !

Pendant la grève à CKVL en 1976, M. Tietolman a déclaré devant le Conseil de la radiodiffusion et de la télévision canadien (CRTC) que les « importés », comme Maurice Amram, devraient s'en aller en Russie ! Mais Maurice ne le déteste pas pour autant. « Je l'aime bien comme bonhomme, mais jamais je ne serai d'accord avec son discours et ses objectifs. Il y a longtemps que j'ai constaté que nous ne défendions pas les mêmes intérêts. Jack m'exploitait comme Juif, au même titre qu'il aurait exploité un chrétien ou un Chinois. »

De son côté, appelé aujourd'hui à commenter cette relation avec Maurice, qui remonte à plus de vingt ans, Jack n'est pas loquace : « Maurice était employé ici au poste, c'est tout. Je ne dis rien ni pour, ni contre. Je n'ai pas de commentaires à faire. Dans ma vie, j'ai travaillé avec beaucoup de monde et je ne leur ai jamais rien demandé et je n'ai jamais rien eu ! »

Maurice se souvient d'un événement, au Forum de Montréal, où la femme de Jack a déclaré devant 15 000 personnes qu'elle aimait bien les Canadiens français et que « même sa bonne était canadienne-française ! » Maurice pousse un énorme soupir : « J'avais envie de me cacher sous les gradins ! Ça me faisait honte, et particulièrement parce que c'était une Juive qui disait une telle ânerie ! »

Le Québec aux Québécois

What does Quebec want ?

Au Canada anglais, on posait sans cesse cette question. Au Québec par ailleurs, des progressistes sympathiques aux aspirations nationales des Québécois, mais n'étant pas de vieille souche, se demandaient une autre question, sans arrêt eux aussi : « Est-ce que celui qui le désire peut être 'vraiment' Québécois ? »

« Certains jours, oui, je me considère comme Québécois, confie Maurice. Mais pas tout le temps : lors des élections au Québec, oui ; en voyage au Canada, oui. Mais à l'extérieur du pays, je me sens plutôt Canadien. »

Le 15 novembre 1976, à l'annonce de la victoire péquiste, Maurice éprouve « beaucoup, beaucoup de joie, de fierté... pas pour moi, mais pour mes camarades. Cette cause n'était pas la mienne, même si j'y adhérais, l'appuyais, et m'y identifiais. Quant à la fameuse déclaration du président du Parti québécois, « Je n'ai jamais été aussi fier d'être Québécois ! », Maurice est catégorique : « Lévesque ne parlait pas de moi, comme Québécois, il parlait des gens de souche québécoise.

« La victoire du PQ m'a laissé sceptique. J'ai toujours eu des réserves face à ce parti. Il a été élu avec mon vote et celui des travailleurs, mais il n'avait pas prévu de véritable place, dans sa démarche, pour les travailleurs et les syndicats. C'était un parti à saveur social-démocrate, mais opportuniste, qui a surtout misé sur la question nationale et joué sur la corde nationaliste. Une fois élu, il a renié à peu près tout son programme politique progressiste pour faire le beau coeur au patronat et à tous ceux qui n'avaient pas voté pour lui. »

Lors des résultats référendaires, Maurice a quand même ressenti une déception profonde : « Le Québec venait de reculer, mais j'étais très peu surpris. J'étais pourtant profondément déçu de la hargne d'un Chrétien et d'un Ryan qui savouraient leur victoire, à même la division d'un peuple, de leur peuple. »

Et Maurice de faire une comparaison entre le Québec et Israël : « Je reconnais au peuple québécois le droit à l'autodétermination. D'ailleurs, je reconnais ce droit à tout le monde, y compris au peuple palestinien. Mais je ne reconnaîtrai jamais au peuple palestinien le droit de construire un pays sur les ruines d'Israël ! Le sionisme et le nationalisme québécois, même s'ils se ressemblent à quelques égards et s'ils ont certaines affinités, ne se comparent pas. Car d'une part, il y a l'histoire d'un peuple vieux de 5 000 ans et, d'autre part, celle d'un peuple qui n'a que 300 ans. »

Le déracinement

Le défi de l'intégration est de taille et, même après vingt-sept ans au Québec, Maurice vit encore les difficultés propres à tout immigrant. Il illustre ses sentiments avec quelques exemples révélateurs...

« Il y a quelques années, à l'ajournement d'une rencontre de la FNC, les délégués sont allés à une cabane à sucre. Rendu sur place, je ne me sentais pas à l'aise et ce n'est pas parce que je n'aime pas le sirop d'érable ! La cabane à sucre ne correspond à rien de profond en moi, même si mes amis, ma femme et mes beaux-parents sont Québécois. Cela ne rejoint pas mes racines. J'ai eu du 'fun' et j'ai rigolé, mais je n'étais pas chez moi.

« De la même façon, quand je me retrouve dans une église, par exemple lors de funérailles, je suis mal à l'aise lorsque tout le monde se met à genoux. Après avoir vécu quelques expériences du genre, dorénavant je m'organise toujours pour rester derrière... debout.

« Ou encore, si l'on pouvait reculer dans le temps et me regarder à l'âge de vingt ans lorsque j'ai chaussé mes patins pour la première fois, on rigolerait pendant trois jours. Il va sans dire qu'il n'y avait pas de patinoire au Maroc. Mais même aujourd'hui, vingt-sept ans plus tard, j'ai encore de la difficulté à les mettre, et pourtant, j'adore le hockey... à la télévision ! »

Au mois de septembre 1987, Maurice se retrouve à Chicoutimi au cinquantième anniversaire de la Fédération des travailleurs du papier et de la forêt, une des neuf fédérations de la CSN. Il y ressent encore cette appartenance incomplète. « Au-delà de mille personnes étaient présentes à la fête et, en tant que président de la FNC, j'étais invité à participer aux divers événements de la journée. D'abord, il y eut l'aspect officiel : l'exercice de la solidarité, le rappel des luttes, les discours et le souper. Jusque-là, je me sentais parfaitement intégré.

« Puis on enchaînait avec une soirée récréative. Des gens se sont mis à lever le coude, à s'extérioriser et à danser. Là, je n'étais plus à l'aise ! Et ce n'est pas à cause d'une quelconque danse folklorique, car c'était de la danse contemporaine. Dans ce contexte social, je n'étais plus dans mon élément. C'était sans doute relié à des questions de tradition et de culture. Si j'avais été en Suède, j'aurais éprouvé exactement la même impression de déracinement. »

Pourtant Maurice souligne la complicité inattendue qu'il s'est découverte avec les Gaspésiens. « Je suis né au bord de la mer et ça a une signification particulière pour moi ; mais ce n'est pas n'importe quel étang qui a cette même signification pour moi. J'ai déjà été propriétaire d'un chalet dans les Laurentides au bord d'un lac... C'était beau, mais ce n'était pas la mer et j'ai fini par vendre le chalet. J'ai aussi découvert les plaisirs de la pêche avec des amis québécois, mais s'ils n'avaient pas pris l'initiative, je n'y serais jamais allé. Je ne me sens pas dans mon élément. La pêche, ce n'est pas en moi. La chasse non plus. Par contre, en Gaspésie au bord de la mer, je vis une connivence avec les Gaspésiens, que les gens de Montréal ne comprendront sûrement pas, même si ce sont des insulaires. »

« Somme toute, j'ai encore de la difficulté à m'intégrer et à m'associer aux réjouissances du type cabane à sucre, etc. Vivre au Québec en tant qu'immigrant depuis dix, quinze, ou vingt ans et s'imaginer qu'on peut devenir Québécois pure laine, c'est de la folie furieuse, c'est un non-sens, c'est se nier soi-même ! »

Autant ces situations provoquent une sorte de malaise chez Maurice, autant il est mal à l'aise, avoue-t-il, lorsqu'il est dans sa famille et qu'on discute de syndicalisme : « On perçoit mon engagement syndical avec beaucoup d'étonnement. Ce qui est encore plus paradoxal, c'est que même si les traditions marocaines me plaisent, lorsque je suis dans une soirée orientale, ce n'est pas non plus moi ! »

Le phénomène est sans doute un peu relié à la personnalité de Maurice et, à cet égard, il se décrit effectivement comme n'étant pas « un extroverti ». « Je suis plutôt discret, dit-il. Mais au-delà de cela, il existe toujours une question de tradition et de culture. Même si un Québécois trouvait une soirée orientale amusante, il ne se sentirait pas pour autant chez lui. Quand je vais avec ma femme à des mariages à caractère oriental assez marqué, nous nous sentons dépassés, tous les deux. Je n'ai tout simplement pas été élevé dans ces traditions orientales. »

Maurice a vécu ses vingt premières années au Maroc, tandis que ses trois enfants sont natifs de Montréal. « Bien des choses sont donc tout à fait normales pour eux. Ils sont plus adaptés et plus à l'aise que moi dans ce pays. Je les amène à la patinoire et à la cabane à sucre et c'est évidemment différent pour eux. Cependant, je leur transmets un ensemble de valeurs juives, de même que des traditions sociales, culturelles et religieuses qui me sont propres. C'est pourquoi je me demande parfois si en tant que Juifs et enfants d'immigrant, ils ne seront pas ultimement des déracinés à leur tour. »

Vivre à contre-courant

« J'ai l'impression de porter à faux continuellement. Être progressiste, être syndicaliste, être Juif, voilà trois identités qui me font naviguer à contre-courant. Ma vie entière est ainsi. Ma mère se charge régulièrement de me rappeler : 'À quoi ça sert d'aider les autres ?' Je lui réponds que je m'aide moi-même et que j'évolue dans ce que je fais. À chaque occasion, quand je suis confronté à mon engagement syndical par certains membres de ma communauté, par certains amis ou par ma famille, je sens souvent que je ne cadre pas dans le décor. Je fais des choses avec lesquelles on n'est pas habitué. »

Le père de Maurice était un homme d'affaires. Ses parents auraient voulu qu'il suive ce chemin, ou à tout le moins qu'il opte pour une profession « digne », comme son frère qui est chirurgien-dentiste. « Le syndicalisme ne va pas du tout avec ce qui est reconnu dans mon milieu familial, donc je me sens à contre-courant.

« Dans notre société où l'individualisme, l'ambition et l'opportunisme sont érigés en système, le syndicalisme est lui-même à contre-courant. Et cela est d'autant plus vrai dans le secteur des communications et des médias. Alors, si c'est être à contre-courant que de s'engager dans les batailles auxquelles on croit pour contribuer au progrès social, je vais sûrement être à contre-courant toute ma vie. »

De façon laconique et presque résignée, Maurice se demande : « Est-ce que je serai toujours un déraciné ? Même si la question se pose davantage sur le plan de la culture et de la tradition, je pense que des immigrants qui, comme moi, ont choisi de faire leur vie dans un nouveau foyer, resteront toujours des déracinés quel que soit le pays choisi. »

Mais on ne doit pas conclure que Maurice Amram n'est pas bien dans sa peau. Ces questions et défis suscités par une certaine marginalité culturelle et politique résultent du choix du territoire que Maurice a décidé d'occuper. Il reconnaît l'immense défi d'assumer ces contradictions et d'associer réalisme et idéalisme. « Je suis inspiré par la justice, l'honnêteté et l'équité. Alors, je souhaite que ces valeurs trouvent leur place dans un socialisme qu'il nous reste à construire et à adapter à la réalité du Québec — mais je ne peux pas élaborer longtemps sur ce à quoi il ressemblerait. Une chose est certaine : il est irréaliste de croire qu'on peut importer des régimes étrangers, mais je suis d'avis que la société québécoise pourra en faire l'expérience de façon intelligente. »

Un avenir optimiste

Les expériences d'interaction culturelle que Maurice a eu l'occasion de vivre, lui font mieux reconnaître les qualités du député-poète Gérald Godin : « C'est la première fois que je ressentais qu'une personnalité publique s'intéressait véritablement aux autres cultures et aux autres communautés ethniques. C'est le premier député québécois, depuis que je suis au Québec, qui a véritablement tenté de rapprocher les communautés culturelles et les Québécois. Je lui rends hommage, car depuis, il n'y a pas eu grand-chose de fait de ce côté-là. »

Maurice déborde d'espoir et d'optimisme sur l'enrichissement potentiel d'un pluralisme culturel au Québec, à condition que chaque communauté culturelle maintienne un minimum de moyens pour conserver son caractère particulier. « Les communautés doivent pouvoir s'affirmer, conserver leurs traditions, leur culture, leurs habitudes de vie, tout en s'intégrant dans la société québécoise. Ce sera enrichissant pour tous ! Sinon ça va être l'affrontement.

« Je m'aperçois que les Québécois sont très ouverts aux cultures étrangères et très accueillants aux gens d'autres origines. Un petit exemple amusant, je remarque que les Québécois font de plus en plus de méchouis. Il y a vingt-sept ans, quand je suis arrivé à Montréal, si j'avais parlé d'un méchoui, on m'aurait demandé de quelle planète je venais. »

En tant que Sépharade, Maurice se souvient d'une époque non lointaine où les Sépharades qui arrivaient au Québec étaient « méprisés par les Juifs ashkénazes depuis longtemps installés à Montréal. La communauté sépharade du Québec a ainsi vécu quelques années dans l'ombre, faiblement structurée, sans discipline et sans perspectives définies. Par conséquent, elle a été divisée et trop souvent engagée dans des chicanes de clocher. Mais progressivement nous développons une solidarité, comme celle qui existe déjà fortement chez les Juifs ashkénazes du Québec. Petit à petit, les Juifs sépharades ont également pris la place qui leur revient dans la grande communauté juive et on les retrouve aujourd'hui mieux intégrés dans les institutions juives de Montréal, autant que dans la société. Il reste cependant beaucoup à faire pour favoriser leur engagement dans le domaine politique. »

Maurice est désormais très optimiste à l'égard de l'avenir de la communauté juive du Québec. « La communauté reconnaît les deux entités, sépharade et ashkénaze, qui la composent. Tant et aussi longtemps que nous nous gardons de tomber dans l'élitisme, nous sommes capables de faire ensemble quelque chose de rayonnant et de très intéressant.

« Dans la religion juive, comme c'est aussi le cas pour d'autres religions, il existe tout un côté commercial et pompeux, où l'on se sent obligé d'en mettre plein la vue. Toutefois, peu importe le décor, que ce soit dans une synagogue luxueuse de New York, ou dans une toute petite synagogue modeste perdue en Orient, partout on peut apercevoir le même Juif, profondément recueilli. Les valeurs juives sont assimilées et assumées par cet être humble, qui prie dans son coin, qui croit et vit intensément ce moment de recueillement. Il n'a pas sa photo dans le journal et n'a pas l'occasion d'exprimer publiquement ce qu'il pense. Chez l'humble, les convictions sont souvent plus authentiques que chez celui qui les donne en spectacle.

« Mais on vit dans une société où c'est souvent une minorité qui projette l'image de l'ensemble, alors que la majorité est silencieuse, moins visible, et n'a généralement pas l'occasion ou les moyens de s'exprimer. Je souhaite que le peuple juif, en général, projette une image plus progressiste. Une seule et même volonté d'ouverture, de générosité, de paix. C'est le reflet de la vraie nature du peuple juif. »

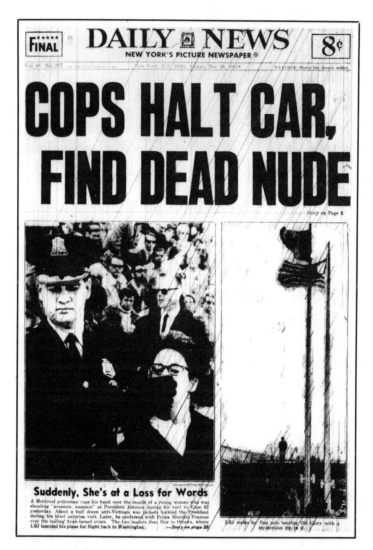

Donna Mergler

Parce qu'elle criait « Johnson assassin, Johnson assassin », lors d'une visite du président américain à Expo 67, un policier montréalais appose sa grosse patte sur la bouche de Donna Mergler… Et « tout à coup, elle n'a plus rien à dire. » (Photo *New York Daily News*)

Donna Mergler

Non au travail qui tue !

Slogan de la CSN

« Je suis Juive parce que je ne suis pas autre chose ! En autant que d'autres me considèrent Juive, je le suis... Purement et simplement. Le fait d'être Juive n'est pas significatif pour moi. Ce n'est pas très présent dans ma vie. » C'est en ces termes laconiques que Donna Mergler, professeure de physiologie à l'Université du Québec à Montréal (UQAM), socialiste militante de longue date, situe son identité juive dans sa réflexion.

Si être progressiste signifie travailler à la transformation radicale de la société en se moquant sans cesse des tabous et en se lançant corps et âme dans l'action, Donna Mergler est un exemple hors pair de cette façon d'être. Pionnière plus souvent qu'à son tour, elle consacre aujourd'hui la majeure partie de ses énergies à la lutte pour de meilleures conditions de santé et de sécurité dans les milieux de travail.

Donna parle difficilement de son identité juive. Par contre, elle s'exprime avec facilité et fierté sur son appartenance à la collectivité québécoise. « Comme Québécoise, je fais partie d'un groupe auquel je m'identifie très fortement, sans aucune hésitation. »

Donna est petite, mais tenace et expressive. Inflexible et parfois excessive, elle affiche des partis pris bien ancrés et ne change pas d'avis comme d'autres changent de chemise. Une de ses plus grandes qualités est sa générosité débordante. Monique Simard, vice-présidente de la CSN, qui est l'une de ses amies de longue date, dit à son sujet : « Lorsqu'on lui rend visite, on ne sait jamais, d'une fois à l'autre, quel quidam mal en point elle aura décidé d'héberger. Donna prête fréquemment sa voiture à ses étudiants. Ou bien, elle va les conduire elle-même à l'aéroport lors de leurs vacances. Je suis certaine qu'elle n'a jamais rien ressenti de façon mesquine sur les plans de l'émotion, de la pensée, de l'affection et de l'intelligence, ni fait un seul geste mesquin de sa vie. L'inconvénient de sa générosité parfois trop grande, c'est qu'à l'occasion, elle se fait piéger par les autres. »

Donna ne s'est pas engagée toute seule dans des batailles politiques et sociales, et elle ne l'a pas fait pour se couvrir de gloire. Elle le rappelle constamment ! Et d'ailleurs, lorsqu'elle parle de ses activités militantes, elle utilise le pronom personnel « nous ». Comme femme, anglophone et juive, son histoire n'a rien d'ordinaire.

I'll play with you and you and you

Le 6 juin 1944. Jour célèbre où les forces alliées débarquèrent sur les plages de Normandie et entamèrent une importante offensive contre les armées hitlériennes. Une date connue du monde entier comme étant le *D Day*. Le lendemain, à l'Hôpital général juif de Montréal, Rose et Bernard Mergler ont une petite fille qu'ils décident de nommer Donna, prénom dont la première lettre devait rappeler ce déploiement spectaculaire dans la guerre contre le fascisme.

Le souci de la justice et de l'égalité, l'aversion face à l'exploitation perpétrée dans le système capitaliste, le désir et la volonté de lutter pour un changement radical de la société capitaliste sont omniprésents dans l'éducation que Donna reçoit dans sa famille.

Bernard Mergler, avocat renommé dans les milieux de la gauche québécoise pendant quatre décennies, défendit des syndicalistes lors des conflits de la Dominion Textile à Valleyfield en 1946, des tisserands de Grand'mère en 1952, de la Canadian Steel Foundry à Montréal en 1974, pour ne nommer que ceux-là. Il représenta au Canada les intérêts juridiques du gouvernement socialiste guatémaltèque de Jacobo Arbenz Guzman de 1951 à 1954, et du gouvernement cubain de Fidel Castro. Souvent appelé à défendre des militants communistes et à tenter, devant les tribunaux, de récupérer leurs biens, saisis lors d'innombrables raids policiers, il assura aussi, pendant la guerre du Viêt-nam, la défense d'un bon nombre de déserteurs américains. Conseiller juridique de Pierre Vallières et de Charles Gagnon, accusés en 1966 d'être les chefs du FLQ, il a également côtoyé et aidé plusieurs autres indépendantistes durant les années soixante. Il a collaboré à la mise sur pied de la Maison du quartier Saint-Henri et de la Clinique populaire de Saint-Jacques. Réfugiés chiliens, étudiants noirs de l'Université Sir George Williams... cette liste incomplète atteste en quelque sorte l'envergure de cet homme et montre bien son orientation.

Marxiste avoué, Bernard Mergler n'approuvait pas pour autant Staline et conservait un oeil critique envers l'URSS. Avocat combatif, d'origine juive, il fut unique en son genre au Québec, surtout pendant la Grande Noirceur du régime duplessiste.

Aujourd'hui, à quarante-quatre ans, en songeant à son père, Donna chante avec une douce nostalgie ces quelques vers que celui-ci lui jouait au piano quand elle n'avait que quatre ans :

When I play out on the street
Many children do I meet
I don't care who they may be
As long as they will play with me

Red or white or black or brown
From any section of the town
Gentile, Jew and Quaker too
I'll play with you and you and you [1]

Dès que Donna peut parler et comprendre le sens des mots, ses parents commencent à lui expliquer le caractère inique du racisme, l'importance de la tolérance et la valeur de la justice et de la paix. Les contes qui meublent son imagination d'enfant ne comptent pas

---

1. Quand je m'amuse dans la rue / Je rencontre beaucoup d'enfants / Je ne cherche pas qui ils sont / Tant qu'ils jouent avec moi.
   Rouge ou blanc, noir ou brun / Que tu viennes de n'importe quel quartier de la ville / Non-Juif, Juif et aussi Quaker / Je jouerai avec toi, et toi, et toi.

pour héros des princes charmants et des belles princesses. Pour l'endormir, le soir, son père lui décrit « comment l'héroïque Mao Tsé-Toung, entouré par les troupes réactionnaires de Tchang Kaï-chek... submergé par l'eau, aspirant l'air par un roseau, échappait à cet ennemi insidieux. »

Elle baigne dans une riche culture de chansons, de pièces de théâtre et d'histoires sur l'Organisation des Nations unies, sur le mouvement syndical et sur diverses causes progressistes. Elle passe plusieurs saisons au camp d'été du lac Ouareau, à Saint-Donat, où des jeux et des discussions sur la paix, sur le racisme et la solidarité s'ajoutent aux passe-temps habituels des enfants. C'est à Saint-Donat, pendant ses vacances d'été, que Donna fait ses premiers contacts avec des Québécois francophones.

Son éducation politique, à la maison et au chalet de Saint-Donat, contraste radicalement avec l'idéologie d'alors. Duplessis avec sa « Loi du cadenas » et l'escouade Rouge combattent fermement Bernard Mergler et ses semblables.

Donna ne comprend pas alors toutes les nuances et les subtilités politiques de cette époque où prédomine la paranoïa anticommuniste, mais elle est quand même profondément marquée par certains événements majeurs. Sur un ton chargé d'émotion, elle raconte un de ces souvenirs imprimé pour toujours dans sa mémoire. « J'avais dix ans. J'écoutais de ma petite radio brune le reportage sur l'exécution de Julius et Ethel Rosenberg. Je me rappelle comme si c'était hier avoir pensé que leurs enfants avaient justement le même âge que moi. Et lorsqu'ils ont dû électrocuter Ethel une deuxième fois... Je peux encore sentir l'incrédulité, la tristesse et l'horreur que j'ai ressenties face à cette exécution. »

La jeune Donna se rend vite compte que la philosophie marxiste dont elle fait l'apprentissage va à l'encontre de celle de la majorité. « En deuxième année, nous avons fait la lecture en classe d'un livre sur la 'bonne' Madame Tchang Kaï-chek. En me référant, entre autres, aux récits racontés par mon père avant de m'endormir, j'ai bien réalisé la différence entre ce que j'apprenais à la maison et ce qu'on m'enseignait à l'école. Je ne sais pas pourquoi, ni comment, mais j'avais pressenti que je ne devais pas protester ouvertement. »

La héder Morris Vineshevsky

Ses parents préféraient l'inscrire à l'école primaire française, mais comme elle est Juive, ce n'est pas possible : le système scolaire confessionnel de cette époque lui en interdit l'accès. Les Juifs montréalais doivent donc fréquenter les écoles du Protestant School Board of Greater Montréal (PSBGM).

Donna se voit ainsi obligée de s'intégrer au système scolaire anglo-protestant. Par ailleurs, deux après-midi, durant la semaine, ainsi que le dimanche matin, elle assiste aux cours de la héder Morris Vineshevsky. L'école Morris Vineshevsky enseigne le judaïsme dans une perspective progressiste. « J'apprenais à parler et à écrire le yiddish. Nous étudiions l'histoire de tous les mouvements contestataires juifs et les aspects révolutionnaires des fêtes juives.

« Cette interprétation progressiste du judaïsme était également renforcée à la maison. Lors des fêtes juives, mes parents mettaient l'emphase sur leurs aspects historiques plutôt que sur leur côté religieux. À titre d'exemple : la Pâque m'a été racontée comme l'histoire de la révolte des esclaves contre leurs maîtres égyptiens, plutôt que comme celle de la délivrance des Juifs de l'esclavage, par la main bienfaisante du bon Dieu.

« J'ai appris les chansons du soulèvement du ghetto de Varsovie, cette dernière révolte juive, en avril 1943, contre les hordes allemandes. On m'a raconté l'histoire de *Hanuka*, la Fête des lumières, lorsque les Juifs ont dû se cacher pendant huit jours pour échapper à leurs oppresseurs assyriens au IIe siècle av. J.-C. Plutôt que sur une quelconque intervention divine, c'était sur la manière dont les Juifs avaient pu héroïquement résister et gagner le combat, même s'ils étaient moins nombreux et peu armés, que mes parents insistaient. »

La grand-mère maternelle de Donna vit avec la famille et, par respect pour elle, on observe les règles de la cuisine kasher, jusqu'à ce que Donna atteigne l'âge de onze ans. Le vendredi soir, début du Sabbat, sa grand-mère allume des chandelles, selon le rituel, et toute la famille partage le repas d'apparat. Donna va à la synagogue pour les fêtes du *Yom Kipour* et du *Rosh Hashana* et, à l'occasion, pour le Sabbat, avec ses amis.

Ses souvenirs de jeunesse les plus précis sont ceux de gens fascinants qui racontent des histoires captivantes, de réfugiés politiques sympathiques qui s'intéressent à elle et la font rire, et de militants présents aux assemblées agitées où elle accompagne son père. « Dans ces réunions, ça discutait et discutait de je ne sais trop quoi... jusqu'aux petites heures du matin.

« Un soir, des Indiens de Caughnawaga sont venus chez nous rencontrer mon père pour connaître la manière dont les autochtones se faisaient traiter en Union Soviétique. Un autre soir, c'étaient des réfugiés italiens ou des gens du consulat soviétique qui racontaient des histoires de la Deuxième Guerre et de l'Armée Rouge. Parfois, je suivais mon père au cercle des anarchistes espagnols. Et je n'oublierai jamais la chaleur de Mendes Zebedua, le consul général du régime socialiste du Guatemala[2]. »

Qui ne pétrit, bon pain ne mange. Avec un sourire taquin, Donna maugrée en repensant aux heures interminables qu'elle devait passer à l'extérieur du Palais de justice de Saint-Jérôme, assise sur le trottoir, pendant que son père défendait un client à l'intérieur, lors d'un procès qui a duré plusieurs jours.

À l'école, Donna réussit bien ses études, tant au primaire qu'au secondaire, et prend aussi des cours de ballet et de piano. Elle fait ses premières armes dans l'action politique au sein de la Canadian Universities Campaign for Nuclear Disarmament et contribue ainsi à l'organisation d'une manifestation contre les missiles nucléaires, à Ottawa, en 1960.

Sur un toit cubain, une mitrailleuse entre les mains

À l'automne 1961, Donna s'inscrit au programme du baccalauréat ès sciences, avec spécialité en physiologie, à l'Université McGill. « Mon choix fut beaucoup influencé par mon père qui préférait les sciences pures, car il disait qu'elles sont tangibles et factuelles. Aujourd'hui, je pense qu'il s'est trompé, car il existe une orientation idéologique dans les sciences, tout comme il y en a dans toute autre discipline. »

---

2. En 1951, un régime progressiste présidé par Jacobo Arbenz Guzman a été porté au pouvoir. En 1952, il a entrepris une importante réforme agraire. Deux ans plus tard, les États-Unis ont financé le renversement de son gouvernement.

Sur le champ, elle devient membre de la Société des jeunes socialistes et, deux ans plus tard, elle participe à la fondation de la Ligue des jeunes communistes. Bonne oratrice, Donna représente même le petit groupe communiste au parlement-école de l'Université McGill. Peu de temps après, elle quitte les jeunes communistes à cause de leur manque de souplesse et de leur position fédéraliste sur la question nationale au Québec.

Donna s'intéresse beaucoup à la politique internationale, particulièrement à ce qui se passe en Amérique latine, à la révolution cubaine et à l'intervention américaine qui débute au Viêt-nam. Durant l'été 1962, elle séjourne trois mois et demi au jeune pays révolutionnaire de Fidel Castro. Son père, alors représentant juridique de Cuba au Canada, réussit à organiser sa visite.

Le voyage n'a pourtant rien de bien touristique. Elle fait l'aller retour dans un vilain avion-cargo et, à Cuba, elle loge dans une modeste résidence d'étudiants... « Là, on m'a montré sommairement à utiliser une mitrailleuse et, comme tous les autres, j'ai dû faire mon tour de garde de minuit à quatre heures du matin. De ma position, je pouvais voir un cuirassé élancé, arborant drapeau américain, qui patrouillait la mer. Je ressentais un mélange d'excitation, de peur et de bravoure, et me demandais si j'étais à la hauteur de la situation.

« Me voici donc, à dix-huit ans, couchée sur le toit d'une résidence cubaine avec une mitrailleuse entre les mains ! Je me demandais si je pouvais 'vraiment' descendre un éventuel attaquant américain, moi qui jadis — des siècles plus tôt, il me semblait — avais rencontré des jeunes Américains aux États-Unis et qui les aimais bien. Ça aurait pu être l'un d'entre eux en face de moi... Pendant ces longues nuits, j'examinais dans ma petite tête tous les fondements de mon éthique personnelle. Encore aujourd'hui, je ne saurais apporter de réponses aux tergiversations philosophiques qui m'habitaient à ce moment-là. »

En 1964, Donna épouse Tony Tarlo, un ami de Saint-Donat. À peine un an plus tard, ils se séparent. Cette même année, Donna reçoit son diplôme universitaire en sciences. Elle s'inscrit par la suite au doctorat en neurophysiologie à McGill, doctorat qu'elle complète en 1973.

À l'est de la rue Saint-Laurent

En 1965, âgée de vingt et un ans, diplômée de l'Université McGill, Donna est à un point tournant de sa vie. La Révolution tranquille bat son plein, le FLQ fait exploser des bombes et, partout dans le monde, la contestation et le changement sont à l'ordre du jour.

« À McGill, nous étions très au fait de tous les mouvements de libération à travers le monde. Par ailleurs, malgré que nous fussions politisés et avertis, nous ne savions point ce qui se passait à l'est de la rue Saint-Laurent ! J'ai donc décidé d'y aller voir et, un bon jour, je me suis retrouvée sur la rue Beaudry, au local du Parti socialiste du Québec (PSQ). J'y ai découvert tout un nouveau monde que je ne connaissais pas du tout... Et c'est ainsi qu'a commencé mon intégration à la société québécoise. J'ai découvert qu'il existait une situation de domination, ici-même au Québec, et qu'il y avait aussi un mouvement de libération nationale que j'ai voulu connaître davantage », explique-t-elle.

Au PSQ, Donna rencontre Jean Racine, un journaliste, militant socialiste et indépendantiste. Jean occupe alors le poste de secrétaire permanent du PSQ. En décembre 1966, ils décident de cohabiter. Plus tard, ils se marieront.

Pendant qu'elle rédige sa thèse de doctorat en neurophysiologie, Donna enseigne la biologie à temps partiel au Westbury College, un collège privé. Malgré ses occupations scolaires, elle trouve du temps pour s'engager dans les mouvements sociaux de l'époque. Les luttes ne manqueront pas.

En 1966, Pierre Vallières, journaliste, et Charles Gagnon, professeur, tous deux idéologues et militants du FLQ, commencent une grève de la faim devant l'ONU. Ils se font arrêter par la police américaine, « kidnapper » par des agents de l'Immigration et ramener à Montréal où ils sont incarcérés. Ils subissent plusieurs procès pour des actes de violence reliés à la lutte pour la libération nationale. Donna devient membre du comité Vallières-Gagnon, qui se charge d'activités d'appui tels le financement, les manifestations, etc. C'est elle qui suggère à son père de rencontrer les deux felquistes emprisonnés et de les représenter.

À Expo 67, le président des États-Unis Lyndon Johnson — c'est l'époque de la guerre du Viêt-nam — fait un discours à la Place des

Nations. Donna et Jean y assistent. Tout près du podium et des microphones, ils se mettent à crier à toute force : « Johnson assassin, Johnson assassin... » Ce souvenir la fait rire aujourd'hui : « Nous donnions l'impression d'être cent personnes, tellement nos voix portaient, mais nous n'étions que deux ! »

Les deux trouble-fête sont arrêtés. Mais le lendemain, *Surprise, sur Prise*, la photo de Donna avec la grosse patte d'un policier apposée sur sa bouche paraît à la une du *New York Daily News* et est retransmise à travers l'Amérique du Nord sur le téléscripteur de l'*Associated Press*.

Vers la même époque, elle participe à la production d'émissions radiophoniques qui, une fois enregistrées, sont expédiées au Viêt-nam. Ces productions sont destinées aux soldats américains et les incitent à déserter l'armée. Donna contribue également à la publication du premier *McGill Daily* rédigé en français. Ce quotidien est publié par les étudiants de l'Université.

Donna, avec d'autres militants, organise et participe à plusieurs autres campagnes. Des chauffeurs de taxi montréalais se regroupent dans le Mouvement de libération du taxi (MLT) pour revendiquer des changements dans cette industrie. Le MLT conteste le droit « exclusif » des autobus et limousines de la compagnie Murray Hill de desservir l'aéroport de Dorval. Le 24 juin 1968, se tient une manifestation où les policiers, montés sur des chevaux, battent les manifestants à coups de matraque. À ville Mont-Royal, la longue grève de Seven-Up provoque une grande manifestation d'appui où la police affronte les travailleurs. En 1968-1969, il y a de nombreuses manifestations à Saint-Léonard, à propos de questions linguistiques.

Donna définit de la façon suivante son rôle pendant cette période bouillonnante : « Je faisais un peu le lien entre les gens de McGill et le milieu francophone, entre mon père et le mouvement de libération du Québec.

« Mais en tant qu'amie de Jean et provenant du milieu anglophone, ma présence dans ce groupe de militants francophones a provoqué certains débats. Pour plusieurs, mon rôle était ambigu. Beaucoup de Québécois francophones arrivaient au mouvement indépendantiste inspirés par des idées nationalistes, tandis que moi, je m'y étais engagée animée par mon orientation progressiste. On se demandait parfois si on devait m'inviter aux réunions. Eux, faisaient partie d'un gang, tandis que moi, j'arrivais de l'extérieur un peu comme un cheveu sur la soupe. À ce moment-là, je parlais à peine le français et on ne comprenait pas trop ma présence. Enfin, j'aurais pu rester assise tranquillement dans mon coin, mais ce comportement ne m'a jamais convenu ! Il a donc fallu que je me batte pour prendre plus d'espace, pour être moi-même et pour faire valoir mes idées. »

Jean Racine raconte les premières réactions des militants à l'arrivée de Donna dans le milieu de la gauche indépendantiste. « D'abord, il y avait un peu de curiosité de notre part et on se demandait ce qu'elle faisait là. On la voyait davantage comme anglophone que comme Juive, car après tout, ce n'était pas écrit sur son front qu'elle était Juive. C'est seulement après qu'on a appris qu'elle l'était. D'autres Juifs — je me rappelle, entre autres, Bob Silverman et André Joffe — ont milité avec nous à cette époque. Ces gens témoignaient d'une certaine tradition progressiste juive ; ils étaient encouragés dans leur action par leurs proches, tandis que nous, nous étions en rupture avec nos familles. Nous étions marginaux et en révolte contre les valeurs traditionnelles de l'époque et contre l'Église. Par conséquent, nous étions très ouverts. En résumé, Donna fut très bien acceptée par nous. »

Ce sont Donna et Jean qui présentent Stan Gray, un des instigateurs de « McGill Français [3] », à François-Mario Bachand, ainsi qu'à d'autres militants indépendantistes. « L'organisation de McGill Français a débuté en quelque sorte dans mon salon », affirme Donna. Et Jean abonde dans le même sens : « Une des grandes contributions de Donna fut effectivement d'avoir servi de pont entre les milieux anglophone et juif progressistes et le milieu québécois progressiste ! »

Toute cette activité intéresse vivement la police, qui perquisitionne à leur demeure régulièrement — exactement comme la pleine lune qui arrive à tous les mois ! À l'occasion, et particulièrement lors des grandes manifestations, Donna et Jean, comme des centaines de militants, se font épier étroitement par les forces de l'ordre.

---

3. La campagne de « McGill Français », à l'hiver 1968-1969, avait pour principal objectif de transformer McGill en université francophone sur une période de trois ans.

Chauffeur de taxi

Donna devient professeure régulière de physiologie au cégep Maisonneuve à l'automne de 1968. Peu de temps après le début de la session, elle se retrouve en grève, en appui aux revendications étudiantes pour la démocratisation de l'enseignement. Elle s'y engage à fond.

L'année suivante, Jean et Donna déménagent à la campagne, à Sainte-Théodosie, et Donna donne naissance à un petit garçon, Sébastien.

En septembre 1970, elle obtient un poste de professeure au Département des sciences biologiques de l'Université de Québec à Montréal (UQAM). Elle y travaille encore aujourd'hui.

Une presse, qui sert aux divers groupes que Donna et Jean appuient, est installée dans leur grange, à la campagne. Les perquisitions policières s'y multiplient lors des Événements d'octobre 1970. Jean est arrêté dans la fameuse nuit du 16 octobre, après la promulgation de la Loi des mesures de guerre, et il est incarcéré avec environ cinq cents autres personnes qui, aux yeux du pouvoir fédéral, ont des idées politiques « suspectes » !

Quelques semaines plus tard, le matin du 3 décembre 1970, Donna, appelant au bureau de son père, trouve en sanglots la secrétaire de Me Mergler qui croit que celui-ci vient d'être arrêté par la police. Mais ce sont les autorités qui viennent tout juste de repérer le lieu de séquestration de James Cross, attaché commercial du Haut-Commissariat de Grande-Bretagne, kidnappé par le FLQ huit semaines auparavant. Le mandataire du gouvernement du Québec avait contacté Me Mergler pour l'informer de la demande des felquistes. Ceux-ci exigeaient sa médiation dans leurs négociations pour obtenir un sauf-conduit, en échange de la libération de l'otage britannique.

L'entente conclue entre le gouvernement et la cellule Libération stipule que les ravisseurs, Me Mergler et James Cross descendront sous escorte policière au pavillon du Canada, à Terre des Hommes : « De là, raconte Donna, mon père m'a téléphoné pour me donner l'adresse — un motel dans l'est de la ville — où je devais aller chercher la femme et l'enfant d'un des felquistes pour les conduire à

Terre des Hommes rejoindre le groupe qui s'envolait pour Cuba, selon l'accord intervenu.

« Tout le monde là-bas nous attendait impatiemment, mais avant de me laisser déposer mes deux passagers à l'endroit désigné, la police nous a fouillés de fond en comble... »

Mieux vaut prévenir que guérir

En 1971, Donna participe à la campagne d'organisation du Syndicat des professeurs de l'Université du Québec à Montréal (CSN). Élue au premier conseil syndical, elle participe activement à la préparation de la convention collective et à la grève de trois semaines, déclenchée lors de cette première négociation.

En 1972, elle accouche d'un deuxième enfant, une petite fille, Geneviève. L'année suivante, elle complète sa thèse de doctorat intitulée *Neural Activity in the Afferent Limb of the Vestibulo-ocular Reflex*.

Le hasard donne lieu parfois à d'heureuses associations. Un après-midi du début de 1975, comme Donna se trouve chez Monique Simard, une très grande amie qu'elle connaît depuis 1972, elle y rencontre Mario Dumais, du Service de recherche de la CSN, venu discuter avec Monique d'un rapport de l'équipe médicale de l'hôpital Mount Sinaï de New York sur les maladies pulmonaires des mineurs de l'amiante de Thetford Mines. Selon ce rapport, 64 % des mineurs ayant plus de vingt ans de service présentent des anomalies pulmonaires. Poussée par ces résultats-chocs, Donna entreprend une recherche bibliographique sur l'amiantose.

Ainsi naît son intérêt pour les effets des conditions de travail sur la santé et la sécurité des travailleurs. « Mieux vaut prévenir que guérir... » Donna se promet de participer, par sa contribution scientifique, à l'application de ce principe en milieu de travail. Elle commence donc à assister à des sessions de formation sur ce sujet offertes en milieu syndical. « D'une certaine manière, dit-elle, c'était comme une réorientation de ma vie. Enfin, je pouvais imbriquer ma vie militante à ma vie scientifique. Et je pouvais utiliser mes connaissances en physiologie pour identifier des problèmes de santé en milieu de travail. »

En octobre 1975, son père décède. Elle en est profondément bouleversée. Étouffant mal ses larmes, Donna raconte d'une voix vibrante d'émotion : « J'avais un sentiment de déchirement... le sentiment d'être seule. Mon père constituait un appui incroyable pour moi. Quelque temps plus tard, je me suis dit : *'You're on your own, kid'*. J'ai résolu de continuer à foncer, à avancer et à faire des choses ; mais pour la première fois, mon père n'y serait pas. Très souvent, depuis, je ressens l'envie de discuter avec lui... J'aurais aimé qu'il voie ce que je fais maintenant dans le domaine de la santé au travail... et qu'on en parle. »

Quelques mois plus tard, elle se sépare de Jean et revient vivre en ville avec ses deux enfants.

Donna est élue au comité de négociation de son syndicat avant la difficile grève de quatre mois durant la session 1976-1977. Cette grève, à laquelle Donna consacre une somme d'énergie et de temps considérable, vise au maintien des pouvoirs des assemblées départementales. Les professeurs syndiqués désirent également conserver un certain contrôle sur la Commission des études, l'organisme responsable des décisions académiques. Le syndicat réussit à obtenir gain de cause pour l'essentiel.

Dans son domaine, Donna recherche non seulement un rapprochement entre la science et les milieux de travail, mais également une plus grande place pour les femmes dans le milieu scientifique. Elle se considère féministe et est l'une des fondatrices du Groupe de recherches interdisciplinaires sur les études féminines de l'UQAM, en 1976. « Le mandat du groupe est de s'assurer que l'ensemble de l'enseignement et de la recherche universitaire tienne compte des perspectives féministes. Il n'y a pas, à l'UQAM, comme c'est le cas dans d'autres universités, de programme d'études féminines comme tel. Nous voulions intégrer, dans la mesure du possible, des cours ayant une optique féministe dans chacun des départements plutôt que d'isoler cette analyse dans un seul département, comme cela se fait ailleurs. »

L'intérêt qu'elle manifeste pour la santé et la sécurité en milieu de travail lui permet d'être l'une des premières au Québec à faire le lien entre le milieu syndical et le milieu scientifique. Depuis 1976, elle effectue des recherches et donne des sessions de formation, entre autres, sur le bruit en milieu de travail et sur les effets de l'exposition aux solvants et à la chaleur.

Ses recherches portent sur les premières altérations biologiques que peut provoquer une situation en milieu de travail, ce qui lui permet, avant le déclenchement de la maladie, d'identifier les risques et de faire de la prévention. Elle examine les conditions de travail dans les secteurs des abattoirs de volaille, des buanderies, des usines d'explosifs notamment.

En 1982, Donna est élue codirectrice du Département des sciences biologiques de l'UQAM. L'année suivante, Donna avec sa collègue et grande amie, Karen Messing, mettent sur pied l'équipe de recherche-action en biologie du travail à l'UQAM, qui devient plus tard associée à l'Institut de recherche en santé et sécurité du travail (IRSST). Depuis, Donna est codirectrice de cette équipe, composée majoritairement de femmes.

« Les travaux scientifiques que notre équipe entreprend se font à l'intérieur d'une démarche de recherche-action où les travailleurs et travailleuses ne sont pas des 'sujets' ou des cobayes d'étude, mais des participants à toutes les étapes de la recherche. Nous avons développé des méthodes d'enquête qui permettent d'intégrer les connaissances des ouvriers et ouvrières à notre recherche. Ainsi, nous confrontons continuellement le savoir empirique avec le savoir académique. Dans nos travaux en santé et sécurité au travail, nous voulons atteindre deux buts : d'abord, développer de nouvelles connaissances scientifiques qui correspondent aux préoccupations des travailleurs et travailleuses ; et ensuite leur fournir des informations sur le milieu de travail qui leur permettent de revendiquer et d'apporter les changements nécessaires. »

Donna publie de nombreux articles scientifiques, des rapports de recherche et des monographies. Au cours des années, elle collabore aussi à divers ouvrages collectifs et participe à plusieurs conférences et colloques sur la santé et la sécurité au travail, sur les femmes et sur la science en général.

Depuis 1983, elle siège au Conseil consultatif sur les études féminines attaché au Secrétariat d'État du Canada, de même qu'au Conseil québécois de la science et de la technologie. Dernièrement, la société Radio-Canada l'a reconnue comme étant l'une des cinquante femmes ayant apporté une contribution importante à la société québécoise pendant la décennie 1975-1985. Monique Simard en témoigne : « La contribution de Donna à la vulgarisation de la science et à des luttes concrètes au Québec est inestimable. »

Une culture juive transmise en anglais

Certes, Donna ne renie pas ses origines ethniques, mais il n'est pas exagéré d'affirmer que son identité juive n'occupe aujourd'hui presque aucune place ni dans sa vie quotidienne, ni dans sa conscience.

Elle hésite beaucoup et éprouve une certaine difficulté à répondre à des questions sur le sujet. Elle escamote certaines contradictions et, souvent, ce n'est qu'après plusieurs formulations d'une même question qu'elle réussit à répondre. En plus d'une occasion, elle réagit en disant que la question posée est « bonne » mais qu'elle n'y avait jamais réfléchi. Elle a plus de facilité à parler de son idéologie, de ses expériences personnelles et de ses activités sociales et professionnelles.

« Mon identité en tant que Juive n'est pas forte, mais je ne m'identifie pas davantage à la communauté anglophone. Je ne suis pas anglo-saxonne ! » …Après un long soupir, elle lance : « J'étais suffisamment préoccupée à me trouver en tant que femme, je ne me posais pas de questions sur mon appartenance à la communauté juive. J'ai milité comme femme, comme progressiste, mais je ne l'ai jamais fait en tant que Juive. »

Rejetant catégoriquement le caractère religieux du judaïsme, Donna refuse carrément et indistinctement d'assister aux événements religieux de toute nature, juifs ou catholiques, « autant les Bar-Mitsvas que les communions ! », précise-t-elle. Par ailleurs, ça ne l'empêche pas d'être sensible à certains aspects de la culture juive. Mais quels sont, selon elle, les aspects culturels juifs qui la différencient des autres ? « C'est une très bonne question ! » répond-elle illico.

Après une courte réflexion, elle avoue : « Compte tenu de l'évolution sociale actuelle, les gens se demandent davantage qui ils sont. Et moi aussi, je commence un peu à réfléchir, du moins plus aujourd'hui qu'autrefois. »

Au Québec, Donna n'a jamais souffert personnellement ou directement d'antisémitisme. Ses premiers souvenirs de ce phénomène remontent à son enfance : « Alors, les Juifs ne pouvaient pas habiter certains quartiers anglophones, tels Hampstead et ville Mont-Royal. Ils n'avaient pas le droit de passer la nuit dans certains hôtels des Laurentides et il existait un contingentement sur le pourcentage de Juifs admis à l'Université McGill. Mais, moi-même, je n'ai jamais été l'objet direct d'une de ces formes de discrimination. Mon éducation m'incitait à repousser le racisme sous toutes ses formes, et malgré le fait que je sois Juive, l'antisémitisme n'est pas, à mes yeux, plus odieux que n'importe quelle autre forme de racisme !

« Lorsque je suscite des réactions négatives, et il arrive que ça se produise, souligne-t-elle avec un sourire malicieux, je ne peux pas distinguer si c'est parce que je suis femme, anglophone, progressiste, Juive… ou pour d'autres raisons. Mais une chose est claire, je n'ai jamais été inconfortable en tant que Juive dans le milieu québécois francophone ! »

Jean Racine, qui a été le conjoint de Donna pendant dix ans, qualifie de marginaux les incidents d'antisémitisme dont il a été témoin avec Donna. « Ce n'était pas toujours facile non plus, ajoute-t-il, pour un Canadien français catholique de s'intégrer à la communauté juive. J'ai déjà eu l'occasion d'entendre le mot 'goy' autour de moi et Donna m'a expliqué ce que cela voulait dire. »

Pour Donna, le fait d'être Juive est inextricablement lié à la langue anglaise. « C'est le sort des Juifs. On ne peut pas extraire la culture et la réalité juive de l'environnement culturel, social et politique qui l'entoure. À ce sujet, je me rappelle avoir suivi à la télévision, il y a plus d'une vingtaine d'années, une déclaration du 'premier' Juif nommé au conseil d'administration du Protestant School Board of Greater Montréal. Dans la première entrevue qu'il a accordée aux médias à la suite de sa nomination, il annonçait qu'il allait défendre les droits de l'héritage 'anglais' ! Je me rappelle ma réaction d'alors : *'Bloody Hell ! Whose English heritage ?'*

« La culture juive m'a été transmise en anglais. Lorsque je parlais avec mon père de notre famille et de certains autres sujets, nous parlions en anglais ; tandis que lorsque nous abordions la politique, par exemple, nous parlions en français. Nous trouvions donc plus facile de discuter certains sujets dans une langue plutôt que dans l'autre.

« Il pourrait arriver que des Juifs religieux affirment que moi, Donna Mergler, je ne suis pas véritablement Juive. J'en rirais car ils ont tort. Après tout, ce n'est pas à eux de décider du sens que je dois donner à mon identité. »

Encourager la différence

Donna remarque que la majorité des femmes de science d'un certain âge au Québec n'est pas d'origine canadienne-française. La plupart sont d'origine soit américaine, soit européenne, soit canadienne-anglaise. Dans son cas, Donna croit que ses antécédents juifs et le contexte familial dans lequel elle a grandi ont grandement favorisé le fait qu'elle soit devenue femme de science. « Mes parents m'ont toujours fortement encouragée à étudier et à réaliser mes ambitions professionnelles. La valorisation du travail et de la recherche intellectuelle, y compris pour une femme, est issue de ma culture. Beaucoup de Canadiennes françaises de ma génération, même si elles l'avaient bien voulu, ne pouvaient pas poursuivre une carrière scientifique, tout le moins elles n'y étaient pas incitées par leur famille ni par leur communauté religieuse et culturelle.

« L'appui de la cellule familiale est primordial dans la vie juive. L'importance accordée à l'échange intellectuel fait partie de l'héritage juif, même si, à l'occasion, cet échange peut être exagéré. »

« Très jeune, j'ai appris, comme Juive, à être marginale, c'est-à-dire pas comme les autres, mais à me sentir bien tout de même dans cette marginalité. Mon propre milieu me soutenait dans cet apprentissage. Être Juive dans un milieu où la culture dominante est anglo-protestante, être progressiste quand la culture dominante est bourgeoise, cela signifiait être différente — et j'ai grandi avec un appui culturel à ce droit de l'être ! »

Malgré tout, il ne faut pas en conclure que Donna soit insensible et sans convictions face à la condition juive ou à l'antisémitisme. Ainsi, en dépit de son attitude très critique à l'égard des Hassides, elle a été totalement bouleversée par un incident récent, au Conseil municipal d'Outremont, au cours duquel des remarques antisémites ont été faites au sujet de ceux-ci. « Je voulais spontanément organiser une campagne pour les appuyer. Mais après avoir obtenu des précisions sur la véritable nature de l'accroc, je ne suis pas allée plus loin. »

Jean Racine se souvient très vaguement d'un autre incident où, devant des propos antisémites, « Donna n'a pas hésité à annoncer vivement qu'elle était Juive. Et ce fut suffisant pour mettre un point final à cette malencontreuse situation. Elle n'était pas prête à cacher son identité en tant que Juive. »

Le film *Shoah*[4] a horrifié Donna. « Je me suis beaucoup identifiée à ces Juifs. Je suis sortie du cinéma avec une espèce de crainte que ce genre d'atrocités revienne et je me suis demandé ce que j'aurais fait dans une telle situation.

« Par ailleurs, quand je pense au massacre des Juifs à la synagogue d'Istanbul[5] à l'automne 1986, je condamne ce geste, bien sûr, mais comme je condamne aussi, de façon générale, tout genre de terrorisme. Je ne réagis pas différemment, que les victimes soient des Juifs ou des Palestiniens. Ces actions ne sont ni plus, ni moins atroces lorsque ce sont des Juifs qui en sont victimes ; c'est pourquoi, en tant que Juive, je ne me sens pas personnellement visée par le type d'attaque qui s'est déroulée en Turquie. D'accord, on les a tués tout simplement parce qu'ils étaient Juifs ; mais combien de Noirs en Afrique du Sud sont tués tout simplement parce qu'ils sont Noirs ? Je critique, je condamne et je ressens la même solidarité lorsque tout être humain est abattu gratuitement. »

Dans son principal champ d'action, celui de la santé et sécurité au travail, Donna constate la présence d'un grand nombre de Juifs d'orientation progressiste semblable à la sienne. « Lors d'un congrès à Copenhague, j'ai rencontré un scientifique d'origine juive dont les antécédents familiaux ressemblaient éminemment aux miens, de même que son approche scientifique ! »

Dernièrement à Montréal, Donna et son amie et collègue, Karen, une Juive de Springfield au Massachusetts, ont assisté à une conférence traitant de leur spécialité et regroupant une vingtaine de personnes. « Tous étaient des progressistes, venant, entre autres, de

---

4. Mot hébreu signifiant destruction par un énorme incendie. Ce film poignant dure neuf heures et demi et est composé d'interviews, tournées entre 1980 et 1985, sur l'Holocauste.

5. Des terroristes ont fait irruption dans une synagogue et ont ouvert le feu sur les gens qui priaient, tuant ainsi plus d'une vingtaine de Juifs.

France et des États-Unis. Tout à coup, nous nous sommes regardées et nous avons réalisé que 75 % de ces collègues étaient Juifs.

« Un matin, à quatre heures, je lisais le livre *Le Cheval blanc de Lénine*, de Régine Robin, une Juive originaire de France et aujourd'hui professeure de sociologie à l'UQAM, et mes larmes se sont mises à couler quand je suis tombée sur une chanson yiddish que j'avais apprise à l'école Morris Vineshevsky. » Donna se sent donc très proche de cette communauté juive progressiste.

« L'appartenance de ces progressistes à la communauté juive fait que nous vivons certaines expériences communes, quel que soit notre pays d'origine. Ça me fait plaisir de m'en rendre compte. Je me sens bien avec eux ! Je ressens parmi eux une certaine solidarité et je m'identifie à eux.

« Pour moi, être progressiste est la chose la plus naturelle au monde. Ainsi, je ne saurais dire si ma propre vision de la société et de la politique est directement reliée avec le fait que je sois Juive. Je n'en ai aucune idée, même si je me suis souvent posé la question. Tandis que, comme tout le monde, je suis influencée, de toute évidence, par mon héritage et par mon milieu. »

« Faut pas que tu sois plus québécoise que moi »

Donna entre véritablement en contact avec la société québécoise francophone pour la première fois en 1966. « Je m'étais alors non seulement retrouvée dans un tout nouveau milieu pour militer, mais aussi immergée dans une culture qui m'était parfaitement inconnue. Ce n'est que plus tard que j'ai fini par m'y sentir très à l'aise. Je découvrais alors une culture très riche, en pleine effervescence, avec laquelle je ressentais plein d'affinités.

« Mes études à McGill terminées, je cherchais un milieu où je me sentirais bien. À cette époque, je ne ressentais aucune appartenance à la culture canadienne-anglaise, ou américaine, ou britannique. Je me sentais marginale. Je n'avais pas non plus trouvé d'affinités avec la culture cubaine. J'étais également marginale dans la communauté juive. Donc, d'une certaine façon, j'étais libre de choisir. »

Donna cache à peine sa nostalgie au souvenir de cette époque : « Les manifestations culturelles… les chansonniers à la Butte à Mathieu… Georges Dor, Pauline Julien, Gilles Vigneault, Félix Leclerc… Je les trouvais tellement bons et je les aimais tant ! Ces gens se questionnaient, en poussant l'art par-delà les limites conventionnelles.

« Dans mon esprit, il n'y a pas de doute, je me considère comme une Québécoise. Pour moi, un Québécois, c'est quelqu'un qui habite le territoire du Québec et en est citoyen. Et même si je pense qu'il faut parler français ici, je crois qu'on peut être Québécois sans le parler. »

Donna est une militante indépendantiste de la première heure. « Je n'ai jamais adhéré au Rassemblement pour l'indépendance nationale (RIN) ni au Parti québécois parce que j'ai toujours favorisé une 'véritable' indépendance pour le Québec. Par ailleurs, lors de l'élection du PQ, en 1976, j'étais contente, mais pas du tout euphorique. »

Donna s'est intégrée à la culture québécoise et l'a adoptée sans demi-mesure. Elle a non seulement perfectionné son français, mais elle a aussi embrassé maints aspects du patrimoine, jusque dans ses choix de meubles dans sa maison de campagne. Jean Racine reconnaît que, pour Donna, « le fait d'avoir quitté son milieu et d'avoir intégré la communauté québécoise très rapidement, comme elle l'a fait, est tout à fait remarquable. »

Et avec un grand sourire affable, Jean évoque les premiers temps où il a connu Donna et lance : « Donna voulait tellement devenir Québécoise qu'elle se serait fait baptiser s'il l'avait fallu ! »

Monique Simard, qui a rencontré Donna plusieurs années après Jean, tente de comprendre la démarche de Donna en la situant dans son contexte. « Le climat nationaliste de cette époque était effectivement un peu apeurant. Pour s'intégrer au milieu québécois, Donna a mis de côté le fait qu'elle était Juive. Elle s'en est complètement coupée. Pendant quelques années, la balance était déséquilibrée, mais elle est tranquillement revenue à la normale par la suite. D'ailleurs, je lui ai souvent dit : 'Donna, il ne faut pas que tu sois plus québécoise que moi !' »

Israël : pays « impérialiste »

Si Donna prend parfois beaucoup de temps à formuler ses réflexions sur son identité juive, il en va tout autrement lorsqu'il s'agit de ses opinions sur Israël. Rapide comme un éclair, elle déclare sans équivoque : « Je ne m'identifie aucunement aux intérêts de l'État d'Israël ! Je ne l'appuie pas ! Israël est un pays impérialiste, qui utilise contre les Palestiniens beaucoup de tactiques employées autrefois contre les Juifs par les Allemands. Par exemple : les soldats israéliens rasent les maisons palestiniennes s'ils soupçonnent qu'un terroriste y est caché. Et je trouve que l'Holocauste, par lui-même, ne justifie pas l'existence de l'État juif ! »

En songeant au soulèvement palestinien de 1987-1988, Donna rappelle sa jeunesse lorsqu'on sollicitait de l'argent auprès des étudiants juifs pour faire fleurir des « arbres » dans le désert israélien. D'une voix chevrotante, Donna exprime son dégoût des récents événements : « Ce qui m'a tellement bouleversée, c'était de voir à la télévision l'armée israélienne 'bulldozer' des rangées de jeunes 'arbres' dans le désert palestinien. »

Donna appuie la cause des Palestiniens, mais ne sympathise pas avec les États arabes. « En juin 1967, par contre, j'aurais préféré qu'Israël perde la Guerre des six jours. J'ai trouvé les Israéliens écœurants et ressenti du dégoût à leur égard.

« Le fait d'être Juive ne me lie pas de façon spéciale à Israël, pas plus qu'avec le Nicaragua. Précisons que je m'intéresse à la situation israélienne comme au reste de l'actualité internationale. Mais il se peut que je réagisse un peu plus fortement contre les excès d'Israël, justement parce que je suis Juive », admet Donna, frôlant la contradiction.

Elle n'a jamais visité Israël, mais elle avoue avoir le goût d'y aller depuis peu. « Anciennement, je croyais qu'Israël était un pays monolithique, mais plus aujourd'hui. »

Donna ne voit aucun rapport entre le sionisme et le nationalisme québécois. « L'indépendance du Québec et l'existence d'Israël sont deux choses différentes. Je ne suis simplement pas d'accord pour en faire un parallèle. Le droit d'exister d'Israël et celui du Québec ne se ressemblent pas. C'est comparer des pommes et des oranges.

« Je suis pour l'indépendance, mais je suis antinationaliste. Ma plus grande crainte, c'est le nationalisme de droite. Je pense qu'aujourd'hui, on ne peut plus remettre en question l'existence d'Israël : il existe. Il faut plutôt se préoccuper du fait qu'il occupe certains territoires, s'inquiéter de ses rapports avec les Palestiniens et appuyer l'établissement d'un État indépendant pour ces derniers. »

De génération en génération

Pour Donna, la famille a manifestement beaucoup d'importance. Et ce n'est pas seulement son père qui a occupé un rôle particulièrement important dans sa vie. « Ma mère a toujours constitué un soutien formidable pour moi, malgré le fait que je l'ai souvent contrariée en agissant de façon contraire à ses idées et à ses principes.

« Mais je sais qu'elle est toujours là, et c'est important pour moi. Lorsque je me suis retrouvée seule avec mes deux enfants, alors que je travaillais à plein temps à l'université, je comptais beaucoup sur elle. » Et avec un grand éclat de rire, Donna s'exclame : « Elle m'a souvent apporté de la soupe au poulet quand j'étais malade ! »

Donna a un frère de quatre ans son cadet, qui habite aujourd'hui à Columbus en Ohio. Norwin, qui travaille comme organiste, a déménagé aux États-Unis à cause de la difficulté de trouver du travail à Montréal, il y a quinze ans. D'ailleurs, beaucoup de ses cousins et de ses cousines, originaires de Montréal, n'habitent plus au Québec.

Donna vit à Outremont, en français à la maison comme au travail, et ainsi ses enfants ont été élevés dans la langue de Molière. Elle partage sa vie avec Guy Ferland, un journaliste à l'emploi de la CSN, qui a son bureau tout près de celui de Maurice Amram. Outre sa parenté immédiate, la grande majorité de ses fréquentations se passe en milieu québécois francophone. Par conséquent, sa réalité quotidienne diffère peu de celle d'une Québécoise francophone de vieille souche, du moins en apparence. « Mes enfants savent que leur mère est juive ainsi que leurs grands-parents, et ils ont une certaine connaissance des fêtes juives. Mais eux se considèrent comme Québécois, un point c'est tout. »

Les enfants de Donna et Jean, élevés comme athées, ne mettent les pieds ni à l'église, ni à la synagogue. Il n'a jamais été question de cours de catéchisme, de première communion, ni de Bar-Mitsva pour Sébastien. « Quand Jean et moi avons décidé de ne pas baptiser Sébastien, j'ai eu de grands débats avec mes collègues progressistes d'origine catholique. Eux me disaient qu'en décidant de ne pas baptiser mon enfant, je lui enlevais son choix à l'égard de la religion. Je leur répondais qu'au contraire, je lui laissais ce choix et que mon fils prendrait sa propre décision en temps et lieu. Une fois, peu avant Pâques, alors que Geneviève avait dix ans, elle regardait une émission de télévision. Pendant un commercial, elle a surgi dans la cuisine et, tout étonnée de sa découverte, m'a déclaré : 'Il paraîtrait que Jésus est ressuscité !' »

Donna et Jean ont donc facilement convenu d'écarter tout l'arsenal des rites et de l'éducation religieuse pour leurs enfants. Au dire de Jean, « le fait que Donna soit Juive n'avait aucune importance dans notre relation. Cela n'avait pas plus de poids pour moi que la couleur de ses cheveux ! » Paradoxalement, Jean constate : « Ce que j'ai appris au sujet du judaïsme me vient beaucoup plus de Bernard Mergler que de sa fille. Sur le plan culturel, Bernard était plus juif qu'elle. Ses références culturelles relevaient du judaïsme. »

Donna imagine, très spontanément, que si Sébastien lui demandait un jour : « Maman, est-ce que je suis Juif ? », elle lui répondrait : « Si tu veux… » Et si la question était : « Maman, est-ce que je suis catholique ? », tout aussi spontanément, Donna suppose qu'elle répliquerait : « Non ! » Mais à une troisième question hypothétique : « Maman, comment est-ce que je peux faire pour devenir Juif ? » Donna admet, en esquissant un très grand sourire, qu'elle lui dirait probablement : « Tu l'es déjà ! »

Donna poursuit : « Le catholicisme est une religion, tandis que le fait d'être juif englobe un aspect religieux et un aspect culturel. Si mes enfants désiraient un jour devenir religieux… ce sera leur choix », soupire Donna en haussant les épaules. « Mais eux, lorsqu'on parle d'identité, ils me disent qu'ils sont Québécois, c'est tout !

« Dans la classe de Sébastien, un enfant non juif a fait un jour un exposé oral sur les Juifs hassidiques, rappelle-t-elle. Sébastien m'a raconté l'histoire et, en prenant son ton le plus rassurant, il a proclamé : 'Donna, je l'ai bien surveillé, tu sais, notre copain de classe, pour être tout à fait certain que tout ce qu'il disait au sujet des Juifs était bien correct !' »

Stan Gray

À la tête de la manifestation pour un McGill Français, le 28 mars 1969, Stan Gray est « ému, surexcité et fier… » (Photo *McGill Daily*)

Stan Gray

Il vaut mieux avoir lutté et perdu,
Que de n'avoir jamais lutté.
La chose la plus triste,
Ce sont les gens qui ont peur de lutter.

Ne pleurez pas ceux qui sont morts,
Mais plutôt la foule indifférente,
Intimidée et soumise,
Qui connaît trop bien les injustices
Et les souffrances de ce monde,
Mais n'ose pas parler.

Ne pleurez pas le batailleur
Qui a commis une erreur
Et a perdu.
Pleurons plutôt les crétins
Qui ne se sont jamais souciés
De contester.

Pete SEEGER,
chanteur folk américain,
dans le film *Seeing Red*

« Les maudits Canadiens français sont en train de prendre le pouvoir au Québec ! »

C'est ainsi que sans sourciller, Stan Gray, l'un des leaders de l'opération « McGill Français », explique son départ de Montréal, en 1970, au directeur du personnel de l'usine Westinghouse de Hamilton qui l'interroge lors de sa demande d'emploi...

Visiblement rassuré par une telle réponse, le directeur du personnel juge que le candidat assis devant lui a une orientation « correcte » et lui offre un emploi sur le plancher de l'usine. Et pourtant, ce même candidat sortait de prison, comme les centaines d'autres « présumés terroristes » incarcérés lors des célèbres Événements d'octobre.

C'est sa philosophie marxiste et son radicalisme qui ont amené les autorités de l'Université McGill à congédier Stan Gray, et celles de l'État à l'emprisonner sous l'empire de la Loi des mesures de guerre. Ces deux épisodes de sa vie militante, abondamment commentés dans les médias, lui ont valu une notoriété qui, dans le climat social et politique québécois qui a suivi les enlèvements de James Cross et de Pierre Laporte par le FLQ, a obligé Stan à vivre en quelque sorte dans la clandestinité. C'est ce qui l'a poussé à s'établir à Hamilton, en Ontario, avec toutefois la ferme intention de revenir au Québec dès que la « tempête » se serait dissipée. Les événements ultérieurs, on le verra, ont cependant quelque peu modifié ce scénario.

D'un physique imposant, bien bâti quoique légèrement bedonnant, Stan Gray parle généralement d'une voix douce et calme. Sauf lorsque le sujet lui tient particulièrement à coeur. Alors, coup de poing sur la table et autres gestes à l'avenant viennent ponctuer ses paroles. Inévitablement, il capte toute l'attention de son interlocuteur. Ce n'est pas le genre d'homme à mâcher ses mots ; il ne se gêne pas non plus pour émettre des opinions qui soulèvent la controverse. Tout aussi évidentes sont ses qualités de leader, son charisme, son intelligence et sa minutie au travail.

Aujourd'hui, Stan est directeur à plein temps d'une clinique de santé et de sécurité au travail au service des travailleurs de l'Ontario. La clinique est indépendante, quoique financée par des syndicats et par une partie des remboursements des services médicaux donnés par les médecins attachés à la clinique.

Stan Gray a vécu vingt-cinq ans au Québec. Il en parle aujourd'hui avec probité, voire avec passion, et en toute franchise. Manifestement, les dix-huit dernières années pendant lesquelles il a milité dans les entrailles industrielles de l'Ontario n'ont aucunement effacé les marques de ses expériences au Québec, tant en lui-même que sur l'histoire du Québec.

Un petit Juif nationaliste

Né à Montréal en 1944, Stan passe son enfance sur le plateau Mont-Royal, aux environs du boulevard Saint-Joseph et de la rue Jeanne-Mance. Son père, Nat, gagne péniblement le pain quotidien de la famille avec un petit commerce chancelant de tablettes métalliques, qui lui cause beaucoup de soucis. Avec une certaine froideur, Stan rappelle que son père avait très à coeur le développement de l'intelligence et de l'esprit de son fils. « Quand j'étais jeune, raconte Stan, nous discutions souvent ensemble d'histoire, de politique et de judaïsme. C'est lui qui m'a fait lire l'*Histoire du monde* de H.G. Wells, et nous avons passé des heures et des heures à comparer l'histoire contemporaine à celle des Romains et des Grecs. »

Dès l'enfance, Stan manifeste ses instincts contestataires. « Je me chicanais souvent avec mon père et je me révoltais contre son autorité. » Marxiste actif, Nat a travaillé à la campagne électorale de Fred Rose, il y a connu Léa Roback et, pendant les années quarante et le début des années cinquante, il a enseigné le marxisme dans des classes organisées par le Parti communiste. « Mon père m'a communiqué sa compréhension du socialisme qui, pour lui, incarnait entre autres la lutte pour la libération des opprimés et l'opposition au militarisme. »

Stan commence son cours primaire à l'école Morris Vineshevsky, un établissement scolaire juif, non religieux. L'orientation idéologique de cette école est carrément progressiste ; tout en dispensant la formation de base habituelle, on y enseigne aussi les fondements du judaïsme. « L'atmosphère qui y régnait était chaleureuse. Les enseignants étaient sympathiques et nous étions comme une grande famille. Par ailleurs, je m'y sentais relativement libre. J'y ai beaucoup lu et étudié la Torah, de même que les récits judaïques. J'y ai aussi appris à lire et à parler le yiddish, faculté que j'ai perdue depuis. »

Stan Gray ne s'en cache pas : « À ce moment-là, j'étais ni plus ni moins qu'un petit Juif nationaliste ! »

Ce n'est pas la pratique de la religion mais bien l'étude de l'histoire du peuple juif qui l'amène à s'identifier comme Juif. « Je m'identifiais à ce peuple opprimé, foulé aux pieds et abattu, qui se battait pour se libérer et se trouver un foyer national. »

Il se souvient très bien qu'à l'époque de ses cinq, six et sept ans, le fait d'être Juif dans son quartier n'était pas de tout repos. « C'était la guerre entre des bandes de gamins juifs et de gamins 'français[1]'. Les Français représentaient évidemment l'ennemi. On se criait des noms comme 'sales Juifs' et 'maudits pepsi', lorsque ce n'était pas l'échange de roches, de balles de neige ou de coups de bâtons. Tous avaient peur de se promener seuls, le soir, et il était préférable de toujours être accompagné de ses semblables.

« Il existait alors des barrières ethniques très étanches entre les deux groupes. Même si, des deux côtés, nous nous trouvions au bas de l'échelle, nous, les Juifs, nous étions en plus une minorité. Et comme minorité, on se faisait écraser par les autres. Jusqu'à l'âge de neuf ans, mon univers se limitait à celui des Juifs et des Français, car les 'Anglais[2]' n'existaient ni dans ma vie quotidienne, ni dans ma conscience. »

Un changement radical survient lorsqu'on l'inscrit à la commission scolaire anglo-protestante pour sa troisième année primaire. « J'étais époustouflé de découvrir, assure Stan, qu'il existait des Anglais, qui n'étaient ni Juifs, ni Français. D'ailleurs, jusqu'à l'âge de vingt ans, je ne percevais pas les Juifs comme faisant partie des Anglais. »

Voici un souvenir marquant de ses premiers jours à l'école protestante : « Un jour, nous étions occupés à la lecture de la Bible. Tout à coup, une réflexion me traverse l'esprit. Je me suis dit : 'Ces maudits escrocs ! Ils ont plagié l'histoire des Juifs et l'ont traduite en anglais ! Ils ont tout simplement changé quelques noms ; Moïshe est

---

1. Il s'agit en réalité des Québécois francophones, que Stan appelle ici les « Français », en utilisant l'expression de sa jeunesse.

2. Stan utilise encore l'expression de l'époque, où le mot « Anglais » indiquait des protestants d'origine britannique, et non des anglophones. À plusieurs reprises, durant l'entrevue, Stan soulignera en effet que dans son esprit il identifiait les protestants d'origine britannique comme étant des « Anglais » et qu' ça ne voulait pas dire « anglophones ».

devenu Moïse.' J'étais outragé, hors de moi. J'ai couru à la maison et, en criant, j'ai dénoncé à mes parents le scandale qui se passait à l'école. »

Stan n'est pas emballé non plus par tout ce qui suit cette initiation à l'école « anglaise ». Le nouvel environnement quotidien lui paraît autoritaire et froid. « On nous imposait une discipline militaire. Il existait des rapports hostiles entre étudiants et professeurs ; de plus, mes professeurs étaient tous anglais, même si la population étudiante comptait bon nombre de Juifs. »

Dans cette ambiance tendue, Stan s'insurge et subit des punitions corporelles à plusieurs reprises de la part du directeur de l'école. « Lorsque ce vicieux me tapait, il hurlait et évidemment je pleurais à chaudes larmes. Je le priais d'arrêter, mais lui se moquait de moi. Ainsi, la conception d'une caste anglaise, protestante, militariste, sadique et vicieuse a commencé à prendre forme dans ma tête. »

Un maudit bon à rien et un révolté, une vraie honte...

À l'école secondaire Montréal West, Stan continue à contester l'autorité de façon systématique et il se fait encore cogner dessus. Il raconte ses expériences comme une sorte d'apprentissage dont il paraît fier, aujourd'hui : « J'étais assez costaud, et ces taloches fréquentes m'ont permis de développer une attitude mentale qui minimisait la douleur. J'ai également appris quand et comment montrer mes réactions, afin d'employer un peu de psychologie pour mieux contrôler l'agressivité de mes instituteurs et du directeur de l'école. »

Stan ne passe pas tout son temps à jouer des tours en classe et à déranger ses professeurs. C'est également un excellent étudiant et un leader respecté dans les activités parascolaires. Même qu'en certaines matières académiques, c'est lui qui a la meilleure note et qui remporte la palme, notamment lors d'un concours oratoire. Il brille aussi au football où il joue à un niveau supérieur à son âge, devenant plus tard capitaine de l'équipe durant sa dernière année. D'autre part, il devient président du cercle Gaylords, une organisation de jeunesse de B'nai Brith[3].

Stan ne laisse indifférents ni les étudiants ni les enseignants. Un jour, après des recherches élaborées sur la révolution russe, il soumet son travail à sa professeure d'histoire : « J'avais contesté son interprétation de cette période en m'appuyant sur d'autres livres que ceux qu'elle nous avait suggérés. Elle a passé le cours entier à décrier mon audace et à dénoncer mon insolence, c'est-à-dire d'avoir osé questionner 'sa' vérité ! Il faut cependant admettre que si quelques-uns de ces enseignants se sentaient menacés par l'intérêt que je manifestais pour leur matière, d'autres, par contre, m'ont encouragé. »

Quant aux étudiants, ils respectent Stan et lui font confiance. Par exemple, en dixième année, Stan décide de se présenter comme président du conseil étudiant : « Lors d'un examen, j'avais fourni une réponse frivole à une question et par la suite le professeur a montré ma réponse au directeur de l'école. Le professeur n'en était pas vraiment outragé, mais le directeur a saisi l'occasion pour me suspendre de l'école pendant deux semaines, me disqualifiant ainsi pour les élections à la présidence. Les joueurs de l'équipe de football en étaient révoltés et se sont donné le mot... Le lendemain de mon retour à l'école, c'était la remise des prix aux étudiants les plus méritoires, devant les quelques centaines d'étudiants de l'école. Je suis monté sur l'estrade à quelques reprises pour recevoir mon prix dans telle matière ou telle activité, et chaque fois l'auditoire complet m'a ovationné. Le directeur de l'école était tellement furieux qu'il a fustigé la salle en disant qu'il n'y avait pas de quoi faire de moi leur héros, car j'étais simplement un maudit bon à rien et un révolté... Une vraie honte ! »

Les autorités de l'école essaient donc, sans succès, de briser sa détermination et son esprit de rébellion. Tout insubordonné qu'il soit, il récolte de bonnes notes, et c'est ce qui le sauve. De plus, il bénéficie de l'appui de ses pairs et a lui-même pleine confiance en ses capacités. « J'étais la plupart du temps convaincu d'avoir raison, affirme Stan sans une trace de modestie, et c'est grâce à cela que je réussissais à me sortir de situations difficiles. À l'école nous n'étions

3. Organisation internationale juive qui chapeaute plusieurs activités culturelles et récréatives, et diverses oeuvres de bienfaisance.

pas nombreux, mais ce sont les plus intelligents qui se révoltaient avec moi contre l'autoritarisme de la direction. »

En terminant ses études secondaires, au début des années soixante, Stan fait la découverte de la question de l'indépendance du Québec à travers le célèbre livre de Marcel Chaput[4]. L'impression favorable laissée par cette première lecture l'incite à parcourir d'autres bouquins sur le Québec : « Les Canadiens français étaient la majorité et ils étaient opprimés. Ils constituaient un peuple en exil, dominé par un maître colonial qui les empêchait d'exercer les droits appropriés sur leur système scolaire et de parler leur propre langue en tous lieux. Ils étaient dominés socialement, économiquement et linguistiquement par des étrangers. Les faits et les statistiques étaient là, à l'appui — je voyais donc que les Canadiens français subissaient exactement la même situation que les Juifs ! Et nous avions une cause commune. En conséquence, en mettant en application ce que j'avais appris à l'école Morris Vineshevsky, et en tant que Juif nationaliste, je suis devenu séparatiste ! »

Et Stan de rappeler en souriant que son père ne comprenait pas du tout qu'un Juif, « comme mon fils ! », puisse ainsi appuyer les Canadiens français.

Les poings serrés

À l'automne 1961, Stan s'inscrit à l'Université McGill au programme du baccalauréat ès arts, avec une concentration en sciences politiques. Nul n'aurait pu prévoir, à ce moment-là, l'effet de cette « rencontre » entre Stan Gray et le Royal Institution for the Advancement of Learning — McGill College[5], sur la tranquillité relative de l'Université, et sur les relations futures de celle-ci avec la société québécoise. Car la contestation étudiante n'est alors qu'en gestation, et la montée du nationalisme et du « séparatisme » débute à peine.

Stan est un étudiant « modèle ». Il lit avec voracité, surtout des livres d'histoire, d'économie politique et de sociologie, et des

---

4. *Pourquoi je suis séparatiste*, Marcel Chaput, Éditions du Jour (1961).
5. Institution ayant reçu sa charte du roi d'Angleterre George III, le 31 mars 1821.

ouvrages sur le marxisme. Très actif et engagé, il milite en faveur du désarmement et de la paix au sein d'un organisme appelé Canadian Universities Campaign for Nuclear Disarmament, et il devient président, en 1962, du McGill Socialist Club.

À cette époque, un incident marquant viendra chambarder sa façon de penser, et par la suite, toute sa conduite. Des étudiants organisent une grande marche sur le Parlement de Québec en faveur de l'accès universel à l'éducation universitaire, et Stan prend place dans un autobus qui s'arrête près de l'Université de Montréal, pour y faire monter des étudiants de cette institution : « Depuis l'âge de dix ans, je n'avais plus eu de contacts avec les Canadiens français, et voilà que tout à coup, j'aperçois des étudiants français qui montent dans l'autobus. J'ai eu alors une réaction spontanée, quasiment biologique, dans les tripes : j'ai serré les poings et je me suis apprêté à fesser, à me défendre contre cet ennemi de mon enfance.

« Cette peur et cette menace incarnées par ces 'Français' étaient profondément enracinées en moi, poursuit-il les poings serrés. Mais là, tout à coup, ça a fait *crac*... et ma réaction m'a fait prendre conscience du véritable état de la situation. Je me suis dit : hélas, ce ne sont pas mes ennemis, mais plutôt mes alliés ! Je me suis ressaisi, et tout le long du trajet vers Québec, j'y ai réfléchi. »

Stan vit une autre expérience notable lors d'un emploi d'été au bureau de télégraphie du Canadien National, à Montréal. Il s'y trouve à l'époque où Donald Gordon, le président du CN, fait sa fameuse déclaration[6]. « De mes propres yeux, j'ai constaté pendant mes quatre mois au CN, que tous les boss, sans exception, étaient anglais... et tous les travailleurs que je fréquentais étaient français. L'anglais était, par contre, la langue de travail. À la même époque, je lisais beaucoup d'écrits indépendantistes. Et c'est là que s'est effectuée dans mon esprit la jonction entre mes lectures et la réalité sociale et politique du Québec. »

À l'été de 1963, Stan travaille comme journalier dans l'industrie de la construction. Il passe ses huit heures de travail à pelleter, mais un jour, subitement, il s'évanouit à cause de l'excès de poussière res-

---

6. Donald Gordon avait expliqué l'absence de cadres francophones au conseil d'administration du Canadien National en déclarant que les promotions s'y faisaient « au mérite ». Cette insinuation que les francophones n'étaient pas assez compétents pour accéder à ces hautes fonctions a provoqué des manifestations et des protestations dans plusieurs milieux.

pirée. C'est ainsi qu'il éprouve pour la première fois des conditions qui, quinze ans plus tard, deviendront sa principale préoccupation : les conditions de santé et de sécurité au travail.

Les mêmes ennemis

Au début des années soixante, c'est l'époque du « Maîtres chez nous », slogan électoral du Parti libéral, et de la nationalisation de l'électricité. Le mouvement étudiant s'agite sur les campus de l'Université de Montréal et de Laval. Survient aussi la fondation du Rassemblement pour l'indépendance nationale (RIN) et la publication de la revue indépendantiste *Parti Pris*. Stan suit le tout avec beaucoup d'intérêt et fait ses premières rencontres dans les milieux nationalistes. Il assiste à plusieurs réunions et participe à des manifestations populaires. « Je me rendais compte que leur analyse était très avancée et plus sophistiquée que la mienne. J'ai beaucoup appris dans ces réunions. Même si je m'y sentais un peu touriste, j'ai écouté et absorbé le plus de connaissances possible. »

Quand Stan se remémore les nombreuses manifestations de l'époque, il devient plus animé. Tout était alors prétexte à marcher dans la rue : la défense des libertés civiles, la dénonciation de la répression policière, la défense de la langue française dans les écoles d'immigrants, etc. Des manifestations se produisent devant les édifices de la GRC, au Palais de justice, dans l'est de la ville... partout. Il n'est pas non plus exceptionnel que les forces de l'« ordre » attaquent les manifestants, et Stan goûte à leur médecine à plus d'une reprise : « J'allais seul, ou avec un ou deux amis, rejoindre quelques centaines de militants dans un quartier populaire comme Hochelaga. Pendant que nous défilions dans les rues, des gens descendaient des balcons, sortaient des tavernes, abandonnaient leurs emplettes au magasin, quittaient leur table de billard, et à la fin de la manifestation, nous étions des milliers. C'était un mouvement vraiment populaire, en ce sens qu'on ressentait cette espèce de symbiose entre les manifestants et le monde ordinaire. »

Ces manifestations, dans l'est de Montréal, lui rappellent le quartier de sa jeunesse. « Il m'est apparu évident que cette population ouvrière, c'était moi, dans mon ghetto, vingt ans plus tôt. Nous avions les mêmes ennemis : les enseignants autoritaires, le fouet, et les élites de Westmount qui exploitaient et volaient le Québec. Il m'était donc facile, naturel en tant que Juif connaissant la même situation et se sentant victime du système, opprimé par les mêmes pouvoirs, de m'associer et de m'identifier à eux. Force me fut donc de constater que quand j'étais jeune, j'avais fait erreur en dirigeant mon agressivité et ma haine contre les Canadiens français, plutôt que contre les véritables responsables de cette oppression. »

Stan termine ses études à McGill au printemps 1965. Récipiendaire d'une bourse de maîtrise pour aller à l'Université d'Oxford, en Angleterre, il écrit sa thèse sur le comportement des travailleurs aux scrutins électoraux. Contrairement aux théories des penseurs de la droite — et parfois même de ceux de la gauche — Stan y postule que, depuis la Révolution industrielle, les travailleurs ont été systématiquement opposés au statu quo. « Les théoriciens de la droite et ceux de la gauche avaient une attitude méprisante envers la classe ouvrière, et j'ai vertement critiqué les écrits de la *New Left*. »

À la fin de ses études, deux ans plus tard, il termine premier de sa classe.

À l'Université d'Oxford, la « bonne société » ne séduit aucunement Stan. Il se fait plutôt des amis dans les quartiers ouvriers de Londres. Il devient même président du Labour Club[7] et est en outre actif dans un groupe de socialistes. « L'atmosphère de cette illustre Université m'étouffait. Je n'ai donc pas beaucoup appris de mes professeurs. Cependant, je me suis intéressé de très près aux divers courants intellectuels qui circulaient en Europe à cette époque, et j'en ai tiré plusieurs enseignements. La conscience politique populaire et l'organisation de la classe ouvrière y étaient plus développées qu'en Amérique du Nord. Par ailleurs, je me rappelle que je lisais *Parti Pris* régulièrement dans le *laundromat* d'Oxford, pendant que les machines à laver bourdonnaient.

« Ce changement de contexte, de pays et de culture, de même que le fait d'avoir quitté Montréal, la famille et les vieux amis, m'a permis de réfléchir, de me développer intellectuellement et de prendre conscience de beaucoup de nouvelles réalités. J'ai approfondi mes idées et j'ai relevé de nouveaux défis. C'était fascinant et libérateur ; je crois que l'expérience m'a permis de m'assagir et d'acquérir davantage de confiance en moi. »

---

7. Groupe associé au Parti travailliste sur le campus de l'Université d'Oxford.

Pendant son séjour à Oxford, son père meurt. Stan revient à Montréal en novembre 1966 pour les funérailles. Se voyant dorénavant le principal support financier de sa famille, il fait une demande d'emploi pour un poste de suppléant au Département de sciences politiques de l'Université McGill. L'emploi lui est accordé pour la session de l'automne suivant.

McGill Français égale congédiement

En même temps qu'il commence à enseigner à McGill, Stan s'engage naturellement dans les activités et les débats de l'heure sur le campus. Par exemple, la liberté d'expression autour de la chronique de John Fekete [8], qui secoue l'Université tout entière, les revendications en vue de démocratiser l'Université et la mobilisation contre la guerre du Viêt-nam. Stan devient rapidement un leader de ces mouvements. Arrêté lors d'une occupation de l'édifice de l'administration de l'Université, il est accusé d'assaut sur un policier. Une photo prise au hasard indique que c'est plutôt lui qui a été agressé par le policier : il est donc disculpé. À la même époque, Stan fait la connaissance de Mark Rudd, de l'Université Columbia, un des leaders du mouvement étudiant américain ; par la suite, il prend contact avec d'autres militants de mouvements de protestation aux États-Unis et au Canada anglais.

Les cégeps voient le jour en 1967. Presque immédiatement une certaine agitation commence à gronder parmi ce nouveau bassin d'étudiants. La formation du Mouvement souveraineté-association (MSA), les affrontements linguistiques de Saint-Léonard, de même que les déclarations percutantes de Michel Chartrand font la une des journaux. À l'automne 1968, des milliers de cégépiens manifestent en faveur de l'accès à l'éducation universitaire ; car le gouvernement de l'Union nationale, qui avait promis l'été précédent une loi en vue de créer une deuxième université francophone à Montréal, tarde à respecter son engagement. Le 20 octobre 1968, donc, plus de 12 000 cégépiens partant de l'Université McGill manifestent pour

---

8. John Fekete, un étudiant de McGill, avait reproduit dans le journal étudiant, un article qui décrivait la supposée nécrophilie de Lyndon Johnson envers John Kennedy. Les réactions, tant de l'Université que des médias anglophones de Montréal, ont provoqué un grand débat sur l'obscénité.

la création de places supplémentaires dans le système universitaire québécois.

Stan raconte les réflexions qu'il nourrissait alors, comme bien d'autres, sur la nature du mouvement étudiant à McGill : « Les étudiants ne sont certes pas les plus mal pris de la Terre, nous disions-nous, mais ils peuvent devenir des alliés de la classe ouvrière, véritable moteur de changement social. En fait, la guerre du Viêt-nam, et toutes les autres causes 'nobles' à travers le monde, c'était facile d'y adhérer pour les étudiants de McGill parce qu'il s'agissait de luttes relativement abstraites ; tandis qu'autour de nous, il y avait une lutte bien concrète et réelle pour la libération du Québec... Ce n'était pas malséant d'appuyer les luttes de libération qui se déroulaient à l'étranger, bien sûr, mais j'estimais qu'il fallait aussi prendre conscience des enjeux et participer aux batailles de notre société à nous, entre autres celles des travailleurs québécois et celle de la lutte nationale.

« Michel Chartrand disait alors que les universités ne devaient pas être détruites mais changées de l'intérieur afin de servir les véritables intérêts des travailleurs. J'étais d'accord avec lui, et contre la violence que certains prônaient à l'époque. »

La mise en application de cette analyse, à l'Université McGill, et son éventuel aboutissement dans l'action, vont profondément ébranler non seulement les autorités de McGill et la communauté anglophone, mais également les étudiants progressistes. Mais Stan n'y va pas par « quatre chemins »... « McGill est une institution de l'élite anglophone qui joue un rôle d'oppresseur envers les Québécois, un peu comme les Rhodésiens ou les Sud-Africains blancs, disions-nous alors. Il fallait s'attaquer à ce rôle et le changer. Donc, les activités et l'orientation des progressistes devaient s'ajuster en conséquence. À travers ce débat, beaucoup de préjugés 'anti-français' ont fait surface. » Stan admet aujourd'hui, après coup, qu'il savait que cette polémique créerait une intense polarisation de part et d'autre.

Très conscients qu'ils risquent fort de s'aliéner la sympathie de la grande majorité des étudiants engagés, un groupe de progressistes, dont Stan, se mettent alors à s'organiser et à débattre un programme. « J'étais pourtant très décidé et intellectuellement résolu à vivre et à agir selon mes principes. »

Il est temps de passer aux actes !

Stan publie dans le journal étudiant, le *McGill Daily*, un éditorial dans lequel il appuie la grève des chauffeurs d'autobus. Son article soulève un tollé général. « On pouvait écrire presque n'importe quoi d'indigne ou de démesuré sur ce qui se passait au Viêtnam, sur le pouvoir étudiant ou sur le *pot*, ça passait sans problème... à l'époque. Mais appuyer un conflit ouvrier ! La réaction fut carrément hostile. J'y ai vu une hypocrisie que je tenais à démasquer. »

Stan fait alors la rencontre de François-Mario Bachand, par l'entremise de Donna Mergler, et il commence à participer aux réunions du Comité indépendance-socialisme (CIS). Il a beaucoup de difficultés à s'exprimer en français, quoiqu'il comprenne bien les propos de ses interlocuteurs. Il avoue, en riant : « Ils ne s'attendaient pas à ce que je puisse m'adresser à eux en français, et ils furent même surpris que je parle, un point c'est tout. Mon entourage n'incluait pas encore de francophones, même si j'avais déjà beaucoup plus de contacts avec eux. »

C'est à l'époque de Noël 1968 que naît l'idée de « McGill Français[9] ». En janvier 1969, dans un entrefilet laconique publié par *La Presse*, on annonce une manifestation devant l'université, organisée par le CIS, le Front de libération populaire[10] (FLP) et certains groupes de cégépiens. Le communiqué ne reçoit aucun écho dans les organes d'information officiels de l'Université. L'Assemblée des gouverneurs de l'Université est également perturbée à quelques reprises par Stan et ses camarades qui leur demandent des comptes sur les relations entre l'Université et la société québécoise.

Le 10 février 1969, le *McGill Daily* publie un article signé Stan Gray et intitulé « McGill and the Rape of Québec ». Le même jour, des étudiants de l'Université Sir George Williams (devenue aujourd'hui Concordia) occupent leur centre d'informatique pour protester contre un professeur qu'ils accusent de racisme.

---

9. Quatre-vingt-trois pour cent de la population québécoise était francophone ; 42 % des places disponibles dans les universités au Québec se trouvaient dans les universités anglophones, qui recevaient 30 % des subventions du gouvernement provincial. « McGill Français » avait pour objectifs de transformer McGill en université francophone sur une période de trois ans, d'y admettre immédiatement des milliers de cégépiens francophones, d'ouvrir la bibliothèque au public et de diminuer les frais d'inscription à l'université.

10. Le Front de libération populaire est un groupe d'opposition extra-parlementaire prônant l'indépendance du Québec et un socialisme autogestionnaire.

Le réveil du lendemain est brutal pour Stan : un commissaire de l'Université lui remet par livraison spéciale une lettre l'avisant de son congédiement de l'Université. À la radio, il apprend la tenue d'une manifestation d'appui aux étudiants occupant Sir George Williams. Venu annoncer son renvoi à ses étudiants, il les invite à « aller voir » ce qui se passe à l'autre université anglophone du centre-ville — où ils apercevront des milliers d'étudiants et de curieux, de nombreux policiers et des dizaines de milliers de cartes d'informatique qui tombent comme des flocons de neige sur la foule ! La rumeur circule que le centre d'informatique est en feu, et les pompiers arrivent effectivement sur la scène. Dans tout ce chaos, un homme d'affaires bien habillé, membre de l'Assemblée des gouverneurs de McGill, reconnaît Stan et lui tient le discours suivant :

« Gray, we've got you all now ! We know who you bastards are ; and all you guys are finished. You're fired today and now we'll deal with Sir George. Watch what's going to happen... just you watch us... » [11]

« Normalement, ces gars-là ne se promènent jamais à l'extérieur de leurs limousines, comme ça, prétend Stan. Alors c'est clair que tout fut mis en scène par l'élite dominante afin de pouvoir provoquer et polariser l'opinion publique. Les étudiants de Sir George Williams n'étaient pas fous au point de mettre le feu, surtout qu'ils auraient bloqué ainsi leur seule porte de sortie. Je sais d'ailleurs qu'eux, ils ne l'ont pas fait. Non, la police voulait mettre fin à l'occupation et, pour y arriver, les gens du pouvoir ont délibérément créé un incident-choc pour mobiliser l'opinion contre les étudiants. »

Notons que plusieurs années après, le public a eu droit à certaines révélations sur les activités illégales de la Gendarmerie royale canadienne (GRC) et de certaines escouades de la police de Montréal de l'époque. Stan élabore son analyse : « Le pouvoir expérimentait alors, en 1969, des tactiques de provocation qu'il a raffinées l'année suivante, lors de la Loi des mesures de guerre. Le pouvoir financier anglais se sentait menacé par la montée de la conscience nationale et sociale des Québécois, de même que par la remise en cause d'institutions sises sur leur propre territoire, comme McGill et Sir George Williams. Ces gens-là voulaient définir eux-mêmes les conditions de

---

11. « Gray, enfin on vous a tous ! On sait quels espèces de vauriens vous êtes, et toi et ta gang vous êtes finis. Tu es congédié aujourd'hui, et maintenant on va régler le cas de Sir George. Regardez-nous faire... regardez-nous bien... »

la lutte en prenant l'initiative. Plutôt que de s'attaquer aux inégalités du système d'éducation et à l'exploitation des travailleurs, plutôt que de reconnaître les droits linguistiques des Québécois francophones, ils ont cherché à faire dévier le débat sur la violence ; l'ordre social vs l'anarchie ! En provoquant les étudiants, puis en les présentant ensuite comme des 'fous', on visait à monter la population contre les étudiants afin d'utiliser la réprobation populaire contre tous les contestataires dans la société. »

Le prétexte utilisé pour congédier Stan Gray, c'est sa participation aux activités qui ont perturbé les rencontres de l'Assemblée des gouverneurs et ceci, en dépit d'une recommandation de son Département de renouveler son contrat d'enseignant pour l'année suivante. Au début, la réaction sur le campus est massive et bruyante. Plus de trois mille étudiants participent à une manifestation d'appui, dénonçant le geste de l'Université comme une attaque à la liberté académique. « Les dirigeants de l'Université pouvaient tolérer les perturbations étudiantes sur plusieurs questions, mais le spectre d'un McGill Français les a décidés à réagir. Sans McGill Français, ils n'auraient jamais osé provoquer les étudiants, car j'aurais alors bénéficié d'un support solide : ils pariaient sur l'affaiblissement de cet appui lorsque seraient connus les véritables enjeux de nos revendications sur l'avenir de McGill. » Et ils ne se sont pas trompés là-dessus : il n'est resté que peu d'étudiants à McGill qui soient en faveur de la francisation de leur université.

Par contre, le congédiement de Stan Gray a d'autres répercussions que les dirigeants de l'Université n'ont sûrement ni prévues ni cherchées. Lysiane Gagnon, journaliste à *La Presse*, rédige un reportage sur Stan Gray, accompagné de sa photo. D'autres médias emboîtent rapidement le pas. En peu de temps, le congédiement du professeur Gray et la cause du McGill Français s'amalgament et le tout devient un des principaux sujets d'actualité. « Pour l'administration de l'Université, à mon avis, ce congédiement s'est transformé en gaffe monumentale. L'intérêt du public a été stimulé par la publicité qui a été faite autour du congédiement. C'était là une caricature grotesque : un professeur anglophone qui appuie les Québécois francophones, se fait foutre à la porte parce qu'il veut faire de la place aux cégépiens francophones ! McGill Français et mon congédiement sont devenus un événement médiatique national ! »

Le quotidien *Montreal Star* publie également une photo de Stan aux côtés de Raymond Lemieux, du Mouvement pour l'intégration scolaire [12] (MIS) : les intervenants aux lignes ouvertes des stations de radio anglophones ne cessent alors de les clouer au pilori, et Stan s'attire la grande part des foudres. Des diplômés prestigieux de McGill, tels Wilder Penfield et Frank Scott, font des plaidoyers passionnés en faveur du statu quo, et les journaux des banlieues du West Island qualifient Stan de « traître ». Quant aux revendications concernant McGill, elles sont ridiculisées, et Stan devient la cible, faite sur mesure, de la paranoïa de bien des gens.

« Il y a d'abord eu des appels téléphoniques de menaces, puis carrément des menaces de mort. J'ai changé de numéro de téléphone, mais en vain. Je ne pouvais plus marcher seul sur le campus et je n'osais plus me promener dans l'ouest de la ville. Imagine donc ! Moi, un bon petit Juif de Montréal, féru de *smoked meat*, plus capable d'aller chez Ben's !

« Face à la surveillance policière, j'ai dû quitter mon appartement et ne jamais rester au même endroit deux soirs d'affilée. Dans l'ensemble, j'étais l'objet d'une hostilité incroyable. »

En vue de préparer la manifestation de McGill Français, Stan, accompagné de Michel Chartrand et de Raymond Lemieux, fait le tour du Québec pour exposer les objectifs du mouvement à des assemblées syndicales et étudiantes. Des milliers de personnes répondent à l'appel. La première édition spéciale « en français » du journal étudiant *McGill Daily* est tirée à 100 000 exemplaires. Le harcèlement et la surveillance des autorités augmentent au même rythme que l'intérêt populaire pour les revendications du mouvement : lignes téléphoniques sous écoute, filature de militants, fouilles de résidences privées, arrestations, interrogatoires, confiscation de documents... L'appareil policier ne néglige rien. On surprend même des policiers en train de filmer et d'enregistrer une assemblée publique — tout ce qu'il y a de plus ouverte ! — cachés grossièrement dans une salle de projection !

« Je me souviens d'une assemblée particulièrement tumultueuse au Conseil central des syndicats nationaux de Montréal (CSN). À la sortie, des policiers nous ont interceptés, nous ont sommés de mettre

---

12. Le MIS et Raymond Lemieux étaient alors engagés dans des affrontements linguistiques à Saint-Léonard. Dans les médias anglophones de l'époque, ils furent fustigés comme des extrémistes intolérants.

les mains contre la mur, nous ont fouillés, nous ont volé les notes prises à l'assemblée avant de nous obliger à passer la nuit en prison, sans jamais nous accuser de quoi que ce soit !

« Je provoquais les flics qui me suivaient partout en les pointant du doigt. Je me moquais d'eux. En somme, cette tournée que j'ai faite avec Michel et Raymond, de même que l'ensemble de mes expériences reliées à McGill Français, furent pour moi une initiation rapide à la société québécoise. »

François-Mario Bachand, un des principaux organisateurs, est arrêté et battu par la police, au point qu'il s'enfuit du Québec vers Cuba une semaine avant la manifestation.

Le gouvernement du Québec fait appel aux services de l'armée d'Ottawa, et la Ville de Montréal mobilise au-delà de mille policiers pour la manifestation du 28 mars 1969. La GRC se met de la partie et les médias à travers le pays prévoient un état de siège. McGill se transforme en forteresse. Le climat explosif fait pressentir un affrontement violent de premier ordre.

« La manifestation a rassemblé près de 15 000 personnes. En marchant du carré Saint-Louis à l'Université McGill, je me réjouissais en mon for intérieur de faire partie de cet immense mouvement qui s'était construit sur des revendications justes. J'étais à la fois ému, surexcité et fier, mais j'appréhendais ce qui nous attendait au bout du parcours. La tension dans l'air pouvait se découper au couteau, autant du côté des manifestants que des forces policières. De plus, je soupçonnais certaines gens, qui s'étaient placés assez proches de la tête de la manifestation, d'être en réalité des provocateurs à la solde de la police. Et dans un tel climat surchargé, il est impossible d'exercer un contrôle sur la foule en cas d'éventuelles provocations. De plus, je savais que, parmi les manifestants, certains songeaient à occuper l'université.

« Devant l'édifice, la présence de l'armée, de la Sûreté du Québec et de la police de Montréal était fort imposante. Un officier de police m'a tendu un haut-parleur en m'invitant à calmer la foule. Ce n'était pas mon intention, mais j'ai accepté l'invitation et je me suis mis à dénoncer l'injustice commise par les privilégiés de McGill. On m'a arraché le haut-parleur, mais avant même qu'on puisse m'arrêter, je suis disparu en me faufilant dans la foule. »

Finalement, les manifestants se dispersent, mais non sans qu'il se soit produit quelques escarmouches et arrestations, justifiant ainsi l'important déploiement des forces de l'ordre. Mais dans l'ensemble, le fameux affrontement violent tant prédit par les autorités n'a jamais lieu. Enfin, l'Université du Québec verra le jour quelque six mois plus tard !

L'arbitrage du congédiement de Stan débute en avril 1969. Il est défendu par Me Jacques Desmarais et Me Robert Burns, du contentieux de la CSN ; l'Université est représentée par un avocat diplômé du collège Balliol à Oxford, celui même où Stan s'était distingué deux ans auparavant. Cette fois-ci, cependant, Stan arrive deuxième, car son congédiement est confirmé par l'arbitre. Mais la décision, rendue durant l'été, lui accorde pourtant un an de salaire, ce qui lui permet de militer à plein temps au FLP et dans d'autres groupes de gauche.

Stan se rappelle le jour où il est allé chercher son chèque dans le bureau de Robert Shaw, un des directeurs de l'Université. « Shaw, un ancien entrepreneur, était un des extrémistes adversaires de McGill Français. C'était un homme d'affaires grossier et hargneux, gros cigare au bec... il me donne mon chèque et me crache : 'Ça nous a coûté une beurrée [13] pour te faire passer à la caisse ! Prends ton chèque, va-t-en et... *God damm you* !' »

Insulté par ces propos fielleux, Stan n'attend pas pour se venger... Il sort du bureau avec, dans sa poche, la brocheuse de luxe qui traînait sur le bureau du directeur !

Stan quitte définitivement son logement près de McGill pour s'installer dans le quartier du parc Lafontaine. Nullement découragé, il plonge dans la mobilisation et l'organisation du Mouvement pour un Québec français (MQF). Il donne des sessions de formation, collabore à la publication d'un journal et agit comme conférencier un peu partout. Il s'intègre dans la communauté québécoise francophone progressiste au point d'y passer presque la totalité de sa vie sociale.

Stan décrit l'ambiance, dans son quartier, à l'automne 1969, lorsque 50 000 personnes ont manifesté à Québec contre le projet de Loi 63 : « Je n'étais pas très souvent chez moi, donc je connaissais à

---

13. Stan a déclaré avoir entendu dire que son congédiement aurait coûté au-delà de 100 000 $ de frais à l'Université.

peine mes voisins. Mais pendant la semaine de mobilisation du MQF, les enfants me saluaient en levant le poing ! Pour les jeunes de six à huit ans, j'étais une sorte de héros local. »

Pendant ce temps, le FLQ fait parler de lui par diverses actions de « propagande armée », mais Stan n'est guère sympathique à cette stratégie. Lors de débats internes sur la question au FLP, une faction, dont Stan fait partie, accuse ceux qui prônent la violence d'être élitistes et méprisants envers les travailleurs. Stan explique sa position : « J'étais contre leur conception de la violence. Moi et ceux qui m'appuyaient, nous prônions plutôt un mouvement vaste et populaire. Par ailleurs, j'étais conscient de l'infiltration dans nos rangs et de la 'manipulation' exercée par diverses agences policières, et j'en parlais ouvertement. Je croyais que les autorités voulaient nous provoquer et polariser l'opinion publique en administrant une espèce de thérapie-choc à la population québécoise. C'est ainsi qu'ils comptaient démanteler notre mouvement. »

Ces débats internes sont très déchirants pour le FLP et, à l'été 1970, le groupe se dissout. L'automne suivant, Stan et ses partisans cherchent déjà à bâtir une nouvelle organisation.

« Celle-ci est pour toi, mon hostie ! »

En octobre 1970, deux cellules du FLQ passent à l'action : l'une enlève un chargé d'affaires britannique et l'autre, le ministre du Travail québécois. Le pouvoir en profite pour s'en prendre à tous les individus et groupes qu'il trouve dérangeants. Le premier ministre Pierre-Elliot Trudeau va prouver sa « virilité » aux Canadiens, et Stan Gray sera l'un de ceux qui goûteront à la médecine de la répression.

La Loi des mesures de guerre est proclamée le 16 octobre 1970, aux petites heures du matin. Durant cette nuit fatidique, Stan écoute à la radio la description des activités inhabituelles qui se déroulent au quartier général de la Sûreté du Québec, rue Parthenais, et d'où émerge un défilé de voitures de police. Simultanément, il entend frapper à la porte avant et à la porte arrière. « Je m'y attendais un peu. Le sergent-détective Grondin, cravaté, que je connaissais pour avoir déjà eu des accrochages avec lui, me dit calmement : 'On t'a maintenant, Gray ; tu ne peux rien y faire.' Ils étaient plusieurs policiers, l'air suffisant, à ramasser mes livres et mes papiers dans des sacs de vidange. Puis, ils m'ont emmené. Fait cocasse, ma blonde faisait semblant de dormir durant la perquisition. Ils ont voulu en savoir davantage sur elle, mais je leur ai raconté une histoire et ils n'ont jamais su qu'elle était une militante progressiste. »

Arrêté l'un des premiers, Stan est conduit au quartier général de la SQ, rue Parthenais. Une auto de police en avant et une autre en arrière, un policier armé d'une carabine à côté de lui : la démonstration de force est flagrante. Et Stan a bien en mémoire ses pensées du moment : « Voilà, que je me suis dit, l'État militaire est arrivé... Ils se sentent tellement menacés par notre mouvement de changement qu'ils ont orchestré une grande mise en scène pour ramasser les gens les plus actifs ! Hé oui, j'avais peur, mais pas pour ma vie. Car j'étais convaincu, à ce moment-là, que j'allais être incarcéré pour longtemps et que je n'en sortirais pas avant peut-être vingt ans. »

Arrivé à Parthenais, Stan aperçoit des soldats armés de mitraillettes et des agents de la SQ partout. « Des policiers, arrogants et prétentieux, se frottaient les mains en nous voyant. J'ai reconnu tout de suite plein d'amis qui avaient été arrêtés. Ce qui était apeurant, c'était justement le comportement de ces bonzes en vestes de cuir. Ils nous ont déshabillés, fouillés jusque dans l'anus, et ils ont monté des dossiers sur nous. Tout cela, évidemment, m'a fait me sentir très impuissant. »

Stan est incarcéré au sous-sol avec d'autres têtes d'affiche du mouvement, tels Michel Chartrand, Charles Gagnon et Pierre Vallières. Personne ne les informe de la promulgation de la Loi des mesures de guerre ; cela reste à l'état de rumeur. Les autorités éteignent la radio dès qu'arrive l'heure d'un bulletin de nouvelles. Tout est mis en oeuvre pour tenir les prisonniers « sur les nerfs » : à trois heures du matin, on claque les portes ; les lumières sont allumées et éteintes à des heures insolites. L'atmosphère est percée à l'occasion par les cris de prisonniers qui manifestent leur colère et leur frustration.

Stan est interrogé par les autorités à deux reprises, la première plus d'une semaine après son arrestation. Pourtant, à aucun moment, il ne sera question des enlèvements de Cross et de Laporte. Stan l'explique aisément : « Autrement, ils nous auraient interrogés tout de suite, la première nuit, mais ils savaient que moi, je n'avais rien à

voir là-dedans. Ils voulaient plutôt mettre leurs dossiers à jour et re-
cueillir de nouvelles informations sur l'ensemble des individus et des
organisations qui composaient le mouvement indépendantiste. Je
connaissais alors des gens très près du FLQ, et même un grand
'chum' des frères Rose, qui n'ont été interrogés, eux aussi, qu'une
semaine après leur arrestation. Je dois en déduire que les flics savaient déjà pas mal tout. »

Stan décrit un de ces interrogatoires : « Ils m'ont offert une ci-
garette et un café. Ils m'ont tout de suite avoué qu'ils savaient que je
n'avais rien à voir avec les enlèvements et même que je m'opposais
à ce genre d'action. Ils ont fait le récit des informations qu'ils
possédaient sur moi, en me demandant de confirmer l'exactitude des
faits. Toute mon histoire politique et personnelle y était : mon enfance, ma famille, mes oncles et mes tantes, mes professeurs, mes
nièces, une ex-blonde, où et quand j'étais né... Leurs dossiers
étaient déjà fort bien étoffés ; ils ont même prononcé correctement le
nom de l'école 'Morris Vineshevsky' ! Ils ont aussi volontairement
glissé des erreurs dans leur récit de ma vie pour me tester, mais je
ne les ai pas corrigées ; ils savaient, et je savais, que tout cela n'était
qu'un jeu. »

L'autre interrogatoire est moins détendu et familier. Le chef et
le chef-adjoint de l'escouade anti-terroriste, que Stan a connus lors
d'arrestations précédentes, le « travaillent » pendant une heure. Il est
alors question d'accusations de conspiration séditieuse et de trahi-
son. Le ton et l'approche sont maintenant durs et intimidants. Stan
relate les paroles des deux représentants de l'ordre : « Entre toi et
nous, m'ont-ils informé, dis-toi bien que nous allons en finir avec toi
et ton espèce. Il faut prendre les mesures nécessaires. Les lois sont
trop restrictives et les tribunaux ne sont pas assez vigilants. Que
penses-tu qu'on va faire ? Vous opérez sous le couvert de toutes
sortes d'organisations et on n'a pas le choix. La lutte, c'est la lutte.
On se fait menacer et on n'hésitera pas à mettre sur pied des
escouades de la mort !

« À ce moment-là, l'un d'eux a sorti une balle de revolver en me
lançant : 'Celle-ci est pour toi, mon hostie !'

« Sur le coup, je l'ai cru, mais après, en raisonnant, je me suis
dit que normalement, on n'avertit pas à l'avance, comme ça, un gars
qu'on a l'intention de tuer. J'ai donc fini par rester *cool*, ne prenant
pas plus longtemps la menace au sérieux. Et l'incertitude dans

laquelle nous baignions m'a convaincu progressivement que je passerais le reste de mes jours en tôle. Ma vie était finie ! »

Trois semaines après son arrestation, à la veille de ce que Stan croyait être son inculpation devant les tribunaux, on l'appelle pour le libérer. « Je n'en revenais pas, insiste-t-il. J'ai même dit à un garde qu'ils s'étaient sûrement trompés. Je n'avais pas du tout envie de jouer au fou : sortir pour être arrêté tout de suite après. Des copains m'ont donné des messages à transmettre à des gens de l'extérieur : je leur répondais que je serais de retour dans quelques minutes. En sortant, on m'a fait une allusion menaçante relativement à l'incident de la 'balle'. J'avais été libéré avec trois autres leaders du FLP. Nous étions tellement sûrs que c'était une ruse, que nous sommes allés prendre un café tout juste à côté de Parthenais, en attendant d'être arrêtés de nouveau. Comme cela ne s'était pas encore produit une demi-heure plus tard, nous nous sommes quittés en douce. »

Une décision difficile

Au sortir de prison, au début de novembre 1970, la situation au Québec, et particulièrement dans le milieu où Stan militait, est radicalement changée. En seulement six semaines ! Stan a alors vingt-six ans. Le désarroi du mouvement de gauche le fait réfléchir sur son rôle et sur son avenir dans un Québec toujours sous le coup de la Loi des mesures de guerre. Stan ne prend pas de décision précipitée, mais après un mois de vie clandestine, il part avec son amie à Toronto. Il raconte le cheminement parcouru pour en arriver à cette décision :

« Montréal était toujours en état de siège, avec la Loi des mesures de guerre et la police qui nous guettait sans répit. D'abord, je ne pouvais pas vivre toujours caché. J'étais un personnage public, avec un profil trop bien connu, identifié d'une façon telle qu'il était presque impensable pour moi de pouvoir trouver un emploi. L'étiquette de professeur congédié dans le cadre de McGill Français me collait toujours à la peau.

« Moi, je voulais n'être qu'un 'gars bien ordinaire'. Je ne voulais plus être en avant, mais plutôt vivre et respirer l'expérience ouvrière, travailler en usine et partir de zéro. Si jamais j'assumais de nouveau un rôle de leader, je devais le faire d'abord en apprenant l'abc de l'organisation et de la mobilisation. Je ne croyais pas avoir tant à enseigner, mais plutôt beaucoup à apprendre. Dans ce contexte de répression, et étant donné l'apprentissage que je désirais faire, qui m'aurait embauché dans une usine au Québec ? J'étais convaincu que cela m'aurait pris plusieurs années pour m'adapter et apprendre comme il faut. Par ailleurs, je n'avais pas assez de facilité en français, ayant toujours un accent anglophone, pour aller travailler, par exemple, à Saint-Jean. Il me semblait donc impossible de réaliser mes objectifs au Québec.

« J'avais été quasiment jeté dans une position de leadership, sans nécessairement avoir mérité un tel rôle, vu que je connaissais à peine la base et ses luttes. Je n'étais pas non plus tout à fait intégré à la vie et à la culture québécoises. Ce sont plutôt des gens de la base qui doivent assumer la tête de ces organisations.

« Mais par ailleurs, je ne voulais pas quitter le Québec. Émotivement, culturellement, j'y étais profondément attaché. J'étudiais donc sérieusement les options qui s'offraient à moi, avec des amis et des militants. Nos organisations étaient démembrées, leurs structures totalement pétées. La gauche était infiltrée par des délateurs qui nous espionnaient partout. Cette désorganisation, cette désorientation et cette démobilisation généralisées nous laissaient éparpillés et un peu désespérés. Quant à moi, j'avais des projets, et de plus, ma thèse de doctorat n'était pas terminée. Et dans ce contexte, mes chums m'ont approuvé… Il n'y a pas de doute, j'aurais préféré réaliser mes projets au Québec, mais je suis parti, avec ma blonde, pour Toronto. Par contre, dans ma tête, à ce moment-là, j'avais toujours l'intention de revenir dans ma ville natale. Avoir su que la Loi des mesures de guerre serait retirée si peu de temps après mon départ, je ne suis pas certain que j'aurais pris la même décision, ou du moins pas aussi facilement. »

Stan ne reste pas longtemps à Toronto. Il revient souvent voir des amis à Montréal, mais en janvier 1971, il s'installe à Hamilton. Au cours de cette année, il est tenté à plusieurs reprises de revenir sur sa décision de quitter le Québec. « Mais c'était embêtant, confesse-t-il. Si j'y retournais, il y avait toujours de grosses chances que je sois sollicité pour redevenir porte-parole d'un groupe, tandis qu'à Hamilton, où on ne me connaissait pas, je pouvais vivre ce que j'avais projeté.

« Pendant plusieurs années à Hamilton, je m'étais même abonné à *La Presse* et au *Devoir* ; mon appartement était d'ailleurs toujours engorgé de grosses piles de vieux journaux de Montréal. »

En février 1971, Stan vient chercher ses affaires, confisquées lors de son arrestation en octobre 1970, au quartier général de la SQ. « J'en ai ramassé des sacs de vidanges pleins, cependant toute ma correspondance avec François-Mario Bachand avait été mise à part et estampillée, un peu comme des pièces à conviction pour un procès. Tout ça m'a donné des frissons. »

Alors que Stan s'établit à Hamilton, François-Mario Bachand, lui, est assassiné le 29 mars 1971 à Paris, au moment où il s'apprête à rentrer au Québec. Stan parle de ce camarade avec qui McGill Français fut conçu. « Je ne l'ai pas connu longtemps, mais j'avais beaucoup d'admiration et de respect pour lui. À la même époque, un militant des Panthères noires, que je connaissais bien, fut abattu aux États-Unis et un autre ami, actif politiquement, a trouvé la mort mystérieusement dans un accident de voiture. J'ai vite conclu à une motivation politique à propos de l'homicide de François. Son assassinat m'a bouleversé et m'a fait peur, mais cela n'a pas vraiment influencé mes agissements. »

Ces assassinats, ainsi que l'incident de la « balle » survenu en prison, le font réfléchir : « Les autorités sont en mesure de me retracer et de m'espionner. S'ils avaient l'intention de me tuer, ils l'auraient fait. D'ailleurs, ils ont déjà eu beaucoup d'occasions de le faire et s'ils en avaient vraiment eu l'intention, ils ne m'auraient jamais laissé partir. Je ne passerai donc pas ma vie à vivre clandestinement et même si parfois j'ai peur, je dois essayer de mettre cela de côté et de vivre normalement. »

« *An Injury To One Is An Injury To All* »

En 1973, Stan se fait embaucher dans la division des produits électro-ménagers de l'usine Westinghouse, à Hamilton. Il y passe onze ans à respirer des produits toxiques, à affronter les contre-maîtres et la direction de la compagnie, à militer dans son syndicat, l'Union des ouvriers de l'électricité (UE), et à acquérir une compétence relativement aux conditions de santé et de sécurité au travail. Peu de temps après avoir commencé à travailler à l'usine, Stan est élu délégué d'atelier et ensuite, président du comité santé-sécurité de son syndicat local. « Je ne me prenais pas pour un autre et les gars m'ont accepté comme si j'avais été métallo toute ma vie, déclare Stan. On me voyait comme syndicaliste, militant, têtu et qui n'avait pas froid aux yeux, comme il y en a des milliers en Ontario. J'avais des connaissances à partager et d'autres avaient des notions à me transmettre. »

En 1979, Terry Ryan, un travailleur de Westinghouse, devient aveugle à la suite d'une explosion de dissolvant. Les fonctionnaires ontariens disculpent la compagnie, décision à laquelle Stan répond par sa propre enquête, minutieusement documentée. À contrecoeur, le ministère du Travail intente un procès à la compagnie et celle-ci finit par plaider coupable.

Pendant tout ce temps, Stan doit cacher son passé à ses camarades de travail et à ses amis. Les permanents syndicaux de l'UE connaissent pourtant ses origines et, à l'occasion, en parlent en son absence. Stan avoue son malaise : « Ça m'achalait d'étouffer mon passé, d'être malhonnête envers les autres travailleurs, mais j'avais peur pour mon job. »

En 1981, lorsque Stan se présente comme candidat aux élections des officiers syndicaux, une campagne de « salissage » l'accuse d'être un communiste et un felquiste, et même d'être un agent de police, en plus d'être un ex-prisonnier. « Cela m'a fourni l'occasion de donner l'heure juste sur ma situation. Je pouvais tout expliquer et mettre cartes sur table. Ce fut une expérience très satisfaisante et cela m'a délivré d'un poids important. Je me suis senti très bien. On me connaissait déjà très bien à l'usine de Westinghouse et les travailleurs ont très bien compris que j'avais été dans l'obligation de leur cacher certaines choses. »

En 1982, Stan et le comité de santé-sécurité se plaignent des peintures au plomb utilisées dans l'usine. Encore là, les fonctionnaires ontariens concluent que la compagnie respecte les normes sur les quantités de plomb qu'il est permis d'utiliser dans les peintures. Stan mène une campagne d'information publique, encore appuyée par des tests et des recherches sérieuses. Le ministère du Travail ontarien et Westinghouse reculent de nouveau et la compagnie se débarrasse de toutes les peintures à base de plomb. Stan poursuit la contestation en accusant un fonctionnaire du ministère du Travail d'avoir harcelé son comité. La plainte devant la Commission des relations de travail de l'Ontario devient un cause célèbre. Elle est rejetée, mais pas avant que les conditions de travail dangereuses de Westinghouse et l'ensemble de la question de la santé et de la sécurité des travailleurs ne fassent l'objet d'importants débats sur la place publique.

En 1984, Stan quitte Westinghouse afin de se consacrer à plein temps à la lutte pour des conditions de travail plus saines. Il devient directeur de l'Ontario Workers' Health Center, une clinique indépendante, à l'avant-garde des batailles de santé et de sécurité au travail pour les travailleurs et travailleuses ontariens.

Stan reste toujours animé par la même passion de revendication, le même esprit de justice et les mêmes convictions profondes qui l'ont amené à ébranler sérieusement le statu quo à l'Université McGill et, par extension, la sérénité de la communauté anglo-québécoise.

Un Juif ben ordinaire

Du petit Juif nationaliste à l'ouvrier de Westinghouse, en passant par le leader de McGill Français, Stan vit des transformations profondes, tout comme la communauté juive québécoise. Les rues de son enfance ne sont plus témoins de batailles entre Juifs et Canadiens français, et Stan n'est plus un petit Juif nationaliste.

Les expériences juives et les rites judaïques sont absents depuis longtemps de sa vie quotidienne, mais sa philosophie et ses opinions sur le judaïsme sont néanmoins réfléchies. L'apogée de sa notoriété au Québec a coïncidé, pour des raisons fort compréhensibles, au moment où ses attitudes envers la communauté juive québécoise et Israël furent les plus négatives.

Stan retrace l'origine de ses attitudes à l'égard du judaïsme dans les expériences vécues par son père, Nat, et par son grand-père paternel. On lui a souvent répété l'histoire et raconté le sort de ce grand-père que Stan n'a jamais eu l'occasion de connaître.

« Mon père avait sept ou huit ans quand la famille a émigré de Roumanie. Mon grand-père n'a jamais pu s'adapter à son nouvel environnement au Canada et est devenu objet de dérision dans toute la famille. Mon père s'est ainsi révolté contre les vieilles traditions juives. Il croyait qu'on ne pouvait pas les importer intactes dans le monde moderne de l'Amérique comme son père avait tenté de le faire. Nat est devenu très sceptique face au judaïsme organisé et aux rabbins. De plus, il trouvait arriéré le concept des Juifs considérés comme 'peuple élu', et autres notions de supériorité qui y étaient associées. »

Stan dénonce vivement le concept de « peuple élu » : « C'est une idée ethnocentrique, particulariste, même élitiste. Par ailleurs, j'admets que je dis cela en fonction de ma compréhension de cette notion et je suis très conscient qu'il y a plus d'une interprétation pour cette phrase. De toute façon, je crois que ce concept est en contradiction, ou du moins il amoindrit la vision et la tradition progressistes de l'histoire des Juifs.

« À la place du concept de 'peuple élu', dans mon éducation juive progressiste on soulignait les notions de fraternité et d'antiracisme. J'ai donc développé un profond mépris à l'égard des gens qui se prenaient pour d'autres. J'ai été élevé de manière à contester l'autorité et les attitudes de supériorité. Ainsi, je ne me prends pas pour quelqu'un d'autre, je ne suis qu'un tout petit, un subalterne dans la société capitaliste. C'est le cas, en partie parce que je suis progressiste, en partie parce que je suis Juif, mais surtout parce que je suis un travailleur. »

L'éducation judaïque, sociale et politique de Stan provient d'une lecture et d'une interprétation assidues de l'histoire et de la condition des Juifs. « Bien que mon père ait toujours affirmé que les Juifs font partie des opprimés et qu'il ne faut pas être élitiste, il reconnaissait quand même une certaine singularité dans la judaïcité et dans l'histoire des Juifs.

« Les fondements de son option politique furent établis pendant les années trente lors de la montée du fascisme, alors qu'il remarquait que les communistes étaient les seuls à s'y opposer vraiment. Dans des organisations communautaires juives, il incitait les membres à s'engager davantage dans la lutte contre le fascisme, mais sans succès. C'est alors qu'il devint membre du Parti communiste. Il croyait que les Juifs se doivent de s'associer à tous les opprimés de la terre dans notre monde moderne. J'ai beaucoup assimilé son interprétation de la politique. »

De son côté, comme élève à l'école Morris Vineshevsky et plus tard comme adolescent, Stan s'intéresse à ses antécédents juifs. Il découvre les récits juifs et lit les prophètes, la Torah et le Talmud. « J'y ai trouvé des proclamations exaltées de justice sociale qui prônaient la libération, et en cela, le judaïsme a apporté une contribution unique et valable à la civilisation. Il existe une véritable relation entre le judaïsme, l'histoire des Juifs et les notions progressistes. C'est réel et palpable !

« Comme peuple opprimé depuis des millénaires, les Juifs ont une tradition, une culture et une idéologie de peuple opprimé, et ainsi une soif de justice sociale. Voilà ce qui a donné naissance à cette tradition progressiste. C'est pourquoi l'on trouve beaucoup de Juifs progressistes à travers l'histoire. Cet héritage juif m'a certainement motivé pendant longtemps.

« Dans sa longue histoire, le judaïsme a ainsi engendré beaucoup de manifestations progressistes. Il est probable, par exemple, qu'il y avait un nombre disproportionné de Juifs engagés dans le mouvement étudiant à McGill.

« En plus du judaïsme, j'ai étudié le christianisme et il ne faut pas oublier que la tradition chrétienne est issue du judaïsme. À ses débuts, cette religion n'était qu'une secte révolutionnaire et messianique du judaïsme, qui s'est approprié la philosophie judaïque et l'a rendue universelle et accessible à tous. »

En post-scriptum, parlant de l'influence et du cheminement de son père, Stan ajoute qu'en 1956, Nat fut beaucoup déçu et quelque peu obsédé par les événements de Hongrie, et très désillusionné par le legs de Staline. Il quitta alors le Parti communiste et devint davantage conservateur. Nat ne voulait pas que son fils tombe dans le même piège !

Un tournant du courant

Ce n'est, sans conteste, qu'avec le recul que Stan peut raconter sans trop d'amertume l'époque de McGill Français et son expérience avec la communauté juive de Montréal : « On m'avait tellement traité de paria, et d'une façon si dégueulasse, que pendant long-temps, ma perception des Juifs du Québec était infecte et sans nuances. Des Juifs économiquement et politiquement réactionnaires m'ont rendu aveugle et m'ont fait perdre une certaine objectivité, avec leurs réactions hystériques et extrêmement hostiles à mon égard. Je ne voyais pas de Juifs de mon bord et les porte-parole de la communauté m'avaient clairement accusé d'avoir sauté de l'autre côté de la clôture. À partir de cette conjoncture très polarisée, j'ai critiqué pendant longtemps l'ensemble de la communauté juive de la même façon. Je ne voyais plus les contradictions dans la commu-nauté et mes perceptions étaient embrouillées. Ce n'est qu'une fois rendu à Hamilton que j'ai pu constater, à tête reposée, tout ce qui est progressiste et juste dans les traditions juives. Aujourd'hui, ayant perdu presque tout contact avec la communauté juive de Montréal, je suis moins catégorique. »

Lors de sa notoriété pendant la campagne de McGill Français, plusieurs Juifs, particulièrement par le biais de sa mère ou de sa soeur, chantaient la rengaine juive classique : « Comment un Juif, aussi fin et aussi intelligent que Stan, peut-il se trouver au centre d'une telle controverse ? » Emportés par un vent de panique, même quelques connaissances le noircissaient. Quelques-uns le voyaient comme un traître compromettant la sécurité de la communauté juive. Stan élève le ton : « Ma mère était hors d'elle. Elle subissait une pression injuste de la part de ses voisins, à cause de mes positions. J'ai même su par la suite qu'elle était venue me retrouver à la mani-festation McGill Français, tellement elle était inquiète. »

Pourtant, Stan a tenté tant bien que mal d'expliquer à ses sem-blables son cheminement. Par exemple, il a pris la parole devant les étudiants du centre Hillel [14] et a souvent eu des échanges avec des étudiants juifs. « On me ramenait continuellement de vieux argu-ments au sujet de l'antisémitisme de l'Église catholique au Québec. On croyait que la situation était analogue à la montée du national-so-cialisme en Allemagne et présentait ainsi une menace pour la survie des Juifs. Je leur répondais que les Québécois francophones subis-saient, en tant que dominés, le même sort que celui des Juifs pendant des siècles. Et que les Québécois se battaient, comme nous le fai-sions, pour leur libération et pour un foyer national bien à eux. »

---

14. Organisation juive présente sur les campus universitaires à travers le monde, et qui offre des services sociaux et religieux aux étudiants.

Stan n'a pas le souvenir d'incidents à caractère antisémite qui auraient pu survenir pendant sa participation à la campagne McGill Français, ni durant ses autres activités avec des Québécois francophones. « Je ne sais pas combien de Québécois francophones savaient que j'étais Juif, car on m'a perçu davantage comme un 'Anglais', Gray n'étant pas un nom à consonance juive. Et même lorsque les gens savaient mes origines, je ne me rappelle aucun incident, bien qu'il se peut qu'il y ait eu un commentaire banal ici et là. Par contre, je me souviens beaucoup plus vivement de la réaction hostile de la communauté juive contre les Québécois, avec les épithètes de *frog* et de *pepsi* ! »

Stan regrette ce manque d'ouverture de la communauté juive au Québec, telle qu'il l'a connue : « Mon analyse, c'était qu'à travers les années, certains Juifs ont grimpé dans l'échelle économique et sont devenus des exploiteurs des Québécois. D'opprimés, ils sont devenus oppresseurs. Habitant des quartiers riches, ils étaient propriétaires d'entreprises avec des employés francophones et, défendant leurs intérêts de classe, ils percevaient les Québécois comme l'ennemi. Ils voulaient alors sauvegarder leurs privilèges nouvellement acquis. La tragédie, c'est qu'il y en avait qui faisaient aux 'Français' ce que les Juifs avaient subi aux mains des autres, depuis des millénaires. Eux, je les traitais de maudits hypocrites. »

Et ici encore, Stan n'y va pas de main morte : « En sapant nos traditions, ces Juifs portaient atteinte à un héritage et à une culture riches, qui soutiennent les opprimés et leur lutte pour la libération. Voilà le drame ! Historiquement, c'est pourtant le capitalisme qui a contraint les Juifs au rôle de prêteurs d'argent.

« Autre paradoxe : leur accusation d'antisémitisme contre ceux qui prônaient la lutte nationale au Québec. Moi, pourtant, je ne l'ai jamais observé. Mais eux, ils avaient en quelque sorte besoin de voir ça pour justifier leur farouche opposition au progrès.

« Cette forte tradition progressiste de la communauté juive a subi des reculs lors des dernières décennies à la suite de la soi-disant réussite d'une certaine élite juive. Mais aujourd'hui, je me rends compte que cette tradition et ses idéaux élevés ne sont pas complètement disparus et restent ancrés, jusqu'à un certain point, dans la conscience juive. »

Maintenant Ontarien, Stan ne voit pas de différence entre le Québec et l'Ontario à l'égard des manifestations d'antisémitisme.

« Je ne prétends pas que l'antisémitisme n'existe pas, ici ou au Québec, mais en ce qui me concerne, j'ai peu souvent été témoin du phénomène dans les deux provinces. »

Les rares fois où Stan se trouve dans des situations semblables, il prend la peine d'expliquer en détail les origines communes de la religion juive et chrétienne : « Jésus fut bien un Juif. La Dernière Cène fut justement la célébration de la Pâque juive. Et je continue les explications... »

Aujourd'hui, Stan n'a pas de contacts avec la toute minuscule communauté juive de Hamilton. « J'ai hérité d'une tradition qui a sûrement influencé ma façon de penser, mais mon identité juive n'a pas d'importance dans ma vie actuelle. Si j'avais des enfants, je ne leur donnerais pas une éducation judaïque. Je ne m'ennuie pas de cette absence d'éléments juifs, mais j'ai peut-être refoulé plusieurs souvenirs positifs qui remontent à une autre époque de ma vie. »

Pour les Arabes et la défaite d'Israël

Tout comme Stan analyse la métamorphose des Juifs d'une position d'opprimé à celle d'oppresseur, il fait aujourd'hui de même avec l'évolution de l'État d'Israël. Par contre, jusqu'à sa prise de conscience politique vers le milieu des années soixante, il appuyait sans trop de réserves l'État hébreu.

« Avant de condamner le sionisme à l'emporte-pièce, il faut le situer dans le cadre de l'histoire des Juifs. Même si je ne prétends pas être un expert en la matière, je crois qu'il ne faut pas oublier que les Juifs furent pendant longtemps un peuple en exil, sans foyer national. Historiquement, la lutte d'un peuple pour un foyer national a souvent eu une connotation progressiste. Il est donc curieux que le sionisme ait fini par devenir une idéologie si réactionnaire.

« De l'origine du sionisme au début de la Deuxième Guerre, je n'aurais quand même pas appuyé son objectif... Puis est arrivé l'Holocauste... Pendant ma jeunesse, j'ai connu plusieurs survivants de l'Holocauste résidant à Montréal, et leur expérience est toujours présente dans ma conscience. En 1966, j'ai visité la Pologne et je me suis rendu au ghetto de Varsovie. J'ai alors ressenti la monstruosité et l'horreur de ces événements. Malgré tout ça, et considérant le peu de réflexion que j'y consacre, je ne vois tout de même pas de relation entre l'Holocauste et la justification d'un État juif. Et puisque les Juifs sont devenus les oppresseurs des Palestiniens, je m'y oppose catégoriquement.

« Les pouvoirs internationaux ont manipulé la situation d'Israël à leurs propres fins. Des Juifs, pris au piège, sont devenus les ennemis des Arabes. Ainsi, lors de la Guerre des six jours en juin 1967, j'ai appuyé les Arabes et souhaité la défaite d'Israël ! » À la suite de cette guerre Stan participe au comité de solidarité Québec-Palestine.

« Je crois que les événements des premiers mois de 1988 dans les territoires occupés ne sont pas qualitativement différents de ce qui se passe en Israël depuis vingt ans. C'est évidemment une escalade, probablement plus vicieuse, plus brutale et plus sanglante. »

Stan discute du sujet à contrecoeur. Il avoue qu'il réfléchit peu sur le droit « abstrait » à l'existence d'un État quelconque, pour le peuple juif. Dans ce domaine, il reconnaît que les peuples juif et palestinien ont le droit d'exister, mais il n'entrevoit pas de solution. Il n'est jamais allé en Israël et n'a pas plus envie d'y aller que dans n'importe quel autre pays.

Il déplore les attaques aux aéroports de Rome et de Vienne, à la synagogue turque en 1986, et tout ce genre d'assassinats. Par ailleurs, il n'est pas certain que l'antisémitisme traditionnel puisse avoir un lien avec la question d'Israël. Laconiquement, il lance : « Ça se peut qu'il y en ait un… Et quand l'antisémitisme se dresse, je n'hésite pas à le dénoncer. Reste qu'en tant que Juif, je ne me sens pas du tout un ennemi des Palestiniens. »

Avis aux intéressés

Déchiré pendant ses premières années en Ontario, Stan songeait continuellement à revenir au Québec, mais les obstacles qui existaient lors de son départ restaient essentiellement les mêmes. Entretemps, il a établi des liens amicaux, politiques et émotifs à Hamilton. « Je suis aujourd'hui intensément engagé dans d'autres causes. Au Québec, la lutte avait été dramatique et exigeait beaucoup d'énergie. Et sur ce plan, pendant les années soixante, on croyait que la lutte au Québec était tout à fait particulière. Mais ce n'est pas le cas. La lutte des travailleurs en Ontario est tout aussi passionnante, mobilisante et importante. Le monde c'est le monde, et la lutte c'est la lutte, peu importe où on la fait. Donc, je fais partie du même mouvement dont je faisais partie au Québec. Ce que je fais à Hamilton n'est que la poursuite, sur un autre terrain, de ce que j'essayais de réaliser au Québec. Je dirais même qu'au Québec mon engagement fut plus abstrait, tandis qu'en Ontario, c'est plus concret.

« Néanmoins mes convictions profondes sur la lutte nationale au Québec et mon attachement émotif, bien qu'ils aient évolué, restent entiers. J'y retourne parfois l'été et à d'autres moments.

« Le 15 novembre 1976, lorsque le Parti québécois a été élu, j'étais très content et très fier de ce que je qualifiais à l'époque de premier pas vers l'indépendance. Je n'ai pas été très critique envers le PQ comme d'anciens camarades l'ont été, étant déjà éloigné des événements. »

Aujourd'hui, Stan ne perçoit pas en Israël une situation analogue à la lutte nationale au Québec, qu'il appuie toujours avec tant de vigueur. « En Palestine, Israël a exproprié des autochtones et s'est allié avec les forces réactionnaires du monde. Je ne vois pas là de parallèle possible avec le Québec. »

Lors du référendum, Stan a appuyé fortement et clairement le « Oui » et s'est engagé dans des discussions animées avec des ouvriers de Westinghouse et de Hamilton pour défendre l'option de la souveraineté du Québec. « Les travailleurs ignoraient la conjoncture au Québec. Ils croyaient que les 'Français' étaient rendus en haut, et les 'Anglais', en bas. De plus, ils s'imaginaient que le français serait imposé à tous les Canadiens anglais ! Ainsi, ils avaient une grande hostilité envers les 'Français', qu'ils qualifiaient d'élitistes. Mais après beaucoup d'explications, j'ai réussi à en convaincre plusieurs d'être plus sympathiques aux aspirations nationales des Québécois. » Lors du résultat référendaire, Stan n'a donc pas été le seul à être déçu, dans la capitale canadienne de l'acier.

« À quelques reprises, à la fin des années soixante-dix et au début des années quatre-vingt, j'ai sondé le terrain relativement à un emploi au sein du mouvement syndical au Québec, pour voir s'il y avait possibilité d'un éventuel retour. Je n'exclus d'ailleurs pas d'y retourner un jour. »

Avis aux intéressés…

Contre les armes nucléaires

Chantal Abord-Hudon dépose dans l'urne portative son billet de vote sur l'objectif de déclarer le quartier Snowdon/Côte-des-Neiges zone libre d'armes nucléaires. Une solide majorité (plus de 85 p. cent) des citoyens de ce quartier s'est prononcée ce week-end en faveur d'une zone libre. En conséquence, on charge les conseillers municipaux de réclamer deux choses à l'administration de Montréal: tenir un référendum sur la fabrication, l'essai, le transport et l'entreposage d'armes nucléaire sur le territoire de Montréal et privilégier dans ses affaires commerciales les sociétés qui ne sont pas impliquées dans la course aux armements nucléaires. « Plusieurs grandes villes canadiennes, telles que Toronto, Vancouver et Winnipeg, se sont déjà déclarées zones libres d'armements nucléaires, soutient Andréa Lévy, à droite, organisatrice du référendum. C'est par le changement dans les communautés locales qu'on parviendra à trouver des alternatives à la guerre et qu'on s'acheminera vers le désarmement global ».

Andrea Levy

Andrea Levy, à droite, sollicite l'appui d'une citoyenne de son quartier pour déclarer Snowdon/Côte-des-Neiges zone libre d'armes nucléaires. (Photo Robert Mailloux, *La Presse*)

Andrea Levy

> Si ce n'est pas une race, c'est quoi un Juif ?
> La religion ? Je suis athée. Le nationalisme
> juif ? Je suis internationaliste. Alors, ni dans
> un sens ni dans l'autre, suis-je Juif ?
>
> Je suis pourtant un Juif, par la force de ma
> solidarité inconditionnelle avec les persé-
> cutés et les exterminés. Je suis Juif, car je
> ressens la tragédie juive comme ma propre
> tragédie ; car je ressens le pouls de l'histoire
> des Juifs ; car je veux faire tout ce que je
> peux pour assurer la véritable sécurité, non
> illusoire, et sauvegarder l'amour-propre des
> Juifs.
>
> Isaac DEUTSCHER,
> *The Non-Jewish Jew and other essays* (1968)

« Je lui parlais français, mais en entendant mon accent, il me répondit en anglais. J'étais furieuse ! »

Andrea Levy se souvient très clairement de cet incident survenu sur le mont Royal lors de la fête de la Saint-Jean, le 24 juin 1976. Elle avait alors seize ans. « Je l'ai engueulé, d'autant plus que c'était la fête nationale des Québécois. »

Et c'est ainsi qu'elle a fait la connaissance de Normand. Peu de temps après, ils cohabiteront, et ce pendant plus de deux ans. « Et là, nous ne parlions que français entre nous ! », ajoute-t-elle avec un grand éclat de rire.

Andrea Levy, militante pour la paix et le désarmement, active au Rassemblement des citoyens de Montréal (RCM), possède une maîtrise en histoire de l'Université Concordia. Elle travaille à la pige dans les domaines des relations publiques et de la traduction. Sourire attirant, un peu timide, c'est une enfant prodige de la politique progressiste. Cultivée, articulée mais fort modeste, elle songe à faire bientôt son doctorat en histoire. Ses propos sont parsemés de rires radieux, et ses yeux foncés et perçants retiennent l'attention. Sa grande sensibilité est transparente comme une baie vitrée et elle analyse sans ambages ses perceptions et ses états d'esprit.

Née en 1960, Andrea fait son école primaire pendant les années du *Peace and Love*. Elle en est à la fin de son adolescence quand le Parti québécois prend le pouvoir, en 1976, et elle commence sa deuxième décennie avec celle de la récession et de Ronald Reagan — période creuse pour plusieurs mouvements progressistes. Peut-être est-ce en partie à cause de sa formation en histoire, mais cette conjoncture n'a aucunement pour effet d'altérer ses convictions sociales et politiques. Andrea Levy n'est ni démoralisée ni démobilisée.

Un environnement progressiste

La mère d'Andrea, née en Tchécoslovaquie et de religion catholique grecque, a immigré au Québec à l'âge de six ans. Secrétaire de profession, elle est devenue catholique romaine lors d'un premier mariage, puis s'est convertie au judaïsme lorsqu'elle a épousé le père d'Andrea, un Montréalais de naissance.

Le grand-père maternel d'Andrea était un militant politique progressiste durant les années trente. C'est dans ce milieu progressiste que la mère et le père d'Andrea se sont rencontrés. Ils ont bien connu les privations de la Grande Dépression et ont adhéré, chacun de leur côté, à la National Federation of Labour Youth [1].

En sortant des Forces aériennes canadiennes, son père s'est engagé dans des activités politiques progressistes, notamment au United Jewish Peoples Order (UJPO) [2]. Du même coup, il a commencé à travailler comme vendeur pour Rubin Brothers, une manufacture de vêtements pour hommes.

Le 10 janvier 1960, Andrea Levy naît à l'Hôpital général juif de Montréal. Elle habite le quartier Côte-des-Neiges depuis lors. Durant son enfance, la religion juive est à peine présente au sein du foyer familial. Son père est athée et sa mère agnostique ; par contre, les préoccupations sociales, philosophiques et politiques captivent la famille. Égalité raciale, paix, existence de Dieu, environnement... chacun de ces sujets est considéré comme de la plus haute importance et, souvent, avec des amis, on débat chaudement de questions idéologiques et des moindres nuances entourant les sujets d'actualité.

L'un des plus vieux souvenirs d'Andrea démontre bien que tout cela ne tombe pas dans l'oreille d'une sourde : « À l'âge de quatre ans, on m'envoyait à une garderie hassidique, tout près de chez nous. Un jour, l'un des professeurs a collé au mur une affiche louangeant le 'Bon Dieu'. Pendant qu'il expliquait le placard aux enfants, je lui ai coupé la parole, en toute innocence, pour affirmer que le Bon Dieu n'existe pas et que je n'y croyais pas ! Bien sûr, je répétais là tout simplement ce que j'entendais à la maison. On m'a expulsée de la garderie sur-le-champ et, peu de temps après, ma mère a intercédé pour moi auprès des autorités pour que j'y sois réintégrée. Mais en même temps que je professais mon athéisme à la garderie, je réclamais à ma mère le privilège de bénir les chandelles du Sabbat, les vendredis soirs à la maison... »

Andrea se fait garder souvent par sa soeur, Linda, de douze ans son aînée. Elle a six ans quand ses parents se séparent. Andrea va demeurer avec sa mère, tandis que Linda va vivre tout près de l'Université McGill, où elle étudiait déjà. Linda quittera Montréal

---

1. Mouvement pancanadien de jeunes socialistes des années trente qui s'engageaient dans le travail électoral, l'éducation populaire et le travail syndical. Une forte proportion de ses membres étaient Juifs.
2. Organisation culturelle juive qui avait une orientation progressiste et non religieuse.

en 1970. Aujourd'hui, elle vit en Californie, où elle travaille pour l'administration d'une compagnie de disque.

« L'école primaire fut un paradis pour moi, rappelle Andrea d'une voix enchantée. J'étais assez douée. J'avais beaucoup d'amis et je m'entendais bien avec mes professeurs. Invariablement je donnais libre cours à mes opinions. Bien sûr, c'étaient des opinions que j'avais reçues à la maison. Il n'en demeure pas moins que mes parents m'encourageaient beaucoup à lire et à réfléchir.

« Ma mère parlait plusieurs langues : le slovaque, l'anglais, l'espagnol, le polonais, ainsi que le yiddish. Elle adorait lire, et elle et mon père m'ont acheté un grand nombre de livres. Après les avoir lus, on en discutait ensemble. L'esclavage et la condition des Noirs aux États-Unis furent parmi les sujets que j'ai beaucoup explorés à cette époque. J'ai lu plusieurs fois *Black Like Me*[3]. De plus, je fréquentais souvent la bibliothèque. »

La fin des années soixante est marquée par l'utilisation accrue des drogues hallucinogènes, et les médias en parlent abondamment. Toujours curieuse, Andrea tente, en sixième année, de sortir de la bibliothèque de l'école un livre intitulé *Mind Drugs*. « Indignées, les autorités me l'ont défendu. Mais j'ai vivement contesté leur droit de m'empêcher d'agir à ma propre idée là-dessus. Toutefois, j'ai fini par pouvoir apporter le livre. J'avais alors annoncé à tout le monde que je voulais essayer ces nouvelles substances !... Mais je ne l'ai jamais fait vraiment », termine-t-elle en riant.

La fierté et le désir de bien réussir dans ses études connaissent peu de limites. « En cinquième année, j'ai reçu mon bulletin de notes avec quatorze 'A', et un seul 'B' ! J'étais tellement horrifiée que je ne l'ai même pas montré à ma mère, et à un point tel que j'ai même imité sa signature sur le bulletin ! »

Ses idées radicales et ses préoccupations politiques la distinguent des autres élèves de son âge. À l'occasion, elle est l'objet de taquineries lancées par ses enseignants. « En sixième année, mon crayon était usé et j'en voulais un autre. Quand j'en ai fait la demande à ma professeure, elle m'a répondu que dans un pays socialiste, ils ne

---

3. *Black Like Me*, de John H. Griffin, écrit en 1961, est un classique sur le mouvement pour les droits civiques des Noirs aux États-Unis. Ce livre décrit les expériences d'un Blanc qui a vécu comme un Noir (en noircissant sa peau), pendant plusieurs semaines, dans le sud des États-Unis.

m'en donneraient pas un autre et que je serais obligée d'utiliser celui-là jusqu'au bout ! »

La même année, Victor Goldbloom, alors ministre québécois de l'Environnement, vient adresser la parole aux étudiants de l'école Logan. Andrea, qui s'intéresse particulièrement aux questions d'écologie, de surpopulation et de pollution, lui pose alors une question des plus embarrassantes, et sa perspicacité impressionne fortement son entourage. « À la suite de mon échange avec le ministre, on m'avait demandé de participer à une table ronde lors d'un colloque sur l'enseignement de l'écologie aux enfants. C'était la première fois que je prenais la parole en public et j'ai dû travailler très fort pour me préparer. J'étais très nerveuse au colloque, mais ce fut une expérience fort excitante pour moi. »

Vers la même époque, elle accompagne son père à une réunion de la Société pour vaincre la pollution (SVP) et elle en devient membre, à l'âge de douze ans. Elle participe périodiquement à des kiosques d'information sur l'environnement dans les centres d'achat. Elle adhère également à la Société pour la prévention de la cruauté envers les animaux (SPCA). « Encore aujourd'hui, je m'intéresse aux droits des animaux. »

Au moment des Événements d'octobre 1970, Andrea n'a que dix ans : « La question nationale au Québec n'était pas encore une cause qui me passionnait. Néanmoins mes parents m'avaient déjà expliqué l'exploitation de la majorité québécoise par une minorité anglophone dominante. Ils m'avaient également parlé d'élites francophones et, surtout, de l'ancien premier ministre Maurice Duplessis !

« En 1972, j'ai fait ma septième année en suivant un programme d'immersion en français, à l'école Elmgrove. Avant cela, j'avais appris peu de français — car il n'y avait qu'une seule heure par jour à mon école —, et mes parents et moi nous trouvions très important que j'apprenne cette langue comme il faut. »

Deux traditions culturelles : juive et slave

À l'école primaire Logan, rattachée à la commission scolaire anglo-protestante, les étudiants sont juifs en majorité. « Toutes les fêtes juives étaient chômées et on n'avait pas d'école ces jours-là. C'était d'ailleurs la principale fonction de ces fêtes dans ma vie — sauf la Pâque que nous célébrions chez mes oncles. J'aimais bien les rites du *séder* et je trouvais l'expérience fort intéressante.

« Pendant que je vivais avec ma mère, jusqu'à l'âge de treize ans, la pratique du judaïsme à la maison était quasi inexistante. Une fois, à Noël, nous avions même eu un arbre couronné d'un *Magen David*[4], mais il n'y avait aucune connotation religieuse. Plus tard, je suis allée quelquefois à la messe de minuit de Noël, car j'aimais beaucoup les noëls.

« Bon nombre de mes amis étaient des non-Juifs et des Noirs. L'antipathie profonde que je ressens face à la discrimination est sans conteste un des grands services que mes parents m'ont rendus. Ils m'ont sensibilisée à l'importance de l'égalité, qu'ils mettaient eux-mêmes en pratique dans leur vie quotidienne, et m'ont également expliqué que l'antisémitisme avait ses racines dans l'ignorance, tout en m'avertissant que j'aurais à y faire face plus d'une fois sans doute dans ma vie.

« À l'âge de neuf ans, j'ai justement vécu un incident qui m'a assez traumatisée. En jouant, je m'étais un jour engagée dans une altercation à propos d'une banalité, avec une de mes amies, une voisine de trois ans mon aînée. L'incident a pris fin subitement lorsqu'elle m'a abruptement traitée de 'sale Juive !' J'ai été terriblement choquée… et si blessée que j'ai couru à la maison en sanglots. »

Andrea grandit donc dans un contexte juif d'une part, et slave de l'autre. Un été, elle va à une colonie de vacances tchèque ; ses parents sont un peu nerveux car leur fille est la seule Juive à y passer ses vacances estivales. « J'y ai effectivement entendu de remarques antisémites vicieuses à plusieurs occasions et cela m'a profondément bouleversée. Le racisme s'y manifestait à droite et à gauche. Mais je suis quand même allée à l'église tous les dimanches et j'ai dit mes 'Je vous salue Marie' en tchèque, avec tout le monde. »

Durant quatre étés elle va au camp B'nai Brith, une colonie juive située dans les Laurentides. Cette expérience lui ouvre une grande fenêtre sur la culture juive. Les autres enfants, autour d'elle, ont une éducation juive plus prononcée et sont donc plus familiers avec leur

---

4. Étoile de David, à six pointes. Ce symbole juif apparaît aujourd'hui sur le drapeau d'Israël, mais il date du IIIe siècle av. J.-C.

culture. Un peu à cause de son esprit compétitif, et par intérêt réel, elle se met à relever quelques défis. « Un des moniteurs, un Israélien, avait projeté de nous faire correspondre avec des enfants de son pays. Moi, je n'écrivais pas un mot d'hébreu et ça m'importunait. Je me suis donc mise à apprendre l'alphabet hébraïque. À la fin de l'été, j'ai réussi à écrire une petite lettre entièrement en hébreu ! Le vendredi soir, une des coutumes du B'nai Brith était qu'un enfant dirige la prière, devant tout le monde. J'en ai appris une, et aux cérémonies d'un Sabbat, j'ai effectivement présidé une partie du service religieux. Le plus surprenant, c'est que j'étais l'une des seules de la colonie à aller à la synagogue en plein air, tous les samedis matins. J'aimais les rites, les chansons et la danse folklorique hébraïques. En somme, j'ai bien apprécié l'importance accordée au judaïsme et à la culture juive dans cette colonie de vacances. »

Si cette ouverture sur le judaïsme lui plaît, elle ne renonce cependant pas à ses préoccupations sociales et politiques, bien au contraire. À B'nai Brith, sa passion pour l'actualité la distingue des autres enfants. « Pendant l'été du Watergate, en 1973, un des enfants a menacé de me 'tuer' si je mentionnais une autre fois le nom du vice-président américain Spiro Agnew ! Et lorsque notre monitrice prenait congé, à son retour elle rapportait des bonbons pour les autres enfants du groupe, mais pour moi, c'étaient des journaux ! Bref, je n'étais pas à ma place, c'est-à-dire que mes intérêts étaient surtout ailleurs. »

Une rebelle avec une cause

À l'âge de treize ans, lors de son entrée à l'école secondaire, Andrea s'en va vivre avec son père. Elle veut s'inscrire à l'école secondaire de Mont-Royal afin de poursuivre ses études dans un programme d'immersion en français. Son père veut plutôt qu'elle s'inscrive à l'école secondaire Northmount : « À Mont-Royal, mon père considérait le milieu trop homogène et bourgeois. Il aurait donc préféré Northmount avec sa population plus ouvrière et hétérogène, mais il n'y avait pas de programme d'immersion en français à Northmount. C'est donc pour cette raison que j'ai fini par aller à Mont-Royal. »

Autant l'école primaire fut enrichissante pour Andrea, autant « l'école secondaire fut un désastre. J'y étais très malheureuse, confie-t-elle. J'avais des problèmes personnels d'adolescente et je n'éprouvais aucune motivation pour poursuivre mes études. La qualité de l'enseignement y laissait à désirer et ce que j'apprenais me semblait peu utile. »

Son père est très compréhensif durant cette période difficile. Il n'oblige pas sa fille à aller à l'école tant et aussi longtemps qu'elle fait de la lecture et du travail à la maison. « Je lisais avec voracité chez moi, souligne Andrea. À l'école, j'excellais dans les sujets qui m'intéressaient et je voulais même en faire davantage, mais souvent, on me le refusait. Par contre, j'ai vraiment négligé certaines matières. Lorsque je m'absentais, mon père écrivait des excuses grandiloquentes, qui sont devenues un véritable gag dans la classe. En dernier, même mes professeurs en riaient. »

En huitième année, à l'âge de quatorze ans, elle prépare un projet sur le marxisme. De plus, elle se présente au conseil des étudiants comme candidate indépendante, avec un programme de participation accrue des étudiants dans les débats sur la qualité de l'éducation, et elle est élue. Son souci d'apprendre le français et le succès relatif qu'elle y connaît, poussent les autorités de l'école à la choisir pour souhaiter la bienvenue officielle, « en français », au premier ministre Pierre Elliot Trudeau, lors d'une visite officielle qu'il effectue à l'école.

Vers la même époque, les élèves de la classe d'Andrea visitent une exposition sur l'Holocauste à l'édifice du Congrès juif canadien. « J'ai été profondément touchée. Cette visite m'a incitée à apprendre davantage sur le sujet, d'autant plus qu'il y avait là un élément qui me touchait plus personnellement, car c'était mon histoire, en tant que Juive. À cette époque-là, je réagissais déjà avec beaucoup d'émotion à l'esclavage et à la domination des Noirs aux États-Unis, mais en tant que Juive, l'antisémitisme provoquait chez moi une réaction émotive encore plus intense. »

Son intérêt pour l'Holocauste devient un peu obsessionnel, et Andrea veut porter un *Magen David* autour du cou. Ses parents réagissent promptement. « Mon père était renversé. Il m'a alors proposé de porter aussi une croix, un bouddha... Enfin, il a fini par me convaincre de ne rien porter du tout car ça n'avait aucun sens, surtout que je me considérais athée. Quant à ma mère, elle a situé, pour moi, l'Holocauste dans son ensemble et m'a parlé des horreurs infligées aux gitans, à la population russe et à bien d'autres, sans pour autant diminuer l'importance du drame des Juifs. »

En 1974, à l'âge de quatorze ans, Andrea devient membre du Rassemblement des citoyens de Montréal (RCM). Lors de la campagne électorale de l'automne, elle pose des affiches, fait du porte-à-porte et agit comme scrutatrice la journée de l'élection. « Je recevais un accueil étrange et étonné des électeurs. Ils ne s'attendaient pas à ce qu'une fille de quatorze ans leur dise pour qui ils devaient voter ni, à plus forte raison, que je sois si bien documentée sur la politique municipale. La journée de l'élection, le président du bureau de scrutin n'en revenait pas de mon enthousiasme ! Mais cette expérience fut assez efficace, confie Andrea avec un sourire futé, particulièrement quand je voulais poser des affiches, car des marchands me trouvaient assez mignonne... Et moi, dans tout ça, j'étais très excitée, surtout, de compter les bulletins de vote et de recevoir les résultats officiels. »

L'automne suivant, Andrea s'inscrit à l'école alternative expérimentale, Moving In New Directions (MIND). La mine longue, elle soupire : « J'avais assez hâte d'en finir avec l'école secondaire et d'aller à l'université. Au moins, MIND était une école ouverte, libérale, où les étudiants avaient leur mot à dire et où l'on pouvait suivre des cours originaux qui n'étaient pas offerts ailleurs. J'y ai réalisé, entre autres, une étude comparative sur les stratégies de Martin Luther King et celles des Black Panthers [5] américains. Dans le temps, j'avais conclu mon analyse en approuvant la stratégie de ces derniers !

« L'enseignement du français m'importait toujours. Je m'opposais à l'enseignement du français 'parisien' à la place de celui d'ici : on lisait alors *L'Étranger* de Camus plutôt que Michel Tremblay. J'ai eu de longs débats à l'école sur l'application pratique du français auquel on nous initiait. »

Andrea s'intéresse aux questions d'administration et de contenu de cours à MIND, de même qu'aux débats sur le système scolaire en général. Cet intérêt l'amène à militer dans l'Association nationale

---

5. Le Black Panther Party for Self-Defense fut fondé en 1966 par Huey Newton et Bobby Seale à Oakland, Californie. Qualifiant les forces policières blanches américaines d'armée d'occupation des ghettos noirs, il préconisait le port d'armes pour les Noirs afin qu'ils puissent se défendre contre cette menace.

des étudiants du Québec (ANEQ). Elle participe ainsi à quelques manifestations étudiantes et à des grandes marches comme celles du 1er mai. « Lors de la grève générale des enseignants en 1976, *The Gazette* a publié un éditorial alléguant que nous, les étudiants, appuyions les professeurs parce que nous voulions avoir congé à l'école. Outrées par ces propos malicieux, une copine et moi avons écrit une lettre indignée, qui fut effectivement publiée dans la page des lecteurs. Nous y expliquions que nous comprenions les enjeux de la grève et que nous appuyions les enseignants parce que leur bataille était juste. »

Normand sur la montagne

L'été précédant son entrée au cégep, en 1976, Andrea réunit un groupe de ses amis anglophones pour aller fêter la Saint-Jean sur le mont Royal. « Moi, j'avais une grande envie d'y aller, tout en sachant que ce n'était pas nécessairement ce qu'il y avait de plus sage que de participer à cette grande manifestation nationaliste avec un gang d'anglophones unilingues. Mais je leur ai conseillé de fermer leur gueule, de beaucoup sourire, de faire des signes de tête s'il le fallait, et de me laisser parler aux gens... même si je n'étais pas certaine de passer 'le test' moi-même ! Une de mes amies étudiait à l'Académie hébraïque, et imaginez qu'elle s'inquiétait qu'on lui demande quelle école elle fréquentait ! Je lui ai donc conseillé de répondre tout simplement Northmount, l'école protestante de notre quartier. Hélas, toute une aventure ! C'est ainsi que je me suis retrouvée sur la montagne et que, à l'âge de seize ans, j'ai rencontré Normand. »

Normand n'a ni les passions intellectuelles d'Andrea, ni ses convictions politiques. Il vient habiter dans le quartier Côte-des-Neiges, chez Andrea. « Je l'ai intégré dans mon milieu anglophone et juif. C'était d'ailleurs toute une éducation pour lui, car il croyait jusque-là que tous les Juifs étaient très riches ! Ça lui a vraiment ouvert les yeux de voir que moi et presque tous mes amis avions des origines modestes et que je n'habitais pas un château à Westmount. »

Au premier Noël qu'Andrea et Normand passent ensemble, ils vont fêter dans la famille de Normand. Pour Andrea, l'expérience est mémorable. « C'était la première fois que je rencontrais toute sa parenté. En entrant, Normand salue une de ses tantes en la serrant trop timidement à son goût à elle, et cette dernière l'a rabroué avec un : 'Mon petit Juif !' Aussitôt dit, j'ai explosé en sanglots. J'étais très blessée et je suis sortie de l'appartement. Normand est venu me calmer et par la suite je suis revenue à la maison. Mais une telle tension avait jailli dans l'air qu'on aurait pu le couper au couteau. La tante de Normand se sentait vraiment mal à l'aise.

« Une autre fois, Normand et moi sommes allés à un concert rock avec ses amis. J'ignore pourquoi, mais en me voyant, une des filles a demandé à Normand si j'étais Juive et il a répondu par l'affirmative. Un peu perplexe, la fille a répliqué : 'Mais pourtant, elle n'a pas un gros nez !' Puis, on a tenté de s'expliquer... Bref, la majorité des Québécois que j'ai rencontrés grâce à Normand connaissaient très peu les Juifs et, de plus, ils les imaginaient selon certains stéréotypes peu flatteurs. »

L'extrême gauche

Toujours impatiente d'aller à l'université, Andrea est relativement heureuse de pouvoir faire ses études de cégep en sciences sociales. Elle continue de militer à l'ANEQ et suit des cours sur l'histoire de la Chine et de l'URSS, sur l'impérialisme, sur le Tiers-Monde, de même que sur l'Holocauste. Elle fait un travail approfondi sur *L'Impérialisme, stade suprême du capitalisme*, de Lénine, et un autre sur le procès de Julius et Ethel Rosenberg. « J'avais tant détesté l'histoire telle qu'on me l'avait enseignée à l'école secondaire, avec l'obligation absurde de se remémorer des dates et des noms, des noms et des dates... En revanche, au cégep Vanier, un de mes professeurs, Ron Charbonneau, m'a rendu cette discipline fascinante. »

Les groupuscules d'extrême gauche sont alors en pleine effervescence au Québec et cela pique la curiosité d'Andrea. Quelqu'un tente de la recruter pour le Parti communiste du Canada marxiste-léniniste (PCC-ML) [6]. Elle assiste à quelques réunions et s'y engage

---

6. Organisation maoïste fondée en 1968 au Canada anglais et qui, à la différence de bien d'autres, existe encore aujourd'hui.

un peu. Elle rappelle son initiation : « Je connaissais très peu ces groupes, mais je m'étais décidée à militer dans la gauche. Je trouvais intéressant ce que je lisais sur la Chine. J'avais lu Mao et, d'ailleurs, quand il est mort, j'avais porté un brassard noir tellement j'étais attristée ! Je me considérais donc comme maoïste et, eux, ils étaient maoïstes...

« À un moment donné, on m'a envoyée faire du porte-à-porte à Rosemont. Chaque fois que la porte s'ouvrait, on devait proférer : 'Faisons payer les riches !' Bien sûr, ça n'a pas beaucoup marché ! avoue Andrea, avec un grand éclat de rire. On ne m'a jamais autant cogné la porte au nez, ni avant, ni depuis. Je me sentais assez niaise, merci ! »

Il a quand même fallu un an avant qu'Andrea constate que le PCC-ML ne lui convenait pas, jugeant leurs théories trop dogmatiques et leurs stratégies malhabiles.

Peu de temps avant qu'elle abandonne, le Parti organise une manifestation contre le sionisme et elle décide d'y aller. Elle précise sa position d'alors sur l'État hébreu : « Mes parents m'avaient très peu parlé d'Israël et du sionisme. Je percevais Israël comme un État créé pour réparer l'Holocauste et je savais que beaucoup de Juifs y avaient trouvé refuge. Ça avait peu de signification pour moi, somme toute.

« Avant le rassemblement, j'étais déjà mal à l'aise car je ne connaissais que très peu de choses sur le sionisme. Je me suis donc assise tout près du lieu de départ de la manifestation et j'ai réfléchi : 'Dois-je y participer, ou non ?' Tout à coup, un Québécois, un parfait étranger, m'a demandé : 'Qu'est-ce qui se passe ici ?' Je lui ai expliqué l'objet du regroupement. 'Est-ce qu'on ne pourrait pas les laisser tranquilles, ces Juifs-là ? Il me semble qu'ils ont assez mangé de merde', m'a-t-il répliqué. Voilà, c'en était assez. Sans plus de délai, j'ai décidé de ne pas participer et j'ai tiré ma révérence. »

Quelque temps plus tard, Andrea rencontre un des organisateurs du PCC-ML. « Je lui ai expliqué que je ne saisissais pas toutes les nuances de la question du sionisme et que je désirais avoir plus d'information. Il m'a alors répondu d'un air condescendant : 'Mais tu es juive, non... ?' J'étais sidérée. J'ai rétorqué que ce n'était pas du tout pertinent. Sa réaction m'avait énormément fâchée. »

Enfin l'université

L'accent mis sur l'éducation et la valorisation des études fut une constante dans le foyer d'Andrea : « La chose la plus importante, la plus belle qu'on pouvait faire, c'était d'apprendre, d'étudier, et j'avais parfaitement assimilé cette préoccupation de mes parents. C'était tout naturel, c'était certain que j'irais à l'université. »

De 1978 à 1981, Andrea étudie donc à l'Université Concordia, où elle obtient un baccalauréat ès arts, avec distinction en histoire. Elle met en veilleuse ses activités politiques militantes, à l'exception de la campagne électorale du RCM en 1978, et elle se concentre avec beaucoup de zèle sur ses études. Au début, elle lorgne vers le métier de journaliste. « On me disait trop subjective et partisane, mais pour ma part je ne croyais pas à cette pseudo-objectivité... Et d'ailleurs, c'est un peu pour cette raison que j'ai finalement abandonné l'idée de faire du journalisme.

« Je n'étais pas déçue à l'université. J'ai beaucoup apprécié la possibilité d'acquérir des connaissances et d'approfondir, de façon cohérente, mes bases théoriques, et d'ainsi pouvoir davantage justifier et défendre mes convictions. » Elle réalise une recherche méticuleuse sur la révolte *Ciompi* des tisserands de Florence au XIVe siècle. Duplessis et la Révolution tranquille font également l'objet des travaux analytiques qu'elle entreprend.

Au département d'histoire et à l'université, Andrea s'intéresse aux débats étudiants de l'heure. L'Association des étudiants en histoire de Concordia permet à Andrea et à ses camarades de revendiquer une participation accrue des étudiants au pouvoir décisionnel du département. « Les professeurs étaient fort surpris de nos demandes et nous taquinaient que les années soixante, c'était du passé ! »

Andrea décide de faire une maîtrise en historiographie « marxiste » et elle a l'honneur d'être candidate pour l'obtention d'une bourse Rhodes[7]. « Je ne me réjouissais pas de l'origine de cette bourse, avoue Andrea, en notant l'ironie de la situation. Le comité de sélection qui m'a interviewée était notamment composé de

---

7.   Une bourse créée par Cecil B. Rhodes, grand capitaliste et colonisateur anglais qui a fait fortune en Afrique du Sud, à la fin du XIXe siècle. Cette bourse très prestigieuse est offerte aux étudiants du Commonwealth pour des études à l'Université Oxford en Grande-Bretagne.

Marie-Josée Drouin et de Jeanne Sauvé. Le comité semblait davantage intéressé par mes opinions politiques de gauche que par mon travail académique ! Je n'ai pas obtenu la bourse. Pourtant, je ne suis pas convaincue que le refus était relié à mon idéologie progressiste, car je n'ai pas pu connaître ni entendre les autres candidats — et il y en avait sûrement de plus intelligents que moi — mais une chose est certaine, c'est que je me suis sentie très nettement attaquée dans mes opinions. »

Par contre, Andrea reçoit trois autres bourses qui lui permettent de poursuivre ses études de maîtrise : la Concordia University Fellowship, la bourse FCAC et la bourse de maîtrise spéciale du Conseil de recherches en sciences humaines du Canada. Elle s'inscrit au programme de maîtrise en histoire à l'Université Concordia en 1982.

Andrea a toujours conçu son travail académique en liaison avec ses objectifs politiques. « Depuis un certain temps, je ne faisais plus de gestes politiques concrets. J'ai donc ressenti la nécessité de militer, de donner forme à mes convictions… C'était viscéral. » Il y a sous le ciel un temps pour tout.

Le Mouvement socialiste

Or, c'est précisément à cette époque que le Mouvement socialiste (MS) voit le jour. Carla Lipsig, une enseignante juive progressiste, invite Andrea à en devenir membre, ce qu'elle accepte. Andrea y travaille au comité de solidarité internationale et participe aux diverses activités du MS. « En dépit de tous mes efforts pour maîtriser le français, et à cause de ma gêne dans les situations officielles, j'étais intimidée aux assemblées du MS. De plus, j'avais encore beaucoup à apprendre sur la pratique de la politique. J'écoutais donc beaucoup et n'intervenais pas souvent. »

À la fin de la première assemblée générale du MS à laquelle Andrea participe, deux autres membres, dont un avocat syndical, l'invitent à prendre un café. Elle raconte la discussion : « Ils m'ont posé les questions d'usage : d'où je venais, mes origines ethniques, pourquoi je me trouvais au MS, etc. Ils s'étonnaient de mon intérêt pour le Mouvement, compte tenu de mon jeune âge et de mes origines anglophone et juive. Alors, je me suis mis à leur expliquer le rôle progressiste joué par un grand nombre de Juifs dans la société québécoise. À mon tour, j'étais surprise qu'ils ignorent la tradition du militantisme juif, entre autres, dans l'Union internationale des ouvriers de vêtements pour dames pendant les années trente et au Parti communiste pendant les années trente et quarante. »

Au comité de solidarité internationale du MS, plusieurs des collègues d'Andrea sont d'anciens militants de groupes trotskistes. Un rapport unanime du comité, présenté à l'assemblée générale, est qualifié de document trotskiste. Quelques mois plus tard, et à la suite d'autres conflits importants touchant les ex-trotskistes, Andrea démissionne du MS en même temps qu'eux. « Par principe et en guise de solidarité, j'ai quitté parce que j'interprétais comme antidémocratique le comportement du MS envers les trotskistes. »

Une famille divisée

En 1982, Israël envahit le Liban. Certains Juifs montréalais organisent à l'hôtel Reine Elisabeth une assemblée de solidarité envers l'action d'Israël. Andrea et sept autres camarades juifs progressistes, pancartes à la main, s'y présentent pour protester silencieusement « contre » les gestes de l'État juif. D'une voix vibrante d'émotion, Andrea raconte la suite : « Notre petit groupe a été physiquement agressé par des compatriotes juifs. Deux de mes amis ont été blessés lors de cette attaque. J'ai été saisie d'horreur et dans un quasi-état de choc. » Les médias relatent abondamment cet affrontement qui a eu lieu dans le hall d'entrée de l'hôtel montréalais.

Quelques semaines après le massacre dans les camps palestiniens de Sabra et de Chatilla, Andrea participe a une manifestation devant le consulat israélien. Une photo des manifestants, dont Andrea, est publiée à la une du quotidien *The Gazette*.

Plus tard, elle assiste à une manifestation contre Ariel Sharon, le ministre de la Défense israélien et elle est interviewée, de nouveau, sur le conflit au Proche-Orient. Elle confie : « J'ai trouvé très difficile qu'on m'interviewe en tant que Juive, plutôt qu'en tant que simple citoyenne. Par ailleurs, je trouvais nécessaire que des Juifs bien identifiés comme tels expriment leur chagrin à cette occasion, car Israël prétendait et prétend toujours agir au nom de tous les Juifs.

« Aussi, de cette manière, il devient plus ardu pour Israël de rejeter toute critique de ses politiques comme étant motivées par l'antisémitisme. Mais, lors d'une fête de famille, j'ai dû quand même subir la vieille accusation d'être une 'Juive qui se déteste' à cause de mes prises de position. Or moi, je voulais et je veux encore me dissocier des actions déshonorantes de l'État, comme telles. »

Andrea vit ainsi des moments de tension, non seulement à l'égard de sa famille et de la communauté juive, mais également en ce qui trait à des faits et gestes de manifestants critiques d'Israël autour d'elle. « J'ai participé à plusieurs activités relativement à cette guerre au Liban. Parfois, certains non-Juifs qui protestaient contre Israël étaient, eux, de véritables antisémites. Par exemple, lors d'une manifestation, quelqu'un devant moi se demandait pourquoi on scandait seulement 'À bas Israël !' et non 'À bas les Juifs !' Ça m'a profondément scandalisée. Cette personne n'avait pas sa place là, car elle ne faisait pas de distinction entre Israël et les Juifs. Pour certains, l'antisionisme était un paravent à l'antisémitisme, tandis que d'autres faisaient la distinction, comme il faut. Dans ces situations, je suis toujours très sensible aux véritables motifs des gens.

« En une autre occasion, notre groupe de Juifs progressistes s'est rendu à une réunion organisée par des non-Juifs contre la politique israélienne. Alors, ce ne fut qu'après avoir discuté du sens d'une participation des 'Juifs' à leur activité, qu'ils nous ont accordé le droit de parole.

« En dépit des difficultés, voire des déchirements, inhérents à mes actions en rapport avec le Proche-Orient, si j'avais à le refaire, je le ferais de la même façon. Malgré les quelques accrocs subis, mon analyse et la nécessité que je ressens de réagir n'ont pas fondamentalement changé à la suite de ces expériences. »

Fidèle à ses propos, Andrea agira comme porte-parole d'un groupe qui dénonce la répression violente exercée par le gouvernement d'Israël contre le peuple palestinien des territoires occupés, lors du soulèvement de 1988.

Le Rassemblement des citoyens de Montréal

Les élections municipales de 1982 approchent et Andrea voit d'un très mauvais oeil les pourparlers d'alliance entre le RCM et le Groupe d'action municipale (GAM) : « Même si on m'avait passé sur le corps, je n'aurais jamais voté pour Bob Keaton, qui devait être candidat dans mon quartier. Lui et Nick Auf der Mar, de 'vrais' politicards opportunistes, zigzaguent d'une tendance à l'autre, comme une montagne russe, sans jamais être inspirés ou gênés par la moindre conviction réelle. Quand les pourparlers avec le GAM ont échoué, soulagée, je me suis engagée à fond dans la campagne électorale du RCM. »

Le candidat du RCM dans son quartier, Abe Limonchik, est élu conseiller municipal. Quant à Andrea, elle est choisie pour siéger à l'exécutif de son association de district. En 1984, elle est élue au poste de conseiller à la formation, à l'exécutif central du RCM, poste qu'elle occupera jusqu'au lendemain de la victoire du RCM, en novembre 1986. Elle organise des sessions sur la Loi 65 relative à l'accès à l'information, sur la paix et le désarmement et sur l'habitation. Elle travaille à un guide d'organisation et prépare des sessions d'orientation pour les nouveaux membres. « Pour moi, le RCM n'est pas un parti socialiste, mais c'était un parti progressiste, réformiste et je n'avais pas de problème avec ça. J'étais alors convaincue qu'il pouvait effectuer de vrais changements sur le plan municipal. »

À la veille des élections municipales de 1986, il est question qu'Andrea se présente comme candidate du RCM, ce qu'elle refuse finalement. « Je me considérais encore trop jeune et sans grande expérience. Je n'avais pas encore fixé mon choix de carrière. Mes chances ne semblaient pas tellement bonnes et, de plus, un autre très bon candidat s'est manifesté. »

Elle s'engage très activement dans la campagne du RCM. Andrea écrit quelques discours pour Jean Doré pendant la campagne électorale, coordonne le travail des bénévoles au secrétariat central et fait du porte-à-porte dans le quartier de Côte-des-Neiges. « Au début de 1987, avoue-t-elle, j'étais très lasse et j'éprouvais des difficultés à l'exécutif du RCM. Je sentais, à certains égards, que l'expérience politique des autres membres surpassait la mienne. J'avais toujours un problème pour m'exprimer en public, et surtout en français, même si je maîtrise bien cette langue. J'ai donc démissionné de l'exécutif du RCM. »

Une attention sur plusieurs fronts

Depuis 1983, la paix et le désarmement constituent le champ d'action principal d'Andrea sur les plans politique et social. Elle travaille à l'organisation des grandes manifestations pacifistes, de même qu'à la campagne « Un F-18 pour la paix [8] ». Elle organise des activités dans son quartier : présentation de films, animation de discussions et un référendum informel sur le thème : « Montréal — Zone libre d'armements nucléaires » (ZLAN). Cette dernière campagne, à l'automne 1985, rejoint plus de 2 000 personnes qui se déclarent favorables, dans une proportion de plus de 80 %, à l'initiative d'une ZLAN à Montréal. Un des premiers gestes fait par la nouvelle administration du RCM, à l'automne 1986, est l'adoption d'une résolution de principe déclarant Montréal zone libre d'armements nucléaires. Andrea milite toujours dans la coalition qui veut faire de Montréal une véritable ZLAN. Elle a également écrit un article intitulé « *Community Disarmament Initiatives* » qui a paru dans un livre édité par Eric Shragge, un professeur juif progressiste de Montréal.

En 1985 et 1986, Andrea collabore à la Tournée internationale de la jeunesse en faveur de la paix et de la justice. Cette campagne coordonne des échanges internationaux d'écoliers du niveau secondaire qui vivent des expériences de guerre. « À l'école Van Horne et à celle de Northmount, j'ai entendu des enfants d'ailleurs raconter aux enfants d'ici leur expérience. Ces témoignages vivants furent très émouvants et extrêmement efficaces pour faire comprendre les horreurs épouvantables de la guerre aux jeunes Montréalais. »

Andrea participe au projet dit des « Ombres », qui vise à commémorer le quarantième anniversaire de la destruction d'Hiroshima par la bombe atomique : en peignant des centaines d'ombres sur les

---

8. Le thème de cette campagne était que les quelque soixante millions de dollars requis pour l'achat d'un seul avion militaire F-18 soient consacrés à la transformation d'usines d'armements en usines de fabrication de produits non militaires.

trottoirs et les rues de Montréal, on veut évoquer l'ombre qui est restée après que l'engin nucléaire eut volatilisé des milliers de civils japonais, le 6 août 1945. En pleine nuit, le 6 août 1985, Andrea et trois amis sont donc en train de peindre des ombres, lorsqu'ils voient approcher une voiture de police. « Nous nous sommes enfuis, mais tout à coup, on a constaté qu'on avait perdu un camarade. J'ai alors insisté pour retourner voir ce qui lui était arrivé. Résultat : les policiers nous ont tous arrêtés ! C'est ainsi que j'ai passé ma première nuit en cellule... la seule jusqu'à ce jour. » Quatre-vingt-cinq autres personnes sont arrêtées cette nuit-là. Finalement, on laissera tomber les accusations portées contre ces pacifistes.

Bien qu'elle soit inscrite en maîtrise, Andrea se trouve un emploi à plein temps en 1983 dans une maison de publicité. Et parmi toutes ses activités militantes, elle néglige ses études. Au printemps suivant, un professeur lui offre un dernier délai pour compléter ses travaux. Elle quitte donc son emploi et, à l'été 1985, elle dépose sa thèse intitulée *Autopsy of a Friendship*, sur le conflit politique entre Jean-Paul Sartre et Albert Camus. Elle obtient sa maîtrise et un prix, le E.E. McCullough M.A. History Award.

Une paranoïa à la Woody Allen

À maintes reprises, en parlant de sa propre identité de Juive, et du judaïsme en général, Andrea fait référence au livre de Isaac Deutscher, *The Non-Jewish Jew*[9]. Les idées exprimées dans ce volume l'ont beaucoup marquée et il est approprié de citer un des passages les plus polémiques de ce livre :

« *Vérité tragique et macabre, celui qui a le plus contribué à redéfinir l'identité juive est nul autre que Hitler, dont ce fut l'un des exploits posthumes. Auschwitz a été le terrible berceau de la nouvelle conscience juive et de la nouvelle nation juive. Nous qui avions rejeté la tradition religieuse, nous appartenons maintenant égale-*

---

9. Isaac Deutscher (1907-1967), Juif polonais et marxiste renommé, est surtout connu pour avoir publié une trilogie érudite sur Trotsky et une biographie controversée de Staline. *The Non-Jewish Jew and other essays* (1968, London, Oxford University Press) est un ensemble de neuf essais perspicaces et très sensibles sur les Juifs et Israël, d'un point de vue marxiste.

ment à cette communauté négative qui, à maintes reprises dans l'histoire, et si récemment, si tragiquement, a été choisie pour être persécutée et exterminée. Pour ceux qui ont toujours affirmé la judaïcité et sa continuité, il est bizarre et pénible de constater que l'extermination de six millions de Juifs aura donné un élan sans pareil au judaïsme. J'aurais préféré que six millions d'hommes, de femmes et d'enfants survivent et que le judaïsme périsse. C'est à partir des cendres de six millions de Juifs que le phénix du judaïsme se relève. Quelle résurrection ! »

Andrea a beaucoup lu sur l'Holocauste, a analysé les stéréotypes répandus sur les Juifs et a longuement réfléchi sur l'antisémitisme. « L'antisémitisme, au sens large, voilà la raison principale qui fait que j'assume mon identité comme Juive ! Je suis confrontée à une histoire de persécution, à des images et à une mythologie peu flatteuses à l'égard des Juifs. La seule réponse respectable devant ça, c'est d'assumer son identité, de discréditer les clichés et de combattre ces caricatures. Tant et aussi longtemps que des gens réagiront d'une façon négative et discriminatoire à ma judaïcité, je l'affirmerai davantage. »

Non sans ironie, elle confesse avec un soupir : « J'ai même un penchant pour les films, les documents et les discussions sur l'Holocauste et le nazisme. D'ailleurs, un gag que me font parfois mes amis, c'est de me recommander d'aller voir un film pour la seule et unique raison qu'il porte sur le sujet des Nazis ! »

Andrea admet volontiers qu'elle est hypersensible à la moindre manifestation d'antisémitisme, mais sa sensibilité est également à fleur de peau devant bien d'autres offenses semblables. Avec un rire noir elle cite un exemple : « Je peux être assise à une table dans un restaurant et si une remarque antisémite est prononcée à la table d'à côté, moi, je vais l'entendre ! J'ai développé une paranoïa à la Woody Allen !

« Prenons le RCM, que je crois vraiment un modèle de relations harmonieuses entre anglophones et francophones, entre Juifs et non-Juifs, etc. Or une fois, au Conseil général, un militant ne se souvenait plus du nom de Sam Boskey. Il l'a interpellé alors en disant 'le Juif', sur un ton qui m'a chavirée. Personne n'a dit un mot, mais moi j'ai dû sortir de la réunion pour retrouver mon calme. C'est alors Sam qui a dû lui-même rappeler aux gens que le RCM ne tolère pas ce genre d'attitude raciste. Je me sens donc blessée assez aisément dans de telles circonstances. »

L'humour : une partie importante

Andrea éprouve un peu de difficulté à énumérer les aspects positifs qui soutiennent et peuvent promouvoir l'expression de son identité juive. Invoquant tantôt Isaac Deutscher et tantôt Woody Allen, et réalisant bien l'ambiguïté de sa position, elle en cerne les caractéristiques avec circonspection.

« D'abord, je suis athée et non pratiquante. Je n'ai jamais assisté à un service religieux dans une synagogue, sauf pour les noces, les Bar-Mitsvas, et lorsque j'allais à la colonie de vacances durant l'été. Par ailleurs, dans mon cas, je suis sûrement plus marquée par la culture juive, dans un sens large, que par n'importe quelle autre culture. J'ai toujours vécu dans un quartier juif, et les valeurs que j'ai assimilées, transmises par mon père, émanent d'une tradition juive. »

En mentionnant la tradition juive léguée par son père, Andrea fait une longue parenthèse à l'égard de sa mère : « La valorisation de l'éducation, une vertu capitale dans la culture juive, est aussi prônée par les immigrants de l'Europe de l'Est, comme l'a fait ma mère slovaque. Assez curieusement, ce qu'on perçoit comme une partie de mon identité juive, par exemple l'intonation de ma voix quand je parle, me vient justement de ma mère ! À la boulangerie juive, on demandait à ma mère si elle voulait du *kimmel*, en yiddish, et à mon père on offrait du pain de *grains*, en anglais ! Quelle jolie confusion. Ma mère ne se préoccupait pas tellement de son identité, mais comme convertie au judaïsme, elle représentait un cas intéressant. Quand un non-Juif lui disait : 'Au fond, toi, t'es correcte', en voulant dire qu'elle n'était pas devenue 'vraiment' Juive, elle réagissait violemment. Mais, malgré tout ça, elle s'en serait fichée si j'avais choisi d'être catholique grecque ou protestante. »

Le Juif errant et le cosmopolite déraciné ont maintes fois servi à décrire le sort particulier des Juifs. Par ailleurs, beaucoup de Juifs, en tant qu'individus, ont eu des relations ténues avec leur propre communauté ou ont même été aliénés par celle-ci. Andrea Levy, tout comme Stan Gray, fait partie de ce courant.

« Je viens de la communauté juive, mais je me sens à l'extérieur de cette communauté. La majorité de mes amis sont juifs, pour la plupart enseignants, étudiants et militants politiques progressistes, et eux aussi se sentent plutôt à l'extérieur de la communauté juive montréalaise. »

En parlant de son identité juive, Andrea hésite et lance parfois des déclarations paradoxales : « J'ai une identité juive et je n'en ai pas une ! Beaucoup de petites choses font que je me sens très juive et je m'en rends tout à fait compte, par exemple en écoutant un film de Woody Allen... Quelqu'un qui n'est pas Juif, peut-il vraiment apprécier et comprendre tout son génie ? Je me retrouve pleinement dans sa paranoïa d'être Juif, dans ses névroses, dans sa façon de s'exprimer et dans cet humour typiquement juif qui se moque de soi.

« Sur le plan culturel, j'ai une identité juive assez forte. L'humour en est une partie importante. Je peux rire avec des Juifs de certaines choses qui ne seront tout simplement pas abordées avec des non-Juifs. Et finalement, au jour le jour, ce sont toutes ces petites choses qui deviennent importantes. »

Partager le sort des autres

Andrea estime que le peuple juif a une tradition progressiste : « Historiquement, les Juifs ont été persécutés et, en réponse à cela, plusieurs ont développé le sens de la justice sociale et le respect des droits de la personne. Ceci a également donné naissance à une tradition socialiste juive. D'avoir connu la persécution, en tant que peuple, doit nous faire partager et comprendre le sort d'autres victimes et nous mener à lutter contre les bourreaux. C'est une question de responsabilité universelle. Pour moi, si quelqu'un est torturé au Chili et que je demeure silencieuse, je deviens par le fait même complice.

Andrea attribue son orientation progressiste en bonne partie à son environnement familial. Sa mère et son père venaient de deux traditions culturelles et ethniques différentes, mais furent tous deux progressistes. « Historiquement, les Slovaques étaient un peuple opprimé, et c'est peut-être ce qui a contribué au progressisme de ma mère. Dans ce dont j'ai hérité, le facteur 'juif' explique partiellement mon progressisme, mais il y a évidemment plus que cela. »

Andrea juge que la proportion de Juifs militants au sein du RCM est plus élevée que celle de Juifs dans la population montréalaise. « Je l'explique d'abord par la tradition progressiste juive. C'est peut-être aussi lié à la difficulté qu'ont certains Juifs progressistes, en tant qu'anglophones, de s'identifier au nationalisme québécois, tout en voulant mener une action politique progressiste. »

Israël : un « État-bateau de sauvetage »

Dans *The Non-Jewish Jew and other essays*, Isaac Deutscher écrit au sujet de l'État d'Israël :

« D'un navire en feu ou qui coule, les gens vont se sauver de n'importe quelle façon : sur un bateau de sauvetage, sur un radeau ou sur quelque autre objet flottant. Pour eux, le saut est une 'nécessité historique', et le bateau de sauvetage est la base de leur existence. Mais il ne s'ensuit pas que le fait de sauter doive devenir un programme politique, ni que l'État-bateau de sauvetage doive former la base de toute une orientation politique. »

« L'image de l''État-bateau de sauvetage' d'Isaac Deutscher est toujours restée ancrée dans mon esprit, commente Andrea. Avant les événements de la Deuxième Guerre mondiale, beaucoup de Juifs avaient une perspective internationaliste. Malheureusement, pour des raisons historiques que je comprends bien, cette perspective fut remplacée pour plusieurs par une préoccupation nationaliste excessive en faveur de l'établissement d'un État juif. Je demeure quand même très sensible à l'attitude partiale, envers Israël, des Juifs qui ont survécu à la véritable brutalité et ont connu des tourments dans les camps, ce que je n'ai pas vécu personnellement.

Bien sûr, parler d'Israël, c'est parler des Palestiniens. « Si Israël ne peut avoir d'existence qu'en supprimant les droits d'un autre peuple, poursuit Andrea, ça ne vaut tout simplement pas la peine ! Les Palestiniens ont le droit à l'autodétermination et un jour, tôt ou tard, Israël sera bien obligé de le reconnaître, même si les

Palestiniens ne sont pas exempts de blâme dans l'ensemble de leurs agissements.

« Je m'oppose à la théocratie et je suis insultée quand l'État d'Israël prétend agir au nom de tous les Juifs. Je n'ai pas de relation privilégiée, dans mon esprit, avec l'État hébreu. Je n'ai jamais visité Israël et je n'ai pas particulièrement envie de le faire, du moins pas plus que n'importe quel autre pays. C'est un État comme un autre et j'ai une position politique sur ce qui se passe là-bas, comme j'en ai une sur ce qui se passe ailleurs. Pour moi, il ne s'agit ni d'un foyer spirituel, ni d'un autre type de foyer. »

Un Québec indépendant, mais radicalement meilleur

Andrea n'a que sept ans lors de la fondation, en 1967, du Mouvement souveraineté-association, ancêtre du Parti québécois. Ses premiers véritables contacts avec la société québécoise francophone n'ont lieu qu'en 1976. Elle est donc adolescente pendant la grande période de l'affirmation, parfois violente, d'une identité nationale chez les Québécois francophones.

« Je ne m'identifie pas comme slovaque et, hormis mes réactions passionnées contre l'antisémitisme, l'affirmation d'une identité sur les plans culturel et ethnique, n'a rien de cataclysmique chez moi... Sauf pendant la période où ma découverte de l'Holocauste me rendait très émotive, mes rapports avec le judaïsme n'ont pas beaucoup changé au fil des ans. »

L'ardeur qu'Andrea met à perfectionner son français n'a pas cessé depuis son passage à l'école primaire. Par contre, l'évolution de ses attitudes et de ses sentiments à l'égard de la société québécoise et du nationalisme est révélatrice.

Elle rappelle l'époque où elle a rencontré Normand, sur le mont Royal, en 1976 : « D'une façon générale, je comprenais les revendications du nationalisme québécois et j'y étais très sympathique. En même temps, j'étais consciente, à un certain niveau, d'être différente, car je savais qu'en réalité ce n'était pas 'ma' cause et que je n'en faisais pas partie. Sur les plans politique et intellectuel, je trouvais le mouvement dynamique, nouveau et intéressant. Je pouvais, bien sûr, appuyer les Québécois francophones nationalistes, mais en tant qu'anglophone, je me sentais quand même mal à l'aise.

« J'aimais beaucoup les chansonniers québécois de l'époque et me suis servi d'une citation du groupe Harmonium pour résumer mes projets dans l'annuaire scolaire de la dernière année. C'était rare comme une tulipe en hiver qu'une teenager anglophone agisse de la sorte dans mon milieu. Mais je voulais m'identifier au Québec le plus possible.

« Je bouquinais la littérature québécoise, particulièrement les auteures. Je me considérais comme Québécoise et je m'estimais indépendantiste, dans la mesure où une anglophone pouvait l'être. Le 15 novembre 1976, j'étais très excitée et heureuse de l'élection du Parti québécois. Je ne voulais rien de moins que d'être assimilée à la majorité francophone. »

Entre la victoire du Parti québécois et le référendum de mai 1980, cependant, ses attitudes et ses sentiments se métamorphosent. « Cette absorption que je voulais tant à l'âge de seize à dix-huit ans était tout simplement impossible. Il va toujours y avoir une réalité qui me distingue des Québécois francophones : l'histoire, la culture, le fait de ne pas avoir vécu certaines expériences dans la peau d'une Québécoise francophone, comme l'oppression par une minorité anglophone. Aussi, jusqu'à un certain point, dans leurs tripes, certains Québécois francophones vont toujours m'identifier à la minorité anglophone 'dominante'. Aujourd'hui, je ne ressens plus le même besoin de m'intégrer et ce nationalisme ne m'excite pas du tout comme autrefois. »

Il ne s'agit pas là d'une « déprime » post-référendaire, car tout en étant très sympathique aux aspirations nationalistes, Andrea s'est abstenue de voter au référendum : « Je ne pensais pas que c'était à moi de prendre cette décision. Deuxièmement, j'avais du mal à me faire une opinion à l'égard du nationalisme, surtout lorsque celui-ci semblait tant primer sur d'autres liens de solidarité, particulièrement ceux des classes sociales. Selon moi, tous les Québécois et Québécoises n'ont pas les mêmes intérêts ! »

Au sujet du nationalisme québécois et de la menace ressentie par plusieurs de ses concitoyens juifs, Andrea précise : « Personnellement, je crois que mes droits en tant que Juive, et même en tant qu'anglophone, ne sont pas niés, ni restreints au Québec. Mais, à l'occasion, des éléments inquiétants se sont dressés, comme ce péquiste qui, réagissant à des propos anti-québécois[10] de Charles Bronfman, s'était récrié : 'Bronfman peut bien sacrer son camp du Québec et amener Steinberg avec lui !' Pourtant Steinberg, lui, n'avait rien dit... pourquoi donc souhaiter son départ ? Il n'y avait qu'une seule explication... Les deux sont Juifs !

« Le nationalisme risque toujours d'être réactionnaire, même s'il a souvent été une force progressiste dans l'histoire. Par ailleurs, le Québec dans lequel nous vivons présentement est probablement plus progressiste que le reste du Canada. »

Andrea n'est pas contre l'indépendance du Québec, bien au contraire, et son adhésion au Mouvement socialiste en a été une preuve. « Je peux appuyer une plate-forme indépendantiste si elle inclut aussi la solidarité internationale, la justice sociale et le respect de la démocratie. Un Québec indépendant ne doit pas être le Québec d'aujourd'hui qui aurait simplement coupé tout lien direct avec Ottawa, mais plutôt une société radicalement meilleure sur tous les plans. »

L'engagement d'Andrea dans la politique municipale résout certains de ses problèmes d'identité. Fièrement, elle proclame son affection pour sa ville natale. « C'est une ville superbe, entre autres, à cause de son caractère français. Je ne veux jamais la quitter et j'y suis profondément attachée. Et si je devais absolument m'identifier à un endroit, voilà, c'est Montréal que je choisirais ! » conclut-elle.

Les questions d'identité et d'appartenance n'ont pas un poids démesuré dans son quotidien, et Andrea semble vraiment à l'aise comme Juive progressiste dans la société québécoise de 1988 : « Les frontières géographiques ont peu d'importance pour moi. J'ai une perspective internationaliste. Même si ça peut paraître idéaliste, je me considère 'citoyenne du monde'. Je ne m'en fais plus si on me range d'un côté ou de l'autre. Aujourd'hui, je vis très bien avec ce que je suis et d'où je viens ! »

---

10. Charles Bronfman, propriétaire du club de baseball Les Expos et de la compagnie Seagrams, a déclaré à la veille des élections du 15 novembre 1976, qu'il songeait à déménager son entreprise advenant une victoire péquiste.

Arnold Bennett

Arnold Bennett devant l'hôtel de ville de Montréal.

Arnold Bennett

Charbonnier est maître chez soi.

Blaise de MONLUC,
Commentaires (1592)

« Un peuple du livre ». Voilà une épithète qu'on accole volontiers au peuple juif. Arnold Bennett, conseiller municipal du Rassemblement des citoyens de Montréal (RCM) et infatigable promoteur des droits des locataires montréalais, dévore plus de 200 livres par année et possède plus de 10 000 titres dans sa bibliothèque. Il ne dément pas ses origines.

Passionné de l'écriture, il n'en a pas moins le verbe facile lorsqu'on le rencontre. Il fut un temps où il écrivait beaucoup et souhaitait devenir journaliste. C'était avant le RCM et ses activités dans le domaine du logement.

Corpulent, barbu et la chevelure un peu en bataille, des verres épais, vêtu confortablement, Arnold affiche une allure d'intellectuel. Cette image colle bien à sa réalité. Autant son enthousiasme pour la lecture est énorme, autant son intérêt pour la pratique des sports est inexistant. Sa passion pour l'histoire fait bon ménage avec la réelle exaltation que lui procure la science-fiction. Arnold avoue : « Tous les mois, j'alloue une partie de mon budget à l'achat de nouvelles parutions en science-fiction. Je dois avoir la plus importante collection sur le sujet à Montréal ! »

Mais qui dit Arnold Bennett, dit épine au pied de la Régie du logement ! Il connaît sur le bout de ses doigts la Loi 57 sur les réductions de loyer et reçoit souvent les décisions des régisseurs avant même qu'elles ne circulent à la Régie. Incontestablement, Arnold est le confident et conseiller numéro un des locataires de Montréal et l'ennemi juré des propriétaires de logements à louer qui abusent de leurs locataires.

Arnold ne connaît pas les demi-mesures. Qu'il s'agisse de questions de logement, de science-fiction, d'études ou de quelque autre sujet qui le passionne, Arnold s'y donne corps et âme.

Juif croyant et pratiquant jusqu'à l'âge de vingt-trois ans, Arnold reçoit une formation religieuse intense et vit une expérience très approfondie du rituel juif, allant à la synagogue tous les samedis et mettant chaque matin les *tefillin*[1]. Cette toile de fond rend particulièrement intéressant son cheminement personnel. Tout comme les prêtres-ouvriers progressistes, il concilie très bien — n'en déplaise à certains — la foi et l'action progressiste.

En tant qu'échevin, Arnold fait partie du raz de marée significatif des cinquante-quatre conseillers du RCM élus à l'Hôtel de ville de Montréal en novembre 1986. L'élément marquant de ce changement d'administration est sans doute le renouveau politique qu'on promettait après le long règne de Jean Drapeau. Mais il est à noter, en marge, qu'à part Arnold, cinq membres de la nouvelle équipe au pouvoir sont Juifs. Ce sont :

Michael Fainstat, président du Comité exécutif de la ville de Montréal, père spirituel et doyen du RCM ;

Sam Boskey, un des contestataires dans le caucus, souvent porte-parole de l'aile radicale du parti, vice-président de la Commission du développement culturel ;

Marvin Rotrand, membre du Comité de la sécurité publique et de la Commission du développement communautaire, militant syndical de longue date au sein de l'Association provinciale des enseignants protestants ;

---

1. Une petite boîte carrée noire renfermant des inscriptions de la Torah. À l'extrémité de cette boîte se trouvent deux courroies de cuir longues et étroites ; les Juifs pratiquants en placent une sur le front et une autre autour du bras gauche, selon un rituel précis, durant leurs prières matinales.

Abe Limonchik, président de la Commission de développement économique et administrateur de la Société de transport de la communauté urbaine de Montréal (STCUM), membre du Conseil d'administration du Centre multi-ethnique et militant du mouvement écologique et du mouvement pour la paix ;

Saulie Zajdel, conseiller du quartier Côte-des-Neiges, élu pour la première fois en 1986 et membre du comité du code d'éthique de la Ville de Montréal et du comité des relations avec les minorités au sein du caucus du RCM.

Depuis sa fondation en 1974, et jusqu'à ce jour, le RCM continue d'être le champ d'activités préféré d'un nombre très important de militants progressistes juifs. À cause de la monopolisation de la scène politique provinciale par le débat national et la question linguistique, comme le signalait Andrea Levy, beaucoup de Juifs progressistes se sentaient en effet plus à l'aise dans l'arène municipale pour débattre les questions politiques. C'est ce qui explique en partie la présence prépondérante de Juifs progressistes dans cette formation politique municipale. Arnold en convient et ajoute : « Le rôle des Juifs dans la survie du RCM pendant les années creuses de 1978-1982 fut particulièrement crucial. »

Mais Arnold, tout comme beaucoup d'autres Juifs qui ont privilégié un engagement sur la scène municipale, ne s'intéresse pas moins à la société québécoise, à son histoire, à son évolution et aux défis qu'elle entend relever.

Un enfant précoce

Fils unique, né sur la rue Girouard à Notre-Dame-de-Grâce en 1951, Arnold a eu une enfance plus ou moins heureuse. « Ma mère était très protectrice et je n'avais pas beaucoup d'amis. J'étais un peu isolé, car mes devoirs et mes occupations religieuses me mettaient un peu à l'écart. Nous n'étions pas bien nantis. Mes parents durent choisir entre l'achat d'un logement modeste à NDG ou celui d'une voiture. Ils ont préféré le logement, et ce n'est qu'en 1971 que mon père a pu acheter sa première automobile. »

Les grands-parents d'Arnold ont émigré de l'Europe de l'Est au tournant du siècle, mais ses parents sont nés à Montréal.

Son grand-père paternel est décédé quand David Betnesky, le père d'Arnold, avait neuf ans. « Mon père a dû travailler dès l'âge de quatorze ans pour faire vivre la famille et n'a pu compléter l'école secondaire que plusieurs années plus tard, en suivant des cours le soir. N'eût été de ces circonstances, il aurait sûrement pu devenir ingénieur. »

En 1942, David Betnesky est allé travailler à la Dominion Bridge, une compagnie de génie civil, où il a oeuvré comme dessinateur-estimateur pendant quarante-deux ans. Il est mort au printemps de 1987, à l'âge de soixante-cinq ans. « Mon père était le plus conservateur et le plus traditionnel de sa famille, explique Arnold. À l'élection mémorable de 1943 dans le comté de Cartier, quelques membres de ma parenté avaient travaillé pour Fred Rose, le communiste, tandis que mon père, lui, avait soutenu David Lewis du CCF [2]. Mais le jour de l'élection, il n'a pas pu s'empêcher de voter pour le libéral, qu'il considérait comme un 'pilier' de la communauté juive.

« Mon père n'a jamais été syndiqué — et il n'a jamais voulu l'être malgré mes tentatives acharnées pour le convaincre. Au début des années quatre-vingt, la Dominion Bridge fut achetée par des intérêts étrangers qui ont obligé mon père à prendre sa retraite à soixante et un ans. Il s'est alors allié à d'autres collègues de travail pour contrer le coup de force. J'ai concouru à leur démarche, mais la compagnie a habilement dépouillé et soudoyé ses confrères, un à un, jusqu'à ce que mon père soit le tout dernier à devoir céder. Il a compris trop tard la nécessité d'un syndicat !

« Ma mère venait d'une famille de petits commerçants qui avaient tout perdu pendant la Grande Dépression. Elle enseignait à l'école primaire Bancroft sur le plateau Mont-Royal et elle m'initia très tôt au savoir : à deux ans, j'ai reçu mon premier livre en cadeau et ma mère m'a enseigné aussitôt la lecture et le calcul. À trois ans, elle m'a appris quelques chansons françaises et j'ai pu, en outre, chanter par coeur les *Fier Kashehs* [3] à l'occasion de la Pâque. À

---

2. Cooperative Commonwealth Federation, l'ancêtre du Nouveau Parti démocratique (NPD). David Lewis, un Juif né en Biélorussie (URSS), fut chef du NPD fédéral du 1971 à 1975.

3. Quatre questions posées par le plus jeune convive lors du *séder*, souper de la Pâque. Selon la tradition juive, les aînés doivent y répondre en racontant la libération du peuple juif de son esclavage en Égypte.

l'école, ce n'est qu'en troisième année que j'ai vraiment commencé à apprendre quelque chose de neuf ! »

Fait inattendu, son premier bulletin à la maternelle est farci de mauvaises notes. Arnold est un enfant tranquille et retiré. « Je ne voulais pas chanter avec les autres et je ne m'affirmais pas. L'année suivante, je me suis dégourdi pas mal, et lorsque l'enseignant posait une question à la classe, j'étais souvent le premier à lever la main. À la fin de l'année, j'ai fini à la tête de ma division.

« Mais mes parents n'étaient jamais satisfaits : je devais perpétuellement viser les meilleures notes. À mon tour, je me suis mis à valoriser très fort les succès scolaires, et ça me détraquait si je n'étais pas le premier de la classe.

« En troisième année, lorsqu'on commença à nous enseigner le français, je m'objectai. En fait, je m'interrogeais sur l'utilité de la matière, ce à quoi ma mère, qui enseignait le français, a répondu : 'C'est un des cours du plan d'études et il faut que tu l'apprennes. Un point c'est tout !' À partir de là, j'ai bien réussi dans cette matière, mais sans vraiment maîtriser la langue parlée. C'était un défi quasi impossible, compte tenu de la piètre qualité de l'enseignement du français à ce moment-là. »

Si le français ne l'intéresse guère, il n'en va pas de même pour l'histoire, les mathématiques et les récits imaginaires. « Vers l'âge de sept ans, quand on éteignait les lumières pour que je me couche, j'allais au pied du lit et je continuais à lire quelques heures, grâce à la faible lueur qui me parvenait du corridor. »

À l'école, Arnold est loin d'être le fonceur qu'il deviendra plus tard dans la vie publique. En sixième année, il se porte volontaire pour interpréter au piano une pièce de Beethoven, lors d'un concert étudiant. « Je m'y suis adonné comme un démon pendant des semaines, jusqu'à ce que je la sache par coeur. Mais le moment venu, trop gêné, j'avais omis de rappeler ma participation à l'enseignante qui organisait l'audition. Le jour du concert, donc, personne ne m'a pas appelé pour jouer ! J'étais évidemment fâché ! Mais j'en ai au moins tiré la leçon que je devais m'affirmer davantage si je voulais être remarqué... »

Juifs dévots

Les parents d'Arnold sont très actifs dans la vie communautaire juive. Les règles kasher sont respectées à la maison, les chandelles sont allumées le vendredi soir, et les fêtes juives constituent l'apogée de l'année. Membre de la congrégation Shaar Hashomayim, la famille va aux services religieux tous les samedis, et Arnold y est initié dès l'âge de trois ans.

De six à quatorze ans, deux fois par semaine à l'issue de ses cours de l'école primaire protestante Willingdon, de même que le dimanche, Arnold prend l'autobus vers la synagogue Shaar Hashomayim pour l'instruction judaïque : « J'y ai appris à lire l'hébreu et à réciter toutes les prières. C'est également là-bas que j'ai développé mon intérêt pour l'histoire. Je dévorais les livres sur l'histoire des Juifs, de l'Exil à l'établissement de l'État d'Israël. Je m'intéressais beaucoup aux légendes de l'ère ancienne et, ultérieurement, ma curiosité a débouché sur l'histoire américaine. »

Arnold prend goût à la pratique religieuse et se permet de critiquer ses parents sur leur manque de zèle. Et l'élève surpasse le maître... « Je me bataillais avec eux, car ils faisaient leurs emplettes le samedi, jour du Sabbat. J'ai insisté, et éventuellement réussi à les convaincre de dire la bénédiction après tous les repas. Aujourd'hui, j'interprète ma rigueur concernant les rites juifs à la maison comme étant ma révolte primitive envers mes parents. »

Les étés s'écoulent à « balconville », avec de rares sorties dans les Cantons de l'Est, au chalet de l'oncle d'Arnold. Mais aussitôt que ses parents ont suffisamment d'économies, Arnold passe quelques étés dans une colonie de vacances juive où l'on ne parle qu'hébreu.

Une première fissure

L'actualité politique et sociale est un sujet de discussion inhabituel à la maison. Lorsqu'Arnold prend un journal, il ne lit que les bandes dessinées. En septième année, un confrère de classe apporte des revues sur l'Union Soviétique pour les montrer aux autres. « Je n'osais même pas les regarder, par peur d'être perçu comme un sympathisant communiste ! »

Le 22 novembre 1963, John F. Kennedy, président des États-Unis est assassiné. Arnold est fortement marqué par la tragédie. « J'étais à l'école lorsque l'enseignant nous a appris son décès ; j'ai pris le deuil, au point même de réciter le *kaddish* pour lui. Et j'ai lu tout ce qui me tombait sous la main au sujet de l'assassinat, ce qui m'a initié aux actualités — que je lisais rarement auparavant. Par la suite, j'ai suivi assidûment les reportages sur la guerre du Viêt-nam et sur les relations canado-américaines dans l'affaire de la Banque Mercantile — qui défrayaient les journaux de l'époque. »

Arnold commence ses études à l'école secondaire West Hill en 1964. Il y développe un intérêt pour le théâtre et joue dans quelques pièces. C'est aussi la période de sa vie où il vit pleinement sa ferveur religieuse et nourrit sa grande passion pour la science-fiction. Il ne s'engage donc pas beaucoup dans la vie étudiante et, même s'il sympathise avec quelques protestataires, il ne participe pas à leurs actions. « Je restais tranquille. J'écrivais des histoires extravagantes, flottant sur un nuage et laissant s'épanouir mon imagination, mais tout en poursuivant consciencieusement mes études dans mon petit coin.

« J'habitais le ghetto anglophone et adoptais les attitudes de cette minorité. Lorsque les bombes ont explosé dans les boîtes aux lettres de Westmount, j'ai trouvé les felquistes complètement capotés : je ne m'intéressais pas encore à ce qui se tramait au Québec. D'ailleurs, je n'avais encore jamais mis les pieds à l'est du boulevard Saint-Laurent et je ne comprenais pas du tout pourquoi il y avait un tel brouhaha. »

À l'âge de onze ans, Arnold voit pour la première fois des films sur l'Holocauste. « J'ai été estomaqué, et à chaque reprise, il n'y avait aucun effet d'amortissement. À partir de ce moment, j'ai commencé à analyser les partis politiques et leurs options en fonction de leurs attitudes et de leurs comportements envers les Juifs. Plus tard, j'ai découvert que la multinationale américaine de télécommunication I.T.T. avait appuyé Hitler, que le gouvernement canadien avait accepté très peu de réfugiés juifs de l'Europe lors de la Deuxième Guerre mondiale, que le Général Ky du Viêt-nam du Sud, la marionnette des Américains, idolâtrait Hitler, et ainsi de suite. Je devenais critique, sceptique et enfin radicalisé par mes recherches à l'égard du nazisme et de ceux qui le soutenaient au grand jour ou dans l'ombre. Mon cheminement a provoqué des discussions animées à la maison, car mes parents maintenaient toujours leurs opinions traditionnelles. »

En onzième année, Arnold s'identifie déjà à la gauche. Il appuie le NPD, le nationalisme canadien, les droits et libertés, et s'oppose à la guerre américaine au Viêt-nam. « Ça venait de mes lectures, de ce que je voyais à la télévision et surtout de la culture politique de l'époque. C'était difficile de ne pas se laisser influencer par toute cette effervescence contestataire, et j'y ai succombé, même si pendant cette période, je restais confortablement assis dans mon fauteuil douillet. »

Arnold continue à faire tous les samedis l'aller-retour de la maison à la synagogue en empruntant le chemin de la Côte Saint-Antoine. On commence à démolir plusieurs pâtés de maisons dans son quartier, pour faire place à l'autoroute Décarie. En voyant ces logements disparaître un à un, Arnold ressent « un peu d'appréhension pour les gens qui perdaient leur chez-soi à coups de pic et de pelle. Et j'y ai souvent repensé », ajoute d'un air songeur le champion des locataires évincés.

Arnold poursuit toujours ses études de judaïsme à l'école Shaar Hashomayim quand, à l'âge de quinze ans, alors qu'il examinait attentivement le *Shulhan Arukh*, titre hébraïque du Code des lois juives, il découvre une nouvelle série de règles et de dispositions religieuses qu'il ignorait jusque-là. « J'ai été totalement bouleversé ! Encore d'autres règles à suivre ! Je me sentais incapable de tout honorer, en dépit de mes bonnes dispositions. Dès lors, je me contentai de respecter ce que j'avais autrefois entrepris comme pratiques religieuses, sans plus. »

L'Université McGill

Au printemps de 1968, Arnold réussit ses examens de fin d'études secondaires avec une moyenne de 92 %, deuxième note plus élevée parmi les étudiants de son école. À l'automne, il est rodé pour l'université et s'inscrit à McGill.

« Initialement, je voulais faire des études en histoire et en mathématiques afin d'approfondir les théories d'Isaac Asimov, qui postulaient qu'il existait un lien entre l'histoire et les mathématiques, et que ces deux atouts peuvent permettre de prédire l'avenir. Mais je me suis finalement concentré dans l'étude de l'histoire canadienne et québécoise. » Ce qu'il fait, entre autres, au programme du Centre d'études canadiennes-françaises de McGill, où l'on retrouve 80 % de francophones. C'est avec une spécialisation en histoire qu'Arnold recevra son baccalauréat ès arts en 1972.

En dépit de certaines sympathies avec le mouvement étudiant, Arnold reste sur la voie d'évitement pendant sa première année à l'université. Il prend un cours de littérature française et améliore substantiellement sa maîtrise de la langue de Molière. Il participe aux activités du centre Hillel, où il fait partie d'un groupe ad hoc de Juifs progressistes qui cherchent à innover et à établir des positions distinctes sur des sujets tels que le comportement du gouvernement d'Israël, les relations de l'État juif avec les Palestiniens, le rôle des Juifs dans la société québécoise...

C'est à la même époque, juste avant la grande manifestation de McGill Français, que Stan Gray se fait congédier et que partout sur le campus déferle un débat passionné sur la francisation de l'institution de la rue Sherbrooke. Arnold rappelle sa position : « J'avais un peu de sympathie pour les critiques de Stan et de son groupe concernant l'Université, mais j'étais contre certaines de leurs revendications. »

À l'été, Arnold passe sept semaines en Israël, dans le cadre d'un programme de formation des maîtres. Son séjour est ponctué de discussions animées sur l'actualité juive et israélienne.

L'engagement se concrétise

Arnold ne cache pas qu'il a une dent acérée contre les sympathisants de l'extrême gauche. À plusieurs occasions, il les condamne et semble leur en vouloir autant qu'à certains de ses adversaires habituels, tels les autorités politiques abusives ou les pouvoirs économiques insensibles.

« Mon appui inconditionnel à l'existence de l'État d'Israël m'a toujours empêché d'être un 'pur et dur' dans un des groupes d'extrême gauche qui appuyaient généralement l'OLP. Je ne pouvais donc pas militer là où je percevais une attitude anti-israélienne. » Il est à ce point scandalisé par leurs excès, que la situation le pousse à s'engager davantage et à prendre position publiquement.

En septembre 1969, Arnold assiste à l'Université McGill à une conférence du rabbin Abraham Feinberg, progressiste ayant visité le Viêt-nam du Nord. Reconnu pour son opposition à l'agression américaine contre ce pays, celui-ci se fait huer et « harceler, précise Arnold, par un gang du Parti communiste canadien (marxiste-léniniste) (PCC-ML). J'ai alors écrit une lettre au *McGill Daily*, le journal étudiant, les dénonçant et les traitant d'agents provocateurs à la solde de la police. »

Des copains du centre Hillel sont très impressionnés par la diatribe et encouragent Arnold à se joindre à l'équipe du journal, en souhaitant qu'il veillera en même temps à ce que les reportages du *McGill Daily* sur les Juifs et sur Israël soient bien équilibrés. « J'ai accepté leur défi, mais en arrivant au journal étudiant, j'ai établi mon propre agenda. »

Durant les cinq années qui suivront, Arnold écrira une soixantaine d'articles par année pour le journal, et passera presque tout son temps libre au *Daily*. L'épanouissement de sa philosophie politique est ainsi intimement lié à ses expériences au journal étudiant.

7 octobre 1969 : c'est le jour où Arnold entre en fonction au *Daily*. C'est aussi le jour où les 2 400 pompiers et 3 700 policiers de Montréal débraient. À la tombée du jour, un agent de la Sûreté du Québec est tué d'une balle, devant les garages d'autobus de Murray Hill. « Jusque-là, je n'étais pas particulièrement anti-Drapeau, mais vu sa conduite dans les négociations avec ces employés de la Ville, j'ai écrit un cuisant éditorial qui le censurait… » Ce premier éditorial d'Arnold présage les altercations virulentes qui auront lieu entre les deux hommes, cinq ans plus tard, lorsqu'Arnold sera élu échevin et croisera le fer avec le maire de Montréal dans la chambre du conseil municipal.

Peu de temps après ces deux grèves, un autre événement, très formateur pour Arnold, deviendra le premier jalon de sa future vocation. Les promoteurs en construction immobilière, Concordia Estates Holdings Inc. annoncent aux médias l'important aménagement d'un territoire situé à l'est de l'Université McGill. Plusieurs pâtés de maisons seront rasés pour construire un énorme centre commercial et résidentiel autour de l'intersection Milton-Parc : le coup d'envoi d'une des batailles urbaines les plus célèbres au Canada vient ainsi d'être donné. C'est Arnold qui couvre, pour le *McGill Daily*, cette première conférence de presse donnée par Concordia.

Il reçoit aussitôt un appel du comité des citoyens de Milton-Parc qui conteste les prétentions de Concordia et il décide de faire sa propre enquête journalistique. Il finit par accuser Concordia d'avoir promis aux personnes déplacées un relogement dans des appartements à coût modique... selon un programme gouvernemental qui n'existait même pas encore !

Arnold suit l'événement pour le compte du journal étudiant. « Mon rôle dans la bataille comme tel fut marginal, mais le dossier de Milton-Parc a orienté toute ma conscience politique urbaine. L'impact de ce que j'ai vu là s'est fait ressentir dans toutes mes actions subséquentes et a rejailli sur mes idées touchant le droit inaliénable des gens à maintenir leurs racines et leur environnement, sans avoir à plier devant les autorités. Ce fut la première lutte où j'ai pu un peu m'imposer dans le déroulement des événements.

« La préservation du quartier, l'appartenance au quartier, la consultation populaire, ce sont les principes que j'ai découverts dans mon apprentissage à Milton-Parc. C'est de là que viennent mes premières expériences dans la politique municipale. Ainsi, lors de l'élection à l'Hôtel de ville de Montréal en 1970, j'ai travaillé dans le quartier de Saint-Louis pour Jean Roy, candidat du Front d'action politique (FRAP).

« Pendant la lutte de Milton-Parc, le service de la consommation de la CSN a publié sur les droits des locataires un petit bouquin qui m'a fourni un canevas d'arguments et une assise théorique sur la question. Aussi, le fait que mes parents avaient habité trente ans le même logement m'avait particulièrement touché, et je me suis souvent interrogé sur ce qui leur serait arrivé s'ils avaient dû être déplacés par un projet de développement... »

Au *McGill Daily*, Arnold choisit de couvrir l'actualité politique, ce qui approfondit considérablement ses connaissances et ses sympathies à l'égard de diverses causes. Il va à un congrès du NPD, écrit une longue série d'articles sur le parti social-démocrate et en devient membre. Lors de l'élection fédérale suivante, il travaille à la campagne du candidat NPD, Bob Keaton. Pendant les vacances estivales, il rédige des nouvelles à Radio-Canada international.

« Au *McGill Daily*, j'étais l'un des seuls à parler suffisamment bien le français pour pouvoir faire des interviews de Québécois francophones, et ce, malgré le peu de contacts sociaux que j'avais avec eux. Par conséquent, c'est moi qui étais chargé du domaine syndical et qui écrivais sur tout le bouillonnement politique au Québec. » Arnold prépare ainsi une série d'articles sur le mouvement nationaliste québécois, d'un point de vue progressiste — articles qui seront repris par plusieurs journaux étudiants à travers le Canada.

Pendant la Crise d'octobre 1970, Arnold dénonce la répression policière et pointe du doigt les forces de l'ordre à la suite de leur entrée par effraction à l'Agence de presse libre du Québec[4] en 1971. Il décrit dans les pages du *McGill Daily* les enjeux des grèves du Front commun de 1972, de *La Presse*, de l'Université du Québec à Montréal et de l'Université de Montréal, et il est l'un des premiers à s'en prendre à l'usage de fiers-à-bras par la vénérable institution du boulevard Édouard-Montpetit. « Cela m'a permis de me faire plusieurs contacts dans le milieu québécois francophone. Par ailleurs, je croyais un peu naïvement que mes reportages pourraient amener les étudiants de McGill à être plus sympathiques aux revendications du mouvement syndical. »

Parallèlement, Arnold collabore à plusieurs revues juives. Dans *The Other Stand*, un journal étudiant juif, il publie divers articles, entre autres sur les Juifs au Québec, plus particulièrement sur les Juifs francophones ; pour *Chevra*, un petit magazine juif progressiste, il réalise une interview avec Michel Chartrand, le flamboyant président du Conseil central des syndicats nationaux de Montréal (CSN), article qui soulève la controverse : « Je voulais montrer que Chartrand n'était pas le monstre antisémite que plusieurs prétendaient. Par ailleurs, notre petit journal faisait également une critique du gouvernement d'Israël et de l'Establishment juif à Montréal... Le centre Hillel nous a alors coupé les fonds et a tenté de nous censurer, mais nous avons réussi à trouver d'autres bailleurs de fonds et à publier les deux derniers numéros de l'année. »

---

4. Quelques années plus tard, la Commission Keable confirma que la police était effectivement entrée illégalement dans les lieux.

À ce moment, le militantisme d'Arnold se manifeste surtout au gré de sa plume, mais il participe néanmoins à un certain nombre d'actions dirigées contre la guerre du Viêt-nam, notamment le blocage d'un train transportant des armes aux États-Unis, une campagne de manifestations devant les entreprises de fabrication d'armes destinées aux Américains, une dramatisation des horreurs de la guerre et le Moratoire international contre l'incursion américaine.

À la différence de beaucoup d'autres Juifs progressistes qui, comme lui, nourrissent des sympathies et de l'intérêt face à la ferveur québécoise de cette époque, Arnold ne coupe pas les ponts avec la communauté juive organisée de Montréal. Bien au contraire, il siège de 1971 à 1977 au Comité du fait français des Services communautaires juifs. « L'objectif du comité était d'éduquer la communauté juive sur la nouvelle réalité québécoise. Ce sont des organismes de l'Establishment juif qui ont mis notre comité sur pied, mais cela n'a pas empêché une résistance de leur part à certains de nos projets. Un seul petit exemple : nous avons dû discuter longuement pour convaincre les autorités de faire en sorte que les réceptionnistes des Services communautaires juifs répondent au téléphone : 'Hello-Bonjour', dans les deux langues du pays. À ma grande surprise, j'ai trouvé au sein du comité des gens intéressants et progressistes, comme Rosetta Elkin et Jack Gottheil. »

Un premier mandat à l'Hôtel de ville

Dès l'obtention de son baccalauréat ès arts à l'été 1972, Arnold s'inscrit à la maîtrise au Département d'histoire de l'Université McGill, où il ne finira que six ans plus tard sa thèse de maîtrise, *Le fractionnisme et le militantisme dans le mouvement syndical canadien ; le cas du Syndicat canadien des marins (1939-1949)*. Entre-temps, son élection comme échevin en novembre 1974 à l'Hôtel de ville de Montréal est venue, à juste titre, retarder l'obtention de sa maîtrise.

En 1973, Arnold commence une collaboration au magazine *Our Generation* et à la maison d'édition Black Rose Books[5]. Il rédige alors des analyses sur le Front commun de 1972 et sur la grève de *La Presse*, en même temps qu'il élabore une partie de sa thèse et réalise diverses contributions plus générales sur la politique.

À cette époque, un groupe de militants anglophones du NPD et de gens qui gravitent autour de *Our Generation* forment le Mouvement progressiste urbain, un des ancêtres du RCM. Arnold participe à quelques réunions, mais abandonne rapidement, frustré par les discussions interminables : « Je voulais plutôt qu'on se dirige tout de suite vers la formation d'un parti politique municipal. »

Comme un drogué incapable de s'en passer, Arnold retourne écrire au *McGill Daily*. À l'automne 1973, il participe au comité d'appui aux grévistes de l'entretien ménager à l'Université McGill et soumet sa candidature au poste de rédacteur en chef du journal étudiant. « Jusque-là, je comptais opter pour la carrière de journaliste dès la fin de mes études. J'ai perdu cette fonction éditoriale par un seul vote dans une élection vivement contestée. On m'a offert un prix de consolation, le poste de rédacteur du supplément artistique hebdomadaire pour l'année scolaire 1974-1975, et j'ai accepté. Mais la campagne électorale pour le poste de rédacteur en chef a laissé des séquelles entre moi et l'équipe gagnante. »

Déçu, Arnold passe l'été 1974 à traduire le programme du RCM en anglais et à préparer deux documents de travail pour la campagne de l'automne. Un de ces documents concerne les déclarations anti-démocratiques du maire Drapeau, et l'autre porte sur les relations de travail avec des syndicats de la Ville et sur leurs fonds de pension.

Absent du congrès de fondation du RCM en mai 1974, et n'ayant l'intention de collaborer qu'à la campagne du candidat du RCM dans Saint-Louis, Arnold se retrouve par hasard à une réunion de planification du RCM de Notre-Dame-de-Grâce. « Nous n'étions qu'une quinzaine d'anciens militants du NPD. Alors je suis intervenu pour suggérer l'importance de la mobilisation des locataires et insister pour que le RCM présente trois candidats aux trois sièges, et ceci malgré le consensus qui s'était formé à ce moment-là sur le fait que ce seraient sans doute des candidats sacrifiés. »

---

5. Black Rose Books est une maison d'édition progressiste montréalaise, à but non lucratif, qui publie aussi la revue *Our Generation*.

Quelques jours plus tard, Arnold reçoit un coup de téléphone. On lui propose de se présenter pour la nomination à l'un des trois sièges de conseiller municipal de Notre-Dame-de-Grâce sous la bannière du RCM.

« Vous êtes complètement mabouls ! », s'exclame-t-il en guise de réponse.

Mais il reste encore quelques semaines avant l'assemblée de mise en nomination. Capricieusement, Arnold promet simplement de réfléchir à la proposition.

Au début d'octobre 1974, lorsqu'une trentaine de personnes se réunissent au cégep Vanier pour choisir les trois candidats du RCM dans Notre-Dame-de-Grâce, Arnold finit par se présenter et est élu. Durant quatre semaines, il mène donc sa campagne, prônant, entre autres, l'abolition de la taxe d'eau et une réforme de la fiscalité municipale.

« En me présentant, je ne voulais pas du titre de 'politicien', car c'est davantage en tant qu'organisateur communautaire que je posais ce geste. En faisant du porte-à-porte, la seule chose que j'avais à annoncer aux gens, c'était que je me présentais contre Drapeau — sur quoi les électeurs débordaient d'enthousiasme ! Leur colère contre l'administration Drapeau était énorme. Constatant l'accueil chaleureux qu'on me faisait, je me suis mis à demander un trente sous à chacun pour ainsi constituer une caisse électorale — car on partait de zéro. Au bureau du comté, dans le sous-sol de la résidence de Michael Fainstat, comme je prédisais déjà notre victoire, les vieux routiers me répondaient qu'un accueil chaleureux dans la maison de l'électeur ne se traduisait pas toujours par un vote le jour du scrutin. Mais moi, je restais convaincu qu'on allait gagner haut la main dans Notre-Dame-de-Grâce. »

Quelques semaines avant l'élection, c'est devant une assemblée de plusieurs centaines de personnes, à l'église Saint-Édouard, que le RCM fait la présentation de chacun de ses candidats. Plus de dix ans plus tard, Arnold mime l'exhortation du présentateur et s'exclame sur un ton emphatique : « Voici les candidats... de Saint-Louis, berceau des luttes populaires !... de Maisonneuve-Rosemont, faubourg des syndicalistes !... de Notre-Dame-de-Grâce, quartier des 'riches' !

« Et là, poursuit Arnold, Michael Fainstat, Ginette Kéroack[6] et moi, étions vraiment piqués au vif ! Avec les données du recensement, notre étude démographique avait démontré que 20 % de la population de Notre-Dame-de-Grâce vivait sous le seuil de la pauvreté, tandis que sur toute l'île de Montréal le taux était de 21 %. »

Les trois candidats du RCM de NDG sont élus. Arnold bat de justesse son opposant, par quatre-vingts votes sur 8 000. Quinze autres candidats du RCM réussissent à se faire élire et l'euphorie s'empare des militants du RCM. Le soir des élections, les élus et les membres du RCM célèbrent leur victoire à l'Union française, rue Viger. Et c'est avec un sourire ironique et satisfait qu'Arnold évoque cette fête : « Ce soir-là, lorsqu'on a annoncé le balayage fait par le RCM à Notre-Dame-de-Grâce, on s'est mis à crier 'Les Anglais sont avec nous !' Ça sonnait à nos oreilles un peu différent de l'inopportun 'quartier des riches' prononcé à l'assemblée de l'église Saint-Édouard. »

Le maire Drapeau n'apprécie guère cette nouvelle opposition et il se jette sur Arnold en engageant une action pour annuler son élection. Arnold explique : « Mon nom légal n'était pas encore Bennett — nom sous lequel je m'étais présenté — mais plutôt Betnesky. Dans les coulisses, Drapeau a alors prétendu que les électeurs de Notre-Dame-de-Grâce avaient cru que l'équipe du RCM était composée d'une Québécoise, Ginette Kéroack ; d'un Juif, Michael Fainstat ; et de moi… un Anglo-Saxon ! On alléguait dans l'argumentation présentée devant le tribunal que si les électeurs avaient su que j'avais un nom comme Betnesky et que j'étais un Juif, ils n'auraient pas voté pour moi ! Lors du procès, l'action a été déboutée sur une formalité — mais pas avant que j'aie accumulé 3 000 $ d'honoraires à payer à mon avocat. C'est la seule véritable expérience d'antisémitisme que j'ai personnellement eue à subir jusqu'à ce jour. »

Lors de son premier mandat à l'Hôtel de ville, Arnold participe, comme les autres conseillers, aux débats de l'heure : le coût des Jeux olympiques, l'extension du métro, etc. Toutefois, il concentre ses énergies à s'occuper des questions de logement. Arnold raconte la réalisation la plus importante de ce premier mandat : avoir réussi, avec l'appui d'un groupe populaire, à empêcher la démolition du quadrilatère Décarie-Northcliffe : « Nous voulions limiter au maxi-

---

6. Les deux autres candidats du RCM dans Notre-Dame-de-Grâce, avec Arnold Bennett.

mum la démolition de logements prévue en vue de la construction du métro. Après de nombreuses interventions de ma part à la radio, et à la suite de diverses activités de pression, la Ville a décidé de combiner deux stations en une seule, l'actuelle station Vendôme. Aujourd'hui, ça marche très bien. »

Arnold travaille aussi, avec Paul Cliche, au dossier sur les conflits d'intérêt dans le corps policier et étudie également la question de la taxe foncière et le système fiscal. Il découvre des majorations annuelles de taxe allant jusqu'à 30 % et, appuyé par ses collègues, alerte le RCM. Le parti mobilise l'opinion publique pour réclamer des mesures correctives. « Les années 1974-1978 furent une véritable période d'apprentissage, à la fois pour moi et pour tous les conseillers du RCM. »

Depuis son élection, Arnold s'engage davantage dans la vie de quartier de Notre-Dame-de-Grâce. Il assiste aux réunions du Conseil communautaire de NDG, un groupe de coordination de divers groupes populaires, et participe à la fondation de l'Association des locataires de NDG.

Mieux que n'importe quelle autre anecdote, celle des locataires de l'immeuble situé à l'angle des rues Beaconsfield et Sherbrooke, révèle indéniablement « le style Arnold Bennett ». « Le locateur avait fait courir dans un journal local la rumeur que le bâtiment serait rasé pour faire place à des tours d'habitation, raconte Arnold. J'ai répondu dans le numéro suivant du même journal que les règlements de zonage de la Ville l'en empêchaient. Le locateur, que l'on avait averti de ma réplique, a vite enlevé de son immeuble toutes les copies du journal. Mais en apprenant à mon tour son geste, je suis allé personnellement rencontrer chaque locataire pour leur expliquer leurs droits et les rassurer. »

Ne gagnant que 7 500 $ par année comme conseiller municipal, Arnold arrondit ses fins de mois en enseignant à l'Université McGill et en faisant de la traduction à la pige. Il travaille également comme organisateur communautaire à University Settlement, où il met sur pied un journal local : « J'étais au boulot sept jours par semaine ! »

Entre-temps le fractionnisme s'empare du RCM. Une lutte s'engage entre les socialistes déterminés, qui prônent des conseils de quartier, et les électoralistes « pratico-pratiques ». Cet antagonisme se cristallise dans le différend sur le sort de Nick Auf der Mar et de Robert Keaton, qui viennent de démissionner du RCM pour se présenter à l'élection provinciale du 15 novembre 1976, sous la bannière de l'Alliance démocratique. « Avec la majorité des militants de NDG, je me situais entre les éléments de gauche et les opportunistes. Par contre, j'avais de l'amitié pour Keaton, car c'est lui qui, en 1970, alors qu'il était chargé de cours à l'Université McGill, m'avait convaincu de militer pour le FRAP et par la suite pour le NPD. En 1976, j'avais même participé à la campagne électorale provinciale de Keaton. Rétrospectivement je me dis que c'est sans doute l'une des plus grandes erreurs politiques de ma vie !... mais lorsque Keaton et Auf der Mar voulurent réintégrer les rangs du RCM, je les appuyai. Le vote sur leur réadmission fut très serré au Congrès du RCM, et ils le perdirent. Le caucus aussi était très divisé sur leur sort et moi j'ai tout simplement boycotté les deux clans : à la fois les pro- et les anti-Keaton. »

Ces déchirements et tiraillements mènent à la création du Groupe d'action municipale (GAM). « À l'élection de 1978, le GAM a réussi à diviser le vote anti-Drapeau, dit Arnold. J'ai perdu mon siège au Conseil, tout comme les autres conseillers du RCM à part Michael Fainstat.

« Lors du bilan de notre cuisante défaite, je disais à qui voulait l'entendre que le RCM devait privilégier l'organisation des locataires, afin de rester près du monde et de pouvoir répondre à leurs problèmes quotidiens. Mais plusieurs ne voulaient pas investir du temps dans une telle démarche. »

Champion des locataires

Délogé du conseil municipal, Arnold commence à travailler au Conseil communautaire de NDG et s'engage davantage dans les activités de l'Association des locataires de NDG, où il travaillera ultérieurement à temps partiel.

À la fin de 1979, le gouvernement provincial adopte la Loi 57 sur la fiscalité municipale et Arnold va prendre rendez-vous avec son destin en veillant aux conséquences de cette législation.

« Le RCM a demandé à Drapeau de faire connaître les implications de l'article 573 de la Loi 57, qui prévoyait certains remboursements pour les locataires par suite de l'abolition de certaines taxes, mais il a refusé de répondre à l'appel. Le RCM l'a fait à sa place et moi, j'ai poursuivi avec acharnement une campagne de sensibilisation publique : c'est même devenu un peu 'mon bébé'. J'ai ainsi été invité à plusieurs lignes ouvertes pour parler de la loi. À l'Association des locataires de NDG, les quelque vingt appels quotidiens que nous recevions pour des renseignements ont bientôt passé à soixante. La Loi 57 étant fort complexe, je l'ai étudiée à fond et l'on a commencé à m'envoyer toute la jurisprudence de la Régie du logement sur la question. Au point que je suis rapidement devenu un des experts au Québec. »

La Loi 57 permet aux locataires de réclamer les remboursements de loyer jusqu'au 21 décembre 1981. À l'été 1981, Arnold propose au journal *The Gazette* une chronique hebdomadaire sur le logement, et la direction du journal accepte. « Ma première chronique parut le mercredi. J'y annonçais une assemblée d'information sur la Loi 57 pour le samedi au YMCA, rue Hampton, à NDG. On était rarement plus de trente personnes aux assemblées, mais ce samedi-là, on a accueilli plus de 200 personnes ! À la fin d'octobre, on a offert, par la voie de ma chronique dans *The Gazette*, d'aider les gens à faire leur demande de remboursement de loyer. Dans les semaines qui suivirent, on a reçu jusqu'à 600 personnes à la fois, et ces gens attendaient patiemment sur le trottoir, dans la neige et la 'slush'. À quelques reprises, j'ai aussi fait dans l'est de la ville des réunions où l'on pouvait compter jusqu'à 300 personnes. »

Après le 21 décembre 1981, des locataires de NDG continuent à assister aux réunions en grand nombre. Des gens y soulèvent leurs problèmes et questions sur la rénovation, la reprise de possession de logement, la hausse des loyers, le déblaiement de la neige... pour ne nommer que ceux-là. « Depuis novembre 1981, déclare Arnold avec fierté, nous tenons à longueur d'année des réunions d'information pour les locataires tous les samedis. Aujourd'hui, une équipe de trois avocats, des stagiaires et des militants viennent tour à tour apporter leur contribution. Ma chronique à la *Gazette* se poursuit toujours, sauf qu'elle est devenue bimensuelle en 1986. »

Les problèmes quotidiens des locataires lui tiennent à coeur et il s'anime vivement lorsqu'il décrit avec répugnance « un propriétaire qui essayait de collecter auprès des personnes âgées 25 $ de frais de maintenance pour une antenne de télévision, violant ainsi les dispositions du CRTC... Sans compter les baux illégaux augmentant le loyer de 175 $ à 400 $ par mois avec une ristourne hypocrite de 600 $ en argent comptant pour mieux endormir les locataires. »

Comme un chien qui saute sur son os, Arnold n'hésite pas une seconde à épouser la cause légitime des locataires lésés, consacrant toutes les énergies nécessaires pour arriver aux objectifs voulus. Et l'exemple du 1645, boul. de Maisonneuve O. en dit long là-dessus. Venant d'être déplacés de leurs logements à cause de l'explosion d'une bombe, Michael Chow et quelques autres locataires du bloc viennent chercher de l'information à l'assemblée hebdomadaire au YMCA. Ainsi débute leur longue odyssée devant divers tribunaux. Arnold publie alors dans la *Gazette* quelques chroniques incisives sur le dossier, et le locateur va jusqu'à contacter les directeurs du journal pour faire pression contre Arnold. De son côté, Arnold ira jusqu'en Cour pour témoigner du bon caractère de M. Chow. « Après toutes ces tractations, imaginez mon plaisir quand, dernièrement, le tribunal a ordonné au propriétaire de lui accorder une indemnité partielle de 4 000 $ », exulte Arnold.

Autant Arnold a du succès avec la défense des locataires, autant il arrive mal, parfois, à gagner sa vie convenablement. En 1979, il commence à faire de la traduction pour une petite compagnie. « J'y ai fait énormément de travail, mais on m'a passé un sapin et j'estime avoir perdu près de 10 000 $ en honoraires. Ce fut un dur apprentissage du monde des affaires ! »

À l'automne 1980, il passe ensuite quelques mois comme employé dans une autre agence de traduction, mais l'expérience tourne au vinaigre et il préfère retourner travailler à son propre compte.

Quelque temps après, il fonde une compagnie de traduction avec un ancien collègue. Son partenaire, qui s'occupe de l'administration, a des grands projets, mais la nouvelle société s'embourbe rapidement dans des problèmes de liquidités.

Le commerce demeure le terrain privilégié de la tromperie : « Même si tout semblait bien aller pendant un certain temps, explique Arnold, le volume de notre travail a bientôt subi de grandes fluctuations et nous avons pris trop d'engagements, par ailleurs. J'ai fini par démissionner en 1985, parce que je n'avais pas suffisamment de temps pour surveiller adéquatement ce qui se passait. D'ailleurs, j'attends toujours d'être payé pour certains travaux ! Mais depuis cette dernière expérience, j'ai heureusement trouvé des associés plus fiables. »

Un deuxième et un troisième mandat

Aux élections municipales de novembre 1982, le GAM n'est plus présent. Arnold est de nouveau candidat dans Notre-Dame-de-Grâce et gagne haut la main. « Par rapport à l'élection de 1978, environ mille personnes de plus se prévalaient de leur droit de vote. Dans mon esprit, il n'y a aucun doute que notre travail relativement à la Loi 57 était une des raisons importantes du succès du RCM dans notre balayage des quatre sièges à Notre-Dame-de-Grâce. Notons à ce sujet que dans les cinq bureaux de la Régie du logement à Montréal, 46 000 demandes furent inscrites en vertu de la Loi 57, dont 32 000 demandes originaient du seul bureau de Côte-des-Neiges. J'évalue que l'Association des locataires de NDG a collaboré à la préparation de plus de 10 000 de ces demandes. »

Durant les quatre années qui suivent, Arnold devient le spécialiste du RCM sur les questions de logement. Il continue d'aller aux lignes ouvertes et en anime une, de minuit à 5h00, une fois par mois, au poste de radio CFCF. En 1983, il reçoit un prix de journalisme de la Chambre de commerce de Montréal dans le domaine de l'habitation. Sur sa suggestion, le RCM entreprend des campagnes annuelles d'information pour les locataires, distribuant plus de 200 000 dépliants aux Montréalais. « Je considérais que mon travail au Conseil municipal devait soutenir mon intérêt principal en faveur des droits des locataires. Et je me promenais aux quatre coins de la ville pour parler de la question. »

En mars 1985, Arnold présente au ministre de l'Habitation un texte élaboré de 130 pages sur le droit de rester dans son logement, la réforme de la Régie du logement et le contrôle adéquat des loyers.

Au Conseil municipal, il s'intéresse particulièrement au dossier des taxes foncières et livre bataille, avec les autres conseillers du RCM, pour la construction de plus d'habitations à loyer modique dans Notre-Dame-de-Grâce.

Aux élections municipales de novembre 1986, Arnold Bennett est élu une troisième fois lors du raz de marée du RCM. « Je m'y attendais, assure-t-il. Le soir de notre victoire, j'étais content, bien sûr, mais je n'en ai pas gardé de souvenirs aussi distincts et mémorables que ceux de la soirée d'élection de 1974 où l'on avait chanté : 'Les Anglais sont avec nous'. »

Membre de l'équipe au pouvoir, Arnold participe à la Commission de toponymie de la Ville, à la Commission d'évaluation, finance et développement économique de la CUM, et à la Commission d'habitation, aménagement et travaux publiques de la Ville. Depuis 1979, il siège également au conseil d'administration de l'hôpital Reine-Elisabeth.

La semaine suivant l'élection, Arnold reçoit un téléphone de Robert Craig, un résidant de la rue Overdale, rue qui deviendra célèbre par la suite. « Il m'a raconté que son propriétaire venait d'avertir tous ses locataires de la démolition de l'édifice, et il m'annonçait en même temps la tenue d'une manifestation pour protester contre la décision inattendue du locateur. J'y ai assisté et déclaré aux médias que ce dossier-là serait le premier test de la nouvelle administration RCM. Depuis, Overdale est devenu en quelque sorte mon obsession. »

Manifestations, conférences de presse, négociations et auditions publiques se multiplient. Le sort des occupants des soixante-six unités de logement de la rue Overdale devient vite une épreuve pour l'administration Doré-Fainstat, de même qu'un grand événement média. Arnold appuie les locataires et prend position publiquement contre le « plan d'ensemble » de l'administration RCM. « On a d'abord eu, de la part des responsables, l'assurance que presque tous les locataires déplacés seraient relocalisés dans les habitations à loyer raisonnable. Mais en cours de route, après examen et négociations, les arrangements prévus pour l'ensemble des gens touchés n'étaient plus aussi alléchants. »

Pour les résidants de la rue Overdale, l'étape touchant la Ville de Montréal est close, le promoteur ayant obtenu l'autorisation nécessaire pour procéder. Mais Arnold n'est pas à bout de ressources : l'os est toujours solidement agrippé entre ses dents ! « La guerre n'est pas finie. Beaucoup d'autres recours restent possibles devant la Régie du logement et ailleurs, et j'appuierai les locataires tant et aussi longtemps qu'ils voudront poursuivre leur bataille. »

Arnold situe son ardeur pour la cause des locataires dans le cadre de sa carrière politique au RCM : « Avant 1982, les droits des locataires étaient pour le RCM une question parmi tant d'autres. Désormais, le RCM doit plutôt être un outil pour les locataires. Avoir à choisir encore entre l'appui de l'administration RCM et celui des revendications légitimes de locataires, je n'hésiterais pas à opter pour les dernières, tout comme je l'ai fait dans le dossier Overdale. »

En 1986, le ministre de l'Habitation, M. André Bourbeau, annonce la levée prochaine du moratoire sur la conversion d'habitations en condominiums sur l'île de Montréal. Arnold et d'autres collègues organisent une vaste campagne de pétitions et de téléphones contre la conversion en condominiums. Arnold fait également partie d'un groupe de conseillers municipaux qui prépare un mémoire sur les droits des citoyens à être convenablement logés, mémoire qui sera présenté au Ministre lors d'auditions publiques.

Au cours du débat public sur la conversion en condominiums en 1987, Arnold se trouve un jour à l'assemblée publique du conseil municipal de Côte-Saint-Luc pour intervenir en faveur d'un groupe de personnes âgées, habitant la rue Robinson, dont le propriétaire voulait justement convertir son édifice en condominiums. « Au-delà de 250 électeurs étaient présents. Lorsque je me suis présenté au micro pour parler des gens de la rue Robinson, j'ai reçu une ovation debout avant de pouvoir dire un seul mot ! » À cette réunion, le Conseil municipal finit par adopter une résolution s'opposant à la conversion en condominiums.

La Loi 87 du ministre de l'Habitation gèle, grosso modo, toute possibilité de conversion en condominiums. « Cette Loi a incorporé 95 % de nos demandes, prétend Arnold. Étant donné la position de la Ville de Côte-Saint-Luc, lorsque la Loi 87 a été adoptée en 1987, les limites territoriales du gel ont inclus non seulement la ville de Montréal, elle-même, mais toute l'île de Montréal. D'ailleurs, je considère la résistance populaire qui a amené le gouvernement provincial à adopter cette loi comme le couronnement de tous mes efforts concernant les questions de logement, et ce, depuis dix-huit ans. »

Le bilan de presque deux ans « au pouvoir », pour le RCM ? « J'ai l'impression de toujours être dans l'opposition ! s'exclame Arnold. Comme quelqu'un de mon quartier me l'a assez bien décrit, je vis, tout comme certains autres conseillers du RCM, une relation de 'tension créatrice' avec l'administration Doré-Fainstat. »

Croire ou ne pas croire

Lorsqu'Arnold tente d'expliquer l'affaiblissement de sa pratique religieuse autour de l'âge de vingt-trois ans, c'est l'une des rares fois où il hésite, bafouille et finit par confier qu'il ne se souvient pas exactement pourquoi s'est alors produit un changement d'attitude et de comportement.

Avec un peu de réticence, il avance : « J'avais beaucoup réfléchi... Est-ce que je croyais vraiment à tout ce que je faisais — ou était-ce plutôt une simple question d'habitude ? Il n'y a pas eu de rupture dramatique : je ne suis pas devenu athée du jour au lendemain ! D'ailleurs, en ce moment, je me décrirais comme plus ou moins agnostique... »

Aujourd'hui, Arnold continue d'aller occasionnellement à la synagogue, le samedi et lors de certaines fêtes. Après la mort de son père, au printemps 1987, il s'y rendait deux fois par jour, dirigeant même les services religieux pendant plusieurs mois. « À la maison, je n'ai pas une cuisine strictement kasher, mais par ailleurs, je ne touche pas à des aliments comme le porc et les fruits de mer. Car j'aime maintenir un certain lien avec l'aspect religieux de mon héritage juif et je le fais de façon sélective. »

Depuis 1982 Arnold est marié à une Juive, Miriam, et il a une belle-fille de vingt et un ans. Avant de rencontrer Miriam, il sortait indifféremment avec des Juives ou des non-Juives. Son cercle social, hormis ses connaissances au RCM, se compose de Juifs, d'anglophones protestants, de Québécois francophones et de Noirs. Ces gens gravitent, pour la plupart, autour des mêmes activités concernant les questions de logement.

Arnold affirme sans ambages la nécessité pour la communauté humaine de se prévaloir de la foi, quelle que soit la dénomination religieuse. « Les grandes religions incarnent un ensemble de valeurs morales. Souvent, lorsqu'elles sont totalement abandonnées, comme dans les cultes californiens, on ne trouve que de la merde comme substitut ! La foi traditionnelle, qu'elle soit juive, catholique, musulmane ou bouddhiste, existe depuis des millénaires. En dépit de l'hypocrisie parfois ostentatoire de ses adhérents et d'une certaine exploitation pratiquée par ses institutions formelles, la religion incarne beaucoup d'aspects positifs. Et je crois qu'il faut sauvegarder et respecter ces qualités-là. »

En outre, Arnold voit un lien certain entre le fait d'être Juif et celui d'être progressiste. « En première année universitaire, j'avais fait un travail intitulé *Les utopies, Buber, Marx et le prophète Isaïe*. J'essayais ainsi de puiser dans la tradition prophétique juive, lors de ma politisation. Peut-être naïvement, mais je percevais un affinité entre les fondations éthiques du judaïsme, sur lesquelles j'avais été élevé, et les préceptes de justice sociale que j'essayais de définir. Ce n'est pas parce que je commençais à m'intéresser davantage à la politique, que j'étais pour rejeter vingt ans de ma vie. Par ailleurs, j'avais étudié certains penseurs socialistes-sionistes, comme Ber Borochov. De plus, en sollicitant ma parenté, j'ai découvert, à ma grande surprise, une tradition syndicale et progressiste dans ma famille, en dehors de mes parents. Enfin, à cause de mon assise solide dans le judaïsme, je n'étais pas nécessairement séduit par la première nouvelle idéologie à la mode qui se présentait devant moi. »

Vivre et laisser vivre

En tant que Juif au Québec, Arnold n'a pas personnellement vécu d'incidents fâcheux, à l'exception de l'action entreprise par le maire Drapeau en 1975. « Peut-être deux ou trois fois à peine, sur plusieurs milliers de téléphones, j'ai entendu des remarques disgracieuses au sujet d'un propriétaire 'juif', sans que la personne sache que je suis Juif. À de telles remarques ou à d'autres vagues allusions du même genre, je réponds en donnant une petite leçon d'histoire. Si les gens ne sont pas raisonnables et ne veulent pas écouter, je les ignore tout simplement. Et d'ailleurs, j'ai entendu plus de remarques antisémites venant d'anglophones que de francophones ! Mais en termes absolus, il y a eu très peu d'incidents. »

L'antisémitisme dans le quotidien d'Arnold relève donc plutôt, semble-t-il, de l'hypothèse. Ainsi, il spécule : « Si un locataire foncièrement antisémite me sollicitait de le conseiller sur un problème de logement, probablement que je lui montrerais la porte. »

Rappelant l'interview avec Michel Chartrand, Arnold avoue : « C'est le seul Québécois francophone avec qui j'ai eu une discussion très fouillée au sujet des Juifs et d'Israël. J'étais un peu mal à l'aise, car j'avais perçu chez lui certains préjugés à l'égard des Juifs en général, sans toutefois me sentir directement visé. Par contre, c'est loin d'être un raciste vicieux, contrairement à la perception qu'avaient de lui à l'époque plusieurs Juifs du Québec. Moi, j'avais pris la peine d'échanger avec lui entre quatre yeux. Néanmoins, je trouvais qu'il ne s'était pas complètement départi à notre sujet de certaines idées rétrogrades qui couraient au Québec dans les années quarante. »

Arnold a souvent eu occasion de travailler avec des groupes populaires, dont les locaux étaient parfois décorés de pancartes pro-OLP. « Cela me mettait un peu mal à l'aise, mais je n'ai jamais rien dit, ni rien fait. C'était bien leur droit d'avoir une telle position sur les enjeux au Proche-Orient et ce n'était pas pour discuter de ça que j'allais les voir. »

Dans le dossier Overdale, une lettre anonyme fut envoyée à tous les locataires et à tous les conseillers municipaux disant qu'on ne pouvait se fier à qui ce soit dans cette affaire puisque les propriétaires étaient 'Juifs', de même que les opposants au projet, comme Phyllis Lambert et Mike Fish ! Arnold était furieux. « D'abord, Mike n'est même pas Juif ! Mais ce qui m'a vraiment enragé fut la couverture et l'utilisation que firent de cette histoire certains médias. Cette sorte de sensationnalisme tiré d'un fait divers — et de provenance anonyme par surcroît — n'a pas de place dans un journal sérieux. »

De tout cela, Arnold tire la conclusion que l'antisémitisme existe bel et bien, mais que lui n'y a pas été confronté comme d'autres.

Mais lorsqu'on lui remémore l'incident survenu au Conseil général du RCM — et qu'Andrea Levy a décrit avec émotion dans le chapitre précédent —, Arnold se récrie... « Merde ! Oui, oui, oui... là, je m'en souviens ! C'est la seule fois que cela est arrivé au RCM. Tout le monde est resté vissé à sa chaise ! »

Serait-il possible qu'Arnold soit moins sensible à de tels événements qu'Andrea ou d'autres ? L'oubli est parfois plus révélateur que le souvenir. Arnold hésite devant cette question suggestive et donne une réponse un peu louvoyante : « Oui, je me rappelle bien, maintenant, cet incident au Conseil général... » Qui ne répond... consent ?

« En règle générale, les Québécois francophones que je côtoie sont des progressistes et leur attitude envers les Juifs se caractérise surtout par la curiosité. À part cela, rien de spécial. Lorsque Saulie Zajdel, un Juif orthodoxe, a obtenu sa nomination comme candidat du RCM dans Côte-des-Neiges, en 1986, on m'a beaucoup posé de questions sur les Juifs orthodoxes. On était probablement trop gêné pour l'interroger directement et on me demandait la différence qui pouvait exister entre lui et moi. L'organisation centrale du RCM voulait tout savoir au sujet de Saulie, pas en tant que Juif, mais en tant que personne croyante et pratiquante, autant d'ailleurs qu'elle a été très curieuse au sujet de Jacques Mondou, un autre candidat du RCM, catholique, et bien pratiquant. Saulie, qui parle un excellent français, a d'autre part totalement séduit les Québécois francophones du RCM lorsqu'il est venu à son premier conseil général. »

Si le bilan d'Arnold est assez positif quant à l'attitude des Québécois francophones envers les Juifs, l'inverse est moins vrai. « J'ai souvent eu, depuis les années soixante, des discussions avec des Juifs de la génération de mes parents qui perçoivent encore les Québécois francophones comme des partisans d'Adrien Arcand et des chemises noires, descendant la rue Saint-Laurent en guerriers. Quoi qu'il ait pu se produire dans le passé, l'évolution de la société québécoise semble leur avoir échappé. »

Israël, un sujet tabou

Depuis qu'Israël existe, rares sont les mois où il ne fait pas les manchettes à travers le monde. Et chaque fois, tous les Juifs sont appelés à redéfinir et à réévaluer leur relation avec le sol biblique. Le moins qu'on puisse dire, c'est que, pour plusieurs Juifs, ce n'est pas commode !

Lors de la victoire des Israéliens dans la Guerre des six jours en juin 1967, c'est de l'exaltation qu'Arnold ressentait : « Pour moi, les

Israéliens ne pouvaient rien faire de mal et je m'identifiais alors comme sioniste. Mais l'occupation des territoires annexés du Gaza, de la Cisjordanie et du Golan m'a fait prendre conscience qu'il fallait nuancer ma façon de voir les choses. En 1969, lorsque j'ai visité Israël, j'avais déjà une position assez critique à l'égard du gouvernement israélien. En arrivant, je ne me suis pas jeté à terre pour embrasser le sol ! Le pays m'intéressait, un point c'est tout. J'ai rencontré là-bas un représentant du Parti Herut, prédécesseur de l'actuel Likoud, qui m'a expliqué à propos des Arabes et des Noirs ses théories de 'race inférieure'. Je me suis alors demandé : 'Qu'est-ce que c'est que cette merde raciste ?' Et j'ai bien dû me rendre compte des injustices sociales qui existaient là.

« Lorsque j'étais à l'Université McGill, à l'occasion, je discutais de la situation au Proche-Orient, mais aujourd'hui, j'évite les débats sur Israël et sur le sionisme. Heureusement personne ne cherche à me provoquer. Je ne parle de ce sujet qu'en privé. D'ailleurs, je considère que ces discussions sont une perte de temps et donc, je ne participe pas à ce débat. Ce que pense la communauté juive de Montréal ne changera rien là-bas : c'est seulement en Israël que la situation peut se régler. »

Cette question épineuse rend Arnold impatient et catégorique, voire tranchant. Mais il déballe quand même ses opinions sur la conjoncture troublante au Proche-Orient : « Je ne suis pas d'accord avec l'OLP. Je ne crois pas à la possibilité d'établir un État binational, mais je crois que les Juifs et les Palestiniens ont chacun le droit d'avoir leur propre État et de choisir leurs propres représentants. Je déplore ce qui se passe dans les territoires occupés, et ce particulièrement depuis le soulèvement de décembre 1987. L'occupation est une situation intenable, et ça mine les traditions démocratiques d'Israël. Je ne peux pas 'blairer' Shamir, Begin et la droite israélienne, et Kahane me fait vomir ! Je ne suis plus sioniste et, si j'étais en Israël, je militerais probablement dans un groupe comme Paix maintenant. »

Québécois jusqu'au fond des tripes

Avec aplomb, Arnold déclare spontanément « Oui ! je me considère Québécois ». Et après une petite pause, pour dissiper toute confusion, il poursuit qu'il se considère également comme un citoyen canadien, un Montréalais et un Juif. « Je n'ai pas une identité unique et exclusive ! »

Le 15 novembre 1976, l'élection d'un gouvernement péquiste a provoqué de vives émotions, des larmes de joie, et même d'anxiété. Arnold décrit laconiquement ses « sentiments » lorsque, de sang-froid, il a appris ces résultats gros de conséquences : « Je savais déjà le résultat, je sais lire un sondage. »

Le lendemain, Arnold faisait une déclaration publique disant que, depuis des années, les forces vives du Québec s'étaient pété la tête contre un mur de brique et que le mur venait de s'écrouler ; le Québec, avait-il ajouté, s'apprêtait à entrer dans une phase de réformes sociales. Il fut vivement critiqué par un chroniqueur anglophone qui accusait Arnold, alors échevin, et même le RCM d'être des séparatistes en catimini.

Arnold déclare aujourd'hui avoir ressenti une certaine ambivalence durant la soirée du 20 mai 1980 face au résultat référendaire, mais immédiatement, coupant court à toute question, il s'empresse de clore le sujet : « Je ne dirai pas comment j'ai voté et je crois que ça ne regarde personne ! »

Pourtant l'indépendance du Québec ne lui fait pas peur et il est en faveur du droit à l'autodétermination. Cependant il demeure ambivalent sur la question de la souveraineté, car pour lui beaucoup de questions sont loin d'être réglées, et beaucoup de doutes demeurent sur la viabilité de l'option péquiste. Malgré tout, déclare-t-il, advenant alors une victoire du « Oui », il n'aurait pas quitté Montréal. « Les indépendantistes ne répondaient pas suffisamment aux arguments économiques et basaient leur appel sur l'émotion. Par ailleurs, je n'appréciais guère la machine fédéraliste qui soulevait l'hystérie. En somme, j'étais un observateur intéressé, mais pas du tout ému par le débat. Je crois que le Québec a besoin de plus de pouvoirs. Je m'oppose à des gouvernements trop centralisateurs. D'ailleurs, c'est une des raisons pour lesquelles je milite au niveau municipal.

« Je ne suis pas capable de sentir la politique provinciale. C'est une véritable machine à saucisses ! Même si l'on essaie de parler d'autres sujets, tout revient inévitablement au débat sur la langue et à la question nationale... à la question nationale et au débat sur la langue ! Je ne voudrais pas passer ma vie politique à ne débattre que de cela. »

Appelé à faire une analogie entre la lutte des Juifs pour un foyer national et celle des Québécois pour leur souveraineté, et face au devoir de chacun d'appuyer la lutte pour la survie de son propre peuple, Arnold affirme : « Mon devoir est de me battre pour le droit des gens à rester dans leur propre foyer, à habiter convenablement un logement. Ça reste et ça restera ma priorité ! »

Nancy Neamtan

Ruine-Babines jouant à une fête de quartier au centre-sud de Montréal, lors de la fête de la Saint-Jean, le 24 juin 1975.

Nancy Neamtan

Si ce n'est pas moi qui suis pour moi-même,
Qui sera pour moi ?
Mais si je ne suis que pour moi-même,
Alors, qu'est-ce que je suis ?
Et si ce n'est pas maintenant,
Quand ?

HILLEL (Ier siècle av. J.-C.),
Les principes de nos aînés

En 1917, le jour même où les ouvriers russes prenaient d'assaut le palais d'hiver de Petrograd, renversant ainsi le tsar Nicolas II pour installer Kerenski au pouvoir, la mère de Nancy Neamtan est venue au monde. « Mon grand-père a toujours été très fier de cette coïncidence », raconte Nancy en riant de bon coeur.

Nancy Neamtan, aujourd'hui organisatrice communautaire au Programme économique de Pointe-Saint-Charles (PEP), a déjà milité en faveur d'une autre révolution radicale, et cela ici même au Canada — c'était de 1975 à 1982. Elle était alors l'une des cadres dirigeants du Parti communiste ouvrier, mieux connu sous ses initiales de PCO.

L'extrême gauche connaît son apogée au pays vers la fin des années soixante-dix. Le PCO et son journal, *La Forge*, sont partout présents au sein des mouvements syndical et populaire. Le Parti réussit alors à mobiliser des milliers de fervents autour de son idéologie maoïste. Autant sa montée est rapide, et à certains égards spectaculaire, autant le dénouement de son histoire et sa disparition seront soudains.

On ne connaîtra sûrement jamais la composition démographique des membres et des sympathisants du Parti. Mais s'il faut en croire Nancy, « le PCO est issu en partie d'un noyau d'étudiants de l'Université McGill, dont près de la moitié étaient Juifs. »

Nancy raconte cet épisode de sa vie sans détour et de l'oeil critique que confère le recul, mais sans regret ni rancune non plus. Aujourd'hui, elle est toujours progressiste et est davantage intéressée aux questions féministes. Elle se plaît allègrement à élever ses enfants. Souriante, charmante, Nancy continue en outre à s'habiller à la mode des années soixante-dix. « Je me considère comme un *bulldozer*, rit-elle. Je suis fonceuse dans tout, sauf peut-être dans le ménage de l'appartement ! »

Dans son bureau fort modeste de Pointe-Saint-Charles, les affiches sur les murs reflètent bien l'engagement politique et social de son occupante. Son ouverture d'esprit, son intelligence et son humour captivant contrastent totalement avec l'image habituelle des zélés du défunt PCO.

La classe des « bols »

Nancy naît le 28 août 1951 à l'Hôpital général juif de Montréal et grandit dans le quartier Notre-Dame-de-Grâce. Son père est copropriétaire d'une pharmacie et sa mère travailleuse sociale. « J'ai eu une enfance choyée. Mes parents voulaient tout me donner : des leçons de ballet, de piano, d'hébreu... »

Son éducation religieuse se déroule dans un contexte de judaïsme réformiste [1]. La famille appartient à la congrégation du Temple Beth Shalom. Le dimanche matin et deux après-midi par semaine, Nancy apprend l'hébreu à l'école de la synagogue et suit d'autres cours de nature religieuse et culturelle. Le Sabbat est

---

1. Les trois « grandes » catégories dans la conception et la pratique de la religion juive vont de la tendance orthodoxe jusqu'à la tendance réformiste, en passant, quelque part entre les deux, par la tendance conservatrice.

célébré le vendredi soir par un festin familial : du *chala*, du rosbif, du vin, le tout précédé de l'allumage traditionnel des chandelles. La famille va à la synagogue pour les fêtes du *Rosh Hashana* et du *Yom Kipour*, et aussi, à l'occasion, le vendredi soir [2]. Cependant, les règles kasher ne sont pas suivies à la maison.

Nancy a beaucoup d'amis non juifs et, à Noël, elle se fait souvent inviter pour décorer le sapin traditionnel propre à cette fête chrétienne. « Pendant cette période de l'année, je ressentais parfois un certain isolement, je me sentais un peu à l'écart... »

Par contre, Nancy est encore emballée par l'expérience qui constitue le souvenir le plus marquant de sa jeunesse : sa participation à un projet pilote pour enfants surdoués à l'école primaire de Rosedale. Grâce à ce projet, on lui a transmis, de sa quatrième à sa septième année d'études, un véritable goût du savoir et de la critique intellectuelle. « En cinquième année, on lisait Shakespeare et Dickens, on étudiait les mathématiques avancées, on faisait des excursions et on écrivait de la poésie... J'ai tout à fait adoré l'école pendant ces quatre années-là. Dès la quatrième année, nous lisions des journaux tous les matins pour prendre connaissance de l'actualité. Nous parcourions les éditoriaux pour pouvoir ensuite, chacun notre tour, exprimer nos propres opinions au reste de la classe. Dès lors, je n'ai jamais eu de problème de confiance en moi. Je me sens capable de débattre des idées bien aisément... même dans un monde d'hommes ! »

Une seule ombre au tableau : « Les autres élèves nous avaient surnommés 'la classe des bols'... Et c'était un peu vrai, parce qu'il s'agissait en effet d'une certaine élite parmi les 'bien élevés'. »

Le grand amour

Contrairement à son expérience heureuse de l'école primaire, celle de l'école secondaire est une rude épreuve, d'abord parce que Nancy doit reprendre beaucoup de matières déjà apprises, mais sur-

---

2. Les « orthodoxes » et les « conservateurs » assistent aux services religieux du Sabbat le vendredi soir et le samedi matin, tandis que les « réformistes » n'y vont que le vendredi soir.

tout parce que le règlement est beaucoup plus répressif. « On se méfiait beaucoup de moi. Car, d'un côté, j'étais très articulée, je réussissais à obtenir d'excellentes notes dans mes cours et je m'engageais dans les activités parascolaires comme le journal étudiant. Tandis que de l'autre côté, j'étais fautrice de troubles, et je contestais immanquablement l'autorité démesurée et les personnes à l'esprit étroit. »

Durant ces années de révolte, Nancy trouve un appui solide et une amitié enrichissante auprès du rabbin de la congrégation Beth Shalom, Leonard Poller. « Nous avions de bons rapports. Je gardais ses enfants et nous étions très près l'un de l'autre ; d'ailleurs, il voulait que je devienne rabbin. Ce gars-là avait un esprit très ouvert et beaucoup d'entregent. Il rendait vivants et intéressants tous les sujets dont il traitait, tout en conservant ses idéaux religieux et sa conception du judaïsme. »

En évoquant ce doux souvenir, Nancy confesse en souriant : « Lui et moi, c'était le grand amour ! »

L'ouverture d'esprit du rabbin Poller, tout comme sa tolérance et son respect de l'opinion des autres sont particulièrement bien illustrés par un conte — qu'il aimait bien relater à ses étudiants, et que Nancy raconte à son tour : « Il était une fois une maison habitée depuis cinquante ans par la même famille. À un moment donné, des méchants sont arrivés et ont chassé la famille de leur maison. Elle a dû aller vivre très, très loin de là. Ensuite, une autre famille est venue habiter la maison pendant cinquante ans, elle aussi. Un jour, la première famille est revenue et elle a réclamé sa maison... Et voilà, nous disait le rabbin, le problème d'Israël ! Une discussion animée s'ensuivait et nous avions chacun à nous faire une opinion sur le sionisme. Les divergences étaient cependant tolérées. »

Une autre fois à l'école de la synagogue, un Juif en provenance de l'Inde entretient la classe sur la religion des Hindous. « C'est alors que j'ai découvert qu'il existait aussi des Juifs non blancs !... ce qui constitua presque un choc culturel pour moi ! »

Fortement engagée dans les activités de sa synagogue, Nancy est élue, à l'âge de treize ans, présidente de son groupe de jeunesse juive. L'année suivante, elle ira à une colonie de vacances où l'on étudie la Torah et d'autres écrits classiques et traditionnels. « C'est là que j'ai découvert le mysticisme juif, qui surgissait, entre autres, de la Torah, du Talmud et de la Kabbale[3]. »

D'une façon discrète, Nancy ajoute : « Ce n'était pas du catéchisme... Ces écrits nous incitaient à imaginer, à être philosophes et à nous poser mille et une questions. À la colonie, la discussion, les débats et la connaissance elle-même, étaient grandement valorisés. Rien n'était jamais tranché à coups de couteau et les réponses n'étaient pas préconçues ; toutes les nuances, de même que les ambiguïtés, étaient tolérées. Par exemple, les discussions sur la sexualité n'étaient pas mises au rancart. Les rabbins nous permettaient à souhait de poser des questions et de douter de leurs réponses. D'ailleurs, on nous enseignait que le doute est justement un signe d'intelligence et de sagesse. »

Fait exceptionnel pour une femme, Nancy est appelée à lire la Torah devant la congrégation Beth Shalom. Un autre vendredi soir, elle est invitée à monter en chaire, en tant que représentante des jeunes, pour exposer sa manière de vivre le judaïsme. Ses propos peu sympathiques au sionisme causent quelques remous, mais dans l'ensemble, son allocution est bien accueillie.

« Je suis assez reconnaissante de tout ce que cela m'a apporté : le Temple Beth Shalom, mes antécédents juifs, le groupe de jeunesse juif, l'école du dimanche... Tout cela m'a sans doute marquée. »

Un front de « beû » !

Parallèlement à ces expériences libératrices et stimulantes autour de sa judaïcité, Nancy est l'objet, pendant ses quatre années à l'école secondaire, de quelques controverses qu'elle raconte avec un mélange d'aigreur et de nostalgie.

« Mister Barnes, un professeur venu d'Angleterre, s'est levé un bon jour devant la classe pour nous annoncer : 'Moi, j'ai été élevé raciste, je n'y peux rien, je n'aime pas les Noirs !' Et non seulement était-il raciste, mais il était aussi le pire des incompétents. Je le haïssais au maximum de mes capacités.

---

3. Interprétation juive ésotérique et symbolique du texte de la Bible, dont le livre classique est le *Zohar*, ou « Livre de la splendeur ».

« Je me suis plainte auprès des autorités de l'école et j'ai éclaté en sanglots lorsque j'ai raconté l'incident à ma mère. Tout ce que je voulais, c'était qu'on reconnaisse le grave problème que soulevait l'incompétence de ce professeur. Mais tous le défendaient... Il fallait à tout prix protéger le système ! Pourtant je ne désirais que le simple aveu que Mister Barnes avait tort. »

Dévoreuse de livres et passionnée de l'écriture, Nancy reçoit une note de cinquante sur cinquante pour une composition présentée à Mister Barnes. La scène est encore bien vivante dans son esprit : « Il était tout fier de son impartialité, et devant tout le monde, il se vante : 'Tu vois, Nancy, malgré le fait que tu me haïsses, je te donne cinquante sur cinquante...' J'ai repris ma composition et puis je l'ai déchirée devant lui en rétorquant : 'C'est impossible qu'une composition soit parfaite !' J'ai alors été suspendue de mon cours d'anglais pendant deux semaines. »

Quelques années plus tard, Mister Barnes sera sévèrement critiqué et finalement congédié de l'école.

« Dans nos cours d'histoire à l'école secondaire, il fallait mémoriser les faits, ligne par ligne et page par page, sans aucune discussion, ni interprétation, ni tentative de compréhension. J'ai été particulièrement frappée par le peu de sérieux accordé à la Deuxième Guerre mondiale. Le manuel y consacrait à peine quatre ou cinq paragraphes : en un seul après-midi, on en avait terminé avec ce sujet ! Par contre, à l'école de la synagogue, le dimanche, toute cette réalité avait été examinée dans sa gravité, ses émotions et ses conséquences. Et là, nous nous sommes demandé pourquoi les Juifs et les autres ont été exterminés, pourquoi le monde n'a pas réagi davantage à ces atrocités, etc. »

L'initiation à la langue française n'est guère de meilleure qualité. À cette époque, les catholiques n'ont pas le droit d'enseigner à la commission scolaire anglo-protestante de Montréal. Donc, les professeurs de français sont d'origine belge, suisse, ou canadienne-anglaise... mais jamais de Québécois ! « Ainsi, nous n'apprenions pas le français du Québec. Lorsqu'on nous a proposé de regarder l'émission *La poule aux oeufs d'or* à la télévision de Radio-Canada, j'étais frustrée de ne rien comprendre. C'est la littérature française — Camus, Gide — qui m'a donné le goût de la langue française. »

Malgré cela, Nancy est la meilleure élève de sa classe en français. En onzième année, elle écrit une appréciation d'un livre de

Jacques Prévert, qui amène la professeure de français à lui télépho-
ner à la maison pour la féliciter. Toujours rebelle, Nancy la repousse
tout de go. « Oui, parfois je contestais trop. C'était presque un
réflexe inné de toujours être méfiante à l'égard des professeurs.
C'est ironique... J'ai toujours regretté l'attitude que j'avais eue lors
de cet incident. »

L'événement qui résume le mieux les années précédant ses vingt
ans, c'est sans conteste son discours d'adieu à la fin de ses études
secondaires. La tradition veut que l'étudiant ayant eu les meilleures
notes s'adresse à l'assemblée lors de la remise des diplômes. Nancy
obtient une moyenne de plus de 90 %, ce qui la place parmi les
trente meilleurs au Québec. Selon la coutume établie, il faut remercier tous les professeurs, louanger l'école et tenir un discours s'ins-
pirant des valeurs traditionnelles relatives au succès et à l'ambition.
Mais Nancy se sent incapable de véhiculer des idées dont elle n'est
pas du tout convaincue. « Mes expériences à l'école n'étaient pas si
roses que ça. Bien des choses m'avaient tout simplement écœurée. »

Connaissant bien Nancy, le directeur de l'école veut lire son discours avant qu'elle ne le prononce. Lorsqu'elle se présente à son
bureau pour lui montrer son premier jet, plusieurs étudiants se tiennent à l'extérieur du bureau afin de l'appuyer contre cette tentative
de censure. Évidemment le directeur désapprouve le contenu et,
dans un ultime effort de dissuasion, il téléphone aux parents de
Nancy. « Angoissée, ma mère a demandé l'intervention de mon
rabbin tant aimé. Le rabbin Poller valorisait la contestation et avait
confiance en moi et en mon jugement, alors, même s'il n'était pas
toujours d'accord avec moi, il a défendu mon droit de dire ce que je
voulais.

« Alors, les grandes lignes de mon discours faisaient ressortir le
fait que l'école nous moulait à l'image de la société, nous trans-
mettait des valeurs matérialistes, nous poussait au conformisme, à la
réussite à tout prix, et nous imposait des règles à suivre non pas
parce que ces règles étaient logiques, mais seulement parce qu'elles
étaient présumées immuables. On nous enseignait à accepter tout ce
qui se passe autour de nous, même l'injustice. Bien sûr, j'ai aimé
quelques professeurs, mais eux aussi étaient coincés dans ce système
scolaire qui ne se tenait pas. »

Sa tirade provoque effectivement un scandale, même si beaucoup d'étudiants applaudissent chaudement ses propos.

Rencontrer du nouveau monde

À l'été 1968, avant de commencer ses études à l'Université McGill, Nancy suit un programme d'immersion en français à l'Université Laval. « Mes compagnons de classe étaient tous des anglophones et hors des cours nous parlions anglais. J'ai eu bien du plaisir, mais je n'ai pas beaucoup pratiqué mon français », avoue-t-elle avec un sourire de gamine. Paradoxalement, c'est lorsque Nancy s'inscrit à l'Université McGill que son intégration à la communauté québécoise francophone commence à s'accélérer.

Cet automne-là, la contestation étudiante bat son plein. Nancy s'inscrit au baccalauréat ès arts, avec une spécialisation en littérature anglaise. « Mes études étaient très secondaires pour moi : en deuxième année, de novembre à avril, j'ai peut-être assisté à deux cours sur cinq ! Je voulais simplement rencontrer du nouveau monde. Je cherchais quelque chose sans savoir exactement quoi. »

Cependant Nancy est loin de chômer. Elle devient membre du McGill Debating Society et, à ce titre, organise une grande assemblée avec César Chavez[4] comme invité. Elle rencontre des militants du FLP et autres activistes nationalistes et radicaux.

Nancy s'engage dans le « théâtre de rue » et joue en faveur du boycottage des raisins de Californie, dans les centres d'achats et lors de différentes manifestations. Des gens ayant une formation théâtrale se joignent au groupe, dont Nicholas Hutchison, aujourd'hui directeur de l'École nationale de théâtre. Ils prennent le nom de Théâtre radical du Québec et présentent une pièce pour appuyer Pierre Vallières et Charles Gagnon, de même qu'une saynète intitulée « l'Enterrement de la Liberté », jouée à l'époque du règlement « anti-manifestation » de Jean Drapeau. « Je parlais à peine le français et connaissais très peu les enjeux de ce qui se passait au Québec, mais je constatais l'oppression nationale des Québécois et j'avais le sentiment de voir un peuple qui se relevait. J'étais donc très solidaire de cette lutte nationale, même si je n'en comprenais pas toutes les nuances. »

---

4. César Chavez fut l'un des principaux organisateurs des travailleurs agricoles américains. La campagne de reconnaissance syndicale qu'il a menée comprenait un boycottage des raisins de Californie à travers l'Amérique.

Aujourd'hui, le souvenir d'un de ses rôles provoque chez elle un grand sourire. La troupe adapte *Hamlet* à la situation québécoise : « À cause de mon accent manifeste d'anglophone, j'ai eu à jouer le rôle d'une péquiste — pour traduire l'idée que ce Parti trahissait les véritables intérêts des Québécois ! »

En 1969, Nancy déménage à Saint-Henri, entre autres pour apprendre à parler le français des Québécois, apprentissage qu'elle réussit à fond de train. Elle milite à la Maison des chômeurs, un regroupement populaire d'organisation et de dépannage de chômeurs, et fait également du bénévolat dans un marché aux puces. La Maison entretient des liens étroits avec les mouvements ouvrier et indépendantiste, où Nancy fait de nouvelles connaissances. La Maison des chômeurs donnera naissance ultérieurement à la Clinique du peuple de Saint-Henri, dont le premier médecin venu offrir ses services sera un jeune Juif, Hyman Schuldiner.

Lors des Événements d'octobre 1970, Nancy habite le quartier Saint-Louis et un des dirigeants de l'ex-FLP se cache quelque temps chez elle. La police arrive à le repérer et l'arrête. Peu de temps après, l'appartement de Nancy est donc fouillé de fond en comble, de telle sorte que tout se trouve évidemment sens dessus dessous. « La famille d'en bas a trouvé ça tellement bizarre que des 'voleurs' entrent par effraction chez nous, et laissent un billet de dix dollars qui était sur la table ! », raconte Nancy en souriant de la naïveté de ses voisins.

Vers la fin de ses études universitaires, les intérêts de Nancy se centrent sur les questions féministes et sur les activités culturelles. Elle demeure alors dans une commune composée de femmes anglophones et d'une Québécoise.

En 1972, Nancy obtient son diplôme et, après avoir quitté McGill, elle occupe plusieurs emplois temporaires — employée de bureau à la Croix bleue, serveuse à la Crêpe bretonne, ouvrière dans une imprimerie, etc. Elle s'engage dans la Coopérative d'alimentation Olier, une des premières du genre au Québec, et participe aux activités de l'Association de défense des droits sociaux (ADDS), notamment lors de la campagne pour l'abolition de la taxe d'eau.

Mais sa principale passion, à cette époque, est sans doute la musique. « La musique traditionnelle québécoise renaissait et je m'y intéressais de tout coeur. J'avais appris à jouer du violon quand j'étais jeune, et j'ai décidé d'aller suivre des cours de musique à l'Université du Québec à Montréal. J'y ai connu d'autres musiciens, et c'est ainsi que notre groupe 'Ruine-Babines' fut formé, avec Colette Raby, Pascal Gélinas et Gilles Garand. »

Ruine-Babines joue lors des fêtes de quartier et dans des boîtes de nuit, de même que, en tant que représentant de la musique québécoise, à une soirée de solidarité envers le Tiers-Monde et à la « Veillée des Veillées », un grand rassemblement nationaliste. Il effectue même un voyage en Louisiane pour y exécuter la musique québécoise traditionnelle.

En juin 1975, Ruine-Babines est invité à jouer sur le mont Royal, lors des fêtes de la Saint-Jean. Nancy insiste auprès des autres membres du groupe pour qu'ils livrent un message d'appui aux grévistes de la United Aircraft, de même qu'à tous les autres travailleurs en conflit au Québec. Après un difficile débat, où Nancy prône le lien nécessaire entre la politique et la musique, le groupe accepte de saluer les travailleurs en lutte, pendant le spectacle.

La ligne juste du PCO

Nancy fait l'analyse des motifs de son engagement au PCO. « Je m'étais engagée dans bien des activités et dans différents groupes, et je ressentais le besoin d'encadrer ma démarche dans un projet politique. Cependant le PQ ne représentait guère une solution globale aux problèmes que je voyais autour de moi, car j'étais arrivée à la conclusion qu'il fallait un changement radical du système capitaliste. »

Nancy habite la même coopérative de logement qu'un des membres fondateurs du PCO, et beaucoup de ses amis sont des sympathisants du Parti. C'est ainsi qu'elle en vient à participer à un groupe d'études sur Marx qui, prenant l'exemple de la Chine, fait l'analyse de la situation québécoise. « Au tout début, je questionnais. J'avais des doutes, mais tranquillement pas vite, j'ai fini par accepter la 'ligne juste'… de bonne foi. J'avais conclu que l'idéologie du PCO répondait à mes désirs de justice. Et quand j'ai décidé d'y plonger, souligne Nancy avec vigueur, j'y suis allée à fond… D'ailleurs, c'est un peu l'histoire de ma vie ! »

Nancy devient donc membre du PCO en 1975, tout en poursuivant ses activités à la Coopérative Olier, à l'ADDS et au sein du groupe Ruine-Babines. En 1977, elle devient employée permanente du PCO, à cent dollars par semaine. « Je dirigeais des groupes d'études suivant les lignes directrices du Parti, je faisais des plans de travail, du recrutement et des analyses, et j'écrivais des articles sur les groupes communautaires dans notre journal. »

La direction du PCO détermine comment Nancy doit dorénavant intervenir à l'intérieur du groupe Ruine-Babines. Et rapidement : « Ces directives ont conduit à l'éclatement de Ruine-Babines ! »

En 1978, le PCO somme Nancy de poursuivre son travail politique à Toronto. Elle se conforme à cet ordre et s'en va vaquer à ses responsabilités de recrutement, d'organisation et d'analyse à partir de la capitale ontarienne. Elle s'engage aussi dans le mouvement antiraciste, particulièrement dans le cas d'Albert Johnson [5] et celui de la venue du Ku Klux Klan à Toronto. « À Toronto, j'ai connu bien des gens originaires d'autres pays. Ces contacts et échanges avec diverses communautés culturelles m'ont fait connaître un monde complètement nouveau. »

Depuis 1975, Nancy fréquente Victor Lapalme, un militant syndical et nationaliste, qui doit la rejoindre éventuellement à Toronto. Victor a eu d'un premier mariage deux enfants qui habitent Montréal avec leur mère : « Les problèmes et les tensions que mon déménagement a provoqués dans notre relation de couple, eu égard aux enfants de Victor et à notre désir d'être ensemble, m'ont amenée tranquillement à contester les directives du PCO. »

Militante et employée à plein temps

À l'époque du sabordement du PCO, en 1982, Nancy et Victor reviennent à Montréal. Nancy est enceinte de Louis-Alain, et ce ne sera que vers la fin de 1983 qu'elle retournera sur le marché du travail.

---

5.   Albert Johnson est ce Noir sur lequel des policiers torontois ont tiré, dans des circonstances douteuses — ce qui a provoqué un vaste mouvement de protestation.

Nancy s'engage alors comme organisatrice communautaire au YMCA de Pointe-Saint-Charles, concentrant ses énergies sur les problèmes d'emploi dans le quartier. « À Pointe-Saint-Charles, plus de 50 % des gens sont des assistés sociaux. Avec d'autres groupes du quartier, nous avons mis sur pied une corporation de développement économique et communautaire (PEP), basée sur des modèles américains et sur ce qui existe au Québec en milieu rural. »

Après de longs débats et des recherches ardues d'appui et de financement, le PEP fonctionne aujourd'hui assez bien. Ses objectifs : la création d'emplois, la formation de la main-d'oeuvre et l'aménagement du territoire au profit de la population du quartier.

Les débats d'actualité passionnent encore Nancy et on peut souvent la trouver aux soirées de solidarité et aux manifestations politiques et syndicales. « Aujourd'hui, je suis chanceuse de pouvoir poursuivre mon engagement comme militante et comme progressiste dans un emploi à plein temps, car quand on a des enfants, on ne peut plus 'niaiser' à cent dollars par semaine ! »

Une des liquidatrices

Le Parti communiste ouvrier (PCO), initialement appelé la Ligue communiste (marxiste-léniniste) du Canada, a laissé sa trace dans l'histoire du Québec. À l'extrême gauche, il n'était pas le seul groupe de ce genre, mais c'était sans doute celui qui comptait le plus grand nombre de membres ; c'était sûrement aussi le plus influent et décidément l'un des plus détestés. Plusieurs Québécois lui ont consacré beaucoup d'énergie et de dévouement, mettant dans ce regroupement leurs espoirs d'un changement radical. Nancy Neamtan n'y était pas une simple membre, elle était l'une des membres du Comité central.

« Pour moi, le PCO était une suite logique, voire un aboutissement de tous les idéaux de justice, d'égalité, de libération des travailleurs, et aussi de féminisme, tous ces idéaux pour lesquels on se battait à la fin des années soixante. On voulait corriger toutes les injustices et, dans le contexte mondial de l'époque, on pensait que tout était possible et qu'on pouvait vraiment changer le monde de fond en comble. On a donc consacré beaucoup d'énergie au PCO. »

Pendant plusieurs années, la Ligue a connu un certain succès, ne serait-ce que sur le plan du recrutement et de sa capacité de mobiliser les gens. Mais sa disparition, souhaitée par plusieurs, ne s'est produite qu'après de longs débats. Lors de cette polémique interne, Nancy comptait parmi la minorité de la direction qui était en faveur du sabordement du PCO. Sur le ton de conspiration qui convient, Nancy murmure : « J'ai été une des liquidatrices…

« Mes désillusions ont commencé à Toronto, poursuit-elle. Là-bas, j'étais loin de la 'maison mère' de Montréal. Et j'avais des amis à l'extérieur du PCO. La démystification de la Chine s'amorçait. Je voyais bien des contradictions et peu à peu notre purisme perdait à mes yeux sa grandeur. Les contradictions entre la 'ligne' du PCO et la réalité sont devenues trop grandes. Un terrorisme intellectuel régnait relativement aux femmes, aux enfants et à la vie personnelle des militants. Sur la question nationale, nous étions coupés de la réalité. Les militants de la base furent traités comme des soldats. Une valorisation trop grande des intellectuels et des gens capables de faire des analyses allait de pair avec un mépris sournois du monde peu scolarisé. »

Aujourd'hui, Nancy n'hésite pas à faire son autocritique. Elle n'y va pas non plus du revers de la main : « Nous avons charrié beaucoup de monde et fait la vie dure aux membres du PCO, de même qu'à nos alliés. Je prends la responsabilité qui me revient — et je n'étais pas une simple membre à la base. Je regrette notre politique d'affrontement avec les groupes progressistes, alors que nous aurions pu collaborer avec eux. Nous avons brisé beaucoup d'amitiés avec nos méthodes.

« J'ai deux grands regrets. D'abord, lors du référendum, le PCO a prôné l'annulation ; si nous avions mis toutes nos énergies en faveur du 'Oui', cela aura pu avoir un impact important. Deuxièmement, il existait énormément de mépris à l'égard des questions relatives aux femmes ; nous avons raté des chances d'appuyer cette lutte légitime.

« Sur un autre plan, bien sûr, nous avons été infiltrés par la police. Mais je ne crois vraiment pas que le PCO fut 'manipulé' par elle. Les livres de Marx et Lénine n'ont pas, quand même, été écrits par la police ! Je connaissais bien quelques-uns des premiers organisateurs du PCO, issus de McGill, qui eux, selon moi, n'étaient pas des agents. »

Si Nancy exprime volontiers ses regrets et ses critiques, elle n'en est pas amère pour autant. « J'ai beaucoup appris et j'ai acquis des connaissances, entre autres sur la situation internationale. J'ai lu copieusement, et approfondi ma capacité d'analyse. Cette expérience m'a fait perdre ma naïveté. Je m'y suis fait pas mal d'amis et j'ai connu plein de gens prêts à faire d'étonnants sacrifices pour améliorer la société. J'avais cru sincèrement au projet politique, à une solution simple, à un système complet qu'on pouvait imposer pour vraiment corriger des injustices que je voyais... et d'ailleurs, que je vois encore aujourd'hui ! »

Ouverture d'esprit des Québécois

En dépit d'une enfance et plus particulièrement d'une adolescence comblées d'expériences positives relativement au judaïsme, Nancy a éprouvé jusque dans la trentaine une certaine ambivalence à l'égard de son identité en tant que Juive. Elle explique les origines de son dilemme : « L'identité la plus importante dans ma vie était alors d'être anglophone. Comme la communauté juive d'où je provenais s'identifiait très fortement à la communauté anglophone, je ne concevais pas d'identité juive qui puisse en être dissociée. J'étais donc anglophone. Mais les 'Anglais' constituaient la minorité privilégiée du Québec et moi, je devais me défaire de ces privilèges et de cette tare. »

En 1967, lorsque Charles de Gaulle a proclamé son fameux « Vive le Québec libre » sur le balcon de l'hôtel de ville de Montréal, Nancy séjournait dans une colonie de vacances juive aux États-Unis. Elle a pris connaissance de ladite déclaration par un Américain qui la lui a interprétée comme le déclenchement d'une révolution. « Je me suis dit : Merde ! Qu'est-ce que je fais ici, aux États-Unis, en train d'étudier la Torah, tandis que les vraies affaires se passent au Québec ? Je me sentais quasiment en exil. J'ai eu aussi une réaction instinctive de fierté parce que ça 'brassait' chez nous au Québec. Là, j'ai constaté que je faisais partie de deux mondes : l'un anglo-américain, l'autre québécois.

« Qui plus est, cette période fut marquée par la paranoïa et l'hystérie de la communauté anglophone de Montréal. Sophie Wollock, rédactrice à l'hebdomadaire *The Suburban* de Côte-Saint-Luc, et même ma mère comparaient le nationalisme québécois à la montée du national-socialisme de Hitler. Mon milieu naturel était tellement réfractaire au mouvement nationaliste et progressiste qu'il me fallait faire un choix.

« Ce que j'ai fait ! Les prises de position anti-québécoises de certains dirigeants de la communauté juive m'ont profondément choquée. J'avais honte de leur attitude à l'égard du mouvement nationaliste. Et je me demandais comment ils osaient parler au nom de tous les Juifs, alors que leurs attitudes et leurs discours allaient à l'encontre des idées et des principes de beaucoup de Juifs, et étaient même en contradiction avec tout ce que la religion et l'histoire des Juifs m'avaient enseigné.

« Ma mère proclamait avec fierté que Bronfman était '*one of our boys*', l'un des nôtres. Moi, par ailleurs, j'étais fâchée davantage des déclarations répréhensibles ou des gestes écoeurants d'un Bronfman ou d'un Hershorn que de ceux d'autres bourgeois non juifs... car les Bronfman et Hershorn, eux, renforçaient une image négative des Juifs. »

Tout comme beaucoup d'autres Juifs progressistes, Nancy ne s'est pas engagée dans la contestation des prises de position de la communauté juive qui la rebutaient : « Je n'avais pas le coeur à ça et j'avais la conviction que ça aurait été peine perdue. J'étais issue de la communauté juive, mais je ne me sentais pas du tout solidaire de ses positions sur la société québécoise. »

Sans tourner complètement le dos au judaïsme, Nancy l'a relégué très loin dans ses préoccupations, tant pendant ses années à l'Université McGill que pendant sa période de militantisme au PCO ; le contexte familial a été presque le seul forum où elle a vécu des expériences en tant que Juive. À une exception près, dont Nancy fait le récit.

« Lorsque j'habitais Saint-Henri, j'étais liée d'amitié avec une famille québécoise qui comptait trois jeunes filles, dont Huguette. Quand la petite gamine faisait des coups et que ses parents se fâchaient, ils l'apostrophaient d'une épithète que je ne comprenais pas, même après l'avoir entendue plusieurs fois. Un jour, j'ai pigé ce qu'ils grondaient : 'Fais pas ta petite Juive !' Ça m'a surprise mais je ne savais trop comment réagir. Ça m'a pris du temps, peut-être un mois ou deux, avant de pouvoir dire à ces gens que moi, j'étais Juive. J'étais trop gênée, et lorsque je leur ai dévoilé mes origines, il n'y a pas eu de grosses discussions sur ce que cela pouvait représenter. Après, ils ont continué de la traiter de 'petite Juive' sans toutefois faire d'association entre l'expression et moi. Soulignons que l'incident n'a aucunement changé nos rapports. »

Aujourd'hui, après coup, Nancy avoue : « J'aurais dû m'y attarder un peu plus. C'était bien sûr un commentaire antisémite, lié à un stéréotype, et j'aurais pu essayer de leur faire comprendre cela et briser ainsi cette association malheureuse. Aujourd'hui, en entendant pareille remarque, j'interviendrais tout de suite et je dirais à l'interlocuteur de faire attention. Dans ce temps-là, je ne maîtrisais pas la langue ; c'était un peu comme si j'arrivais en pays étranger, et je m'y trouvais justement pour apprendre le français. Enfin, j'étais tellement gênée que la plupart des gens qui m'ont connue à ce moment-là ne me reconnaîtraient probablement pas aujourd'hui !

« Cette absence de réactions de ma part n'était pas liée au stéréotype du Juif. Il en allait de même pour la domination à l'égard des femmes, question dont j'étais fort consciente et contre laquelle je ne réagissais guère plus. Ainsi, cette mère de famille subissait une oppression certaine et je n'ai rien dit, tandis qu'aujourd'hui j'interviendrais davantage et fermement pour l'appuyer.

« Mis à part ce petit incident, je n'ai jamais vécu d'autres expériences directes d'antisémitisme en milieu québécois francophone, même si je suis consciente que cela existe. Je n'ai pas toujours été très sensible à des situations du genre et j'ai même peut-être été un peu mal à l'aise à certains moments, mais je me rappellerais de tels événements s'ils avaient été manifestes. « Lorsqu'il se passe des petites anicroches subtiles, je m'organise pour que les gens finissent par savoir que je suis Juive. Tout au moins, je fais ce geste. »

À cet égard, Nancy raconte la réaction typique du Québécois qui, la connaissant depuis un certain temps, découvre qu'elle est Juive : « Les gens ne savent pas trop comment réagir. D'une part à cause des préjugés populaires qui existent, et d'autre part parce que je corresponds si peu à l'idée qu'ils se font de ce qu'est une Juive. Ça ne leur effleure même pas l'esprit que je puisse être Juive et, quand ils l'apprennent, ils restent parfois très surpris — mais ça ne change jamais rien dans nos rapports. D'ailleurs, je trouve que les Québécois ont une grande ouverture d'esprit et qu'ils manifestent souvent beaucoup d'intérêt à ces moments-là. »

Dans sa jeunesse Nancy avait sans cesse des discussions avec des non-Juifs pour leur expliquer qu'il existait « aussi » des Juifs pauvres. « J'étais toujours sur la défensive à ce propos. D'ailleurs, ma mère, en tant que travailleuse sociale, passait son temps à travailler auprès de Juifs qui étaient visiblement dans le besoin. »

Un point tournant

C'est à Toronto, en 1978, que s'enclenche pour Nancy une sorte de réconciliation avec son identité juive. Elle comptait dans la Ville-Reine plusieurs amis dans une association de Juifs non sionistes et progressistes. « J'avais participé à quelques-unes de leurs activités et cela m'a poussée à définir davantage mes rapports avec le judaïsme. En sortant du PCO et en retournant à Montréal, j'avais pas mal réglé dans ma tête la question de mes origines anglophones et c'est à compter de ce moment-là que j'ai carrément tourné mon attention vers mon identité de Juive. »

En 1982, enceinte de Louis-Alain, Nancy était en voyage en Europe lorsque des Juifs furent tués dans l'attaque sanglante d'une synagogue de Paris. « Ça m'a absolument bouleversée. Ce n'était pas une histoire académique d'il y a trente ans ; ce n'était pas non plus une simple injure de 'petite Juive'. En pays occidental des temps modernes, des Juifs venaient d'être tués pour la seule et unique raison qu'ils étaient Juifs. Pour moi, ce fut un point tournant : il m'a fallu constater que l'antisémitisme était encore très présent dans la société ; on ne pouvait pas l'éviter. À ce moment je ne projetais pas d'en faire un cheval de bataille, mais j'ai décidé de connaître davantage le phénomène. Étant donné qu'il y avait dans le monde une certaine remontée de ce genre d'attaques contre les Juifs, je me devais d'y réfléchir.

« La naissance de mon fils a aussi nécessité certaines décisions quant à l'identité que nous voulions transmettre à nos enfants, compte tenu surtout de nos origines différentes à Victor et à moi. »

Outre Louis-Alain, Nancy et Victor ont une petite fille de trois ans, Gabrielle-Esther. Mélanie, dix-sept ans, et Janson, quinze ans, les deux autres enfants de Victor, vivent en garde partagée tantôt chez leur mère, tantôt chez Victor et Nancy. À la maison, tout se passe en français.

« Même si nous sommes non pratiquants, je veux que Louis et Gabrielle soient conscients de leurs origines juives, du fait que je suis Juive et de l'existence d'une culture juive, et donc, qu'ils ont un passé juif. À la maison, nous fêtons autant la *Hanuka* que Noël. Nous ne glorifions pas le petit Jésus à Noël et nous ne racontons la fête de *Hanuka* que dans ses aspects historiques. Mon fils n'aura ni Bar-Mitsva, ni première communion. À la fête de la Pâque, j'achète des *matzos*[6] et, à l'occasion, je manifeste mon respect touchant certains autres symboles de la tradition juive. Mon fils appelle mes parents *zaïde* et *bube*[7], et la mère de Victor 'grand-maman'. »

Nancy veut transmettre à ses enfants les valeurs du judaïsme qu'elle considère les plus positives. En tant que progressiste, elle voudrait qu'ils en assimilent les notions progressistes. « Je veux leur faire découvrir les aspects agréables de la culture juive et son esprit d'ouverture, d'hospitalité et d'engagement. C'est à la fois une question de principe et une question de plaisir, car ça fait partie de leur identité. Mes enfants se verront servir un jour l'épithète de 'maudit Juif', et je me dis qu'il vaut mieux qu'ils aient d'abord vécu les aspects positifs de leurs origines que d'avoir seulement à en subir les contrecoups. »

En ce sens, Nancy aimerait bien envoyer ses enfants dans un centre communautaire juif « progressiste » où on enseignerait les dimensions culturelles et sociales du judaïsme, sans ses aspects religieux. Assez paradoxalement, Nancy constate une évolution inverse à la sienne chez ses parents, à l'égard du judaïsme. « Depuis que ma soeur et moi ne sommes plus à la maison, il me semble que les liens de mes parents avec la synagogue diminuent. Tandis que dans mon cas, mes enfants me rapprochent du judaïsme.

« Mais je m'attends quand même à ce que mes parents tentent de montrer à leurs petits-enfants le visage positif de la religion. Je ne les empêcherai pas de le faire non plus, mais je ferai un certain tri et

---

6. Pain sans levain, mangé à la Pâque juive, pour commémorer le fait que les Juifs ont eu tellement hâte de quitter l'Égypte, au XIIIe siècle av. J.-C., qu'ils n'ont pas pu attendre que leur pain lève.

7. Expressions yiddish pour « grand-père » et « grand-mère ».

j'établirai un équilibre dans les informations que mes enfants recevront. »

Nancy et Victor vivent ensemble depuis plus de dix ans. Victor étant d'origine franco-ontarienne et catholique non pratiquant, d'aucuns qualifieraient leur mariage de « mixte », mais Nancy refuse cette appellation. « Dans notre cas, ce n'est pas nécessairement la vraie façon de voir. Nous vivons tant de choses semblables : nous sommes engagés chacun dans des milieux progressistes ; nos intérêts culturels sont similaires et nos valeurs ont évolué ensemble, malgré certaines discordes homme-femme. Nous avons eu des adolescences de révolte et des vécus semblables. Tous les deux, nous avons fait de nombreux et importants sacrifices afin de donner la priorité à nos engagements sociaux et politiques plutôt qu'aux valeurs matérialistes. Nous valorisons beaucoup la connaissance et partageons l'amour de nos enfants et le respect de nos parents — que je n'ai peut-être pas toujours eu, mais avec la maturité, cela a heureusement changé. Enfin, si l'on veut parler d'un 'mariage mixte', les contrastes culturels paraissent davantage sur le plan de la famille élargie que sur celui du couple. »

Aujourd'hui, la grande majorité des contacts sociaux de Nancy et de Victor se produisent avec des Québécois francophones. Dans son milieu de travail à Pointe-Saint-Charles, Nancy est entourée d'une majorité de Québécois francophones. À part sa famille, Nancy n'a pas beaucoup de contacts avec d'autres Juifs. Avec un soupir, elle confie : « Ça m'a fait de la peine dernièrement, lors de la fête de *Hanuka*, de ne pas avoir d'amis juifs avec qui partager cette festivité. J'avais fait des *latkes*[8] pour les amis et la belle-famille, et nous avions allumé ensemble la *menora*[9], comme la tradition le veut. Tout le monde trouvait ça un peu exotique. Au début, ça m'amusait beaucoup de faire l'éducation des gens sur la signification des fêtes juives, mais j'aimerais bien que quelqu'un d'autre me fasse des *latkes* et qu'à l'occasion, je puisse fêter aussi avec d'autres Juifs. Cela me manque un peu... »

---

8. Petites crêpes à base de pommes de terre, préparées pour la fête de *Hanuka*.

9. Candélabre à neuf branches, dont huit commémorent les huit jours et les huit nuits pendant lesquels l'huile, qui ne devait brûler que vingt-quatre heures, s'est maintenue et a fourni sa lumière aux Juifs qui se cachaient des Assyriens, au IIe siècle av. J.-C. La *menora* est allumée chacun des huit soirs que dure la fête de *Hanuka*. La neuvième chandelle, *shammash*, sert à allumer les huit autres.

La honte d'être anglophone

Pour Nancy, le chemin emprunté pour trouver son identité de Québécoise ne fut pas moins facile à parcourir que celui qui l'a conduite à son identité de Juive. À la fin des années soixante, le rôle et la place des anglophones à l'intérieur du mouvement nationaliste furent chaudement discutés. La grande majorité des anglophones n'était manifestement pas sympathique aux aspirations nationales des indépendantistes, mais ceux qui l'étaient ne présentaient pas moins de problèmes, mais d'autres sortes, en termes de rapport à la lutte nationale. Si les bourgeois « anglais » de Westmount incarnaient l'oppresseur, une jeune étudiante juive anglophone de NDG, perspicace et solidaire et qui voulait s'engager dans la bataille, posait quand même un certain dilemme, voire un défi.

Nancy rappelle ces années, qui constituèrent une période d'adaptation pour elle et pour ses camarades québécois : « Véronique O'Leary, membre de notre troupe de théâtre, m'avait fait lire le *Portrait du colonisé*, d'Albert Memmi. Dans ses grandes lignes, sa thèse consiste à dire qu'en Afrique, le colonisateur de gauche ne peut jamais intégrer la culture du colonisé. Est-ce que cette analyse s'appliquait à l'anglophone du Québec ? Devais-je avoir honte d'être anglophone ? »

Les réponses à ces questions, et particulièrement leurs nuances, ne sont évidemment pas faciles. « Je reconnais qu'à cette époque, j'avais effectivement honte d'être anglophone. Mais je n'ai jamais eu honte d'être Juive. L'analyse de Memmi avait un aspect très réel, car je ne subirai jamais de discrimination en tant que francophone ; par contre, cela ne m'a jamais empêchée de m'identifier au peuple québécois sur tous les plans. »

À l'automne 1969, Nancy a participé à une manifestation monstre à Québec contre l'ignoble Bill 63. « Je faisais très attention à ne pas ouvrir la bouche, confie-t-elle, de peur que quelqu'un reconnaisse mon accent anglophone. Ce mouvement national dégageait une grande force, j'y croyais, je voulais résolument m'y intégrer et ne pas en être rejetée. Mais je ressentais beaucoup d'agressivité contre les 'Anglais' et j'avais peur qu'on me soupçonne d'être une espionne. Je me demandais parfois si j'étais à ma place. » Au fur et à mesure que Nancy perfectionnait son français et que la situation évoluait, elle a vécu de moins en moins souvent de telles appréhensions.

« Plus fait celui qui veut que celui qui peut ! » Ainsi, ses doutes et ses interrogations ne l'empêchaient point de foncer. Mais lorsque Nancy posait des gestes concrets, une petite voix en son for intérieur demandait : « Suis-je à ma place ? Suis-je efficace et capable ? Mes actions sont-elles valables ? Bien sûr, je crois en cette cause, mais j'arrive de l'extérieur... Ont-ils vraiment besoin de moi ? Serait-ce mieux que je sois ailleurs — peut-être dans mon propre milieu ? »

L'ironie de certaines situations n'échappe pas non plus à Nancy, comme lorsqu'elle essayait de convaincre des Québécois francophones des valeurs de l'indépendance. « Parfois, on a dû me trouver un peu absurde ; ils auraient bien pu me dire qu'ils étaient tout à fait capables de se débrouiller sans les conseils d'une anglophone ! À certains moments, j'avais le sentiment d'être inutile. »

Aujourd'hui, sa belle-famille s'amuse à la taquiner en complétant l'expression populaire bien connue « On va les avoir, les Anglais » par « On en a eu une, au moins ! » Nancy croit que sa belle-famille la considère plus ou moins comme une Québécoise. « Mais je ne peux pas faire abstraction du fait qu'à un certain moment je ne parlais pas un mot de français. C'est comme si j'avais vécu dans un autre pays — tandis que ce n'était qu'à l'autre bout de la ville de Montréal — à quinze minutes de mon bureau ici à Pointe-Saint-Charles ! »

Au moment de la victoire du Parti québécois, le 15 novembre 1976, Nancy dirigeait un groupe d'études du PCO. « En sortant de la réunion, nous avons crié notre joie dans la rue, mais nous sommes vite rentrés chez nous, sans plus. J'avais annulé mon vote, étant donné que c'était la position du PCO. Mais j'étais quand même fière que le monde ordinaire ait fini par se grouiller et se soit affirmé, même si ce n'était que par la voie électorale.

« Et le soir du 20 mai 1980, j'étais triste et découragée face à cette défaite. J'avais honte et je trouvais ça dur.

« Aujourd'hui, ma vie est liée au Québec sur les plans familial, émotif, et sur celui de mes convictions sociales. Par exemple, quand je vais dans un magasin et qu'on m'adresse la parole en anglais, ça me met 'le feu au cul' et je réponds en français. Des fois, il m'arrive de claquer la porte en laissant la marchandise sur le comptoir. Je me demande comment quelqu'un peut présupposer que je parle anglais. Donc, sur le plan émotif et dans ce sens-là, oui, je suis Québécoise ! » En riant, Nancy s'empresse d'ajouter : « Et je suis d'origine juive... et c'est vraiment deux choses. »

Affinités entre Juifs et Québécois

Depuis quelques années, Nancy ne s'est pas seulement contentée de faire ressortir le « positif » de ses antécédents juifs, mais a également tenté d'identifier ce qui la rapproche, en tant que Juive, des Québécois. « Je fais aujourd'hui plus de distinctions entre la communauté anglo-québécoise et la culture juive montréalaise ; il y a toujours eu une certaine coupure entre les anglophones et les Juifs. Sur les plans culturel et social, bien des points rapprochent les Juifs des Québécois francophones ; il y a même beaucoup plus d'affinités avec eux que ce qui peut nous rapprocher des WASP de NDG et de Westmount. D'ailleurs, je le vois et je le vis présentement dans ma famille et ma belle-famille. »

Nancy n'est pas à court d'exemples : « D'abord parlons hospitalité, comment les gens se reçoivent. Dans une maison québécoise ou juive, c'est la bouffe, la table remplie, la chaleur... on enlève ses souliers. Avec ma belle-mère, comme avec ma mère, il faut absolument faire bombance lorsqu'on est reçus.

« Dans ma synagogue, quand j'étais jeune, la musique folklorique et le chant m'inspiraient beaucoup. D'où ma participation au groupe Ruine-Babines. Mes amis québécois valorisent le chant comme un moyen de communication chaleureux et comme un support à la spécificité culturelle québécoise, tout comme on le fait dans la culture juive.

Sur les plans social et politique, Nancy n'est pas la première à observer que « les Québécois sont dans une situation de marginalité en Amérique, tandis que les Juifs le sont dans le monde entier. Les deux sont préoccupés par leur survie et par les dangers de l'assimilation. Nous partageons aussi des affinités avec d'autres opprimés. On n'a qu'à penser au mouvement nationaliste établissant des liens avec des gens du Tiers-Monde et à la forte tradition internationaliste des Juifs au cours de leur histoire.

Mais le potentiel d'affinités entre Juif et Québécois n'a pas du tout été réalisé autant qu'il aurait pu et aurait dû l'être ! », conclut-elle en hochant la tête.

Nancy rappelle une discussion à ce sujet entre sa mère et l'un de ses amis socialiste-sioniste. « Mon copain essayait de convaincre ma mère de la similitude entre la lutte des Juifs pour un foyer national et celle des Québécois. Ma mère est restée figée. J'ai trouvé la façon de juxtaposer ces deux luttes fort intéressante, même si la question des Palestiniens fausse un peu la possibilité d'établir une analogie parfaite. »

Une situation « fuckée »

Si Nancy effectue une espèce de réconciliation avec le judaïsme, il lui reste parfois difficile de définir son attitude à l'égard d'Israël. Ainsi, elle a longtemps évité la question. Lors de la Guerre des six jours en juin 1967, Nancy avait quinze ans. « À cette époque, je ne savais pas trop comment réagir, surtout face à mes parents qui étaient extrêmement passionnés par l'événement et qui le suivaient assidûment à la télévision. Cette guerre a marqué un point tournant dans la communauté juive. Jusque-là, l'adhésion au sionisme était quasiment facultative, mais par après, tous les Juifs autour de moi se sentaient personnellement attaqués, et la pression est devenue très forte dans la communauté pour que tous appuient sans réserve les actions de l'État d'Israël. Mais pour moi, je ne ressentais pas la même passion ni le même engagement face à ces événements. »

À Toronto, lors de son association avec le groupe de Juifs contre le sionisme, Nancy s'est documentée davantage sur Israël : « J'étais déjà consciente de la gravité du problème palestinien, mais je n'avais pas autant de renseignements que, par exemple, sur l'Afrique du Sud ou sur d'autres sujets d'actualité. Alors quand j'ai eu fini de me documenter, j'ai constaté une situation pire que ce que j'avais pensé.

« Je ne suis jamais allée en Israël et je n'en ai toujours pas envie. Ça m'angoisserait trop. Si j'y allais, ce ne serait qu'en vue de dénoncer ce qui se passe là-bas. Donc, en ce qui concerne Israël, j'aime mieux éviter ce genre de confrontation. »

Nancy ne se considère pas comme une experte de la question et admet ne pas avoir de solution à proposer, mais elle appuie la cause palestinienne. « Il y a de l'injustice terrible à leur égard, insiste-t-elle. Ce qui est tellement dur, c'est que d'un côté il y a eu l'Holocauste, des bateaux de réfugiés juifs d'Europe à qui on refusait partout d'élire domicile, des Juifs morts et mourants qui servaient de justification, d'une certaine façon, pour un État propre aux Juifs ; mais de l'autre côté il y a le peuple palestinien ! Et rien ne peut justifier la répression violente exercée par l'État d'Israël, ces derniers mois, face au soulèvement populaire du peuple palestinien qui recherche légitimement son autonomie. De plus, le refus de la communauté juive nord-américaine de critiquer publiquement l'État d'Israël me choque profondément.

« Tout ça me pogne aux tripes. Pourtant, une injustice n'en justifie pas une autre. » Désespérément, Nancy soupire : « C'est vraiment une situation 'fuckée' ! »

Foncer sans gêne...

Pour Nancy, sur le plan général, le lien entre le judaïsme et les idéaux progressistes est difficile à cerner. Elle hésite, réfléchit et conclut : « C'est une drôle de question. C'est possible qu'il y ait un lien entre le judaïsme et les idéaux progressistes, mais il est obscur. »

Par ailleurs, Nancy analyse avec facilité ses propres antécédents juifs à l'intérieur de sa famille et des activités reliées à la synagogue, et leur contribution à sa personnalité et à certains choix qu'elle a posés dans sa vie. « Comme enfants, nous étions valorisés, choyés, encouragés et rassurés sur notre importance. La scolarisation et la connaissance ont une place d'honneur dans la tradition juive. Donc, même comme femme, il a toujours été bien entendu que j'irais à l'université. Une ambiance d'échanges d'opinions, d'expérimentation et de recherche de nouvelles idées m'entourait. Des horizons nous étaient ouverts et des qualités de leadership nous étaient inculquées. Ainsi, nous étions formées à ne pas être gênées, timorées, et probablement plus que d'autres filles de mon âge, à la même époque. »

Nancy énumère quelques modèles juifs qui l'inspiraient, comme Albert Einstein, Emma Goldman et Karl Marx. Elle identifie certaines personnalités juives québécoises, dont Me Bernard Mergler, qui lui faisaient ressentir « beaucoup de fierté ». Aussi, elle se réfère aux leçons de fêtes juives telles que la Pâque et la *Hanuka*, qui valorisent le fait de se libérer de la domination et de l'esclavage.

« L'histoire est pleine de Juifs qui ont joué des rôles importants dans les mouvements progressistes et révolutionnaires. Les principes que j'ai assimilés dans ma jeunesse comptaient justement l'engagement dans mon milieu, l'appui aux opprimés et la lutte contre l'injustice. » L'environnement juif réformiste où Nancy fut élevée prônait donc l'extraversion, une perspective universaliste et une ouverture sur la société. « J'ai donc naturellement développé un souci et un intérêt envers ce qui se passait autour de moi dans le monde. Ce n'est peut-être pas vrai pour le judaïsme en général, mais on pratique et on interprète le judaïsme de plusieurs manières. Ironiquement, c'est justement tout cela qui m'a amenée à une rupture avec la communauté juive ! — et ce lorsque je me suis engagée dans le mouvement nationaliste québécois. »

Aujourd'hui, sans que ce soit une préoccupation primordiale, Nancy se dit prête à débattre de ses convictions à l'intérieur de la communauté juive de Montréal.

Elle a ainsi beaucoup évolué et, lorsqu'on est témoin de son énergie et de son enthousiasme, on ne peut que conclure que même ses orientations d'aujourd'hui ne sont pas « figées dans le ciment ». Elle ressent une certaine impatience devant la lenteur de l'avancement de la cause progressiste, mais elle ne se décourage pas pour autant. Elle est entourée d'amis qui l'appuient et qui sont aussi de la même bataille. « Les gens qui se battent pour la dignité et qui épousent des causes en ce sens m'inspirent. J'y trouve de l'énergie. Par contre, quant aux ex-progressistes que je connais et qui ont lâché, et qui en plus ne sont maintenant préoccupés que par leurs besoins matériels et leurs possibilités de grimper dans la hiérarchie sociale... je ressens chez eux un vide morbide. Je ne suis plus bien avec eux et je n'ai pas grand chose à leur dire. »

Nancy s'empresse de clarifier : « Ça ne veut pas dire que je n'aimerais pas avoir un meilleur sofa ou que je ne recherche pas une sécurité pour mes enfants. »

Être dans le feu de l'action, vivre de nouvelles expériences, contribuer à l'évolution de la société — que ce soit dans Ruine-Babines ou au Programme économique de Pointe-Saint-Charles — ne sont pas des défis qui font peur à Nancy. C'est une leader et une progressiste déterminée. « Je vis pour quelque chose qui vaut la peine, qui donne un sens à ma vie. Être progressiste, c'est dans ma peau. Je vis une vie beaucoup plus intéressante à la suite des orientations que j'ai adoptées depuis mes années à l'université. J'ai passé des périodes difficiles et fait ma part de petites gaffes. Aujourd'hui, je ne suis pas dans le besoin... Dans l'ensemble, je n'ai donc pas de regrets. »

Ses engagements sociaux et politiques occupent une place centrale dans sa vie et sont bien intégrés à ses autres préoccupations et intérêts. Et Nancy affiche, sur son mur de bureau, devant elle, une photo de la fille de Victor, Mélanie Lapalme, tirée de la première page de *Nouvelles-CSN*, édition du « 8 mars » 1986 : « Je vis aussi pour mes enfants, avec mes enfants et le fait que nos adolescents soient progressistes, ça nous lie. »

En pointant la photo de Mélanie, Nancy lit la manchette avec grande fierté : « La relève était là ! »

Jean Claude Bernheim

Jean Claude Bernheim devant une toile qui lui avait été offerte par un détenu de Saint-Vincent-de-Paul. (Photo Daniel Auclair, *La Semaine*, Vol. 3 No 26)

Jean Claude Bernheim

> Tous, en Amérique, nous sommes des déracinés, nous nous déplaçons constamment, nous ne sommes attachés à rien et nos points de repère sont essouchés... Donc, jusqu'à un certain point, nous inventons et réinventons nous-mêmes nos identités, et, jusqu'à un certain degré, tous nous nous sentons faux.
>
> Norman MAILER,
> écrivain juif américain, (1923-).

Une barbe large et touffue, rouge comme le soleil à la tombée du jour, ne manque pas de frapper celui qui rencontre Jean Claude Bernheim pour la première fois. Analytique, coriace, et à l'occasion provocateur, il se décrit sans ambages : « Je ne suis pas du genre à me traîner à genoux pour qu'on m'accepte. Si, dans telle ou telle situation, on ne me trouve pas intéressant... alors bonjour !... Le monde est assez vaste ! »

Jean Claude Bernheim est aujourd'hui coordonnateur à Montréal de l'Office des Droits des Détenu-e-s. Cet organisme indépendant est un groupe de pression pour la défense des intérêts et des droits des sept mille hommes et femmes incarcérés dans les prisons au Québec ; c'est aussi un regroupement qui critique implacablement le système pénal du pays.

Imprévisible, parfois cinglant, avec un petit côté « fauteur de troubles », ce défenseur autonome des Québécois emprisonnés prétend que « l'administration du système carcéral au Québec a une sainte horreur de l'Office des Droits des Détenu-e-s. » La croisade de Jean Claude n'a pas agrandi son cercle d'amis, étant donné sa « clientèle », honnie du public, et sa façon souvent tranchante d'aborder la question des droits des détenus et des systèmes carcéraux.

Parmi les rares immigrants de Napierville

Théodore Windholz, le père de Jean Claude, est le seul de la famille à avoir échappé aux camps de la mort hitlériens, à Auschwitz. Théodore, un ingénieur roumain, travaillait à Lausanne, en Suisse, à la veille de la déchéance de l'Europe dans la Deuxième Guerre mondiale. Le reste des membres de la famille, en Roumanie, fut expédié dans les fours crématoires nazis.

La mère de Jean Claude, Andrée Bernheim, puéricultrice de formation, vient d'une famille alsacienne qui a dû fuir l'ancienne province française en 1870, à cause de l'invasion prussienne. La famille s'est alors réfugiée en Suisse.

Ses parents n'étaient pas mariés, car son père était apatride [1] et sa mère ne voulait pas perdre sa propre citoyenneté suisse en l'épousant. « Dans la Suisse traditionnelle de l'après-guerre, je présume que la vie en commun devait être problématique pour mes parents. Pour ma mère, devenir apatride lui aurait créé des difficultés supplémentaires. »

Fils unique, né en 1945, Jean Claude passe ses six premières années à Lausanne.

Il se souvient d'avoir été un enfant turbulent, audacieux et entreprenant. « Lorsque j'avais trois ans, ma mère n'en revenait pas que je me rende tout seul à la gare pour regarder les trains, car c'était à une distance respectable de chez nous. En traversant la rue, je me faufilais à la course entre les voitures, croyant être plus rapide

---

1. La Roumanie avait retiré aux exilés leur nationalité, comme dans le cas de Théodore Windholz. En Suisse, les procédures d'obtention de la citoyenneté sont fort complexes.

qu'elles, jusqu'à ce que je reçoive une bonne fessée. Puis, quand j'allais à la boulangerie, je savais exploiter la situation à mon profit pour me procurer des bonbons avec la monnaie. »

Jean Claude raconte les circonstances de son émigration de la Suisse en 1951. « Ma mère estimait que le contexte suisse de cette époque l'empêchait de s'épanouir ; une de ses soeurs qui habitait au Québec, nous a alors fourni des renseignements sur les possibilités d'y venir. Par ailleurs, le départ pour le Québec ne constituait en rien une excuse pour quitter mon père, car normalement nous devions partir tous les trois. Mais mon père avait été très traumatisé par l'élimination de sa famille par les Nazis et était devenu énormément anxieux. À Lausanne, il avait un travail, une existence 'légale' ; il pouvait circuler à son aise dans un environnement familier. Bref, il maîtrisait son milieu. Il ne pouvait donc pas envisager l'abandon de cette sécurité pour s'engager dans cette 'aventure', ce déracinement d'un continent à l'autre. »

Afin de pouvoir aller à l'école française au Québec, Jean Claude se fait baptiser avant d'entreprendre la grande traversée en bateau. Avec sa mère, il débarque à Québec en août 1951. Il va rejoindre sa tante et son oncle à leur ferme de Glen Sutton en Estrie, tandis que sa mère se trouve un emploi de bonne à Montréal. Avec ses quatre cousins, Jean Claude va à l'école du village où une institutrice enseigne à tous les niveaux, dans une même grande pièce. « J'y suis resté un an et ma mère me visitait régulièrement. »

Insatisfaite de son travail et désirant un environnement plus calme, la mère de Jean Claude trouve un emploi dans une maison pour personnes âgées à Napierville. Mère et fils louent une chambre et Jean Claude s'inscrit à l'Académie Daigneault de Napierville.

À l'école, Jean Claude apprend assez vite, ce qui lui laisse le temps de badiner avec les autres, de jouer des tours et de se faire une réputation d'enfant dissipé. Il réussit très bien dans les sciences et les mathématiques, et les débats sur les actualités retiennent son intérêt. « Je me suis fait des amis et je me suis bien intégré au nouveau milieu. Je ne me sentais ni rejeté, ni exclu. Mais à un certain degré, je restais un étranger. »

À l'extérieur du foyer, il n'y a absolument rien de juif dans sa vie. Jean Claude va à l'église, mais pas avec sa mère, et il a même été servant de messe. « Au début, j'étais fort impressionné par tout l'apparat religieux. Même si l'on ne m'interdisait pas d'affirmer que j'étais Juif, je ne le disais à personne. Un certain mystère entourait ma judaïcité. Quelque chose me rendait différent, un peu à part, même si dans ma vie quotidienne, ça ne changeait rien à quoi que ce soit. Sûrement, tout cela a dû m'influencer, mais je ne saurais dire comment.

« Une fois, je suis allé voir le médecin et il a demandé à ma mère si nous étions catholiques. Elle a répondu 'Non', sans plus. Étant donné que j'avais été baptisé et que je venais de Suisse, on a dû conclure que nous étions protestants. Jamais on n'a su que nous étions Juifs. En une autre occasion, alors que j'étais en troisième année à l'école, l'institutrice expliquait aux étudiants les privations et les tourments de la Deuxième Guerre mondiale, et l'obligation de fuir, pour des millions de victimes. Elle m'avait alors présenté en exemple… un peu comme un spécimen. Elle n'ignorait ni mon âge, ni ma nationalité suisse, et son ignorance en histoire et en géographie m'avait frappé. Moi et ma mère étions parmi les rares immigrés d'Europe à Napierville. L'institutrice avait tout simplement mélangé les immigrés suisses de 1951 que nous étions, à cette guerre et à l'Europe, pour elle très lointaines.

Deux ans après leur arrivée à Napierville, la mère de Jean Claude quitte le centre d'accueil pour aller travailler dans une manufacture de vêtements.

Jeune adolescent, Jean Claude provoque dans le village une réaction inhabituelle à la suite d'un manège pourtant banal à cet âge : « Un jour, à l'âge de douze ans, j'ai caché mon visage avec un foulard rouge. J'ai fait de même pour mon gros lévrier noir, que tout le monde connaissait. Puis, dans ce déguisement, nous sommes allés faire deux hold-up chez un groupe de gens âgés et chez une femme. Ce n'était qu'une farce, mais certains ont réagi avec virulence, en me traitant de bandit… Le directeur de l'école a même parlé de me renvoyer de l'institution. »

Quelque temps après, Jean Claude constate qu'un professeur avait oublié ses gants près de la patinoire. « Ma mère m'a alors conseillé de ne pas y toucher, de peur qu'on ne me traite encore de voleur ! »

Jean Claude fait aussi partie d'un corps de cadets où il gravit les échelons jusqu'au grade de commandant. Parmi ses tâches, il doit mener ses camarades à la messe le vendredi après-midi. C'est ainsi qu'un jour, il mène son groupe à l'église, comme convenu, mais au lieu de rester avec eux, il décide d'aller au restaurant. Le directeur de l'école le convoque et lui demande de s'expliquer. Il répond spontanément : « J'ai décidé que je ne croyais plus à ça ! » Et c'est ainsi qu'à l'âge de quinze ans, son engouement pour la religion fond comme la neige sous le soleil de l'adolescence.

L'autorité ne l'intimide pas. Jean Claude laisse même paraître un brin de fierté en racontant l'histoire suivante : « J'avais un très bon ami, et à un moment donné, il a été convoqué par le directeur de l'école qui voulait l'inciter à ne plus me fréquenter. Au moment où mon ami est ressorti après l'entretien, je l'ai croisé, par pur hasard, et il m'a raconté la discussion qui venait d'avoir lieu. J'ai réagi immédiatement en cognant à la porte du directeur pour obtenir des explications. Évidemment, il était incapable d'en fournir... J'ignore si cette affaire s'est produite parce que j'étais immigrant ou je ne sais quoi, mais mon amitié avec ce garçon s'est poursuivie par la suite, comme si de rien n'était. »

Incident dans une cour d'école

Il n'y a pas de classe de douzième année à Napierville. « Nous avons donc déménagé à Montréal pour que je puisse poursuivre mes études et avoir ainsi accès un jour à l'université. Étudier à l'université ne m'a jamais été imposé comme une obligation, mais ma mère a tout fait pour que cela soit possible. »

En 1963, Jean Claude entre donc en douzième année à l'école Louis-Hébert de Rosemont. Un jour, dans la cour de cette école, il entend un étudiant se vanter de pouvoir « sentir » un Juif trois milles à la ronde ! « Ça m'a donné tout un coup. J'étais surpris et ahuri. C'était la première fois que j'étais confronté à la réalité de préjugés et de déclarations racistes à l'égard des Juifs. Évidemment, il ne m'a pas identifié, et moi, je ne lui ai rien dit. Personne ne savait que j'étais Juif.

« Je ne me sentais pas 'directement' attaqué par ces propos. Mon sentiment d'appartenance à la communauté juive était vague, car je ne fréquentais pas d'autres Juifs et n'étais point pratiquant. Mais ce petit incident m'a confirmé que les Juifs sont, en fait, un groupe à part. »

À l'automne 1964, Jean Claude commence ses études à l'Université de Montréal, à la Faculté des sciences. Aimant beaucoup les animaux, il songe à faire carrière en médecine vétérinaire, mais aboutit finalement en sciences biologiques. Étudiant moyen, il aime beaucoup lire et apprendre, mais selon ses propres critères — pas nécessairement ceux de l'université. Il développe en outre une passion pour le théâtre et pour la polémique, trop souvent aux dépens de ses études !

Durant l'été, il travaille comme assistant de recherche du docteur Mohammed A. Ali. « Cela m'a donné un premier contact intéressant avec la recherche scientifique, car le docteur Ali nous consultait ponctuellement et nous donnait des responsabilités. »

Jean Claude n'est pas vraiment actif dans le mouvement étudiant de l'époque. « Je n'étais ni leader, ni bêtement 'suiveux', ni indifférent. À l'occasion, je luttais avec mes pairs, mais la contestation sociale et politique n'était pas encore une de mes préoccupations majeures. »

Jean Claude est témoin, durant cette période universitaire, d'autres commentaires de même nature que ceux de sa cour d'école, en douzième année. « Je n'ai pas réagi davantage, car je ne me sentais pas en mesure de le faire adéquatement. Par contre, je n'ai jamais tenté d'éviter de discuter sereinement le sujet du judaïsme, mais je n'ai pas non plus suscité de discussions. J'affirmais désormais être Juif, donc le monde savait que je l'étais. Mais je n'étais pas porté à défendre ouvertement le judaïsme. »

Après avoir échoué sa troisième année à l'université, Jean Claude demande une permission spéciale pour continuer quand même en quatrième année. Le doyen refuse sans équivoque. « Sur le coup, ça m'a donné un véritable choc. Mais aujourd'hui, je le remercie pour toutes les réflexions que son geste a provoquées chez moi. »

La parenté et la pratique religieuse

Après cette déception, à l'université, Jean Claude part pour l'Europe à l'automne 1967, avec l'intention d'apprendre l'allemand en Suisse allemande. Il séjourne d'abord à Paris pendant un mois, chez un oncle et une tante juifs pratiquants. Jean Claude se gave de musées, de théâtre et de culture dans la Ville lumière.

Pour la première fois de sa vie, Jean Claude a des vrais contacts avec la religion juive. « Durant mon séjour, ma cousine de dix-neuf ans m'a beaucoup parlé du judaïsme. Elle croyait fermement au devoir de tout Juif de retourner en Israël[2] et à la nécessité pour tout Juif de s'identifier pleinement à son peuple. Dans la capitale française, j'ai fait la connaissance d'autres Juifs et je suis allé quelquefois à la synagogue avec ma cousine. Étant donné que je n'avais aucune véritable éducation juive, j'écoutais plus qu'autre chose. La Guerre des six jours avait eu lieu à l'été et, dans ce contexte d'après-guerre, ma cousine essayait, dans une certaine mesure, de m'amener vers une pratique religieuse. À cette époque, l'antisémitisme se mettait beaucoup en évidence à Paris. Dans le métro et ailleurs, on voyait constamment des graffiti dans le style de 'Mort aux Juifs !' »

À la suite de ce séjour à Paris, un véritable virage s'opère dans les rapports de Jean Claude au judaïsme : « J'ai alors acquis une volonté de mieux connaître comment vit un Juif. Je voulais m'intégrer à cette vie juive, même si je ne savais trop comment. »

Jean Claude quitte Paris pour Lausanne où il contacte un rabbin, sur la recommandation de sa cousine. « Je lui ai demandé tout bonnement si une famille juive pouvait me recevoir en pension, sur quoi j'ai eu droit a un accueil froid, sec et cavalier ! J'ai alors ressenti cette froideur comme un rejet, et ce, au point que par la suite, je n'ai jamais recommencé des démarches du même genre, ni eu de contacts avec la communauté juive de ma ville natale. »

Lausanne ne devait être qu'une escale vers la Suisse allemande. Un jour, Jean Claude se promène au hasard à l'Université de Lausanne et décide de se présenter au directeur du Département des sciences. « J'avais avec moi mes notes de l'université et je les lui ai montrées. En deux temps, trois mouvements, on m'a inscrit aux cours de physiologie qui débutaient le lundi suivant, le tout couronné par une bourse ! J'ai donc fait à l'Université de Lausanne une année en physiologie végétale et animale. »

Ce séjour à Lausanne permet à Jean Claude de revoir son père, qu'il n'avait pas vu depuis quinze ans. Se décrivant physiquement

2. Selon l'interprétation stricte de la Loi juive, tout Juif doit éventuellement s'implanter dans la Terre promise.

l'un à l'autre au téléphone, ils se donnent rendez-vous dans un restaurant. Avec détachement, Jean Claude raconte ces retrouvailles : « On s'est donné la main, puis, assez difficilement, la conversation a démarré. Il n'y a pas eu d'élan émotif, ni de véritable contact. Je me sentais devant un étranger ; tous les deux, nous étions mal à l'aise. Je lui ai donné des nouvelles de ma mère et lui ai parlé de mes études et de mes projets. C'est surtout lui qui me posait des questions, car je ne ressentais pas un grand besoin de le connaître. Chacun ignorait les intérêts de l'autre et l'on n'avait presque pas de points communs. Notre rencontre a duré une couple d'heures et nous sommes partis chacun de notre côté. Je l'ai revu peut-être deux autres fois pendant que j'étais à Lausanne. »

Jean Claude a toujours conservé sa citoyenneté suisse. Donc, au mois de mai 1968, il est convoqué pour le service militaire obligatoire. Aucunement intéressé à se plier à cette règle et toujours amoureux d'une femme qu'il a quittée au Québec, Jean Claude décide de retourner à Montréal. Il se trouve un emploi à Terre des Hommes et s'inscrit à l'Université de Montréal à l'automne, afin de poursuivre ses études en biologie.

Dans son équipe de travail, à Terre des Hommes, il y a un anglophone dont le nom a une consonance juive, et l'identité de ce confrère provoque des discussions animées sur les Juifs. Les stéréotypes classiques font bientôt surface : cheveux noirs, couettes en boudins, nez aquilin... « Lorsque je leur ai dit que j'étais Juif, il y eut une telle surprise, qu'au début, on ne me croyait pas. Car, sur le plan physique, je ne correspondais pas du tout à leur profil de Juif et, en plus, j'avais un accent purement québécois ! Même si cette révélation était inattendue et que ces Québécois 'pure laine' n'auraient jamais pu se douter auparavant que j'étais 'différent', aucune agressivité ne s'en est suivie et absolument rien n'a changé dans nos comportements respectifs. »

Place de la Contrescarpe

Après avoir repris sa troisième année à l'Université de Montréal, Jean Claude retourne à Paris, à l'été 1969, pour travailler dans un laboratoire de recherche en neurophysiologie à l'Université de Paris. « Cet emploi m'a ramené sur terre, et j'en suis sorti désillusionné sur la vie scientifique professionnelle. J'ai été témoin, entre autres, d'une lutte infantile entre chercheurs pour élargir leurs espaces de travail. Pourtant, plusieurs d'entre eux n'avaient même pas besoin de toute la superficie qu'ils occupaient déjà. »

Les séquelles des Événements de mai 1968 se font sentir. Les forces policières et militaires sont armées jusqu'aux dents et sont partout présentes. Jean Claude loge près de la place de la Contrescarpe, dans le Quartier latin, lieu d'importantes manifestations qui avaient tant bouleversé la France, au printemps de la vaste contestation.

En dépit d'une interdiction formelle des autorités, une manifestation pacifique est organisée pour souligner la fête de la prise de la Bastille, le 14 juillet. Jean Claude se rend à la place de la Contrescarpe où il se retrouve parmi un groupe principalement composé de musiciens qui jouent, s'amusent et rient. « Je me suis assis à une terrasse en début de soirée pour siroter tranquillement une bière. Sur la place confluent six ou sept rues et, à un moment donné, des corps policiers se sont installés au bout de chacune des rues. Une fois la place bien cernée, ils en ont occupé le centre pour ensuite nous donner l'ordre de nous disperser, ce qu'on a évidemment refusé. L'atmosphère pesait lourd. Sur un signal, tous les flics se sont rués sur les fêtards à coups de matraque, tous en même temps et à une vitesse effarante. C'était la panique totale. L'attaque a dû durer une heure pendant laquelle je suis resté coincé dans un couloir étroit.

« J'ai eu très, très peur, et l'expérience m'a vraiment assommé. Je n'avais jamais vu un tel déploiement de forces prémédité et brutal. C'était mon premier contact véritable avec la répression, et cela m'a profondément marqué ! »

Le commencement d'un engagement politique

Lors de sa dernière année de baccalauréat en 1969-1970, Jean Claude s'engage un peu plus dans les questions politiques et sociales. Entouré d'une équipe « écologique », il se présente au poste de président de l'Association des étudiants en sciences de l'Université de Montréal. Ayant pour objectif la publication d'un document de sensibilisation sur l'écologie, et sa distribution à 300 000 exemplaires à travers l'île de Montréal, Jean Claude et son équipe remportent l'élection.

« J'ai des idéaux démocratiques. Donc, lorsque notre document fut rédigé et prêt pour l'imprimerie, j'ai convoqué une assemblée générale pour le faire approuver par les étudiants. À ma grande surprise, ils l'ont rejeté et ont voté plutôt l'attribution du budget d'impression au secteur des festivités et des 'parties' ! Quelle révélation ! J'étais sidéré !

« J'ai réagi en répandant la rumeur que je passerais le congé de Noël au Mexique aux frais de l'association, poursuit-il en esquissant un sourire ironique. Évidemment, le monde hurlait et criait au scandale. J'ai alors rétorqué : 'Vous aurez vos parties ; et moi, le Mexique !' Je voulais les provoquer pour qu'ils se ressaisissent. Et après Noël, quand tout le monde a constaté que je n'étais pas parti, l'affaire s'est trouvée close. »

Pendant ce temps, Jean Claude écrit quelques textes provocateurs dans les journaux étudiants et siège au conseil d'administration du *Quartier Latin*, le journal étudiant de l'université. Enfin, il reçoit son baccalauréat ès sciences au printemps 1970 et s'inscrit à la maîtrise en biologie.

À la même époque, Jean Claude décide de suivre des cours d'hébreu à l'Université de Montréal. « Je m'intéressais beaucoup au judaïsme et j'ai pris des cours en histoire, en sociologie et en religion juives. J'ai alors eu des contacts avec le rabbin Feurwerker, qui fut l'un des fondateurs des études juives à l'Université de Montréal. Un peu plus tard, j'ai dû cesser de suivre ces cours, car j'avais beaucoup trop d'activités. Mais je me suis mis à lire plus rigoureusement et de façon mieux coordonnée sur le judaïsme. Ainsi, je me suis abonné aux revues *Jonathan* et *Québec-Israël*. »

Après avoir travaillé dans un laboratoire de recherche à l'Université de Dalhousie à Halifax, à l'été 1971, Jean Claude décide qu'il n'est vraiment pas fait pour suivre une carrière dans la recherche scientifique pure. « Au-delà des luttes internes et du travail souvent routinier, je ne voyais pas de connotation sociale dans ce domaine. Habituellement concentré sur un tout petit problème, je ne discernais pas d'applications humaines à nos expériences de laboratoire. Certaines questions étaient intéressantes, mais elles demeuraient sans répercussions sociales. »

À l'automne, Jean Claude est embauché comme professeur de biologie à l'école secondaire Saint-Maxime à Laval. Élu représentant syndical par ses 150 confrères et consoeurs, il participe activement au Front commun de 1972. Il raconte, en rigolant, ce matin de rentrée après dix jours de grève[3] : « Avant que les cours ne commencent, j'ai pris le micro interne de l'école et, de ma propre initiative, j'ai convoqué une assemblée générale des enseignants. Dès qu'ils m'ont entendu, les élèves sont presque tous rentrés chez eux, déduisant qu'il n'y aurait pas de cours de la journée. La direction n'a guère apprécié mon intervention et j'ai vite été inscrit sur la liste noire. L'administration a riposté en confisquant le micro ! »

Jean Claude quitte l'école Saint-Maxime et s'en va en Israël chez sa cousine de Paris, qui venait de s'y établir. « Je suis allé voir comment ça se passait là-bas, comment les gens vivaient et, compte tenu que je suis Juif, pour voir si un jour je m'y installerais. Alors, je trouvais ça intéressant, mais c'est une vie de pionnier et une lutte de tous les instants. Ce n'est pas le genre de situation qui m'intéresse. Je ne suis pas un pionnier ! Enfin, je ne me sentais pas de liens avec Israël sur ce plan. J'en ai donc conclu que je n'irais pas vivre là-bas. »

Jean Claude fait alors une année de propédeutique à l'Université de Montréal pour une maîtrise portant sur l'histoire de la connaissance scientifique sur l'oreille. Il échoue à l'un de ses séminaires, ce qui met le point final à ses études universitaires en sciences.

La Ligue des droits et libertés

Une journée d'automne 1972, en se promenant sur la rue Saint-Denis à Montréal, Jean Claude voit par hasard une pancarte de la Ligue des droits de l'Homme. Sur le coup, il se rend au local de la Ligue, signe son adhésion et paie sa première cotisation. « Je me trouvais dans une conjoncture où je voulais m'engager et

---

3. Le 21 avril 1972, le gouvernement Bourassa adopte une loi spéciale, le Bill 19, afin de casser la grève générale. En dépit d'un vote des grévistes à 55 % à l'effet de défier la loi-matraque, les leaders syndicaux recommandent le respect de la loi.

militer dans quelque chose de concret : ça aurait pu aussi bien être Oxfam. »

En 1973, il trouve un travail comme professeur de biologie et de chimie au Service de l'éducation des adultes à la Commission scolaire Sainte-Croix à la ville de Saint-Laurent. Cet emploi est bien rémunéré et les cours sont regroupés sur deux jours par semaine ; Jean Claude dispose donc de beaucoup de temps libre, qu'il consacre surtout au militantisme à la Ligue.

Un poste est vacant au conseil d'administration de la Ligue. Lors de l'assemblée générale des membres, Jean Claude se présente contre Philip Edmonston, de l'Association pour la protection des automobilistes. Avant le vote, chacun explique quels domaines il entend privilégier, s'il est élu. De façon impromptue, mais compte tenu des discussions auxquelles il prête l'oreille pendant la soirée, Jean Claude exprime son intérêt par rapport aux droits des détenus, et se retrouve titulaire du poste à la levée de l'assemblée.

Ainsi, après une décennie d'interrogations et de flottements, Jean Claude épouse une lutte qui le passionnera et le motivera profondément pour les années à venir.

« Il m'apparaissait que c'étaient les détenus qui méritaient le plus d'attention de la Ligue, car, étant en prison, ils n'ont pas de moyens pour se défendre. Personnellement, je n'ai jamais été arrêté ni emprisonné. La seule vraie confrontation que j'aie eue avec la police fut à la place de la Contrescarpe à Paris. Par ailleurs, l'Holocauste et l'extermination de la famille de mon père a joué un certain rôle dans ma perception de la répression, qu'il s'agisse de détenus ou d'autres victimes. Les détenus sont ceux qui subissent le plus concrètement la répression dans la société, et ce de façon permanente. »

L'Office des Droits des Détenu-e-s

Créé en 1972, l'Office des Droits des Détenu-e-s constituera jusqu'en 1984 un comité spécial au sein de la Ligue des droits de l'Homme — bientôt appelée Ligue des droits et libertés. Formé à la suite du constat de maints suicides survenus dans les prisons au Québec durant les années soixante et à la suite des nombreuses irrégularités pendant la Crise d'octobre 1970, l'Office a pour objectif principal de surveiller le respect des « règles minimales [4] » dans les prisons au Québec.

Lorsqu'il n'enseigne pas, Jean Claude consacre bénévolement une quinzaine d'heures par semaine aux activités de la Ligue et de l'Office. Il en est ainsi pendant près de trois ans. Ses responsabilités incluent un peu de comptabilité, de sollicitation de fonds, d'organisation et de recherche. Il collabore à des colloques sur le racisme et sur les questions internationales avec Amnistie internationale et travaille sur un dossier concernant la brutalité policière, analysant particulièrement les conditions de détention au quartier général de la Police provinciale, rue Parthenais. Il occupe aussi le poste de trésorier de l'Office de 1974 à 1976.

Jean Claude vit avec sa conjointe, une Québécoise, depuis 1972. Avant la naissance de leur fille Emmanuelle, en 1976, le couple voyage beaucoup : Yukon, Alaska, Inde, Népal, Mexique, Japon, Corée du Sud...

En septembre 1975, Jean Claude se rend à Genève comme délégué de l'Office, pour le cinquième congrès de l'ONU sur la prévention du crime et le traitement des délinquants. Il veut y proposer la tenue d'une année internationale des droits des détenus. Un document préparé en collaboration avec la Ligue se perd inexplicablement à Genève, et Jean Claude essuie une rebuffade mystérieuse de l'ambassade canadienne. « Mais tout compte fait, mon séjour fut marquant pour moi puisqu'il m'avait donné par ailleurs une perspective internationale du système carcéral. Au Québec, dorénavant, le débat sur la prison comme phénomène général pouvait être entamé et élargi. »

Un intérêt devenu priorité

Au début de 1976, Jean Claude est sollicité pour la présidence de l'Office. « Je ne me sentais pas assez compétent pour cette responsabilité, mais j'ai fini par accepter. »

---

4. En 1955, l'Organisation des Nations unies (ONU) a adopté une série de critères minimaux que les pays membres devaient respecter dans leurs systèmes carcéraux.

Dès son entrée en fonction, l'Office et Jean Claude sont propulsés sur la scène publique. Les détenus des pénitenciers d'Archambault et de Saint-Vincent-de-Paul déclenchent une grève du travail afin d'améliorer leurs conditions de détention et ils sollicitent le concours de Jean Claude comme intermédiaire avec les médias. « C'était la première fois, au Canada, que des gens dans les pénitenciers menaient une action collective pacifique dans un but très précis. L'Office est alors devenu ce que j'appelle la 'boîte aux lettres' des détenus, qui nous transmettaient leurs revendications pour que nous les rendions publiques. De plus, nous recevions de l'information sur ce qui se passait à l'intérieur, parfois même avant les autorités concernées. Donc, les médias, curieux de rapporter les événements, nous ont conféré une grande visibilité et cela a donné un élan très fort à notre organisation. Comme mon emploi d'enseignant me donnait le temps de bien travailler sur le dossier, ce concours de circonstances m'a véritablement catapulté dans le milieu. »

À la même période, Centraide consent à l'Office une subvention qui permet l'embauche d'un employé permanent. Jean Claude postule et obtient, en mai 1976, le poste qu'il occupe encore aujourd'hui. Méthodique et parfois obsédé par l'information et la documentation, il établit un système de classement et met à jour les procès-verbaux de l'Office. Parallèlement, il continue de collaborer à certains dossiers de la Ligue, dont celui de la brutalité policière.

La grève à Saint-Vincent-de-Paul et à Archambault dure quatre mois. « Les autorités n'ont vraiment pas accepté les gains qu'elles devaient finalement être obligées de concéder aux détenus. Elles ont donc resserré la vis, et les détenus ont riposté par de nouvelles émeutes spectaculaires à Saint-Vincent-de-Paul, à Millhaven en Ontario, et jusqu'en Colombie britannique. Traumatisé et confus, le gouvernement a institué une commission parlementaire devant laquelle l'Office a comparu en décembre 1976. J'avais travaillé avec acharnement sur notre présentation. L'Office y revendiquait notamment l'abolition des pénitenciers à sécurité maximum et la suppression des 'trous'. Nous avons également proposé aux commissaires d'aller voir de leurs propres yeux les conditions de vie pénibles dans les prisons. »

Presque au même moment, Jean Claude reçoit son baptême de feu devant les tribunaux. Après la mort d'un détenu à Parthenais en 1976, il est en effet mandaté par la famille du défunt pour assister à l'enquête du coroner. « Je n'en revenais pas ! C'était ma première confrontation avec le système judiciaire. Je ne pouvais pas concevoir que ce rouage de l'appareil pouvait fonctionner avec un tel parti pris contre les détenus. C'était incroyable ! Cet événement m'a vraiment ouvert les yeux sur le rôle politique des tribunaux dans notre société. »

L'incident de Parthenais prend beaucoup d'ampleur sur la scène publique et Jean Claude décide de rencontrer les représentants de la Fédération internationale des droits de l'Homme (FIDH), à Paris, pour solliciter leur appui. La Ligue des droits de l'Homme du Québec s'apprêtant à s'affilier à la FIDH, Jean Claude en profite pour suggérer que le prochain congrès de la Fédération internationale se tienne à Montréal[5]. Élu secrétaire de la FIDH peu de temps après, il est chargé des questions carcérales.

L'expérience de l'enquête de Parthenais amène Jean Claude à participer à d'autres enquêtes du coroner et le pousse à écrire un livre sur le sujet. En 1980, Lucie Laurin et lui publient un livre intitulé *Les complices : police, coroners et morts suspectes*. « Après l'observation minutieuse de nombreux cas, nous avons conclu que le rôle actuel du coroner est toujours de blanchir les agents de contrôle social, tant les policiers que les gardiens de prison ; tout est mis en place pour faire du cinéma, et dénier ainsi toute responsabilité du système carcéral et des gens qui y travaillent, lors des décès dans les prisons. »

Les coroners n'apprécient point le livre. Après sa parution, ils trouvent de multiples prétextes pour retirer à Jean Claude son droit de contre-interroger les témoins lors des enquêtes ; un coroner va même jusqu'à l'expulser de la salle d'audience. Ses relations avec les gardiens de prison empirent et le Solliciteur général et le ministre québécois de la Justice se sentent secoués par l'Office. Parallèlement les rapports entre la Ligue et l'Office deviennent tendus.

Jean Claude tente de situer le caractère particulier de la mission de l'Office des Droits des Détenu-e-s, et par là même, sa propre place dans cette lutte. « Les droits des détenus ne sont pas un sujet

5. Jean-Claude fut effectivement secrétaire du comité organisateur du congrès de la FIDH « Rompre le silence », tenu à Montréal les 21, 22 et 23 mai 1982. Les textes de la conférence ont été publiés en 1983 chez Boréal Express, sous la direction de Jean Claude.

populaire au sein du public, et à la Ligue c'était un dossier plus difficile à défendre que d'autres. Après tout, les grands criminels n'attirent pas la sympathie. Les prises de position de l'Office sont nettes, précises et très tranchées. Elles peuvent sûrement être considérées comme radicales et sont rarement diluées, car la violation des droits appelle la dénonciation sans compromis. Je crois qu'on a la réputation, à l'Office, de bien défendre nos dossiers et de raconter les faits tels qu'ils sont. Personne n'est à l'Office pour s'en servir comme tremplin politique — mais on ne peut pas en dire autant de la Ligue. Lorsqu'on accepte de militer à l'Office, il faut prendre des positions qui ne sont pas celles de la moyenne des gens. »

La torture au pénitencier Archambault

Si l'on doute encore que Jean Claude et l'Office soient indomptables et leurs gestes, retentissants, leur réaction aux événements de 1982 au pénitencier Archambault vient à bout de cette incertitude. Lors d'une tentative d'évasion, des gardiens sont tués et certains collègues des victimes torturent des détenus pour leur soutirer des déclarations incriminantes. L'Office s'empresse alors de ramasser toutes les informations et fait appel à des organismes internationaux. La Fédération internationale des droits de l'homme (FIDH) enquête, et l'International Human Rights Group dénonce la « torture » (*sic*) et les abus sur les droits, et leur rapport a un énorme impact.

Lorsque l'Office rend public le rapport de la FIDH lors d'une conférence de presse, la suite de l'histoire ne se fait pas attendre. « Je fus accusé d'outrage au tribunal avec Radio-Canada, *La Presse*, *Le Devoir* et *The Gazette*. Ce qui était particulier, c'est qu'on m'a accusé personnellement, et non comme porte-parole de l'Office, alors que les médias l'ont été à titre corporatif et qu'aucun chef d'accusation n'a été porté contre des journalistes. L'objectif était de m'attaquer, moi, personnellement. C'était invraisemblable ! J'étais la cible ; on voulait se servir des journalistes qui avaient assisté à la conférence de presse pour les faire témoigner contre moi. La tournure des événements a alors poussé Amnistie internationale à se préoccuper davantage du dossier et à me dépeindre comme éventuel prisonnier d'opinion, ainsi qu'à dépêcher des enquêteurs à Archambault et des observateurs à mon procès. L'Association des avocats de la défense s'est offerte pour assurer ma défense, et mon avocat, Me Jean-Claude Hébert, a habilement politisé le débat en cour. »

Entre janvier et juin 1983, plusieurs journées sont consacrées aux procédures juridiques. Des avocats de Radio-Canada veulent scinder en cinq actes séparés l'unique acte d'accusation. Le juge leur donne raison et casse l'acte tel que formulé. Inexplicablement, la couronne ne dépose pas de nouveaux chefs d'accusation. C'est la première fois que Jean Claude fait véritablement face à la possibilité d'une peine de prison : « En subissant mon procès, je comprenais comment le pouvoir s'empare de l'accusé de façon absolue et comment la prison représente la négation de l'existence. »

L'abolition de l'emprisonnement

L'Office des Droits des Détenu-e-s et son principal porte-parole, Jean Claude Bernheim, prônent l'abolition de l'emprisonnement. Ainsi, leurs réputations radicales et singulières se trouvent encore mises en évidence : « La prison est l'un des rouages essentiels du pouvoir, de même que le Code criminel et tout le système pénal ; ils jouent ainsi un rôle politique. En tant qu'instruments du pouvoir, ils visent le maintien et le renforcement de ce pouvoir. Cela n'a rien à voir avec la protection de la société, ni avec la réhabilitation des prisonniers.

« À l'Office, on ne se considère pas uniquement comme une oeuvre humanitaire. Ainsi, ce n'est pas pour des raisons humanitaires que nous préconisons l'abolition de l'emprisonnement, bien qu'il soit évident qu'il serait mieux pour ceux qui s'y trouvent enfermés, de ne pas l'être ! Nous favorisons plutôt cette abolition selon un objectif politique plus large, non partisan et qui conteste profondément le pouvoir. Nous n'avançons pas de solution de rechange et, selon nous, la question n'est pas là. Un jour, il n'y aura plus de prisons, mais ce contexte social sera tellement différent de celui qu'on connaît aujourd'hui, qu'il est impossible de l'envisager présentement. »

Sans nier que le pain quotidien de l'Office comprend le règlement des problèmes ordinaires des détenus et des questions courantes du système carcéral, Jean Claude et l'Office ne prétendent être ni les porte-parole officiels, ni les représentants des détenus. « On n'est pas élus par eux et ils ont une participation très limitée à nos activités. D'ailleurs, il n'y a jamais eu foule à l'Office. Après cinq ou dix ans sous les verrous, rares sont ceux qui veulent reprendre contact avec une organisation se consacrant justement à l'institution d'où ils viennent à peine de sortir. »

La scission de la Ligue

À cause des activités de l'Office, la Ligue est bientôt l'objet de pressions politiques malignes et, selon Jean Claude, cela amène même Marc-André Bédard, alors ministre de la Justice, « à inviter le président de la Ligue à faire taire l'Office. Le Ministre en avait marre de nous, poursuit Jean Claude, et a laissé sous-entendre que la Ligue aurait davantage de fonds si elle 's'occupait' comme il faut de notre cas. » Un affrontement entre la Ligue et l'Office se trame donc.

En 1979, une assemblée générale spéciale de la Ligue avait décidé que toute intervention publique et le choix des porte-parole devaient être approuvés par le conseil d'administration. « Sur l'adoption de cette résolution, je me suis levé et j'ai quitté l'assemblée : par la suite, j'ai pris les moyens nécessaires pour 'donner l'apparence' de respecter cette décision, mais dans les faits...

« La Ligue n'a jamais digéré la position de l'Office sur l'abolition de l'emprisonnement, ni celle prise dans le dossier Archambault. À l'assemblée générale de l'automne 1982, il est donc proposé que la priorité de la Ligue soit l'éducation du public aux droits et libertés, par opposition à la dénonciation. Cette proposition constituait un blâme sournois de notre dénonciation de la torture à Archambault. Nous avons farouchement combattu la proposition et elle n'a jamais fait l'objet d'un vote.

« À propos du dossier Archambault, Centraide prétendait que l'Office manquait de tact, car, selon eux, nous n'avions pas suffisamment condamné les gestes des détenus et n'avions pas assez pleuré la mort des gardiens. Mais, bien sûr, nous avions déploré ces événements... »

Ce démêlé provoque la création d'un comité bipartite formé de la Ligue et de Centraide, le principal bailleur de fonds de l'Office, pour analyser le comportement et l'approche de l'Office. « Centraide a alors laissé savoir que si l'Office quittait la Ligue, un montant d'argent supplémentaire serait disponible pour cette dernière. »

Le rapport du comité ayant recommandé que l'Office soit expulsé de la Ligue, l'assemblée générale entérinera la recommandation, en 1984, et ce malgré une réplique vigoureuse de l'Office. « Ce fut un choc énorme. Le débat qui avait eu lieu à l'assemblée me mettait directement en cause et j'étais prêt à démissionner pour sauver l'Office. Je croyais en effet qu'il devait rester au sein de la Ligue, car les droits des détenus doivent être défendus dans un cadre général puisque tous les problèmes rencontrés dans la société se vivent dans le système carcéral, et vice versa. Dans une certaine mesure, j'étais personnellement responsable de la situation… Je me connais !… Enfin, je n'ai jamais présenté ma démission et elle n'a jamais été discutée. »

Quelques mois après l'expulsion de l'Office, la subvention versée à la Ligue par le secrétariat d'État augmente de 43 % ! Quant à l'Office, il se maintient depuis lors grâce aux seuls dons du public et aux projets du ministère de l'Emploi et de l'Immigration, Centraide ayant coupé ses fonds. Laconiquement Jean Claude déclare : « Quand l'argent y est, je suis payé… Et quand il y en a moins, je le suis moins ! »

En 1987, Jean Claude termine une maîtrise en criminologie à l'Université de Montréal et depuis, il enseigne cette matière à temps partiel à l'Université d'Ottawa. Au cours de la même année, il publie un livre, *Les suicides en prison*, qui dévoile le taux élevé de suicides dans le système pénitencier et dénonce l'indifférence des intervenants.

Depuis des années, il a écrit de nombreux articles sur les questions carcérales et a donné plusieurs conférences sur le sujet. Il participe régulièrement à des colloques au Québec et à l'étranger, particulièrement en tant que représentant de la FIDH auprès de l'ONU.

Cependant l'Office reste sa principale préoccupation. Sans répit, il voit à l'application et à la réforme des lois et des droits reliés aux problèmes quotidiens des détenus et de leurs familles, et c'est aussi lui qui reçoit les étudiants qui cherchent de la documentation sur le système carcéral, les gardiens ou fonctionnaires du système qui contactent l'Office. « À l'Office, c'est très, très dur. On est constamment aux prises avec des problèmes humains dramatiques et il faut avoir une force nerveuse à toute épreuve... En somme, il faut une sacrée bonne santé ! »

Le judaïsme : une culture et un esprit

Le judaïsme, tant par sa dimension religieuse que culturelle, se vit, se développe et se transmet dans un contexte social. En commençant surtout par la famille, tout comme le font les autres religions et cultures, et aussi grâce à ses lieux de prière, ses écoles et autres institutions communautaires, le judaïsme peut inspirer et influencer le quotidien des Juifs. Par un concours de circonstances, Jean Claude Bernheim a passé ses années de jeunesse dans un environnement totalement dépourvu d'une assise juive. À Napierville, le seul lien que Jean Claude maintenait avec le judaïsme était sa mère, au foyer familial.

Jean Claude situe son attraction à l'égard de l'Église catholique vers cette époque : « Pour moi, c'était un lieu d'activités avec le monde. Je pouvais gravir des échelons et avoir un peu de visibilité. Je prenais une certaine autorité et j'étais considéré par les autres. Jusqu'à l'âge de quinze ans, je croyais effectivement à un certain mysticisme, sans pour autant être un fervent catholique. »

Mais aujourd'hui, sans hésitation, Jean Claude s'identifie pleinement comme Juif, et ce malgré sa difficulté à cerner exactement ses points d'identité. Force est de constater que beaucoup de Juifs ayant reçu une éducation juive nettement supérieure à la sienne ne sont guère plus précis que lui sur la question.

Jean Claude ne se souvient pas d'histoires précises sur son éducation en tant que Juif, à Napierville. « C'était plutôt un processus continu où ma mère me parlait de ses parents, de mon père et du respect d'autrui. En 1870, mes grands-parents ont dû fuir une violente répression en Alsace. Exilés en Suisse, ils ont d'abord relativement bien réussi en affaires, pour ensuite se retrouver ruinés durant les années trente. Ma mère décrivait élogieusement comment ils soutenaient leur prochain et comment ils s'intégraient à la vie sociale de leur communauté. Mon grand-père était un Juif pratiquant et ma mère me parlait souvent de lui. Venu moi-même au Québec de Suisse, je m'identifiais à ce mouvement de déplacement de mes aînés. »

Jean Claude parle de son père avec sang-froid : « Ma mère ne l'a jamais dénigré. Elle le respectait, et je devais faire pareil. Je comprends d'ailleurs le contexte dans lequel il a décidé de ne pas venir au Canada. Lui et ma mère s'écrivaient, à l'occasion, mais il n'est jamais venu nous visiter ici. Je ne le connais pas suffisamment et je ne ressens aucune animosité à son égard. Sur le plan affectif, ce n'est pas un père pour moi ! »

Quant à sa mère, Jean Claude la décrit avec révérence et tendresse : « C'est une femme indépendante et modeste, très respectueuse des gens, de leurs opinions, de leur intimité et de leur personne. Elle m'a souvent expliqué ses valeurs en faisant référence à sa famille, à son passé et à une tradition. Les fêtes juives n'étaient aucunement soulignées chez nous, et il n'y avait pas non plus de symboles matériels juifs. Mais elle m'a quand même présenté le judaïsme comme encadrant un groupe dont nous faisions partie. »

Un des sujets très présents dans ces échanges mère-fils fut l'extermination de la famille de son père. « Un livre sur l'Holocauste avec des photos explicites m'a beaucoup sensibilisé à cet horrible événement. Ma mère m'a parlé de cette catastrophe, sans pour autant déblatérer sur les Allemands en tant que peuple.

« Sur un autre plan, elle m'encourageait à prendre des initiatives en fonction de mes capacités, à faire face à des situations sans me cacher derrière les autres et à ne pas craindre l'autorité. Le judaïsme qu'elle m'a transmis, c'est donc une culture et un esprit, dans le sens d'un amour des livres et d'un mode de vie familiale, de même que sa dimension la plus importante, un respect d'autrui. Nous nous parlions régulièrement de cet héritage culturel et, en répondant très rationnellement à toutes mes questions, elle m'a donné une identité juive, sans repousser ni dénigrer les autres, et sans vouloir non plus clamer son appartenance sur tous les toits.

« Ma mère m'a donc transmis ce que ses parents lui ont euxmêmes transmis, et qu'à mon tour j'entends transmettre à ma fille. » Toutefois Jean Claude a du mal à circonscrire clairement ce qui relève du judaïsme dans ce qu'il transmet à sa fille Emmanuelle. Après une longue pause, il démarre : « Pour l'instant, Emmanuelle a douze ans... C'est seulement lors d'événements d'actualité précis, ou si elle me pose une question spécifique, que je lui explique en quoi consiste le fait d'être Juif. Dans une certaine mesure, je la considère comme Juive. Elle sait que je le suis et elle porte mon nom. J'essaie de lui donner tranquillement une conscience juive, sans rien lui imposer, un peu comme ma mère l'a fait avec moi.

« Ma compagne, élevée dans la religion catholique, est maintenant incroyante. Ensemble nous essayons de transmettre des principes à Emmanuelle, tels le respect des autres et le sens de la justice. Nous lui avons parlé de l'Holocauste, mais pas fréquemment, et sans dramatiser. Certains parents insistent trop là-dessus et transmettent ainsi une espèce de hantise à leurs enfants. Moi, j'essaie d'éviter ça. »

Le fruit défendu est toujours attirant, et Emmanuelle ne fait pas exception. Ses parents l'ont toujours exemptée de tout enseignement religieux, mais aujourd'hui, volant de ses propres ailes, Emmanuelle a développé une curiosité et un attrait pour le catholicisme, entre autres à cause des cérémonies et, en outre, parce que plusieurs de ses amis y participent. « On ne l'empêche pas du tout d'y prendre part. »

En uniforme israélien

Pendant les années soixante alors que Jean Claude fréquentait l'Université de Montréal, la métropole comptait une population juive supérieure à 100 000 personnes, soutenue par un vaste réseau d'institutions communautaires juives pour la plupart anglophones. Par ailleurs, comme Maurice Amram l'a observé, la communauté juive francophone naissante de Montréal commençait à peine à s'organiser, tandis que celle des anglophones devait par surcroît s'adapter à la nouvelle réalité francophone. Il n'est pas surprenant, donc, que Jean Claude n'ait guère eu durant ses années d'université plus de contacts avec la vie juive qu'à Napierville.

« Sur le plan religieux, je n'ai aucun attrait envers le judaïsme, mais sur d'autres plans, ma curiosité est là, quoique relativement limitée. Si la Guerre des six jours m'a laissé indifférent en 1967, en 1973 par contre, lorsque ça allait très mal dans la guerre de Kipour, j'aurais été prêt à me battre en uniforme israélien ! »

Une telle attitude « militante » lorsqu'il est question de la défense de l'État d'Israël, surprend : « Pour moi, il est important que les Juifs aient un milieu, une reconnaissance, une existence... possible. Par ailleurs, je ne suis pas d'accord avec toutes les politiques du gouvernement d'Israël, loin de là !... Mais Israël est l'objet d'attaques fondées sur le fait que ses habitants sont Juifs. Ce conflit qui perdure au Proche-Orient, ce climat, sont entretenus par l'URSS, les États-Unis et les pays arabes. Étant juge et partie, et compte tenu par ailleurs de l'Holocauste, je me sens toujours un peu mal à l'aise en prenant des positions sur ces questions. Il y a possibilité qu'un jour, on ait besoin de fuir un endroit et d'aller en Israël comme vers une terre de refuge, par besoin de protection. Ce n'est guère pour moi un besoin en ce moment, mais peut-être que ça le deviendra un jour... pour moi et d'autres.

« Quant à ma vie quotidienne actuelle, il reste que peu de chose me distingue comme Juif. N'ayant ni pratique religieuse, ni lien avec des organisations communautaires juives, je ne fréquente pas non plus beaucoup d'autres Juifs. Et ceux que je connais ne sont pas plus intégrés dans la communauté juive que moi. »

Jean Claude garde donc le contact avec ses origines surtout par ses lectures, et il situe son identité dans un rapport avec l'extérieur et le passé, beaucoup plus qu'avec lui-même. « Je me considère comme Juif, sans pour autant revendiquer ce statut à haute voix. Je sens que je fais partie de ce groupe à cause des attitudes, des remarques et des préjugés des tiers réagissant au fait que je suis Juif, beaucoup plus que par la culture et la mentalité que j'ai assimilées, en tant que Juif. »

La perception des tiers revêt en effet une importance particulière dans la mentalité juive, comme en témoignent les propos suivants, qu'on attribue à Albert Einstein : « Si ma théorie de la relativité se révèle juste, l'Allemagne me proclamera Allemand et la France me proclamera citoyen du monde. Par ailleurs, si elle se révèle fausse, la France dira que je suis Allemand et l'Allemagne me dira Juif ! »

Plus francophone que québécois

En dépit de ses soucis et de son attitude à l'égard d'Israël comme « terre de refuge », Jean Claude est tout à fait bien au Québec et n'hésite aucunement à se considérer comme Québécois, « très Québécois », assure-t-il. « Je tiens beaucoup au fait français, mais je m'identifie davantage comme francophone que comme Québécois. Je ne suis pas nationaliste », précise-t-il pourtant.

Sa critique du nationalisme, tout comme son analyse du système pénal, est tranchante. « Je crois que l'approche nationaliste est une vision étroite de la société et une manière de concentrer le pouvoir. Dans le fédéralisme actuel, le citoyen est avantagé, car le pouvoir est partagé et réparti à différents niveaux : fédéral, provincial et municipal — ce qui lui permet de mieux naviguer entre ces pouvoirs.

« Si je suis contre le nationalisme restreint, je ne m'oppose pas pour autant au sentiment d'appartenance à un peuple, sinon sur le plan politique : je suis donc contre l'indépendance du Québec, même si je suis fortement attaché à celui-ci. D'autre part, je n'irais pas vivre ailleurs au Canada, même si je sens aussi un attachement de ce côté. D'ailleurs, je crois qu'il est possible de préserver le français au sein du Canada. »

Une participation plus élevée de Juifs

Jean Claude n'a jamais adhéré à d'autres organisations avec la même ardeur qu'à l'Office. « Le milieu, le contexte et le type de travail y sont non seulement assez particuliers, mais aussi très politisés. Ainsi, lorsqu'il est question de judaïsme, ou je me retire, ou je me contente d'écouter. D'autant plus que je ne suis pas prosélyte !

« Parmi les gens actifs en ce qui a trait aux conditions de détention dans les prisons, la participation des Juifs est pas mal plus élevée que notre pourcentage au sein de la population. À titre d'exemple, on peut nommer Steven Fineberg, l'un des avocats très actifs à l'Office, Mike Mandel et Alan Manson qui militent en Ontario, ainsi que Claire Culhane, vaillamment engagée elle aussi dans la même bataille en Colombie britannique. »

Autant son attitude à l'égard du judaïsme en général peut sembler énigmatique, autant Jean Claude voit un lien ambigu entre ses origines juives et son travail à l'Office. « Je ne vois ni événements, ni autres aspects liant 'directement' au fait d'être Juif mon travail à l'Office. Je n'ai jamais personnellement été victime de discrimination et je n'ai jamais fait d'analyse approfondie non plus sur le rapport qu'il peut y avoir entre le fait d'être Juif et le pourquoi de mes grandes décisions.

« Par ailleurs, ma formation est bel et bien juive, et c'est là que j'ai appris à respecter les autres et leurs droits : voilà donc au moins un lien entre mon travail à l'Office et le fait d'être Juif... Les remarques racistes et les préjugés qui subsistent dans la société m'ont aussi sensibilisé à toute la question des droits. Le fait d'être Juif, mes réactions à l'égard de la répression, le respect des droits sont peut-être liés, mais ils ne répondent pas à une logique de cause à effet. »

Même si c'est presque par hasard que Jean Claude a abouti à l'Office, il est difficile de l'imaginer autrement que dans cette lutte contre le pouvoir. « Dans n'importe quel système politique, la grande majorité des gens se trouve en bas de la pyramide du pouvoir. Ce sont eux qui paient les pots cassés, et plus ils sont en bas, plus ils paient cher, jusqu'au moment où ils se retrouvent à bout de ressources et paient de leur vie. Le pouvoir, en soi, est nécessairement abusif et il faut essayer de lui mettre des balises très solides. Hélas ! il n'y a pas de solution de rechange : si l'on crée de nouvelles structures, elles seront accaparées à leur tour par des gens différents qui vont devenir le nouveau pouvoir.

« Par ailleurs, je respecte l'autorité respectable. Les leaders méritoires doivent être ceux qui ont le plus d'expertise et doivent essayer de transmettre leurs connaissances à d'autres. Je ne considère pas les gens au pouvoir comme des dieux, ni comme des êtres exceptionnels. D'ailleurs, je n'ai jamais plié devant eux. Ceux qui sont au pouvoir essayent toujours d'en avoir plus, et il faut continuellement lutter contre ce phénomène, sinon on se fait écraser. Sinon, on se trouve en régime dictatorial. »

**Giving Birth is Just the Beginning:
Women Speak About Mothering**

**Donner naissance n'est qu'un début:
Les femmes parlent de maternité**

Judith Lermer Crawley

Donna Cherniak

Donna Cherniak, à gauche, sur la page couverture d'un livre de photographies de Judith Crawley, une autre membre des Presses de la Santé de Montréal inc. (Photo *Book Project* (1987) C.P. 275, succursale NDG, H4A 3P6)

Donna Cherniak

Aujourd'hui, la situation entre les sexes... en est une de rapports de domination et de subordination.

Kate MILLETT,
Sexual Politics (1969)

« La vie intime est politique. » C'est ainsi que Donna Cherniak exprime l'une des devises sur laquelle elle appuie sa conduite quotidienne et sa vision des relations humaines.

Médecin de profession — et quelle ironie que le nom de cette profession n'ait pas de forme féminine —, Donna est féministe et pratique aujourd'hui la médecine, à Sherbrooke, en y apportant le maximum de compassion et de compréhension. Démystifier et éliminer les relations de pouvoir des médecins envers les patients et les autres travailleurs de la santé fait partie intégrante de sa mission.

Depuis vingt ans, Donna Cherniak est associée dans l'esprit de beaucoup de gens au bouquin *Le contrôle des naissances*, dont elle est coauteure. Ce petit livre tiré parfois jusqu'à un million d'exemplaires par année, auquel se sont ajoutées d'autres publications du groupe « Les Presses de la santé de Montréal inc. », c'est un peu l'histoire de Donna Cherniak. « Ma contribution en médecine est reconnue par mes patients, déclare-t-elle, mais elle n'aura jamais autant d'impact que les publications des 'Presses', auxquelles je collabore. »

Donna a les traits fins, tout comme sa voix, et une nature compatissante se traduit dans ses gestes. Grande, calme, elle raconte sa vie et exprime ses opinions avec tendresse et humilité... ce qui n'est aucunement chez elle synonyme de faiblesse et de fragilité. Si elle est douce et chaleureuse, cela ne signifie pas pour autant qu'elle courbe facilement la tête devant l'autorité.

Donna éprouve un peu de difficulté à se rappeler certains détails factuels de son passé, mais elle est tout à fait à l'aise pour raconter les sentiments profonds qu'elle a éprouvés, avec une modestie et une franchise parfois déconcertantes.

Windsor, Ontario

Donna est née en 1948, à Windsor, Ontario, capitale de l'industrie de l'automobile canadienne. Son père y exploite un petit magasin général et plus tard devient entrepreneur en construction.

En 1952, il se présente comme candidat aux élections fédérales sous la bannière du CCF, prédécesseur du Nouveau Parti démocratique : « À la suite de sa défaite, précise Donna, il s'est fait dire qu'il s'était présenté pour le 'mauvais' parti et qu'à Windsor, on n'allait pas élire un 'Juif' !

« Je n'ai jamais connu mon père en santé. Il marchait à pas comptés. Souffrant d'arthrite dès l'âge de trente ans, il a pris sa retraite à cinquante ans, décidant alors de retourner aux études. C'était un intellectuel qui avait toujours caressé le rêve d'être professeur de littérature en Californie et d'habiter à la campagne. Quant à ma mère, elle souffrait de dépression et a dû être hospitalisée à quelques occasions. »

Donna a une soeur, Ellen, de six ans son aînée. Ellen est mariée, a trois enfants et pratique aujourd'hui le droit à Windsor, suivant ainsi un chemin « que certains considéraient plus traditionnel et qui contraste vivement avec celui que je parcours », explique Donna.

Elle a aussi un frère, Bob, de deux ans son aîné, « un peu excentrique. Il ne met pas de manteau l'hiver et rarement des pantalons longs. Il est naturiste, ne boit jamais de café et guère plus d'alcool.

Il enseigne un peu et fait de la consultation en informatique à Toronto. »

Donna a des souvenirs de jeunesse plus ou moins précis, mais l'image globale qui lui reste est positive : « Nous nous amusions ensemble durant les grandes réunions de famille, lors des fêtes juives et à plusieurs occasions pendant l'année. Une ambiance chaleureuse, détendue, un peu au ralenti, régnait à la maison, mais un certain formalisme en faisait aussi partie. Par ailleurs, notre famille avait une préoccupation et un intérêt marqués pour les questions sociales et politiques. »

Une philosophie d'égalité entre hommes et femmes anime le foyer familial : « Je viens d'une famille aisée et nous avions une bonne à la maison. Je n'ai donc pas l'image de ma mère passant tout son temps à la cuisine... C'était plutôt la bonne ! ajoute-t-elle avec un sourire gêné. Mon frère, en tant que garçon, n'avait pas un traitement privilégié par rapport à moi et à ma soeur. Tous les trois, nous avions le droit de nous exprimer librement. Lorsqu'une question devait être tranchée, on décidait par vote. » Et en gloussant un peu, Donna rappelle le gag souvent raconté : « Il nous arrivait parfois de protester vivement, lorsque les deux votes de maman et de papa valaient plus que nos trois votes d'enfants ! »

Windsor fait directement face à Détroit, de l'autre côté de la rivière Saint-Clair, et la famille Cherniak y va souvent. La population noire y est très importante et les parents de Donna sont sensibles à la question de la discrimination raciale. Donna se rappelle qu'étant très jeune, elle était entrée avec ses parents dans un restaurant de Détroit où une famille noire était arrivée juste avant eux. « Le maître d'hôtel offrit à notre famille de prendre une table, souhaitant ainsi ne pas avoir à servir la famille noire. Aussitôt, mon père a tourné le dos au restaurateur et nous a entraînés avec lui vers la sortie, en guise de protestation. »

À l'école, Donna est souvent première de classe, tout comme son frère et sa soeur. Ses parents lisent beaucoup et les trois enfants suivent leurs traces. « La maison était garnie de bibliothèques mur à mur. La lecture était très valorisée, chez nous. Il était donc tout à fait normal que j'aille à l'université, le moment venu. Ce que je reproche toutefois à mes parents, c'est de ne pas avoir valorisé l'activité physique en même temps que l'instruction. »

Judaïsme réformiste

La famille Cherniak n'est pas très pratiquante. « Mais on se savait différents, tout en étant conscients qu'on n'était ni meilleurs, ni pires que les autres. »

Donna raconte, avec un sourire nostalgique, une histoire qui remonte au temps où son père était jeune célibataire à Windsor : « Il cherchait à louer un appartement. Un jour, il en a trouvé un de son goût et a demandé au concierge la permission d'y garder son chien. Le concierge lui a répondu : 'Le chien, ça va, mais il faudrait que je vérifie si on peut louer à un Juif !' »

Au début des années cinquante, la petite communauté juive de Windsor n'abrite qu'une seule synagogue, d'orientation orthodoxe. La famille Cherniak va donc au Beth El Reform Temple de Détroit. « Nous y allions le samedi pour un court service religieux, et ensuite je suivais des cours où j'ai appris un minimum d'histoire des Juifs et un peu d'hébreu. »

Ses parents s'engagent dans la mise sur pied d'une synagogue réformiste à Windsor. Donna conserve des souvenirs agréables de ces débuts : « On se réunissait dans une ancienne maison, petite, intime, où tout le monde se connaissait. D'ailleurs, j'étais la première fille de la congrégation à avoir une *Bas-Mitsva*[1]. Cependant nous ne fréquentions pas la synagogue tous les samedis.

« Mais le début du Sabbat, soit le vendredi soir, était invariablement souligné en grande pompe, chez nous : il fallait absolument être à la maison. Chandelles allumées, prières récitées sur le vin, *chala* frais sur la table... On prenait un copieux repas dans la salle à dîner plutôt que dans la cuisinette, et toute la famille était bien habillée pour l'occasion... surtout pas de rouleaux dans les cheveux ! »

Chez les Cherniak, certaines fêtes juives sont signalées par de grands repas, parfois par une visite à la synagogue ou encore par des congés scolaires pour les enfants. « Nous étions rarement plus de deux ou trois Juifs par classe, et le seul fait de s'absenter de l'école nous distinguait des autres. De plus, les autres Juifs de Windsor

---

1. Cérémonie juive de la majorité religieuse pour les filles, lorsqu'elles atteignent douze ans selon la tradition orthodoxe, et treize ans selon la tradition réformiste.

allaient surtout à la synagogue orthodoxe, tandis que nous, nous allions à celle d'orientation réformiste. C'était un peu compliqué.

« Les amis de mes parents étaient surtout juifs et mes parents préféraient que je fréquente des Juifs. Mais la tolérance avait nettement le dessus dans leur attitude envers moi, comme en témoigne cette anecdote : à quatorze ans, je sortais avec Bill Brown, un gars qui n'était pas juif, ce dont mes parents étaient au courant. Dans le temps, j'étais déjà assez grande de taille et les Juifs que je connaissais ne m'arrivaient qu'au menton ! Bill, un costaud qui avait été recalé à l'école, mesurait six pieds et avait des cheveux blonds. Un jour, je m'en vais voir jouer mon frère au basket, en compagnie de mon père, au centre communautaire juif. En voyant Bill qu'il ne connaissait pas, mon père me dit : 'Je te comprends de te plaindre des gars qui sont trop petits. Regarde le blond ! Voilà un bon type pour toi ?' Quand je lui ai dit que c'était justement avec ce gars-là que je sortais, plutôt que de se choquer, il s'est mis à rire avec moi de bon coeur.

« Au foyer, la sexualité était abordée avec un esprit ouvert et franc. Nos parents nous faisaient confiance à cet égard. D'ailleurs, ils nous achetaient des livres sur le sujet à pleins sacs ! À un point tel que lorsque mon père arrivait à la maison avec un livre neuf, on faisait semblant de le fustiger : 'Pas encore un autre livre sur le sexe !' C'était plutôt drôle. »

Compte tenu de la contribution ultérieure de Donna en matière de publications sur la sexualité, il est amusant de rapporter cette anecdote que l'on doit à son père et qu'il se plaisait à raconter : « Pendant la Deuxième Guerre, mon père se rendit à New York. De retour à Windsor, sa valise était remplie de condoms !... C'était parce qu'il fallait bien faire ses provisions, puisqu'au Canada, concluait-il, le caoutchouc était rationné ! Et cette histoire gênait ma mère à chaque fois que mon père la racontait. »

B'nai Brith et les colonies de vacances

Dès l'âge de trois ans, Donna passe ses étés dans les colonies de vacances juives. Aucune de ces colonies n'a d'orientation religieuse stricte. Par ailleurs, toutes mettent en valeur une multitude d'activités culturelles juives. Les enfants y partagent aussi bien la chanson et la danse que l'initiation à des notions comme la fraternité, l'égalité et la solidarité.

« Je me rappelle surtout la colonie de vacances White Pine, au nord de Toronto, où je suis allée dès mes neuf ans et pendant six étés consécutifs. La compétition dans les jeux n'était pas encouragée. C'était même drôle, car nous savions à l'avance que nos concours 'style Olympiades' finiraient toujours sans pays gagnant. On nous expliquait alors que les nations de la terre n'avaient pas encore appris à s'entendre entre elles, mais qu'elles devraient le faire un jour. Aussi bien commencer dans nos Olympiades ! C'est là aussi que j'ai appris plusieurs chansons syndicales. Je me souviens en particulier d'Alan Borovoy, aujourd'hui directeur de la Ligue des droits et libertés du Canada, qui montait sur une chaise et entraînait tout le monde dans la cafétéria à chanter...

> « *When the union's inspiration through the workers' blood*
> *shall run,*
> *There can be no greater power anywhere beneath the sun.*
> *For what force on earth is weaker than the feeble strength of*
> *one ?*
> *For the union makes us strong.* [2] »

Avec nostalgie, Donna ajoute : « Ce message de respect des gens et de leurs droits, et d'égalité entre tous les peuples était omniprésent dans ces expériences estivales. »

Mais ce sera au B'nai Brith surtout que s'enrichira la vie sociale de Donna. Il s'agit d'une organisation internationale juive qui encadre des activités philanthropiques et communautaires : des milliers de groupements locaux pour Juifs de toutes classes d'âge existent à travers le monde. « C'était là mon point de repère social et culturel. Toute jeune, j'ai commencé par y vendre des chocolats pour l'UNICEF. Au fil des années, j'ai participé à quelques activités sportives, parfois à des services religieux, à des danses, à la rédaction d'un journal et à des ateliers sur des sujets judaïques et sur les droits de la

---

2. Quand l'esprit syndical circulera dans le sang des travailleurs, / Il n'y aura nulle part de force aussi puissante sous le soleil. / Car qu'est-ce qui est plus faible que la résistance étiolée d'un individu isolé ? / La solidarité syndicale nous rend forts.

personne. J'y ai également suivi des cours d'histoire, d'hébreu et de danse folklorique. »

Donna parle avec un enthousiasme évident de l'apprentissage qu'elle a fait au B'nai Brith. « J'y ai appris à m'exprimer en public. On nous écoutait et nos idées étaient valorisées. À travers les années, j'y ai occupé diverses positions de leader et j'ai voyagé beaucoup, surtout aux États-Unis. J'ai donc pris confiance en moi. Cela m'a fait vivre une expérience juive et a renforcé mon identité juive. Je m'identifiais pleinement à ces activités, plutôt que de me préoccuper de mode et de maquillage. »

À dix-sept ans, Donna passe l'été en Israël. Elle y apprend à se débrouiller en hébreu et séjourne quelques semaines dans un kibboutz[3]. Elle se souvient de son travail dans les champs, qui consistait à ramasser des oignons : « On mettait les oignons dans des sacs pas trop gros, parce que c'étaient des jeunes de dix ou onze ans qui ramassaient les sacs, derrière nous. Ça m'a énormément impressionnée de voir que, pour ces jeunes, le travail faisait partie intégrante de la vie quotidienne. C'était aussi la première fois que je rencontrais des Juifs sépharades, et ils étaient très différents de l'image que j'avais moi-même d'un Juif ! »

Lorsqu'elle revient à Windsor, son père est paralysé : elle se retrouve à la maison avec sa mère qui est de plus en plus dépressive. Beaucoup de ses amis partent pour faire leurs études universitaires à Toronto et aux États-Unis. « Je ne voulais pas aller à l'Université de Toronto et j'avais une vague envie d'étudier en Californie... tandis que l'idée d'étudier à Vancouver me plaisait aussi. »

McGill — deux années difficiles

« Choisir l'Université McGill, plutôt que la côte ouest de l'Amérique, c'était faire un compromis pour ne pas 'trop' m'éloigner de mes parents, avoue Donna. Me retrouver à Montréal, au Québec, à l'automne 1966, à l'âge de dix-sept ans, c'était donc un

---

3. Une colonie collective, qui existe surtout dans le domaine de l'agriculture, animée à l'origine par des principes de socialisme, d'entraide et de sionisme. Ce genre d'organisation communautaire a connu en Israël beaucoup de variations et a énormément évolué depuis ses quelque neuf décennies d'existence.

peu le fruit du hasard... Mes parents m'ont conduit à la gare avec tous mes biens et, après une nuit de voyage, j'ai débarqué à la gare Windsor, coin La Gauchetière et Peel, pour commencer en quelque sorte une nouvelle vie. »

À cette époque, les étudiantes inscrites à McGill n'avaient pas le droit de vivre en appartement. Donna se retrouve donc au Royal Victoria College, un internat pour jeunes filles inscrites à l'université. « J'étais totalement bouleversée. L'atmosphère était froide et rigide. Nous étions soumises à un couvre-feu. Nos droits de sortie, le soir et en fin de semaine, étaient subordonnés à nos notes de classe, et il fallait se mettre en ligne selon l'âge pour recevoir notre souper. J'ai passé là mes deux premières années. »

Elle a un vague désir de devenir enseignante et s'inscrit au baccalauréat ès arts avec une spécialisation en psychologie.

« Sur la suggestion de mon père, je me suis rendue dans quelques sociétés fraternelles pour étudiantes et j'ai découvert que les membres de ces associations n'avaient d'autre ambition que d'épouser un médecin ! J'ai donc abandonné l'idée de me faire des amies dans ces clubs sociaux. »

Après l'échec des clubs sociaux, Donna se rend au centre Hillel. « Sur place, on m'a envoyée dans une famille hassidique pour les fêtes de *Rosh Hashana* et de *Yom Kipour*. C'était intéressant, mais pas du tout le genre de contacts sociaux que je recherchais. Au centre Hillel même, les garçons portaient des *yarmulke*[4] et l'atmosphère était bien trop religieuse à mon goût. Je ne m'y retrouvais pas. En même temps, je constatais que la grande communauté juive de Montréal était un milieu très fermé, difficile d'accès et peu au courant de ce qui se passait dans l'est de Montréal. »

Par ailleurs, Donna sympathise avec les revendications du mouvement de contestation étudiante qui s'agite sur le campus. « Je me rendais seule aux manifestations et j'ai participé à l'occupation houleuse des bureaux de l'administration de l'Université à l'automne 1967. J'allais à des rencontres de la Jeunesse du NPD pour tâter le pouls et je m'intéressais un peu au féminisme.

---

4. Petite calotte portée par tout Juif de sexe masculin quand il dit des prières ou qu'il entre dans une synagogue, mais que les Juifs très religieux portent en tout temps.

« Auparavant, à Windsor et au B'nai Brith, j'avais vécu l'expérience d'une franche acceptation de la part des autres et d'une complicité entre gars et filles, de même que des rapports sociaux positifs et éclairés : un dur contraste avec ce que j'ai éprouvé pendant mes deux premières années à McGill. J'ai trouvé ça difficile ! Je ne cadrais nulle part et j'affrontais des cliques dans un milieu comme dans l'autre. »

À cette époque, le nationalisme québécois se manifeste à l'extérieur des portes de l'université : « À l'internat, le personnel qui nous servait était composé uniquement de Canadiennes françaises. Peu à peu, je me rendais compte du contexte très particulier du Québec et de la signification du fait français. Je me suis donc fait un devoir de prendre des cours de rattrapage en français. »

Durant l'été 1967, Donna visite une amie à Winnipeg et par un pur hasard assiste à une séance publique de la Commission Byrd sur la condition féminine au Canada. « Un premier germe s'est alors implanté en moi. J'écoutais les présentations de femmes indiennes devant les femmes commissaires, et aussi d'autres femmes qui prônaient, entre autres, l'égalité économique... et je trouvais tout cela très intéressant. Cela correspondait à quelque chose en moi. »

L'été suivant, Donna travaille comme monitrice à la colonie de vacances juive Hiawatha dans les Laurentides. C'est là qu'elle fait une rencontre fatidique.

Allan Feingold est né en Israël. Ses parents avaient survécu à l'Holocauste et avaient quitté Israël pour immigrer au Canada, plutôt qu'aux États-Unis, pour éviter à leurs enfants le service militaire obligatoire dans les deux pays. Allan, qui est alors étudiant à McGill, est responsable d'un comité qui doit publier, dès la rentrée, une brochure sur la contraception à l'intention de tous les étudiants de l'Université McGill.

Donna et Allan font connaissance sous les sapins des Laurentides. C'est le coup de foudre. « J'ai fini par coucher avec Allan. C'est le premier homme avec qui j'ai fait l'amour. L'année précédente, j'en avais eu l'occasion avec un ex-chum de l'Université Brandeis, dans le Massachusetts. Nous avions passé une nuit ensemble et tout à coup il a exhibé un condom, avec les implications évidentes, sourit Donna. Mais à ce moment-là, toutes mes valeurs sur la virginité et les rapports sexuels étaient en grande évolution et pas encore ordonnées dans ma tête. En plus, je n'avais aucune idée si je reverrais jamais cet homme ! »

Interrompue et interrogée sur la pertinence ici de cet exposé plutôt « intime », elle insiste pour continuer en rappelant sa devise : « La vie intime est politique. Et lorsqu'on me demande comment je me suis embarquée dans cette lutte en faveur de la contraception, je réponds : 'Sur le dos !', comme beaucoup de femmes d'ailleurs, qui se sont engagées dans les luttes de la gauche par ce biais. »

« *Le contrôle des naissances* » naît

À l'automne, les cours recommencent. « Je me suis beaucoup engagée dans le comité qui devait publier la brochure sur la contraception. Le projet était déjà assez avancé, mais il restait encore quelques dernières étapes à franchir. »

Sur un ton ironique, Donna enchaîne : « Désormais, étant la 'blonde' d'Allan, je pouvais rencontrer beaucoup de monde dans le mouvement de contestation étudiant et y être plus facilement acceptée. À ce sujet, nous les femmes, avons commencé tranquillement à remettre en question notre position d'infériorité au sein de ce mouvement, et ceci précisément à l'occasion d'une occupation du Département de sciences politiques, à l'automne 1968, qui, quant à elle, contestait la position d'infériorité des étudiants dans ce département. Nous disions qu'à l'intérieur des groupes contestataires, nous en avions marre de faire le café et de dactylographier les documents sans que nos opinions soient écoutées. »

En octobre 1968, une première brochure en anglais sur la contraception, *The Birth Control Handbook*, est tirée à 10 000 exemplaires et distribuée sur les campus des universités McGill, Sir George Williams et Bishop. Cette publication est alors illégale puisque ce n'est que l'année suivante qu'une loi omnibus du gouvernement libéral de Pierre Elliot Trudeau légalisera la diffusion de l'information sur la contraception.

Illico, c'est le succès phénoménal ! « Personne ne s'y attendait, raconte Donna. La parution de notre petit livre a bénéficié d'une grande publicité. Audacieux, inédit, instructif... tous les médias en parlaient. Des demandes d'exemplaires affluaient de partout au Canada et aux États-Unis. »

Le célèbre best-seller féministe américain, *Our Bodies, Ourselves*, n'est pas encore écrit. Il s'inspirera justement des recherches et du chemin battu par la publication montréalaise.

D'une part, il y eut la controverse et l'enthousiasme suscités par la publication du *Birth Control Handbook*, mais d'autre part, surgit un résultat tout à fait inattendu : Donna reçoit une vague d'appels au secours de femmes voulant se faire avorter.

Un professeur de McGill, qui a été l'une des personnes ressources pour le bouquin, met Donna et Allan en contact avec le docteur Henry Morgentaler. Ainsi débute une longue amitié et collaboration. « C'est devenu en quelque sorte une relation familiale : Henry, Allan et moi.

« Par la suite, mon appartement s'est transformé en chef-lieu du service de référence pour l'avortement à Montréal. Rapidement, par le biais du livre, nous avons établi des contacts avec des groupes féministes aux États-Unis. Ce n'est que plus tard, que nous avons fait pareil avec la communauté québécoise. »

Malgré le remue-ménage sur les scènes politique et culturelle de l'époque et l'intérêt que Donna ressent, elle consacre presque exclusivement son énergie comme militante, aux problèmes pressants reliés aux femmes et à la contraception. « Longtemps, j'ai reçu chez moi des femmes qui débarquaient du train de 7h30 de Chicago, les lundi, mardi et vendredi. On faisait de la consultation expéditive et on les envoyait chez le docteur Morgentaler ou chez d'autres. À 10h00, je devais courir pour ne pas manquer mes cours. On recevait aussi des femmes venant de New York et d'ailleurs, à tout moment. À la fin de chaque journée, on comptait environ une quinzaine de femmes venues de partout pour se faire avorter. »

Cet horaire chargé lui laisse donc peu de temps pour d'autres activités. « Je suis quand même allée à la manifestation du McGill Français et, à l'automne 1969, j'ai participé à la manifestation des femmes qui s'opposaient à la Loi 'anti-manifestation' du maire Drapeau. Par ailleurs, je ne pouvais pas me permettre de me faire arrêter avec elles, parce que le lendemain matin, je recevais des femmes de Chicago. J'ai donc quitté la manifestation avant les arrestations [5]. »

Les autres membres du comité en charge du *Handbook* laissent tomber. Donna et Allan prennent en main le projet d'une nouvelle édition et travaillent d'arrache-pied à la révision des textes, car le succès du *Birth Control Handbook* provoque une forte demande à laquelle il faudrait répondre pour la rentrée universitaire de 1969.

Du même coup, un problème d'argent se dessine au service d'accueil et de référence pour les femmes voulant se faire avorter. Parfois, ces dernières sont incapables de payer leur avortement. « Par moments, les négociations sont serrées et ardues. Le docteur Morgentaler, par ailleurs, était toujours raisonnable, mais ce ne fut quand même pas sans heurts. Lorsqu'on lui a demandé de nous dédommager pour le travail de référence, devenu pour nous une charge importante, il a accepté de bonne grâce de payer quelqu'un pour s'en occuper. »

La présence d'Allan lors de ces initiatives féministes crée des tensions. Ainsi, un jour, à l'occasion d'une manifestation en faveur de l'avortement à l'hôpital Royal Victoria, « un débat déchirant s'est produit, raconte Donna, à savoir si les hommes pouvaient y participer. Et plus les femmes s'engageaient, plus elles contestaient la place d'Allan, et plus j'étais partagée entre mes allégeances. »

En 1970, la brochure sur la contraception est publiée en français. Allan parle très bien le français, et peu à peu les Québécoises viennent les voir, elle et Allan. « Par le biais de mon engagement, j'avais de plus en plus de contacts avec le monde québécois à cause de problèmes quotidiens d'avortement. J'ai fini par être plus habile en français que beaucoup de mes amis anglophones qui ont passé toute leur vie à Montréal ! J'étais, par contre, peu engagée sur la question nationale et mon rapprochement avec le milieu québécois s'est trouvé subitement interrompu par la fin de mes études à Montréal. »

---

5. Le 8 novembre 1969, l'administration Drapeau-Saulnier a adopté le règlement 3926 interdisant les manifestations à Montréal. Le 29 novembre, plus de 200 femmes se sont enchaînées symboliquement et se sont assises dans la rue pour défier l'ordonnance : elles ont été arrêtées immédiatement.

Au printemps 1970, Donna reçoit son baccalauréat ès arts. Mais son intérêt se tourne vers la biologie et la reproduction. Elle s'inscrit donc en sciences à l'Université Sir George Williams.

« Vu mon rôle dans l'élaboration du bouquin sur la contraception, on m'a quelque peu poussée à une position de leader dans le mouvement féministe et je me suis retrouvée au milieu d'un débat très dur avec les féministes québécoises. Elles étaient alors partagées entre deux grandes tendances : le féminisme intégral et le nationalisme ; et la plupart du temps, leur choix s'arrêtait sur le deuxième principe. Ces féministes québécoises avaient même refusé de faire du *counselling* en anglais auprès des anglophones — ce qui a créé une tension extrêmement difficile à vivre. »

Il y a donc un dilemme. « Étant à l'avant-garde sur certaines questions de santé féminine, moi et d'autres féministes anglophones avions un moins bon impact que nous aurions aimé en avoir. Nos documents étaient d'abord rédigés en anglais, puis traduits en français, et l'on avait de la difficulté à intégrer des francophones dans nos activités, mais ce n'était pas parce qu'on ne voulait pas. Sur ce plan, la conjoncture était souvent pénible. »

L'Université McMaster à Hamilton

1971 : Donna et Allan font une demande d'admission en médecine à l'Université McMaster de Hamilton, où le programme offre une nouvelle approche en médecine, plus générale, plus familiale, moins axée sur la spécialisation. « L'admission était basée autant sur les résultats académiques que sur l'expérience sociale. N'ayant qu'un baccalauréat en lettres et une année universitaire en sciences, on m'a admise surtout à cause de mon expérience sociale. De plus, les femmes étaient favorisées. Alors qu'à McGill elles représentaient à peine 7 % des étudiants en médecine, elles se chiffraient à 35 % à McMaster. »

Malheureusement, Allan est refusé à McMaster. À l'automne 1971, il accompagne tout de même Donna qui doit suivre un programme intensif de onze mois de cours sur douze, échelonné sur trois ans. « C'était un drame ! J'ai paniqué en arrivant à McMaster. J'avais été surprise d'être admise et j'avais toute une adaptation à faire. Simultanément, mon père est mort et c'était difficile à assumer même si on s'y attendait. Allan était déprimé à cause du refus qu'il venait d'essuyer, et quant à moi, je ne m'intégrais pas beaucoup à la vie étudiante, car je revenais à la maison pour être avec Allan. L'année suivante, heureusement, il a été admis au programme. »

À McMaster, Donna se fait une réputation de militante féministe radicale. Elle réagit vivement aux remarques, parfois sexistes, des professeurs. Elle ne passe pas non plus sous silence les iniquités particulières au milieu médical, dont elle a été témoin pendant ses stages. « J'étais révoltée et j'ai posément dénoncé, entre autres choses, les attitudes de certains médecins envers des patients et des médecins résidents... Mais peut-être n'ont-ils pas trouvé que j'étais si posée que ça ! » corrige-t-elle en souriant. « Je me rappelle d'ailleurs la fois où un médecin, ancien militaire d'Angleterre, ne voulait pas que j'examine des patients mâles, lors d'une clinique sur les MTS. J'ai réagi énergiquement ! »

Au cours de ses années de formation, Donna passe quelques mois en Angleterre dans un centre de réhabilitation. « C'est là que j'ai appris à agir comme sage-femme. J'ai d'abord assisté à des naissances, puis j'en ai fait cinq accompagnée d'une personne qualifiée, puis dix autres toute seule. Pas de beaux discours, ni de fausses prétentions : je devais tout nettoyer après les accouchements ! L'initiation était logique, pratique et ordonnée. Ici, au Canada, après un mois de stage en obstétrique, on peut très bien n'avoir jamais touché à un bébé ! »

À l'occasion, Donna participe à des conférences sur la médecine vue d'un point de vue féministe. Et un jour, à Toronto, devant 500 femmes, elle présente un film où, spéculum en main, une femme s'examine et donne des explications en le faisant. « Au début, on sentait dans la salle un certain inconfort mêlé de fascination. Car, grâce à l'écran, on a partagé, plus grand que nature, l'expérience de cette femme qui examine le col de son utérus : l'électricité était dans l'air ! Par la suite, les femmes étaient excitées de pouvoir exprimer leurs insatisfactions à l'égard de la médecine traditionnelle. J'aimais discuter de médecine et de santé préventive dans ce genre de contexte. Cela contrastait considérablement avec ma vie quotidienne à l'école de médecine. »

Les Presses de la santé de Montréal inc.

Malgré des études exigeantes à Hamilton, Donna revient régulièrement à Montréal pour s'occuper du bouquin sur la contraception, dont la responsabilité quotidienne a été confiée à une enseignante, Shirley Pettifer, qui deviendra plus tard l'âme soeur de Donna. Deux ans après la première édition, un million d'exemplaires sont édités, chaque impression totalisant entre 50 000 et 100 000 exemplaires. Des universités, telles McGill et Toronto, achètent un exemplaire pour chaque étudiant et les distribuent gratuitement à la rentrée automnale. À trente-cinq cents l'exemplaire, la brochure rentre dans ses frais.

En 1972, une organisation à but non lucratif est officiellement fondée pour se charger de l'édition, Les Presses de la santé de Montréal inc. Concurremment, une nouvelle brochure sur les MTS est publiée par les « Presses », avec une orientation nettement plus féministe et plus politisée que l'original *Birth Control Handbook*. Au fil des années, les révisions successives de la brochure originale sur la contraception empruntent aussi cette tendance. À cela s'ajoute, en 1976, un livre sur l'agression sexuelle et, en 1988, un autre sur la ménopause.

En 1973, Donna et Allan travaillent ensemble, pour une dernière fois, à la révision du *Birth Control Handbook*. « Ce fut fort pénible, car nous venions juste de nous séparer. Allan a officiellement quitté les Presses en 1976, mais son influence y est restée présente pendant un certain temps.

« Aujourd'hui, nous sommes sept femmes aux Presses, dont quatre Juives. Socialement et politiquement, les Presses ont été et sont encore mon port d'attache le plus important, et ces femmes représentent pour moi une forme de soutien vital, autant sur le plan familial que sur le plan strictement féminin et personnel. »

Stage à Terre-Neuve

Donna termine sa formation académique en médecine à l'Université McMaster en 1974. Le système informatique d'assignation de l'université l'expédie à Terre-Neuve pour un internat de douze mois. « J'avais été très émue par ma responsabilité de médecin. Par ailleurs, je trouvais aberrantes les méthodes d'enseignement, le manque de respect institutionnalisé envers le patient et les rapports entre médecins et infirmières. Il existait là une hiérarchie et une philosophie de cloisonnement qui m'enrageaient. »

En évoquant ce stage, Donna a la voix chancelante, ce qui révèle sa timidité et le malaise qu'elle ressentait à l'époque. « J'avais tant à apprendre ! Le médecin a d'énormes pouvoirs. Et je trouvais notre éducation inadéquate. Lorsque j'ai assisté à ma première autopsie, je ne pouvais m'empêcher de penser que l'homme que j'avais devant moi était mon patient de la veille, et que maintenant... Et en plus, ces odeurs... ! »

Donna passe les trois derniers mois de son stage à Grenfell Mission, situé dans une communauté isolée et éloignée dans le nord de Terre-Neuve. « Là-bas, j'ai été fortement impressionnée par l'autonomie des patients et par les relations égalitaires entre médecins et patients. Ces derniers, en gardant leurs vêtements habituels, ne perdaient pas leur identité, et les moins malades apportaient des cabarets aux plus malades à l'heure des repas. En général, les patients n'étaient pas 'plaignards'... Ils trouvaient même le temps de s'inquiéter de mon sort ! Car j'étais régulièrement de garde pendant soixante-douze heures d'affilée !

« Lors de mon examen oral, en fin de stage, j'ai soutenu de pied ferme, contre un de mes examinateurs, la conception que je me faisais de la médecine. On me demandait comment je procéderais avec une femme qui se dit en retard dans ses règles ; j'ai alors répondu que je demanderais à cette femme si elle pense être enceinte et, surtout, si elle 'veut' réellement l'être. Le médecin me réprouva en prétendant que la dernière question n'était pas du tout pertinente, venant d'un médecin. Un débat animé s'ensuivit. En somme, ce médecin aurait voulu que je me restreigne à diagnostiquer cette femme comme une machine, un point c'est tout ! »

Fin des études, enfin !

De retour à Montréal à l'été 1975, Donna est épuisée, voire brûlée mentalement. Le soleil brillait si rarement à Terre-Neuve que

Donna avoue aujourd'hui avoir un jour pleuré, simplement à cause d'une belle journée ensoleillée : « J'avais été tellement soulagée de voir qu'il y avait autre chose dans la vie que des murs et des malades ! J'en avais ras-le-bol de la médecine ! » Elle décide donc de ne pas se mettre à exercer tout de suite sa profession.

Après le décès de son père, Donna reçoit d'une compagnie d'assurances une somme qui lui permet de ne pas commencer à travailler immédiatement. Elle s'établit alors sur une terre, à Ham Nord, dans les Bois-Francs. « J'ai planté des tomates et fait des conserves avec des amies. Je me suis baignée et j'ai regardé tomber les feuilles. Je pansais mes blessures. Je m'occupais de moi en me payant une bonne détente psychologique. »

À l'arrivée de la neige, Donna décide de partir six mois en Amérique centrale. Voyageant en auto-stop, elle séjourne au Mexique, au Belize et au Guatemala. « Fait cocasse, au Guatemala quelqu'un a reconnu mon nom comme coauteure de la brochure sur la contraception et j'ai fini par donner un cours là-bas sur le sujet. »

De retour de voyage, Donna décide de s'établir au Québec et prend deux engagements fermes : perfectionner son français et s'organiser pour pouvoir faire des accouchements au bout d'un an. « Il fallait que je décide ce que je voulais faire, et où. J'avais beaucoup aimé Terre-Neuve, mais les feuilles sortaient seulement au mois de juillet et il faisait tellement froid ! Sinon, je m'y serais peut-être installée. En revanche, au Québec, l'avant-garde féministe parlait français et, si je voulais rester ici, je devais améliorer mes connaissances de la langue. »

1976 : C'est l'implantation du réseau des CLSC au Québec. Leur vocation et leurs objectifs précis restent à définir sur le plan pratique, et à adapter aux réalités quotidiennes des quartiers. Pour Donna, qui ne veut pas ouvrir son propre cabinet, c'est l'occasion rêvée.

Donna s'installe dans un appartement à Montréal avec Shirley et son fils, Timothy. Les deux femmes consacreront beaucoup de temps ensemble à s'occuper de celui-ci, de même qu'à débattre les problèmes associés à l'éducation générale des enfants dans la société contemporaine.

Donna pose sa candidature au CLSC Saint-Louis du Parc. « J'ai été interviewée en français par deux Juifs anglophones de Montréal,

David Levine[6], le directeur général, et Norman 'Bethune' Levine, son cousin. Je riais un peu dans ma barbe... car je trouvais que leur français laissait à désirer. J'étais engagée à mi-temps au CLSC Saint-Louis du Parc et j'y suis restée deux ans. Nous étions les trois seuls anglophones au CLSC. Tous les communications internes se faisaient en français et, au début, j'ai eu à patiner pas mal... »

En plus de son travail au CLSC, elle fait une demi-journée par semaine au Centre de santé des femmes. Le Centre, fondé en 1975 par des féministes francophones, se fait l'écho des critiques de Donna sur le rôle des médecins. Donna devient une des premières femmes médecins à y collaborer. Elle rétrocède au Centre la moitié de ses gains en clinique pour aider le financement des autres activités. À cette époque, elle participe également à une table de concertation provinciale des CLSC sur le planning familial.

Au CLSC Saint-Louis du Parc, Donna pratique surtout la médecine générale, organise des cliniques sur la contraception et fait des consultations pour les femmes enceintes. « Quand mes clientes francophones me racontaient un problème sexuel et que je devais mentionner en français le nom d'un organe génital ou d'une activité sexuelle, je n'avais aucune idée si le terme que j'employais était un terme clinique ou si c'était le jargon de la rue ! À cette époque, ces nuances m'échappaient, ce qui a donné lieu à des incidents amusants. »

Son initiation au travail de médecin à Montréal est beaucoup facilitée par une collaboration étroite que Donna établit avec une infirmière, Ginette Beaulne. Autant Donna a la parole facile pour critiquer les lacunes du système de santé et du comportement de la majorité des médecins, autant elle chante les louanges de ce qu'elle a vécu avec Ginette. Avec reconnaissance, Donna décrit leur complicité : « Il n'y avait pas de compartimentation des tâches entre nous. Nous faisions des cliniques semblables, sans compétition, chacune montrant ses connaissances à l'autre. Il n'y avait pas de jalousie. Ginette appréciait la liberté que je lui laissais et les initiatives que cela lui permettait de prendre. Et de son côté, elle tolérait

---

6. Aujourd'hui, directeur général de l'hôpital général de Verdun, David Levine a été conseiller spécial de Bernard Landry dans le gouvernement péquiste de 1976 à 1980. Candidat du PQ en 1979, lors d'une élection complémentaire dans D'Arcy McGee, il est devenu après sa défaite un des seuls anglophones dans les cabinets ministériels du PQ à cette époque.

mon français et m'aidait dans mon intégration et mon adaptation à ce nouveau milieu. »

En suivant des femmes pendant leur grossesse, Donna reçoit de plus en plus de demandes de femmes voulant qu'elle les accouche. Ces demandes sont la conséquence de leur insatisfaction à l'égard des médecins dans les hôpitaux. Mais n'ayant pas d'attache ou de statut officiel dans un hôpital, Donna n'a pas le privilège de faire des accouchements en milieu hospitalier. Elle demande donc ce statut à l'hôpital Sainte-Jeanne d'Arc, et elle l'obtient. « Là, j'étais tout un numéro ! Juive, anglophone, femme, et médecin d'un CLSC... Dans le temps, les hôpitaux percevaient les professionnels des CLSC comme des communistes... et d'autres 'istes' de toutes sortes. Mais malgré ces préjugés, j'ai réussi à faire ma place !

« La première femme que j'ai aidée à accoucher, raconte Donna en souriant à ce souvenir, était une vedette québécoise bien connue que moi, pourtant, je ne reconnaissais pas. Elle avait de l'assurance et, lors de l'accouchement, elle a assumé pleinement la place qui lui revenait. Cette première expérience m'a vraiment appris les joies de l'accouchement. »

Parlant de la responsabilité des accouchements qu'elle partageait avec une gynécologue, à la clinique externe de l'hôpital Sainte-Jeanne d'Arc, elle s'exprime encore avec cette humilité, mêlée de tendresse et de simplicité : « J'étais jeune, nouvelle et incertaine de mes compétences, mais j'avais plein d'idées sur l'accouchement. Le dilemme : je voulais pousser certaines idées, mais je n'avais pas encore assez d'expérience. J'avais des patientes marginales, exigeantes, qui voulaient une relation médecin-accouchée moins formelle et plus intime. C'était donc un défi agréable à relever. J'essayais d'être consciente et respectueuse des droits des patientes, et sensible à leurs besoins. »

Vers cette époque, Donna vient voir une de ses grandes amies qui accouche à la maison, dans son lit, appuyée sur son conjoint et aidée par une sage-femme, le tout avec un minimum d'intervention. « J'avais été très impressionnée par l'ambiance de chaleur et ce fut un moment d'émerveillement pour moi. Cette expérience hors hôpital m'a ouvert les yeux davantage sur les médecines alternatives et a remis en question ma pratique en milieu hospitalier. »

Donna aide à accoucher une femme grecque qui n'en est pas à son premier enfant. « Elle avait été tellement émue que je lui donne son bébé tout de suite après l'accouchement ! Son sourire allait d'une oreille à l'autre ! Le lendemain, elle m'a offert un billet de dix dollars. Je ne savais pas quoi faire. J'étais très touchée et mal à l'aise... Enfin, je lui ai demandé d'acheter quelque chose pour le bébé, venant de moi.

« Tout comme avec cette femme grecque, j'ai souvent l'impression que dans les relations avec les patientes, pour être bien appréciée, ça ne prend qu'un petit sourire, un peu de gentillesse, d'humanité... Je n'ai pas de difficulté à faire ça. Ce sont plutôt mes compétences qui m'insécurisent parfois. Ça me frustre et ça me choque qu'il faille si peu de choses, et que trop souvent les professions médicales semblent l'oublier. Malheureusement, la population finit par avoir une image plutôt sombre des services de santé. »

Son travail en obstétrique engendre des conflits d'horaires par rapport à ses obligations au CLSC. Donna doit faire un choix et, au début de 1978, elle décide de quitter le CLSC Saint-Louis du Parc.

Elle est embauchée peu de temps après au département de santé communautaire de l'Hôpital général de Montréal pour organiser un service pour les victimes d'agression sexuelle. À la même époque, elle commence à faire des avortements dans la clinique du docteur Morgentaler. Elle est également nommée à un comité du Conseil du statut de la femme, avec d'autres médecins et des juristes, pour améliorer l'accueil médical aux victimes de viol.

À l'automne de 1978, elle devient candidate du Rassemblement des citoyens de Montréal (RCM) contre Nick Auf de Mar du Groupe d'action municipale (GAM) et devient ainsi colistière de Guy Duquette, candidat RCM à la mairie. « J'accompagnais Guy un peu partout, mais cette campagne m'avait complètement dépassée. » Auf de Mar remporte l'élection.

Depuis son retour à Montréal en 1975, Donna passe la plupart de ses fins de semaine à la campagne à Ham Nord. Elle y rencontre Denis, son conjoint actuel, un gars de la région. À l'été de 1978, Denis et ses deux filles, issues d'un mariage antérieur, rejoignent Donna, Shirley et Timothy à Montréal.

Donna devient enceinte et, en septembre 1979, donne naissance à David. À la fin de l'année, par l'entremise de l'Office franco-québécois pour la jeunesse, elle fait un stage sur la situation de l'avortement en France.

La tranquillité de la campagne

Au début de 1980, la famille va vivre à Notre-Dame de Ham, dans les Bois-Francs, où Donna, principale source de revenus du ménage, voudrait développer une pratique différente. « La médecine sur-spécialisée et parfois insensible de Montréal ne me convenait pas. Adopter la tendance 'granola' ? Suivre la mode du retour à la terre ? J'avais aussi envie de vivre à la campagne. Les CLSC en région avaient en outre besoin de médecins. »

Elle obtient un poste à temps partiel pour faire de la médecine générale au CLSC La Chaumière d'Asbestos, ce qui lui permet de découvrir une nouvelle réalité : « Au début, c'était une adaptation et un apprentissage agréables à faire. J'apprenais un autre rythme de vie. J'observais un peuple rural, discret, solidaire, mais avec des oeillères, qui n'avait pas beaucoup voyagé et avait des horizons restreints. La participation de quatre générations entourant et encourageant la personne que je traitais demeure représentative de plusieurs de mes visites dans les maisons de campagne. De plus, j'étais frappée par le peu de questions que les gens me posaient au sujet de mes origines et de ma culture, pourtant si différente de la leur. Que je sois juive a passé presque inaperçu pendant les trois ans où j'ai vécu et travaillé à Notre-Dame de Ham.

« Jeune mère, très amoureuse de Denis, ma vie était beaucoup axée autour de la famille. Comme Denis était de la région, les gens du village m'accueillaient chaleureusement et la belle famille me recevait très bien. Je m'étais fait aussi de grandes copines québécoises qui n'étaient pas, elles non plus, originaires de Notre-Dame de Ham. À part mon travail à mi-temps et mon engagement toujours dévoué dans les Presses, je menais une vie assez intériorisée. »

C'est alors que Donna commence à assister à des colloques du mouvement « Accoucher : se faire accoucher ». Ces conférences publiques, auxquelles des milliers de femmes ont assisté un peu partout au Québec, ont accordé à celles-ci l'opportunité de faire la critique de la « médicalisation » de l'accouchement.

Après les défis d'adaptation au nouveau milieu rural, sa pratique médicale la satisfait de moins en moins et Donna veut recommencer à faire des accouchements. Elle commence aussi à s'ennuyer, à se sentir isolée et marginale en tant qu'anglophone et Juive. « Je me rendais compte que je n'étais pas chez moi sur le plan culturel.

J'étais accablée de fonctionner du matin au soir dans une langue autre que la mienne. Je parlais aussi anglais avec David, même si sa langue maternelle est le français. Entre parenthèses : je tenais aussi à ce qu'il goûte à ma culture anglophone et à ma culture juive — et pas uniquement à celle de son père... Alors, j'avais mon voyage !

« J'ai donc décidé de quitter Notre-Dame de Ham et de poser ma candidature au CLSC SOC (Sud-ouest Centre) de Sherbrooke, pour un poste de médecin à plein temps auquel se trouvait rattachée une pratique d'obstétrique, ce qui est très rare. »

Le CLSC de Sherbrooke

D'abord refusée pour le poste au CLSC SOC, Donna apprend, lors d'une rencontre fortuite avec un médecin du Centre, que ce refus semble relié à son militantisme féministe. Après quelques tractations, on finit par lui accorder le poste. Ainsi à Noël, Donna loue un appartement à Sherbrooke, mais ce n'est que six mois plus tard que David, Denis et les deux filles viennent la rejoindre à Sherbrooke.

Recommencer le travail d'obstétrique au sein du milieu communautaire d'un CLSC lui plaît beaucoup. Depuis 1985, Donna siège au conseil d'administration de l'Escale, un centre d'hébergement pour les femmes violentées, où on la considère comme la féministe radicale ! Véritable bourreau de travail, elle participe à la mise sur pied de ressources d'aide pour les victimes d'agressions à caractère sexuel. Ainsi, Donna est disponible sur appel pour voir et conseiller les femmes agressées. Elle participe aussi à un comité du ministère des Affaires sociales sur les nouvelles technologies de reproduction et est reconnue comme autorité féministe sur le sujet, ce qui lui vaut d'autres invitations pour débattre périodiquement de cette question.

Tout comme à Notre-Dame de Ham, les gens de son entourage à Sherbrooke savent bien que Donna est juive, mais ils demeurent discrets. On la perçoit davantage comme anglophone. « Je suis bien intégrée dans mon milieu de travail, bien acceptée, et encore fascinée par la possibilité de vivre les expériences d'une autre culture. »

Une source de confusion

Vu le rôle important que joue la religion dans la réalité juive, il n'est pas surprenant que plusieurs Juifs non pratiquants aient du mal à donner un sens à leur identité. Et même pour ceux qui sont pratiquants, il y a parfois un peu de confusion, comme en témoigne cet extrait d'un dialogue du film *Annie Hall* de Woody Allen. La mère WASP d'Annie Hall interroge la mère juive…

« — *Comment est-ce que vous comptez passer vos fêtes ?*
« — *Nous jeûnons.*
« — *Jeûnons ?*
« — *Pas de nourriture. Pour expier nos péchés.*
« — *Quels péchés. Je ne comprends pas.*
« — *Pour vous dire la vérité, nous autres non plus !* »

« Être Juive est pour moi une source de confusion, explique Donna. Je n'aime pas vivre l'incohérence ainsi suscitée, mais je n'ai pas de temps ni d'énergie à mettre pour la résoudre. Je fais peu de lectures pour dégager des pistes de solution, car cela se situe très loin sur ma liste de priorités. Lorsque j'étais jeune, je connaissais des danses folkloriques israéliennes, des chansons hébraïques, entre autres… Ce sont toutes des choses que je regrette avoir oublié aujourd'hui. Je ne cherche pas à insérer la religion dans ma vie, mais je veux faire de la place pour la culture juive.

« Plus je rencontre des Juifs d'origine différente ; France, Afrique, Amérique du Sud, etc., moins je peux définir ce que c'est qu'être Juif. Cela dépend beaucoup du contexte. Je ressens avec d'autres Juifs une solidarité qui est loin d'être inconditionnelle, ce qui contraste avec mon intense solidarité avec les femmes.

« Tous les jours, je passe en voiture devant l'ancienne synagogue de Sherbrooke, qui est aujourd'hui une église pentecôtiste. Parfois, en la voyant, je souhaite qu'il y ait une communauté juive à Sherbrooke, mais s'il y en avait une, je serais confrontée à des choix, et je ne suis pas certaine que j'opterais nécessairement pour une quelconque participation. Pourtant, dans le même sens, lorsque je songe à revenir à Montréal, l'existence d'une communauté juive[7]

---

7. Environ 98 % des Juifs québécois habitent la grande région métropolitaine de Montréal.

est un des facteurs qui pèse en faveur d'un éventuel retour. Et d'ailleurs il m'arrive de faire des voyages à Montréal avec David pour vivre des fêtes juives avec mes amis. »

David et la renaissance d'un intérêt dans le judaïsme

Le judaïsme n'accapare pas toute la place dans la journée d'un Juif, sauf peut-être pour les plus dévots. Sa pertinence dans la vie de la majorité des Juifs n'est pas non plus évidente à toute heure. Mais, tout comme pour les non-Juifs, dans les grandes étapes de l'évolution de l'homme (naissance, mariage, mort), il est difficile de ne pas réfléchir à ses origines et d'être au moins quelque peu soumis à leur influence.

Ainsi, la naissance de David provoque des réflexions et des dilemmes chez Donna. « Je me demandais quelle identité je voulais lui transmettre... Quelle sorte d'éducation formelle et informelle je souhaitais lui donner... Dès sa naissance, j'avais eu à décider s'il devait ou non avoir un *Bris*[8]. Je souhaitais quasiment avoir une fille pour ne pas avoir à faire face à ce dilemme. Après de multiples recherches, lectures et discussions sur les conséquences de ma décision pour David, le hasard a fait qu'un médecin marocain juif m'a été conseillé et, sur le coup, sans autre préambule, je lui ai demandé de circoncire mon fils. Un dilemme de réglé !

« En deuxième année d'école primaire, à Sherbrooke, David se plaignait d'un professeur autoritaire. J'ai donc pris rendez-vous pour aller le voir, mais on m'a refusé l'admission dans la classe, parce que la responsable de la pastorale était en train de distribuer des médailles de la vierge aux enfants. D'abord surprise, je me suis objectée à la présence de mon fils durant cette activité, sur quoi le professeur m'a assurée en précisant que ça n'avait pas d'importance. D'emblée, j'ai été scandalisée par l'autorité sévère et l'atmosphère de compétition qui régnait à l'école. J'ai alors proposé à mon fils de changer pour une école alternative, ce qu'il a accepté. »

Depuis que David est au monde, Donna rend visite plus souvent à sa famille en Ontario, particulièrement pendant les fêtes juives.

---

8. Cérémonie religieuse de la circoncision, pratiquée huit jours après la naissance.

« Bien entendu, je le fais pour que David connaisse sa famille et vice versa, mais aussi pour qu'il découvre les fêtes juives et leur signification. Étant le plus jeune de la famille, c'est lui qui pose les quatre questions[9] au *séder*. Je lui explique les pratiques religieuses qu'il constate chez mon frère et ma soeur. D'une certaine façon, je suis très contente que ma famille soit restée dévote, justement à cause de l'opportunité que ça me donne d'offrir cette éducation à mon fils. Et aussi, cela me permet moi-même de piger dans ma tradition juive de temps en temps, sans trop m'engager. Voilà donc que ça m'aide à vivre ma propre ambivalence à l'égard du judaïsme.

« Je vis mon judaïsme de façon très intériorisée. Par ailleurs, le fait que j'habite loin de ma famille ontarienne, qui est à deux heures d'avion de Montréal, permet une coupure géographique significative d'avec ma vie au Québec, lorsque j'y vais avec mon fils pour célébrer certains rituels juifs. »

Les parents du meilleur ami de David sont des chrétiens charismatiques et Donna éprouve un peu de difficulté à ce sujet. Elle essaye de ne pas bousculer les choses, ni de trop s'ingérer, malgré son appréhension d'une éventuelle influence sur son fils et malgré sa propre sensibilité sur toute la question de l'identité juive de David.

« Parfois, je le taquine en lui disant : 'Tu n'as qu'à épouser une Marocaine juive... Cela permettrait de régulariser ta situation de Juif et de francophone'. J'ai une vague envie qu'il soit capable un jour de lire l'hébreu et je pense déjà à son Bar-Mitsva. Ma famille s'attend à ce qu'il en ait un, mais à vrai dire, mon idée n'est pas encore faite, même si à l'occasion je blague avec lui en prétendant que nous allons célébrer son Bar-Mitsva en Israël.

« David sait qu'il est Juif. Et la vieille blague, c'est qu'il adore la soupe au poulet, trait génétique de tout Juif ! Mais une fois, je lui ai demandé directement s'il se sentait juif et il m'a répondu : 'Un peu. Pas trop... à peu près comme toi, mais pas comme mon oncle Bobby...' Alors, il a hésité un peu et a lancé : 'Mais je ne me sens surtout pas catholique !' »

---

9.   Quatre questions posées par le plus jeune convive lors du *séder*, souper de la Pâque. Selon la tradition juive, les aînés doivent répondre en racontant la libération du peuple juif de son esclavage en Égypte.

Juive progressiste ou progressiste juive

Pour Donna, l'éducation progressiste et l'éducation juive, particulièrement celles qu'elle a reçues au B'nai Brith, ne peuvent être vues sous deux angles séparés. « Selon la façon dont j'ai été élevée, je constate un lien direct entre les deux. L'époque dans laquelle je vis, de même que la manière dont ma famille vivait le judaïsme, a contribué à ma philosophie progressiste. Les aspects du judaïsme qu'on reconnaissait à la maison étaient pris très au sérieux. Par exemple, la Pâque, cette fête de la libération des Juifs de leur esclavage en Égypte était toujours saisie comme occasion pour répéter : 'On n'est jamais vraiment libres tant qu'il existe d'autres esclaves ailleurs !' Très jeune, je pensais que tous les Juifs tiraient le même message progressiste de cette libération. Ce que je sais aujourd'hui n'est pas tout à fait conforme à la réalité », avoue-t-elle en riant de sa naïveté d'autrefois.

« On m'avait enseigné que le respect de la vie et le souci de la justice font partie intégrante de notre culture et de notre religion. La priorité qu'on accorde à la vie sur terre, plutôt qu'à la place à obtenir au ciel, fait également partie de cet héritage. Chez nous, on était fiers que Marx et Einstein, pour ne nommer que ceux-là, aient été juifs. Plus tard quand j'étais à l'Université McGill, j'ai remarqué une prépondérance de Juifs dans les mouvements progressistes ; je dirais plus de la moitié. Cela a même été sécurisant pour moi, à l'époque.

« Je connais un groupe humaniste juif — auquel appartient une de mes cousines — qui prétend qu'il y a un lien définitif entre le judaïsme et les préceptes progressistes, et c'est ainsi qu'il explique la notion de peuple élu comme étant une obligation des Juifs d'assumer un leadership moral. Je trouve cette interprétation attirante, flatteuse même, mais en vieillissant j'ai une attitude plus humble face au rôle historique de mon peuple. »

Le concubinage mixte

En poussant un soupir, Donna confie : « Finalement, après mes dix ans de concubinage avec Denis, ma famille ontarienne n'entretient plus d'espoir que j'épouse un Juif. J'ai déjà fait l'expérience de vivre avec un Juif, Allan, pendant cinq ans. Depuis, être avec un non-Juif, c'est un bienfait pour moi. Je vis ainsi d'une façon plus ouverte. N'eût été de ce choix, j'aurais risqué de tourner en rond. Avec Denis, tout peut être remis en question, car il n'y a pas de tradition où le chemin est déjà tout tracé d'avance ! Alors on a beaucoup innové, et j'aime ça !

« Par ailleurs, à cause de nos différences culturelles, on fonctionne moins en couple que d'autres. Quand je vais en Ontario, dans ma famille, pour les fêtes juives, la plupart du temps je n'emmène que David. D'un côté, ma famille trouve ça difficile à accepter et à comprendre, mais de l'autre, ça a ses avantages. »

En novembre 1978, avant la naissance de David, Denis et ses deux filles s'étaient rendues à Windsor pour accompagner Donna au Bar-Mitsva de son neveu. « Lors du service religieux à la synagogue, le manque de formalisme a frappé Denis qui avait toujours perçu la religion comme une source de répression. Moi, par contre, je peux y trouver de la joie, sans pour autant y croire.

« Quelque temps après ce voyage, ses deux filles m'ont demandé si mon père, mort depuis quelques années, avait jadis l'air d'un Hasside, tel qu'on en a déjà vu à Outremont — ce qui m'a fait prendre conscience de la force considérable de cette image pour les non-Juifs. C'est paradoxal, car moi, à leur âge, je n'avais pas encore vu, de mes propres yeux, un Hasside. »

Noël, comme les fêtes juives, exige une adaptation et une certaine souplesse. « Au travail, j'annonce toujours ma disponibilité pour être de garde pendant les Fêtes, mais Denis et même David souhaitent ma présence à la maison pendant cette période. Il y a deux ans, David voulait qu'on achète un arbre de Noël et je lui ai dit que ce n'était pas nécessaire puisque nous ne passions pas Noël chez nous. Denis et David en ont quand même acheté un petit, l'ont décoré et traîné partout où on allait. Ça faisait drôle. Je ne suis pas à l'aise d'avoir un arbre de Noël à la maison, ni de célébrer cette fête chez moi. Par contre, je suis tout à fait à l'aise pour fêter Noël chez les autres. D'ailleurs, une des rares fois de l'année où je chante en yiddish, c'est au party de Noël à la clinique Morgentaler ! »

Ambivalence à l'égard d'Israël

L'ambivalence de Donna à l'égard du judaïsme trouve son pendant dans son attitude à l'égard de l'État juif, sur la mer Méditerranée. En juin 1967, lors de la Guerre des six jours, elle n'était pas bien certaine de vouloir partager la fierté si fortement exprimée par la communauté juive mondiale envers la nation gagnante. Avec le passage des années et l'abondance de controverses au sujet des Palestiniens, du Liban, des territoires occupés, du pouvoir des Juifs orthodoxes en Israël, pour ne nommer que ceux-là, son dilemme s'aggrave. Néanmoins, elle cherche à définir ses attitudes face à Israël et trouve certains aspects dont elle est fière en toute certitude. « Les manifestations monstres qui ont eu lieu après les terribles massacres de Sabra et de Chatilla m'ont fait réaliser, reconnaît-elle, qu'il n'y a pas beaucoup de pays au monde où la population réagit autant pour aller au fond des questions. »

Dans les Bois-Francs, puis à Sherbrooke, les discussions sur l'actualité mondiale, dont Israël, sont rares. « Je suis émue par les brutalités énormes au Proche-Orient, tout comme je le suis par ce qui se passe ailleurs, et je ressens une grande tristesse pour toute la place que le militarisme prend sur ce territoire. Mais je ne me considère pas comme très bien renseignée sur les enjeux et les nuances de la situation.

« Toutefois, en tant que Juive, j'ai un lien particulier avec Israël, mais il y a aussi peu de chances pour que je m'y installe, qu'en Nouvelle-Zélande. »

Sherbrooke ou Montréal

Le cercle social de Donna à Sherbrooke est très limité et elle n'a pas réussi à trouver là l'intimité qu'elle partage avec ses amies de Montréal. « Ce n'est pas vraiment une question de langue, car les Cantons de l'Est comptent beaucoup d'anglophones et je ne partage rien avec eux. Toutefois, le fait d'avoir vécu à l'extérieur de Montréal met un accent certain sur les différences entre moi et les Québécois de souche. Force est de constater que j'ai plus de racines à Montréal qu'ailleurs, et c'est pourquoi, donc, quand je reviens à Montréal, je recherche des gens qui me ressemblent.

« Mais même si je m'ennuie de la culture anglophone, de la culture juive, de la culture montréalaise, ce n'est pas encore assez pour que je me décide à retourner vivre dans ce grand centre métropolitain.

« Pourtant, j'ai un certain regret de l'avoir quitté. Je songe souvent à un éventuel retour. Je n'ai pas l'impression que je suis en train de bâtir quelque chose à Sherbrooke. Montréal me plaît, avec ses immigrés, ses cultures variées vivant en harmonie relative. »

Québécoise errante

Donna ne se doutait évidemment pas des changements culturels radicaux qui l'attendaient lorsqu'elle a débarqué du train, à Montréal, en 1966. C'était la fin de son adolescence, et apprendre le français n'était pas insurmontable pour elle... De plus, une grande ouverture sur le monde l'animait. « Je n'avais pas les sentiments de culpabilité ni de responsabilité que beaucoup de Juifs de mon âge ressentaient à l'égard de la situation que subissaient à l'époque les Québécois francophones, soit à cause de certains privilèges ou d'expériences de leur enfance, soit à cause d'attitudes de leurs parents. Je ne vivais heureusement pas ces problèmes de conscience !

« À mon arrivée, le Québec et la langue française revêtaient même pour moi un caractère exotique. Mais après un certain âge, lorsqu'on quitte le foyer de son enfance pour s'installer ailleurs, peu de gens s'intègrent et établissent des racines aussi profondes que les gens de souche. Ainsi, je me sens quelque peu déracinée au Québec, tout en étant très bien ici. Je compte y rester, en partie à cause de mes amis, mais aussi parce que c'est vibrant, ici. Cela ne veut pas dire que je ne pourrais pas être bien ailleurs. D'autre part, si je retournais à Windsor, en Ontario, je ne me sentirais plus chez moi. »

Donna rappelle son attachement pour Terre-Neuve : « Les Terre-Neuviens et les Québécois se ressemblent. Les premiers sont isolés par leur situation géographique et les seconds le sont par la langue. Il en résulte un fort désir d'affirmer son identité que j'ai toujours trouvé très riche. »

Donna ne se rappelle pas si elle a voté lors de l'élection du 15 novembre 1976, juste après son retour de Terre-Neuve : « Par ailleurs, je me souviens d'avoir été quand même émue et très contente de la victoire péquiste. Quant à la phrase de René Lévesque, prononcée au centre Paul-Sauvé : 'Je n'ai jamais été aussi fier d'être Québécois !', je ne suis pas certaine qu'à cette époque, après une absence de quatre ans du Québec, ma maîtrise du français me permettait même de la comprendre. »

Le souvenir du 20 mai 1980 est plus clair : « Dans les tripes, j'avais des sentiments mixtes. En tant que Juive, je savais que nos expériences avec le nationalisme, au cours de l'histoire, ont souvent été malencontreuses. J'ai voté 'Oui', mais est-ce que c'était un simple réflexe intellectuel ? Par ailleurs, je suis toujours convaincue que les expériences progressistes sont plus facilement réalisables à petite échelle. Donc, je trouvais intéressant le projet d'un Québec indépendant, mais je n'ai pas ressenti le résultat comme un échec. À un certain niveau, j'en étais même soulagée. Ça fait partie de mes contradictions, n'est-ce pas ! »

Donna conserve un petit accent anglais et on lui demande à l'occasion si elle est « Anglaise » ; souvent, elle répond qu'elle est « Martienne » ! D'un ton plus sérieux, elle précise : « Je suis Québécoise, mais à vrai dire, ça dépend à qui je m'adresse. Je pense avoir une certaine identité canadienne, nourrie dans ma jeunesse par une bonne dose d'anti-américanisme, qui reste aujourd'hui intact. J'aime l'énergie qui circule au Québec, reliée un peu au nationalisme. J'apprécie la force de l'affirmation culturelle des Québécois, que je ne sens pas en Ontario. De plus, c'est plus facile ici de remettre des choses en question. Par rapport aux Américains, les Québécois sont en avance sur le plan social et dans bien d'autres domaines, particulièrement dans celui de la santé. »

Poussant un grand soupir, elle conclut : « Mais des fois, devant ces questions persistantes d'identité, j'ai simplement envie de me considérer citoyenne du monde ! »

Épilogue

Je me suis engagé dans des activités militantes parce que je connais les maux que
provoque le système capitaliste et les conséquences inévitables de ce système : la crise
économique, le colonialisme, la guerre impérialiste, la surexploitation, la faim, le
fascisme, le racisme, la corruption, la déshumanisation...

Bien que je sois conscient des limites de ma
contribution, je lutte dans le but de participer
au changement social et révolutionnaire de
mon pays.

Bernard MERGLER (1915-1975)

Henry, Léa, Maurice, Donna, Stan, Andrea, Arnold, Nancy,
Jean Claude et Donna font partie d'une vaillante histoire et d'une
longue tradition progressistes au Québec, en tant que citoyens et en
tant que Juifs. Au-delà du grand plaisir personnel que j'ai eu à les in-
terviewer et à faire leur connaissance, ils m'ont, bien sûr, incité à
réfléchir sur beaucoup de sujets. Je vous fais part de l'un des aspects
les plus importants de cette réflexion.

Récapitulons : le fait d'être Juif prend ses racines dans la religion juive, mais constitue plus que la seule pratique de cette religion.
Les Juifs ont une histoire qui s'étend à travers les siècles et à travers

le monde. Jusqu'en 1948, ils n'avaient pas leur propre pays, mais par ailleurs, plusieurs événements notables de l'histoire de ce peuple eurent lieu en Israël. Depuis 1948, ce pays et son avenir occupent l'avant-scène de la conscience juive. S'il n'existe pas une seule et unique culture juive homogène, je crois qu'il se dégage certaines expériences communes à ce peuple et des comportements semblables, que ce soit à travers le temps ou à travers l'espace.

J'en suis donc arrivé à trois constatations fondamentales sur ce qui est partagé et commun dans l'expérience vécue par mon peuple, dans ses dimensions autant temporelle que géographique.

Premièrement, il semble que la marginalité soit la caractéristique la plus évidente et la plus significative du Juif de toutes les époques et de tous les pays. Même Israël est en quelque sorte un pays marginal, quoique redoutable, au sein de la famille des nations. Je crois qu'on ne peut pas dissocier la condition du Juif de sa position minoritaire et de son existence habituellement en marge de la société dans laquelle il vit. Le Juif et sa communauté sont normalement entourés de voisins plus nombreux, plus imposants et, règle générale, plus puissants que lui.

Plus une minorité est petite relativement à n'importe quelle société ou à n'importe quel groupe de référence, plus cette minorité sera consciente de son statut minoritaire et de sa propre fragilité, et plus elle va ressortir aux yeux de la majorité. À titre d'exemple, prenons le cas d'une personne qui entre, seule, dans une salle où il y a cent personnes de sexe opposé. Cette situation lui fera prendre instantanément conscience de l'aspect saillant de son identité sexuelle, comme le feront également les cent autres personnes présentes. Par contre, s'il y avait une répartition soixante/quarante, on ne remarquerait pas particulièrement le sexe de la personne entrant dans la salle.

C'est ainsi que les Juifs ont souvent été l'objet d'une attention particulière de la part des majorités environnantes, surtout à cause de leur moindre nombre habituellement groupé dans un lieu perdu, plutôt qu'en raison d'une qualité intrinsèque quelconque. Je crois que ce rapport majorité/minorité a ainsi substantiellement influencé les perceptions et les réactions respectives des Juifs et des non-Juifs entre eux. De plus, ce statut numériquement inférieur a un impact énorme sur l'image que le Juif a de lui-même, ainsi que sur sa personnalité.

Selon la psychologie sociale, on peut s'attendre à ce que cette personne marginale ressente une certaine insécurité envers le monde extérieur, une certaine solidarité envers ses semblables et une certaine préoccupation, voire une obsession, à l'égard de sa propre survie en tant que minoritaire.

Une deuxième constatation s'impose en ce qui concerne l'assimilation et la conformité qui, eux, sont en rapport direct avec le premier phénomène de la marginalité. Dans la plupart des situations sociales, être marginal équivaut à ressentir continuellement une pression incitant à s'assimiler et à se conformer à la majorité. Si, comme dans l'exemple cité précédemment, cent personnes portent des jeans et qu'une seule soit en tenue de soirée, cette dernière discernera normalement un appel tacite, au moins, l'invitant à enlever sa cravate ou ses talons hauts !

Il va sans dire que, dans une société ou dans un groupe, la majorité ne tolère que très peu d'écarts aux règles ou aux normes qu'elle s'est données. L'ordre et la stabilité exigent un certain niveau de conformité. Des éléments distinctifs, ou seulement différents, sont souvent perçus par la majorité comme dangereux et subversifs.

Les caractéristiques exactes du peuple juif ne font pas l'unanimité ; toutefois, affirmer que c'est un peuple distinct, sans plus, ne provoque guère de débat.

Les courants qui caractérisent l'histoire millénaire des Juifs oscillent entre les contraindre à nier leurs origines ou, tout simplement, les éliminer en tant qu'êtres humains. L'intolérance relativement à la différence, à la marginalité ou à l'écart n'est évidemment pas une attitude inventée seulement pour sévir contre les Juifs ; tout groupe marginal y est soumis. D'ailleurs les Juifs, eux-mêmes, essaient d'établir entre eux une homogénéité afin d'apporter un ordre et une stabilité recherchés dans leurs propres communautés. Pour y arriver, ils proscrivent leurs propres marginaux. Il arrive parfois que les Juifs progressistes subissent justement cet ignoble sort.

Une dernière constatation découle des deux premières, à savoir la lutte pour la survie.

L'Histoire regorge abondamment de remarquables civilisations et de grands empires qui ont prospéré et disparu, de même que de minorités qui ont été soit assimilées, soit éliminées.

La diversité, de même que tout écart à la norme, est habituellement de courte durée, autrement ils deviennent eux-mêmes la norme. Tantôt les pressions de se conformer réussissent, tantôt on finit par soudoyer les contestataires, sinon les faire disparaître.

Il est difficile de vivre à contre-courant, autant pour un individu que pour la société dans son ensemble, et cela conduit parfois le marginal à devoir choisir entre l'extinction totale ou l'abandon de quelques traits distinctifs, abandon qui, en dernier ressort, est préférable pour sa survie.

Une fois de plus, je le répète, les Juifs ne sont pas les seuls pris dans cet engrenage, mais je crois que le peuple juif a ici une caractéristique manifestement distinctive. En effet, si l'on tient compte de la multiplicité et de la variété des tentatives d'assimilation ou d'élimination des Juifs à travers les siècles, ce peuple marginal a réussi à survivre jusqu'ici probablement plus longtemps que n'importe quel autre groupe social comparable.

On aurait pu parier, avec une chance raisonnable de succès, que les Juifs disparaîtraient après tout ce qu'ils ont subi à travers les siècles. Mais à ce sujet, je crois que l'image de David vainquant Goliath est justement l'une des plus représentatives de l'histoire des Juifs.

Cet exploit, et c'est bien un exploit selon moi, n'est pas inné ou propre au judaïsme, ne vient pas d'une force surhumaine des Juifs, et ce n'est pas non plus le résultat d'une intervention divine ; il s'agit plutôt d'accidents, de caprices et du cours de l'Histoire. Pour ne citer qu'un seul exemple, ce n'est pas le judaïsme, ni les Juifs, ni un miracle céleste qui ont empêché Hitler d'atteindre son objectif.

J'en arrive donc à la conclusion que l'exploit que constitue la survie du peuple juif, en est un d'envergure et d'intérêt considérable.

J'estime que l'exemple de mon peuple est une preuve vivante que l'homme peut survivre en marge de la majorité, que là ou même les minorités sont viables au sein d'une société. L'expérience juive plaide contre la nécessité ou l'obligation de se conformer, de s'assimiler. L'histoire des Juifs et la réussite de leur survie peuvent et doivent inspirer ceux et celles qui osent aller en sens contraire et qui refusent de se plier à la force du plus grand nombre.

Par ailleurs, le changement social et la critique intransigeante du statu quo sont toujours l'apanage d'une minorité, de marginaux et de non-conformistes. Les idées progressistes, presque par définition, ne plaisent pas à ceux qui détiennent l'autorité. Au nom de la majorité, les autorités en place essaient d'absorber, d'assimiler, de diluer ces idées progressistes marginales, ou même parfois d'éliminer ceux qui les partagent et les défendent. Un peu comme on a fait aux Juifs à travers l'histoire...

Selon moi, l'expérience juive démontre la possibilité de survivre en tant que marginal — une des conditions essentielles à l'action progressiste. Il est donc viable de fonctionner en marge de la majorité, tout en restant intègre, en nageant à contre-courant, en résistant au pouvoir et à ses attaques. Le prix à payer peut être élevé, mais on ne peut plus invoquer l'impossibilité de répudier les forces tenaces de l'assimilation et de la conformité, ni l'échec inévitable du marginal.

Par conséquent, face à la pression vers l'assimilation ou à la menace d'élimination, trois choix se présentent au marginal.

On peut verser dans la complaisance et abandonner tout engagement, cédant ainsi aux pressions et menaces, afin de cesser d'être marginal.

On peut devenir des alliés, des complices et des agents-tampons du pouvoir, en dissimulant ses aspects uniques et en faisant des compromis pour tout ce qui déplaît aux autorités et risque de déranger le statu quo.

Enfin, on peut contester, lutter et s'opposer aux autorités, au pouvoir, et parfois à la majorité, en affirmant fièrement sa marginalité.

La première option est inacceptable, mais a parfois été adoptée par des Juifs à certaines époques de leur histoire ; elle l'a été aussi — trop souvent — par des progressistes qui finissent par être subornés par le parfum qu'exhalaient les salons du pouvoir. (Des jeunes frangins se munissent de sous.)

La deuxième option est celle d'un grand nombre de Juifs américains et canadiens d'après-guerre qui, en reconnaissance de la tolérance qu'on leur a manifestée en Amérique du Nord, ont trop lié leur sort à la culture et aux classes dominantes de ces deux sociétés. Quant aux progressistes qui choisissent cette option, ils visent, avec acharnement, à paraître modérés, agissant alors avec une prudence excessive et remettant à demain tout ce qui offusque, tout en se disant progressistes dans leurs « intentions » à long terme !

Le troisième choix, le plus digne selon moi, est celui qui a été à la base de la survie juive ; c'est aussi celui des véritables progressistes de tous les pays et de tous les temps.

Le dilemme de la marginalité, la pression vers la conformité et l'assimilation, et le défi de la survie sont toujours aussi présents et réels, pour les Juifs, pour d'autres minorités ethniques et pour les minorités progressistes.

Les trois options possibles restent toujours les mêmes. Si la première est ignoble et à rejeter, la deuxième, à savoir s'allier avec ceux qui détiennent le pouvoir, fut le choix de Juifs, autrefois et ailleurs que dans l'Amérique d'après-guerre. Mais quand la crise éclate et que la tension monte, je pense que l'histoire nous a enseigné que, malgré ses accommodements avec le pouvoir ou ses tentatives pour se fondre dans la majorité, le Juif reste toujours un Juif, un marginal, un bouc émissaire convenable.

Par ailleurs, s'allier avec d'autres minorités dépourvues de pouvoir, vivre fièrement sa marginalité, combattre l'intolérance, contester le pouvoir arbitraire et oppressif, voilà autant de comportements fortement ancrés dans la tradition juive. Cette option n'est pas la plus facile ni la plus reposante, mais c'est celle que partagent les dix Juifs progressistes présentés ici. Elle est non seulement bien vivante, mais le choix le plus sage.

Glossaire

Ashkénaze — Juif de l'Europe orientale, de Pologne, de l'URSS et des pays slaves.

Bar-Mitsva — Cérémonie religieuse qui souligne l'arrivée des garçons à la majorité. Autour de son treizième anniversaire, le jeune « adulte » est invité devant la congrégation, à la synagogue, pour chanter des extraits de la Torah (cinq premiers livres de l'Ancien Testament). Généralement, on fait la fête pour souligner cet heureux événement.

Bas-Mitsva — Cérémonie juive de la majorité religieuse pour les filles, lorsqu'elles atteignent douze ans selon la tradition orthodoxe, et treize ans selon la tradition réformiste.

Bris — Cérémonie religieuse de la circoncision, pratiquée huit jours après la naissance.

Bund — Organisation socialiste d'ouvriers juifs de Pologne, de Russie et de Lituanie, fondée en 1897. Antisioniste, prônant l'autonomie culturelle et nationale, le Bund travaille ardemment à promouvoir le yiddish et la culture juive et est actif dans les domaines politique, social, culturel et économique qui touchent la vie de la classe ouvrière juive.

Chala — Pain blanc consommé habituellement les jours de Sabbat et de fêtes, de même que lors de certaines célébrations religieuses.

Fier Kashehs — Quatre questions posées par le plus jeune convive lors du *séder*, souper de la Pâque. Selon la tradition juive, les aînés doivent y répondre en racontant la libération du peuple juif de son esclavage en Égypte.

Goy — Littéralement : « étranger », en yiddish, mais on l'emploie aussi pour signifier un non-Juif. Ce terme a souvent une connotation péjorative et xénophobe, implicitement : « Ce n'est pas un des nôtres ! »

Guerre des six jours — Au printemps 1967, des bombardiers israéliens ont réussi une attaque contre l'artillerie sol-air en Syrie et ont survolé impunément Damas, la capitale. Quelques semaines plus tard, l'Égypte a imposé un blocus maritime au détroit de Tiran, immobilisant ainsi l'activité au port israélien d'Eilat. Des porte-parole arabes déclaraient leur intention « d'envoyer les Juifs d'Israël dans la mer ! » Le 5 juin 1967, le radar israélien a détecté une attaque d'appareils égyptiens, et Israël a immédiatement contre-attaqué, atteignant sérieusement la grande majorité des aérogares de l'aviation militaire égyptienne. Avec éclat, dans l'espace de six jours, Israël a rapidement eu le dessus sur la Syrie et sur la Jordanie. Israël a ainsi pris, aux mains de ces trois pays, des territoires de Cisjordanie, du Golan, de Jérusalem-Est et de la péninsule du Sinaï.

Haggadah — Histoire de l'exode des Juifs de l'Égypte des Pharaons, racontée en hébreu lors de la fête de la Pâque.

Hanuka — Fête des lumières. Au IIe siècle av. J.-C., les Juifs ont dû se cacher pendant huit jours pour échapper à leurs oppresseurs assyriens. (voir « *Menora* »).

Hasside — Juif très fervent d'un courant mystique du judaïsme. Les Hassides sont autour de 4 000 à Montréal, sur une population juive totale de 105 000 personnes.

Hébreu — Langue sémitique parlée par les Hébreux dans l'ère av. J.-C. et encore en usage en Israël. C'est aussi la langue dans laquelle sont rédigés tous les textes religieux.

Héder — Petite école primaire juive, souvent composée d'une seule salle, où l'on enseigne, entre autres, l'hébreu aux jeunes enfants.

Kabbale — Interprétation juive ésotérique et symbolique du texte de la Bible, dont le livre classique est le *Zohar*, ou « Livre de la splendeur ».

Kaddish — Prière récitée habituellement par le ou les fils du décédé, et selon la tradition stricte, quotidiennement pendant les onze mois qui suivent les funérailles.

Kasher — Loi juive indiquant les prescriptions rituelles pour l'alimentation et la tenue de la cuisine, ainsi que le lieu où la nourriture est préparée ou vendue. À titre d'exemples, sont interdits : la consommation de cochon, de carnivores, de cheval, de fruits de mer, de même que la consommation simultanée de plats carnés et lactés.

Kibboutz — Colonie collective, qui existe surtout dans le domaine de l'agriculture, animée à l'origine par des principes de socialisme, d'entraide et de sionisme. Ce genre d'organisation communautaire a connu en Israël beaucoup de variations et a énormément évolué depuis ses quelque neuf décennies d'existence.

Latkes — Petites crêpes à base de pommes de terre, préparées pour la fête de *Hanuka*.

Magen David — Étoile de David, à six pointes. Ce symbole juif apparaît aujourd'hui sur le drapeau d'Israël, mais il date du IIIe siècle av. J.-C.

Matzos — Pain sans levain, mangé à la Pâque juive, pour commémorer le fait que les Juifs ont eu tellement hâte de quitter l'Égypte, au XIIIe siècle av. J.-C., qu'ils n'ont pas pu attendre que leur pain lève.

Megillah — En hébreu, nom habituel du livre d'*Esther*, qui raconte la délivrance des Juifs de Perse pour échapper à la tentative d'Haman, au XIe siècle av. J.-C., de les exterminer.

Melamed — Personne qui enseigne l'hébreu aux débutants, en se rendant chez eux.

Menora — Candélabre à neuf branches, dont huit commémorent les huit jours et les huit nuits pendant lesquels l'huile, qui ne devait brûler que vingt-quatre heures, s'est maintenue et a fourni sa lumière aux Juifs qui se cachaient des Assyriens, au IIe siècle av. J.-C. La *menora* est allumée chacun des huit soirs que dure la fête de *Hanuka*. La neuvième chandelle, *shammash*, sert à allumer les huit autres.

Oy — L'exclamation la plus omniprésente en yiddish, qui peut exprimer toutes les émotions ou sentiments, dépendant du ton adopté. *Oy vay iz meer* : peut représenter la peine, la frustration, la déprime, les condoléances, etc.

Pâque — Fête commémorant l'exode des Juifs de l'Égypte des Pharoans. Cette fête, qui dure huit jours au printemps, commémore la libération du peuple hébreu d'Égypte sous la conduite de Moïse, au XIIIe siècle av. J.-C.

Pourim — Fête commémorant la délivrance des Juifs de Perse au XIe siècle av. J.-C. Cette fête souligne la capacité d'avoir le dessus sur les tyrans.

Rabbin — Chef spirituel d'une communauté juive. Il a l'autorité d'interpréter les Lois juives.

Rosh Hashana — Le jour de l'An juif.

Sabbat — Selon la Loi judaïque, le Sabbat, tout comme les autres jours, débute au coucher du soleil et non à minuit. Le début du Sabbat est souligné par un repas somptueux. Ainsi, du vendredi soir au samedi soir, le Sabbat, jour de repos hebdomadaire, est consacré à Dieu. Le vendredi soir et le samedi matin, des services religieux spéciaux se tiennent à la synagogue.

Séder — Une combinaison de banquet et de service religieux, célébrée les deux premiers soirs de la Pâque juive, qui commémore la libération des Juifs de l'Égypte sous la conduite de Moïse, telle que racontée dans le livre de l'*Exode* dans l'Ancien Testament.

Sépharade — Juif d'origines espagnole et portugaise, dont près de 250 000 furent expulsés et chassés lors de l'Inquisition espagnole en 1492, et qui se sont dispersés partout dans le monde.

Shadchen — Personne qui arrangeait un mariage entre deux Juifs, selon la vieille coutume.

Shiksa — Une non-Juive, en yiddish.

Shulhan Arukh — Titre hébraïque du Code des lois juives.

Siddur — Livre écrit en hébreu qui contient toutes les prières quotidiennes juives.

Sionisme — Le sionisme vit le jour comme mouvement politique organisé en 1897, mais les prières quotidiennes des Juifs expriment le désir d'un retour éventuel au pied de Sion, la montagne de Jérusalem, depuis la dispersion des Juifs de Jérusalem en 70 av. J.-C. Les sionistes visaient à convaincre le plus grand nombre de Juifs possible d'élire domicile dans la « Terre promise » et d'y fonder un État juif. Depuis la création de l'État en 1948, les sionistes visent à la consolidation de cet État, et toujours le rapatriement des Juifs de la diaspora.

Talith — Châle de prière rituel, porté par les hommes pendant les services religieux.

Talmud — Compilation de commentaires et d'analyses par les sages de la loi mosaïque, la Torah. Ce recueil de textes philosophiques propose une interprétation de la vie et un système de valeurs et de moeurs.

Tefillin — Une petite boîte carrée noire renfermant des inscriptions de la Torah. À l'extrémité de cette boîte se trouvent deux courroies de cuir longues et étroites ; les Juifs pratiquants en placent une sur le front et une autre autour du bras gauche, selon un rituel précis, durant leurs prières matinales.

Torah — Les cinq livres de Moïse. Selon le christianisme, ce sont les cinq premiers chapitres de l'Ancien Testament.

Yarmulke — Petite calotte portée par tout Juif de sexe masculin quand il dit des prières ou qu'il entre dans une synagogue, mais que les Juifs très religieux portent en tout temps.

Yeshiva — Académie d'études religieuses juives.

Yiddish — Langue d'origine germanique des communautés juives de l'Europe centrale et orientale.

Yiddishiste — Quelqu'un qui parle et lit le yiddish, en se préoccupant aussi de la promotion et de l'épanouissement de cette langue.

Yom Kipour — Jour de la Pénitence, qui tombe neuf jours après le jour de l'An juif, le *Rosh Hashana*. Le Juif pratiquant jeûne pendant les vingt-quatre heures de cette fête et, en plus de demander pardon pour ses péchés devant Dieu, il doit s'excuser auprès des hommes et des femmes pour les fautes qu'il a commises durant l'année.

Bibliographie

Irving ABELLA,
« Portrait of a Jewish Professional Revolutionary : Joshua Gershman », *Le Travailleur / Labour* (1977), Vol. 2, p. 184-213

Marie BERDUGO-COHEN, Yolande COHEN et Joseph LÉVY,
Juifs marocains à Montréal, VLB éditeur (1987)

Ber BOROCHOV,
Nationalism and the Class Struggle : A Marxian Approach Greenwood Press Publishers (1937)

Lenni BRENNER
Jews in America Today, Lyle Stuart inc. (1986)

David BRIDGER,
The New Jewish Encyclopedia, Behrman House (1962)

Paul BUHLE,
« Socialism and Spirituality », *Monthly Review*, November 1985

Gary CALDWELL et Pierre ANCTIL,
Juifs et réalités juives au Québec, Institut québécois de recherche sur la culture (1984)

Percy S. COHEN,
Jewish Radicals and Radical Jews, Academic Press ; Harcourt, Brace and Jovanovich (1980)

Simon CUKIER, Dominique DECEZE, David DIAMANT et Michel GRONJNOWSKI
Juifs révolutionnaires, Messidor/Éditions sociales (1987)

Jean DeBONVILLE,
«Jean Baptiste Gagnepetit, ombudsman», *Le Maclean*,
juillet 1975, p.41

Isaac DEUTSCHER,
The Non-Jewish Jew and other essays, Oxford University
Press (1968)

Irving HOWE,
World of our Fathers, Harcourt, Brace and Jovanovich (1976)

Jack N. PORTER & Peter DRIER,
Jewish Radicalism : A Selected Anthology, Grove Press (1973)

David ROME et Jacques LANGLAIS,
Juifs et Québécois français : 200 ans d'histoire commune,
Fides (1986)

David ROME et Judith NEFSKY,
Les Juifs du Québec, Institut québécois de recherche sur la
culture (1981)

Jacques ROUILLARD,
« Les travailleurs juifs de la confection de Montréal
(1910-1980) », *Le Travailleur / Labour*,
automne-printemps 1981/82

Jean-Paul SARTRE,
Réflexions sur la question juive, Paul Morihien (1946)

Alexandra SZACKA,
*Ethnicité et fragmentation du mouvement ouvrier : la situation
des immigrants juifs au Québec (1920-1940)*, Thèse,
Université Laval, juin 1981

Victor TEBOUL,
Mythes et images du Juif au Québec, Éditions de Lagrave
(1977)

Denis VAUGEOIS,
Les Juifs et la Nouvelle France, Boréal Express (1968)

M. WEINFIELD, W. SHAFFIR & I. COTLER,
The Canadian Jewish Mosaic, John Wiley & Sons (1981)

Merrily WEISBORD,
The Strangest Dream, Lester & Orpen Dennys Limited (1983)

Eleanor WRIGHT PELRINE,
The Doctor Who Wouldn't Turn Away, Gage Publishing Ltd.
(1976)

Table des matières

INTRODUCTION 1

Henry MORGENTALER 19

Léa ROBACK 65

Maurice AMRAM 107

Donna MERGLER 145

Stan GRAY 171

Andrea LEVY 207

Arnold BENNETT 237

Nancy NEAMTAN 271

Jean Claude BERNHEIM 301

Donna CHERNIAK 329

ÉPILOGUE 359

GLOSSAIRE 365

BIBLIOGRAPHIE 371

Ce volume a été composé en
times de corps 11 aux ateliers
de Composition Solidaire

Lithographié au Canada
sur les presses de
Métropole Litho Inc.